OEUVRES COMPLÈTES
D'ÉGINHARD

RÉUNIES POUR LA PREMIÈRE FOIS

ET

TRADUITES EN FRANÇAIS,

AVEC

LES NOTES NÉCESSAIRES A L'INTELLIGENCE DU TEXTE,

LES VARIANTES DES DIFFÉRENTS MANUSCRITS,

ET UNE TABLE GÉNÉRALE DES MATIÈRES;

PAR A. TEULET,

ANCIEN ÉLÈVE DE L'ÉCOLE ROYALE DES CHARTES.

TOME SECOND.

A PARIS,

CHEZ JULES RENOUARD ET Cie,

LIBRAIRES DE LA SOCIÉTÉ DE L'HISTOIRE DE FRANCE,

RUE DE TOURNON, N° 6.

M. DCCC. XLIII.

PARISIIS,
E TYPIS CRAPELET,
VIA DICTA VAUGIRARD, N° 9.

M. DCCC. XLIII.

Le Commissaire responsable soussigné déclare que le travail de M. Alexandre Teulet, *comprenant le second volume des* OEuvres complètes d'Éginhard, *lui a paru digne d'être publié par la Société de l'Histoire de France.*

Fait à Paris, le 30 mars, 1843.

Signé **GUÉRARD.**

Certifié,

Le Secrétaire de la Société de l'Histoire de France,

J. DESNOYERS.

INDEX EPISTOLARUM.

EINHARDI EPISTOLÆ.

I.	»	Ad Ansgisum, abbatem Fontanellensem.......	2
II.	»	Ad Gozbertum, abbatem S. Galli............	4
III.	»	Ad Amalharium presbyterum...............	6
IV.	»	Ad Otgarium, archiepiscopum Moguntinensem..	6
V.	»	Ad Jacobum episcopum.....................	8
VI.	»	Ad Egilolfum et Humbertum, canonicos Wirziburgenses..	10
VII.	»	Ad Popponem comitem.....................	12
VIII.	»	Ad Otgarium, archiepiscopum Moguntinensem.	14
IX.	»	Ad Geboinum, palatii comitem...............	16
X.	»	Ad Hetti, archiepiscopum Trevirensem........	16
XI.	»	Ad Hruothertum comitem...................	18
XII.	»	Ad Liuthardum presbyterum et Erembertum vicedominum...................................	20
XIII.	»	Ad Popponem comitem.....................	20
XIV.	»	Ad Gerwardum, palatii bibliothecarium........	22
XV.	»	In persona Bomæ, ad Blidthrut abbatissam.....	24
XVI.	»	Ad Hattonem comitem.....................	26
XVII.	»	Ad Hrabanum, abbatem Fuldensem..........	26
XVIII.	»	Ad Marchradum vicedominum...............	28
XIX.	»	In persona Hludowici imperatoris, ad G. comitem.	30
XX.	»	In persona ejusdem, ad H. ejus fidelem........	30
XXI.	»	In persona ejusdem, ad T. fidelem ejus........	32
XXII.	»	Ad A. missum dominicum...................	32
XXIII.	»	Ad vicedominum suum.....................	34
XXIV.	»	Ad quemdam ministrum suum...............	36
XXV.	»	Ad N. episcopum..........................	36
XXVI.	»	Ad U. amicum suum.......................	38
XXVII.	»	Ad N. comitem............................	40
XXVIII.	»	Ad N. comitem............................	40
XXIX.	»	Ad N. sacerdotem i. e. episcopum............	42
XXX.	»	Ad Vussinum, filium suum..................	44
XXXI.	»	Ad N. episcopum..........................	48

INDEX EPISTOLARUM.

XXXII.	»	Ad amicum (Gerwardum)........................	50
XXXIII.	»	Ad N. comitem, et N. judicem, missos dominicos.	52
XXXIV.	»	Ad Hlotharium.............................	54
XXXV.	»	Ad N. abbatem............................	60
XXXVI.	«	Ad amicum................................	62
XXXVII.	»	Ad N. vicedominum suum....................	64
XXXVIII.	»	Ad fratrem N.............................	64
XXXIX.	»	In persona Hludowici imperatoris, ad Emeritanos.	66
XL.	»	Ad Judith imperatricem.....................	70
XLI.	»	Ad amicum (Gerwardum).....................	72
XLII.	»	Ad Hludowicum imperatorem................	76
XLIII.	»	Ad N. episcopum	78
XLIV.	»	Ad E. amicum suum.........................	80
XLV.	»	Ad G. comitem.............................	80
XLVI.	»	Ad N. abbatem	82
XLVII.	»	Ad amicum	84
XLVIII.	»	Ad N. episcopum..........................	86
XLIX.	»	Ad N. gloriosum optimatem.................	88
* L. (1)	»	Ad N. comitem.............................	90
LI.	L. (2)	Ad Hlotharium.............................	90
LII.	LI.	Ad eumdem...............................	94
* LIII.	»	Ad Hludowicum, Bajoariæ regem.............	94
LIV.	LII.	Ad N. presbyterum et N. vicedominum........	96
LV.	LIII.	Ad quemdam fidelem suum...................	98
*LVI.	»	Ad R. amicum suum........................	100
*LVII.	»	Ad N. episcopum...........................	100
LVIII.	LIV.	Ad N. abbatem............................	102
*LIX.	»	Ad N. episcopum...........................	104
LX.	LV.	Ad N. episcopum..	106
LXI.	LVI.	Ad Hludowicum imperatorem...	108
*LXII.	»	Ad fratrem N.............................	112
LXIII.	LVII.	Ad N. comitem.............................	112
*LXIV.	»	Ad fratres Seligenstadtienses................	114
*LXV.	»	Ad Imperatorem...........................	116
LXVI.	LVIII.	Ad N. episcopum...........................	118
*LXVII.	»	Ad N. comitem.............................	118
LXVIII.	LIX.	Ad præcipuum imperatricis capellanum........	122
LXIX.	LX.	In persona W. et G. ad M. illustrem dominum..	124

(1) Epistolæ signo, quod asteriscum vocant, notatæ, nunc primum in lucem prodeunt.
(2) Numeri epistolarum in pristinis editionibus.

INDEX EPISTOLARUM.

LXX.	LXI.	Ad eumdem, in eorumdem persona	126
*LXXI.	»	Ad Hlotharium	128
LXXII.	»	Ad Lupum	134

EPISTOLÆ DUBIÆ.

*I	»	Ad N. gloriosissimum dominum	143
*II.	»	Ad N. fratrem	146
*III.	»	Ad fratres monasterii N	146
IV.	»	Ad Hermengardim imperatricem	146
*V.	»	Ad N. patrem	150
*VI.	»	Ad Pippinum regem	152

EPISTOLÆ AD EINHARDUM DIRECTÆ.

I.	»	Lupi, postea Ferrariensis abbatis, ad Einhardum epistola	155
II.	»	Ejusdem epistola	159
III.	»	Ejusdem epistola	160
IV.	»	Ejusdem epistola	169
V.	»	Cleri Senonensis ad Einhardum epistola	173

EINHARDI EPISTOLÆ.

LETTRES D'ÉGINHARD.

EINHARDI EPISTOLÆ.

LIBELLUS EPISTOLARUM (1).

I. AD ANSGISUM (2).

Dilectissimo in Christo fratri, Ansgiso venerabili, sempiternam in Domino salutem. —Obsecro dilectionem tuam ut, non graviter, sed potius misericorditer et amicabiliter, accipere digneris quod (3) pro necessitate [istius] (4) quondam hominis nostri, nunc autem hominis domni Hlotharii (5), apud te intercedo, ut eum beneficium, quod ego illi dedi, sub qualicumque lege, sicut tibi placuerit (6), habere permittas, usque dum nos illi de altero beneficio, ex

---

(1) Sic in cod. — De hoc unico codice, quondam Laudunensi, nunc regio Paris. suppl. lat. 334, ad cujus fidem has epistolas recudimus, et de ratione, quam in illis edendis secuti sumus, videsis prolegomena nostra. Hic dixisse sufficiat quotiescumque, textus facilius intelligendi gratia, verbum vel emendandum, vel immutandum, vel etiam adjiciendum nobis visum est, de hoc semper lectorem monendum nos sedulo curavisse, et in notis varias codicis seu etiam pristinorum editorum lectiones fideliter retulisse.

(2) Hæ epistolarum inscriptiones, quas cuique addidimus, ut facilius eas consuleres, in codice non exstant.

(3) Cod. et edit. *q. apud te p.* Verba *apud te*, paucis post vocibus repetita, exscriptoris oscitationi tribuenda sunt et ideo expungenda.

(4) Verba uncis inclusa in codice desiderantur.

(5) Cod. *Lotharii*, sed inf. *Hlotarius, Hludowicus*, et sic deinceps.

(6) Hæ quatuor voces *l. s. t. p.* quas bene oculatus videbis in cod. a pristinis editoribus omissæ fuerunt.

LETTRES D'ÉGINHARD.

LIVRE DES LETTRES.

I. A L'ABBÉ ANSEGISE (1).

A mon très-cher frère en Jésus-Christ, le vénérable Ansegise, salut éternel dans le Seigneur. — Au nom de l'amitié que vous avez pour moi, je vous prie de ne pas trouver importune la demande que je vais vous faire, mais de l'accueillir plutôt avec indulgence et bonté. Il s'agit de venir au secours d'un de mes anciens vassaux, maintenant vassal du seigneur Lothaire. J'intercède auprès de vous pour que vous lui permettiez de tenir, sous telles conditions qu'il vous plaira de fixer, le bénéfice que je lui ai donné, et cela en attendant que la générosité de nos

---

(1) Ansegise ou Ansigise, abbé de Saint-Vandrille ou Fontenelle, fut d'abord abbé de Saint-Sixte de Reims, et de Saint-Menge ou Memmie, à Châlons-sur-Marne. Il eut ensuite les abbayes de Saint-Germer de Flaix, au diocèse de Beauvais, en 807 ; de Luxeuil, en 817, et enfin celle de Saint-Vandrille, diocèse de Rouen, en 823, sur la démission volontaire d'Éginhard. Il posséda à la fois ces trois monastères à titre de bénéfices. Ansegise fut employé dans les affaires publiques par Charlemagne et Louis-le-Débonnaire. Il exerça, sous Eginhard, les fonctions d'intendant des bâtiments impériaux et fut chargé de plusieurs missions importantes. Il mourut dans son abbaye de Saint-Vandrille le 20 juillet 833. On lui doit le premier recueil qui ait été fait des Capitulaires de nos rois. Voy. Baluze, *Capitul.* I, 696 et suiv ; et sur Ansegise, cons. Pertz, *Script.* II, 293, *Gesta abbat. Fontanell.*; *Hist. littéraire de la France*, IV, 509 et suiv.; Mabillon, *Acta*, sec. IV, pars 1ª, 630 et suiv.; et le nouv. *Gallia Christ.* IX, 789.

largitate dominorum nostrorum, aliquam consolationem, Domino adjuvante, facere potuerimus. Habebitis me magis promptum atque devotum ad vestram voluntatem atque utilitatem perficiendam, si meas petitiones in hac causa adimplere dignamini. Opto semper bene valeatis in Domino.

II. AD GOZBERTUM ABBATEM.

Religioso Christi famulo Gozberto, venerabili abbati, Einhardus (1) peccator. — Precor ut sanctitas vestra cognoscere dignetur de causa hominis istius, nomine Bebonis, quod ego beneficium illi dedi de monasterio S. Chlodowaldi (2), propter hoc qui mihi bene serviebat. Sed postquam eum domno Illothario commendavi (3), impetravi a domno imperatore ut ei confirmationem faceret de eodem beneficio ad dies vitæ suæ (4). Propter hoc rogo et obsecro dilectionem vestram ne illi permittatis aliquid impedimentum fieri de ipso beneficio, donec nos, Domino volente, vobiscum loquamur. Hæc ideo vobis mando, quia cognosco quorumdam hominum pravam voluntatem et infinitam cupiditatem, qui de proximorum damnis nul-

---

(1) Einhardi nomen una littera initiali *E* in nostro codice semper designatur. De variis hujusce nominis figuris vide Prolegom. et not. 2, p. 264 prioris volumin.

(2) Cod. *Chodouualdi*.

(3) Notandum est hanc vocem eodem fere sensu ab antiquis usurpatam fuisse, sic apud Terentium *Eun* V, 8, 9·

Thais patri se commendavit in clientelam et fidem.

(4) Cod. *vite suae*, et sic deinceps diphtongum *æ*, tum disjunctam *a e*, tum per unam litteram *e*, expressam invenias, tum etiam conjunctam, quem scribendi modum usurpavimus ut magis apud nos usitatum. Hoc semel dixisse sit satis.

seigneurs me permette, avec l'aide de Dieu, de trouver dans un autre bénéfice quelque dédommagement à lui offrir. Je n'en serai que plus prompt et plus dévoué à seconder vos désirs et vos intérêts, si dans cette affaire vous daignez accéder à ma demande. Je souhaite que vous vous conserviez toujours dans la grâce du Seigneur.

II. A L'ABBÉ GOZBERT.

Au vénérable abbé Gozbert(1), religieux serviteur du Christ, Éginhard pécheur. — Je prie votre sainteté de vouloir bien prendre connaissance de l'affaire de cet homme, nommé Bébon. Je lui avais donné un bénéfice du monastère de Saint-Cloud (2) parce que j'étais content de son service. L'ayant recommandé (3) depuis au seigneur Lothaire, j'ai obtenu de l'empereur que la jouissance de ce bénéfice lui fût confirmée sa vie durant : c'est pourquoi je vous prie et vous supplie avec instance de ne pas permettre qu'on lui suscite quelque difficulté à ce sujet, avant que vous et moi, s'il plaît à Dieu, nous puissions en conférer ensemble. J'ai cru devoir vous écrire à cet égard parce que je connais la malveillance, la cupidité insatiable de certaines gens qui ne se font pas scru-

---

(1) Gozbert, abbé de Saint-Gall, élu en 816, se démit de ses fonctions en 837 ou 838, et mourut peu de temps après, le 2 avril.

(2) M. Pertz, *Script* II, 427, n. 15, s'appuie de ce passage pour attribuer à Éginhard le monastère de Saint-Cloud. Cette opinion avait été rejetée par D. Bouquet et l'abbé Lebeuf. En effet, le nom de Gozbert semble indiquer qu'il s'agit d'un monastère dépendant de l'abbaye de Saint-Gall, et situé probablement dans la Bourgogne transjurane ou l'Allémannie; mais je l'ai vainement cherché.

(3) C'est-à-dire : l'ayant fait recevoir depuis parmi les fidèles de Lothaire. Sur la recommandation, voy. Ducange, au mot *commendatus*; le *Mém.* de M. Naudet, t. VIII des *Mém. de l'Acad.* p. 417, et comp. les lettres XXVI et XXVII.

lam habent curam, in eo quod suæ avidissimæ cupiditati satisfacere valeant. Opto ut semper valeatis [in Domino].

III. AD AMALHARIUM.

Reverentissimo Christi famulo Amalhario, Einhardus peccator. — Nescio quis prævenit adventum pueri vestri, qui mihi litteras vestras attulit, et effecit ut tibi mandarem (1) cito quatenus (2) proximo Palmarum die ad imperatorem venisses. Sed postquam istas litteras vestras accepi, et imperatorem, de his quæ voluisti, interrogavi, præcepit mihi vobis scribere ut sanctum Paschæ diem domi celebrassetis (3), et cæterum comitatum vestrum post vos venire juberetis, eo modo ut, quando ille ad vos in palatio venisset, mandatis acceptis, et ratione legationis vestræ vobis insinuata, sine mora iter vestrum aggredi (4) valeatis. Opto ut semper bene valeatis in Domino.

IV. AD OTGARIUM ARCHIEPISCOPUM.

Domino sancto et merito venerabili Otgario, reverendo archiepiscopo, Einhardus peccator. — Frater iste, nomine Werdricus, de congregatione S. Bonifacii est, et conversatur apud nos per licentiam abbatis sui, pro eo quod noster propinquus est. Quem

---

(1) Pristini editores hic habent : *mandaret*, et sequentis vocis *cito* spatium per puncta indicant.

(2) Cod. *quatinus*.

(3) Cod. *celebrasetis*.

(4) Cod. *adgredi*.

pule de nuire à leur prochain, pourvu qu'ils puissent assouvir leur avide convoitise. Je souhaite que vous vous conserviez toujours dans la grâce du Seigneur.

III. AU PRÊTRE AMALHAIRE.

Au très-révérend Amalhaire (1) serviteur du Christ, Éginhard pécheur. — Quelqu'un que je ne connais pas a devancé le jeune serviteur qui m'a apporté votre lettre; voilà pourquoi je vous ai mandé de vous rendre près de l'empereur le prochain dimanche des Rameaux. Mais lorsque votre lettre me parvint et que je fis part à l'empereur de vos désirs, il me chargea de vous écrire de célébrer chez vous le saint jour de Pâques et d'ordonner à toutes les personnes qui doivent vous accompagner, de vous suivre, afin qu'à son arrivée dans le palais, où il vous trouvera, vous puissiez recevoir ses ordres, entendre les instructions qui se rattachent à votre mission et vous mettre immédiatement en route. Je fais des vœux pour que vous vous conserviez toujours dans la grâce du Seigneur.

IV. A L'ARCHEVÊQUE OTGAIRE.

Au pieux et vénérable seigneur, le révérend archevêque Otgaire (2), Éginhard pécheur. — Le frère qui vous remettra cette lettre se nomme Werdric; il appartient à

---

(1) Amalhaire, prêtre de l'Église de Metz, fut directeur de l'École palatine et composa plusieurs ouvrages sur la liturgie. Il est probable que cette lettre d'Éginhard est de l'année 827, et qu'elle se rapporte à la mission dont Amalhaire fut alors chargé par l'empereur auprès du pape Grégoire IV, comme Amalhaire nous l'apprend lui-même dans le prologue de son *Antiphonaire*. Voy. l'*Hist. litt* IV, 534.

(2) Otgaire ou Auctaire, *Auctarius*, abbé de Weissembourg, fut nommé archevêque de Mayence en 826 et mourut en 847, le 21 avril.

ideo nunc ad vos (1) mittimus, ut eum ad diaconatus officium ordinare jubeatis, si videritis hoc canonice fieri posse per talem rationem, quæ continetur in epistola abbatis ejus, quam nuper ad me, cum eum de eadem causa (2) consulerem atque rogarem, direxit; quam etiam vobis per eumdem fratrem ad legendum misi, in qua, ut arbitror, statim intelligere potestis utrum illa consecratio modo fieri possit, an in aliud tempus differenda sit. Oro et opto ut sanctitatem vestram, sibi devote servientem, superna gratia semper et ubique custodiat, sanctissime ac reverentissime pater.

V. AD JACOBUM EPISCOPUM.

De ordinatione (3).

Venerabili in Christo Jacobo, reverentissimo episcopo, Einhardus peccator. — Iste clericus, nomine Otmarus, detulit mihi litteras sanctitatis vestræ, in quibus me rogastis ut eidem clerico licentiam darem vobiscum manendi, qui in hac regione et natus et nutritus est. Et ego qualitatem causæ considerans, decrevi assensum (4) præbere petitioni vestræ, eo videlicet modo, ut idem clericus, cum suis fratribus

---

(1) Hæ tres voces *n. a. v.* a pristinis editoribus omissæ fuerunt.
(2) Cod. *de eodem causa.*
(3) Hic titulus: *De ordinatione*, qui in editis desideratur, adest in codice, ad initium epistolæ, litteris majusculis inscriptus.
(4) Cod. *adsensum.*

la congrégation de saint Boniface (1), et, comme il est mon parent, son abbé lui a permis d'habiter avec moi. Je vous l'envoie maintenant pour que vous le fassiez ordonner diacre, si vous pensez qu'on puisse le faire sans enfreindre les canons, en se fondant sur les motifs développés dans une lettre que m'adressa dernièrement son abbé lorsque je le consultai et lui demandai son approbation à ce sujet. Je charge le frère Werdric de vous communiquer cette réponse, et je pense qu'après en avoir pris lecture, il vous sera facile de reconnaître s'il est possible de procéder immédiatement à cette ordination ou s'il faut la remettre à un autre temps. Je souhaite vivement, très-saint et très-révérend père, que la divine providence protège en tout temps et en tout lieu votre sainteté qui la sert avec tant de dévotion.

V. A L'ÉVÊQUE JACQUES.

Sur une ordination.

A vénérable personne en Jésus-Christ, Jacques très-révérend évêque, Éginhard pécheur. — Ce clerc nommé Otmar m'a remis la lettre de votre sainteté dans laquelle vous me demandez de lui accorder la permission d'habiter avec vous, quoiqu'il soit né dans ce pays et qu'il y ait été élevé. J'ai examiné les considérations que vous faites valoir et je me suis décidé à accueillir votre demande dans les termes suivants : Ce clerc, ses frères et sa mère, sont autorisés, comme vous le demandez, à demeurer avec vous; mais il faut que tous les ans ils paient leur cens à

---

(1) C'est-à-dire du monastère de Fulde, placé sous l'invocation du saint Sauveur, de saint Pierre et saint Boniface.

et matre, sicut rogastis, licentiam habeant vobiscum manendi, et censum suum annis singulis persolvant ad S. Servatum, sicut eis a fratribus nostris constitutum est. De ordinatione vero ejusdem clerici in vestra sit potestate, ut inde faciatis quicquid vobis optimum esse videbitur : quia vos et mores et conversationem illius cognoscitis, et scitis utrum ad aliquam ordinationem sacram suscipiendam (1) idoneus sit. Opto sanctitatem vestram, nostri memorem, semper in Christo bene valere.

VI. AD EGILOLFUM ET HUNBERTUM.

Dilectissimis in Christo fratribus et devotis Christi famulis, Egilolfo et Hunberto, æternam in Domino salutem. — Scio vos non latere quod bonæ memoriæ Wolfgarius episcopus, me petente, beneficiavit homini nostro Gerberto, in pago Dubargawe (2), in loco qui dicitur Asgbah, de ratione S. Kiliani (3), mansos III et mancipia XII. Sed quia in hoc diutius manere non potuit, nisi dum ille in corpore vixit, precor benignitatem vestram ut memoratum Gerbertum illud beneficium (4) habere permittatis, sicut modo habuit, usque dum in hac sede episcopus fuerit ordinatus; et inter me et illum convenerit quid de ipso beneficio

---

(1) Cod. *ad aliquem ordinationem sacrum suscipiendum.*

(2) Hic idem est ac ille pagus nominibus *Daburgowe, Tubergow, Tubergewe* et *Tuberecgewe* in chronicis et diplomatibus designatus. Vid. Besselium, *Chron. Gottwicensis prodromus*, pars altera, n. CCCCLXI, p. 817.

(3) Cod. *S. Cyliani.*

(4) Cod. *illud de beneficium.*

l'abbaye de Saint-Servat (1), suivant l'obligation que nos frères leur ont imposée. Quant à son ordination, vous restez entièrement le maître de faire ce qui vous paraîtra le plus convenable; connaissant et son caractère et ses habitudes, vous savez mieux que personne s'il est apte à recevoir quelque ordre sacré. Puisse votre sainteté garder notre souvenir et se conserver toujours dans la grâce du Seigneur.

VI. A ÉGILOLF ET HUMBERT.

A mes très-chers frères en Jésus-Christ, Égilolf et Humbert (2), dévoués serviteurs du Christ, salut éternel dans le Seigneur. — Vous n'ignorez pas, je le sais, que l'évêque Wolfgaire, d'heureuse mémoire, voulut bien sur ma demande accorder à Gerbert, mon vassal, dans le pays de Dubargaw (3), au lieu que l'on nomme Asbach et qui dépend de l'abbaye de Saint-Kilian, trois manses et douze esclaves. Mais comme Gerbert n'a pu jouir de cette concession que pendant la vie temporelle de l'évêque, je m'adresse à votre bienveillance pour vous prier de le laisser en possession de ce bénéfice comme par le passé, jus-

---

(1) Le monastère de Saint-Servat de Maestricht, *Sanctus-Servatius Trajecti ad Mosam*, dioc. de Liége.

(2) D. Bouquet, VI, 370, not. *d*, propose au lieu d'*Egilolfo* de lire *Heistolfo*, nom d'Heistolf, archevêque de Mayence, métropolitain d'Humbert, évêque de Wurzbourg; mais il n'a pas fait attention qu'Heistolf est mort avant 826 et qu'Humbert ne devint évêque de Wurzbourg qu'en 832. Le contenu même de la lettre prouve qu'elle a été écrite en 832, entre la mort de Wolfgaire et l'élection d'Humbert, et le nom d'Egilolf est celui du chanoine chargé, avec Humbert, de l'administration du siége vacant. Voy. Eckhart, II, 260.

(3) Pays de la France orientale entre et sur la Tauber et le Mein, auj.

fieri debeat in futurum. Opto ut semper bene valeatis (1) in Domino.

VII. AD POPPONEM COMITEM.

Magnifico et honorabili atque illustri (2) viro Popponi, gratioso (3) comiti, Einhardus in Domino salutem. — Duo pauperes (4) homines confugerunt ad limina beatorum Christi martyrum Marcellini et Petri, fatentes se culpabiles esse, qui in præsentia vestra convicti fuerunt de quodam furto (5) quod commiserunt furando feramina in dominica foresta (6) : cujus partem compositionis jam solverunt, et adhuc solvere deberent (7), sed, ut asserunt, non habent unde solvere propter paupertatem suam. Proinde precamur benignitatem vestram ut eis, propter amorem Christi martyrum ad quos confugerunt, in quantum possibile est, parcere dignemini, ne penitus pereant per hujusmodi culpam, sed potius sentiant sibi apud vos profuisse quod ad sanctorum martyrum sepulchra confugerunt. Opto ut semper bene valeatis in Domino.

---

(1) Cod. *bene valetis.*

(2) Cod. *inlustri.*

(3) Chesnius et alii edit. habent *glorioso c.* sed in codice distincte legitur *grat.* superposita abbreviationis nota. De hoc titulo, vide Carpenterium, Supplem. ad Cangii glossarium, vocib. *gratiosus* et *gratia.*

(4) Hæ duæ voces a pristinis editoribus omissæ fuerunt.

(5) Cod. *furtu.*

(6) Cod. *foraste.*

(7) Cod. *debberent.* Hæc vox in editis desideratur.

qu'à ce qu'un nouvel évêque ait été ordonné dans ce diocèse et que j'aie pu m'entendre avec lui sur ce que l'on devra faire à l'avenir de ce bénéfice. Je souhaite que vous vous conserviez toujours dans la grâce du Seigneur.

VII. AU COMTE POPPON.

A magnifique, honorable et illustre personne, le gracieux comte Poppon, Éginhard, salut dans le Seigneur. — Deux malheureux sont venus chercher un asile dans l'église des bienheureux Marcellin et Pierre, martyrs du Christ, avouant qu'ils étaient coupables et qu'ils avaient été convaincus de vol en votre présence, comme ayant dérobé du gros gibier dans une forêt seigneuriale (1). Ils ont déjà payé une partie de la composition, et ils devraient payer le reste, mais ils déclarent qu'ils n'ont pas de quoi s'acquitter à cause de leur pauvreté. Je viens donc implorer votre bienveillance, dans l'espoir que, pour l'amour des martyrs du Christ près desquels ces malheureux ont cherché un refuge, vous daignerez les traiter avec toute l'indulgence possible. Vous ne voudrez pas que cette faute les perde irrévocablement; mais vous aimerez mieux leur prouver qu'ils n'ont pas tenté une démarche inutile à vos yeux en se réfugiant près du tombeau des saints martyrs. Je fais des vœux pour que vous vous conserviez toujours dans la grâce du Seigneur.

---

partagé entre le Wurtemberg, le grand duché de Bade et la Bavière. — Asbach, auj. village du cercle de Rézat (Bavière), entre Uffenheim et Aub.

(1) Ce délit était prévu par le chapit. 39 du premier capitulaire de l'an 802 : *Ut nemo feramina furetur in forestibus dominicis.* Voy. Baluze, Capitul. I, 374.

VIII. AD OTGARIUM ARCHIEPISCOPUM.

Domino sancto et merito venerabili Otgario (1), reverentissimo (2) episcopo. — Presbyter quidam, nomine Hruodradus, venit ad me dicens se esse de fisco vestro Manniaco, et accepisse licentiam a chorepiscopo (3) vestro et caeteris fratribus Romam pergendi, et hoc in mense martio; sed post, cum venisset ad Mogontiacum, non potuisse invenire homines cum quibus illud iter peragere potuisset: ac propter hoc divertit ad quemdam pagensem nostrum, qui ei cognitus fuerat, nomine Hildebertus, et mansit apud eum donec inveniret homines Romam euntes; quos se nunc inventos habere dicit, et rogavit me ut apud vos impetrarem ei licentiam illud iter peragendi. Vult enim, sicut ipse asserit, illud iter, quam celerrime potuerit, peragere, et ad locum suum reverti. Propter hoc precor sanctitatem vestram ut ei, sicut ipse rogat, licentiam donare dignemini, et ut illi non noceat quod tamdiu inter vias moratus est, quia, multis impedimentis accidentibus, invitus fecit quod emendare non potuit. Optamus sanctitatem vestram, nostrae imbecillitatis memorem, semper in Christo bene valere, sanctissime ac reverentissime pater.

---

(1) Hic codex tantum habet R. G. R. O. Hae litterae potius *Rogerio* vel *Rotgario* quam *Otgario* efficerent, si quis hujus nominis episcopus Einhardo coaetaneus exstitisset. Vide contra notam gallicam.

(2) Hic cod. *reven ren*, manifesta exscriptoris oscitatio. Hae mendae, quas in nostro codice saepenumero reperire est, accuratissime notandae sunt.

(3) Cod. *corepiscopo*.

VIII. A L'ARCHEVÊQUE OTGAIRE.

Au saint et justement vénérable seigneur Otgaire (1), très-révérend évêque. — Un prêtre nommé Hruodrard est venu me trouver en me disant qu'il appartient à votre fisc de Meyn (2), et qu'il avait obtenu de votre chorévêque et des autres frères la permission de se rendre à Rome, et cela dans le mois de mars; mais, arrivé à Mayence, il lui fut impossible de rencontrer les personnes avec lesquelles il devait faire route, alors il alla loger chez un homme de notre pays, nommé Hildebert, qu'il connaissait, et y demeura en attendant qu'il pût trouver des voyageurs allant à Rome comme lui ; il m'annonce qu'il y est parvenu, et il me prie de vous demander pour lui la permission d'achever son voyage. Son intention, comme il l'affirme, est de l'accomplir le plus promptement possible et de retourner ensuite à sa résidence. Je prie donc votre sainteté de vouloir bien lui accorder la permission qu'il sollicite et de ne pas le rendre responsable des longs retards qu'il a éprouvés dans la route; car il a rencontré une foule d'obstacles imprévus que, malgré sa bonne volonté, il n'a pu surmonter. Nous souhaitons que votre sainteté, très-saint et très-révérend père, se souvienne de notre faiblesse et qu'elle se conserve en force et en santé avec la grâce de Jésus-Christ.

---

(1) Malgré l'*R* initiale qui se trouve dans le texte, nous avons pensé avec D. Bouquet que cette lettre était adressée à Otgaire, archevêque de Mayence. On sait qu'au ixe siècle le titre *Episcopus* servait aussi bien que celui d'*Archiepiscopus* à désigner les métropolitains.

(2) Meyn ou Mayen, auj. petite ville de la régence de Coblentz (Prusse), sur la Nèthe, à 6 l. O. de Coblentz, et 14 l. N.-O. de Mayence.

IX. AD GEBOINUM PALATII COMITEM.

Dilectissimo fratri Geboino, glorioso comiti palatii, Einhardus in Domino salutem. — Rogo dilectionem [vestram] ut hunc pagensem nostrum, nomine David, necessitates suas tibi referre volentem, exaudire digneris; et, si causam ejus rationabilem esse cognoveris, locum ei facias ad domnum imperatorem se reclamare. Est enim idem homo domni Hlotharii (1); et ideo, non tantum propter petitionem meam, sed propter honorem et amorem senioris sui, debes illum adjuvare. Opto ut te sanum et incolumem cito videre merear.

X. AD HETTI ARCHIEPISCOPUM.

Domino sancto et merito venerabili Hetti, reverentissimo archiepiscopo, Einhardus peccator.— Sicut ex litteris sanctitatis vestræ vos velle cognovimus, ita sine dilatione facere curavimus, mittendo videlicet vobis reliquias, quas vos habere velle ad dedicationem novæ basilicæ vestræ scripsistis. Et quidem libenter id fecimus, qui talem fiduciam in vobis habemus, ut quæcumque particula de sacris beatorum martyrum cineribus ad vos pervenerit, talis ei honor exhibeatur, qualem totis eorum corporibus exhibere debueramus, nisi desidia et negligentia (2) a debito illis honore retardaret. Quod autem per nos cognoscere voluistis, minime vos de his certiores reddere

---

(1) Cod. *Hlutharii*.
(2) Cod. *neglegentia... . dibito.*

IX. A GÉBOIN, COMTE DU PALAIS.

A mon très-cher frère Géboin, glorieux comte du palais, Éginhard, salut dans le Seigneur. — Je demande de votre affection que vous receviez avec bienveillance le nommé David. Il est de notre pays et voudrait remettre entre vos mains le soin de ses intérêts. Si vous jugez ses prétentions raisonnables, fournissez-lui le moyen de porter sa réclamation à l'empereur. Comme il est l'homme du seigneur Lothaire, la considération et l'attachement que vous avez pour son seigneur doivent, indépendamment de ma recommandation, vous décider à lui être utile. Je désire être assez heureux pour vous revoir bientôt en bonne et parfaite santé.

X. A L'ARCHEVÊQUE HETTI.

Au pieux et vénérable seigneur Hetti (1), très-révérend archevêque, Éginhard pécheur. — Aussitôt que la lettre de votre sainteté nous eut appris ce que vous désiriez, nous nous sommes empressé de le faire en vous envoyant les reliques que vous souhaitiez avoir pour la dédicace de votre nouvelle basilique (2). Nous vous les envoyons bien volontiers; car nous sommes convaincu que la moindre parcelle des cendres sacrées des bienheureux Martyrs, qui vous parviendra, sera accueillie par vous avec tous les

---

(1) Hetti, ancien abbé de Mithlac (*Mediolacus*), archevêque de Trèves en 814, mourut en 847 suiv. les Ann. de Metz. Voy. *nova Gall. christ.* XIII, 391.

(2) Il s'agit du monastère de S. Castor fondé à Coblentz en 836 par l'archevêque Hetti. La dédicace de la nouvelle église, placée sous l'invocation de S. Castor et de tous les saints confesseurs, eut lieu le dimanche, 12 novembre, lendemain de la Saint-Martin. Il est donc très-

valemus, quia pene nihil inde ad nostram notitiam scietis pervenire; neque nos de his magnopere curiosi sumus (1), de quorum cognitione nullam utilitatem, et parvam percipimus voluptatem. Optamus sanctitatem vestram, nostrae imbecillitatis memorem, in Christo semper bene valere, sanctissime et reverentissime pater.

XI. AD HRUOTBERTUM COMITEM.

Magnifico et honorabili atque illustri viro Hruotberto, glorioso comiti, aeternam in Domino salutem. —Rogo benignitatem vestram ut mihi mandare dignemini quid vobis placeat ut (2) modo fieri debeat de causa Alahfridi, hominis nostri? Utrum ex toto dimittenda sit, an ille adhuc sperare debeat [ut] ad suam justitiam, per vestrum adjutorium, pervenire mereatur? Nam ego totam causam, et qualiter a vobis per veraces homines inquisita est, simul cum Adalhardo et Gebuino comitibus palatii, domno imperatori indicavi: et ille respondit mihi, mirum sibi videri cur illa causa jam finita (3) non fuisset. Ideo precor dilectionem vestram ut nunc (4) mihi mandare dignemini,

---

(1) Cod. *curiosissimus*
(2) Sic codex. Editi *vel ut.*
(3) Cod. *situla.*
(4) Cod. *non*, quod sensu caret. Hunc locum pristini editores aliter restituentes · *u. non m. m. dedignemini.*

honneurs que nous aurions déjà dû rendre à leurs corps tout entiers, si notre paresse et notre négligence n'avaient retardé l'accomplissement de ce devoir. Quant à ce que vous vouliez savoir de nous, nous ne pouvons vous donner à cet égard aucun renseignement certain, car il ne nous est revenu, je vous assure, presque rien de ce côté. Nous sommes d'ailleurs peu curieux de nous informer de choses dont la connaissance nous est complétement inutile et où nous ne trouvons que peu de plaisir. Nous faisons des vœux pour que votre sainteté, très-pieux et très-révérend père, conserve sa force dans le Seigneur et daigne garder le souvenir de notre faiblesse.

XI. AU COMTE ROBERT.

A magnifique, honorable et illustre personne, le glorieux comte Robert, salut éternel dans le Seigneur. — Je demande de votre obligeance de daigner me faire savoir ce que vous pensez de la cause d'Alafrid, notre vassal, et comment il faut y procéder. Doit-on l'abandonner entièrement, ou bien peut-il encore espérer d'obtenir, par votre protection, qu'on lui fasse justice? J'ai exposé toute l'affaire à notre seigneur l'empereur; je lui ai dit que, d'accord avec les comtes du palais Adalhard et Gébuin, vous aviez fait faire une enquête par des gens dignes de foi. Il m'a répondu qu'il lui semblait étonnant que cette affaire ne fût pas encore terminée. En conséquence, je vous supplie, au nom de notre amitié, de vouloir bien maintenant me mander ce que doit faire notre vassal dans

---

probable que cette lettre a été écrite vers le commencement de nov. 836. Voy. *Append. ad Hist. Thegani* dans Bouq. VI, 85.

quid prædictus homo noster de ipsa sua causa facere debeat. Opto ut semper bene valeatis in Domino.

XII. AD LIUTHARDUM PRESBYTERUM ET EREMBERTUM VICEDOMINUM.

In Christi (1) nomine, Einhardus abbas, Liuthardo presbytero et Eremberto vicedomino, fidelibus nostris, in Domino salutem. — Notum sit vobis quod nos Willibaldo presbytero, fideli, ut credimus, nostro, injunctum habemus ut censum nostrum recipiat ab hominibus nostris, tam apud S. Bavonem quam in Blandinio monasterio. Propter hoc mittimus illum ad vos, quia volumus ut ei adjutorium faciatis ut eumdem censum et pleniter et in bono argento recipiat; et, cum receptus fuerit, volumus ut vos illum ad hoc adjuvetis ut eum ad nos perferre valeat (2). Opto ut semper bene valeatis in Domino.

XIII. AD POPPONEM COMITEM.

Magnifico et honorabili atque illustri viro Popponi, glorioso comiti, Einhardus sempiternam in Domino salutem. — Dictum est mihi quod me rogasses ut de tribus capitulis te certum facerem : quod utique mihi ad faciendum de uno illorum difficile est, id est, femina, quam tu melius quam ego nosti, si a te, sine culpa, in conjugium possit assumi (3). Nam de dispensa, quam in Aquis accepistis, nullam volo aliam

---

(1) Cod. *in Christo*.
(2) Hunc locum, susdeque in editis turbatum, e codice restituimus.
(3) Cod. *adsumi*.

l'intérêt de sa cause. Je souhaite que vous vous conserviez toujours dans la grâce du Seigneur.

XII. AU PRÊTRE LIUTHARD ET AU VIDAME ÉREMBERT.

Au nom du Christ, Éginhard abbé, au prêtre Liuthard et au vidame Érembert, nos fidèles, salut dans le Seigneur. — Apprenez que nous avons chargé le prêtre Willibald, que nous regardons comme l'un de nos fidèles, de recevoir de nos hommes, tant du monastère de Saint-Bavon que de celui de Blandigny (1), le cens qui nous est dû. Nous vous l'adressons pour que vous l'aidiez à percevoir ce cens intégralement et en bonne monnaie; et, après qu'il l'aura reçu, pour que vous l'aidiez encore à nous en apporter le produit. Je souhaite que vous vous conserviez toujours dans la grâce du Seigneur.

XIII. AU COMTE POPPON.

A magnifique, honorable et illustre personne, le glorieux comte Poppon, Éginhard, salut éternel dans le Seigneur. — On m'a dit que vous me demandiez des éclaircissements sur trois points. Il en est un pour lequel cela me serait difficile : pouvez-vous sans péché conclure votre mariage? mais vous connaissez mieux que moi la personne que vous voulez épouser. Quant à la dispense

---

(1) Saint-Bavon de Gand et le monastère de Saint-Pierre construit sur la colline de Blandigny, sous les murs de la même ville. Éginhard avait reçu le monastère de Saint-Bavon vers 819; il possédait celui de Blandigny antérieurement à 815, depuis 811 suivant Meyer. Voy. *nov. Gall. christ.* V, 176 et 189.

retributionem nisi amicitiam (1) tuam. De Jopila vero, quando insimul fuerimus locuti, juxta quod tunc inter nos convenerit, facere paratus sum : et ideo tibi modo plura per litteras meas indicare non possum. Opto ut semper bene valeas in Domino.

XIV. AD GERWARDUM BIBLIOTHECARIUM.

Dilectissimo fratri Gerwardo, Einhardus sempiternam in Domino salutem. — Dubium mihi est utrum de te sentire debeam, quod aut litteras meas non intellexisses, aut de periculo meo non curasses? Sed facilius in eum sensum adducor (2) ut arbitrer propter aliquas occupationes scripta mea a te parum diligenter lecta et intellecta fuisse, quam ut credam caritatem tuam comminati mihi periculi curam non habuisse. Hortaris enim, immo consilium das, ut, omissis (3) Martyrum excubiis, quibus indesinenter adesse et interesse jussus sum, palatium petam; cum mihi septem dierum absentia poenalis futura denuntiata sit : quæ non solum in mora in palatio facienda, sed ne in itinere, quod ad palatium pergendum est, caveri potest, præsertim a me qui, tam propter viæ difficultatem quam corporis imbecillam valetudinem (4), raro celerius quam septem dierum spatio de Aquis ad Martyrum limina potui pervenire. Sed jam nunc rogo atque

---

(1) Cod. *amiciciam.*
(2) Sic codex; edit. *adducar.*
(3) Cod. *omisis.*
(4) Cod. *valitudinem.*

que vous avez reçue à Aix, je n'en veux d'autre récompense que votre amitié. Pour ce qui est de la terre de Jupile (1), quand nous en aurons parlé ensemble, vous me trouverez prêt à faire ce qui aura été convenu entre nous. Je n'ai donc maintenant rien de plus à vous écrire. Je fais des vœux pour que vous vous conserviez toujours dans la grâce du Seigneur.

XIV. AU BIBLIOTHÉCAIRE GERWARD.

A mon très-cher frère Gerward (2), Éginhard, salut éternel dans le Seigneur. — Je ne sais que penser de vous. Il faut que vous n'ayez pas compris ma lettre, ou que vous vous intéressiez bien peu à ma position. Mais j'aime encore mieux me déterminer à croire que vos occupations vous ont empêché de lire attentivement ce que je vous ai écrit et de le comprendre, plutôt que de penser que votre cœur ne se soit pas ému du péril qui me menace. En effet, vous me conseillez, vous me pressez même d'abandonner, pour retourner au palais, les veilles des saints Martyrs auxquelles j'ai mission d'assister et que je dois présider jusqu'à la fin, parce que, dites-vous, j'encourrais une peine si mon absence durait plus de sept jours. Mais je ne puis éviter ce reproche, non-seulement eu égard au séjour que je devrais faire dans le palais, mais à ne considérer même que le temps nécessaire pour m'y rendre, quand il me reste encore une si longue route à faire pour y revenir; d'autant que, sans compter les difficultés du voyage, je suis d'une si mauvaise santé que j'ai rarement mis moins de sept jours

---

(1) Voy. dans le premier volume, p. 137, n. 2.
(2) Gerward était bibliothécaire du Palais. Voy. *Hist. littér.* IV, 223, et Mabillon, *Annal. benedict.* liv. xxxii, n. 16.

obnixe deprecor ut scriptum, quod tibi misi, iterum relegere atque intelligere [velis], mihique, sicut te jam dudum per litteras meas rogavi, quid tibi de illa revelatione atque mandatis, quibus obstrictus sum, videatur, rescribere non graveris (1). Non deerunt perlatores, si hoc quod scripseris Bonotto, vicedomino nostro, mittere volueris. Opto ut semper bene valeas in Domino (2), carissime atque amantissime frater et domine.

XV. IN PERSONA BOMÆ AD BLIDTHRUT.

Dilectissimæ sorori Blidthrut, Boma (3) amica et bene cupiens tua, æternam in Domino salutem. — Quidam servus vester de Makesbah, nomine Wenilo, quamdam (4) liberam feminam accepit sibi in conjugium, et modo timendo iram vestram, simul et domini sui Albuuini, confugit ad limina sanctorum Marcellini et Petri. Pro quo rogo caritatem tuam ut mea vice apud illum intercedere digneris, quatenus ei liceat,

---

(1) Cod. *non graveres*.
(2) Sic codex. Edit. *o. vos s. bene in D. valere*.
(3) Pertzius, vir eximii acuminis, hic pro *Boma*, *Imma*, nomen Einhardi uxoris, legendum putat. Vid. *Einhardi vitam*, inter Monum. Germ. hist. Script. II, p. 429, n. 48.
(4) Cod. *quandam;* et sic in plurimis aliis vocibus, *quendam, cundem, inpulit*, etc., litteram *n* pro *m* usurpatam reperias; cum autem hunc scribendi modum exscriptor constanter non secutus sit, ubique voces ad formam magis apud nos usitatam reducendas curavimus. Item, eadem ratione, *carus* pro *karus*, *illuster* pro *inluster*, *asserit* pro *adserit*, etc. semper scribimus, cum hæc verba utroque modo in codice scripta sint.

pour aller d'Aix-la-Chapelle à l'église des saints Martyrs. Je vous demande donc maintenant, je vous supplie avec instance de relire encore la lettre que je vous ai adressée, d'en saisir le sens et de prendre la peine, comme je vous en ai déjà prié par mes lettres précédentes, de me dire ce que vous pensez de cette révélation et de ces ordres qui me lient étroitement (1). Les messagers ne manqueront pas si vous voulez bien faire passer à notre vidame Bonottus ce que vous m'aurez écrit. Je souhaite, très-cher et très-aimé frère et seigneur, que Dieu vous conserve en grâce et en santé.

XV. SOUS LE NOM DE BOMA, A L'ABBESSE BLIDTHRUT.

A sa très-chère sœur Blidthrut, Boma son amie et bien affectionnée, salut éternel dans le Seigneur. — Un de vos serfs de Machesbach (2), nommé Wenilon, a contracté mariage avec une femme libre (3), et maintenant redoutant votre colère et celle de son maître Albuin, il est venu chercher un asile dans l'église des saints martyrs Marcellin et Pierre. Je réclame donc en sa faveur votre charité pour que vous intercédiez en mon nom auprès d'Albuin, et que ce serf puisse, avec son consentement et le vôtre,

---

(1) Suivant Mabillon, *Ann. bened.* liv. xxxii, n. 16, et M. Pertz, *Einhardi vita*, ce passage se rapporterait au recueil d'avis destinés à l'empereur, et transmis à Éginhard par l'aveugle Albéric de la part de l'ange Gabriel. Voy. l'*Hist. de la Translat.* chap. v, n. 47 et suiv.

(2) Machesbach, couvent de femmes, à une lieue d'Ostheim, entre Michilinstadt et Seligenstadt. Voy. l'*Hist. de la Translat.* chap. ii, n. 19. — Albuin est probablement l'*advocatus* du monastère.

(3) Un tel mariage était défendu (*Lex salic.* 14, 6, 11; *Rip.* 58, 15; *Burgund.* 35, 2; *Alamann.* 57; *Wisigoth.* 3, 1); la femme, dans ce cas, suivait la condition de son mari. Voy. Grimm, *Antiq. du Droit germ.* p. 438.

cum sua et tua gratia, feminam illam, quam accepit, habere. Opto ut semper bene valeatis [in Domino].

XVI. AD HATTONEM COMITEM.

De venia

Dilectissimo amico nostro Hattoni, glorioso comiti, Einhardus æternam in Domino salutem. — Quidam homo vester, nomine Hunno, venit ad limina sanctorum Marcellini et Petri, veniam postulans pro eo quod conservam suam, ancillam vestram, sibi in conjugium sociasset sine vestra jussione. Propter hoc precamur benignitatem vestram ut a vobis indulgentiam de hoc facto percipere mereatur, si delictum ejus venia dignum fuerit inventum. Opto ut semper bene valeatis in Domino.

XVII. AD HRABANUM ABBATEM.

Reverentissimo Christi famulo Hrabano, venerabili abbati, Einhardus peccator. — Quidam homo vester, nomine Gundhartus, rogavit nos pro se apud vestram sanctitatem intercedere, ut, sine offensione vestra, immo cum gratia vestra, sibi liceat iter exercitale, quod præsenti tempore agendum est, omittere, ac domi remanere (1); asserens se ad hanc remansionem magna cogi necessitate, pro eo quod faidosus sit, et cum inimicis suis et his, qui vitæ ejus insidiantur, hoc iter agere non audeat, præsertim cum illo comite, cum quo ire jubetur, quem sibi dicit esse inimicissi-

---

(1) Edit. *manere.*

garder la femme qu'il a prise. Je vous souhaite de conserver toujours une bonne santé, avec la grâce de Dieu.

XVI. AU COMTE HATTON.

Pour demander une grâce.

A notre très-cher ami, le glorieux comte Hatton, Eginhard, salut éternel dans le Seigneur.—Un de vos serfs, nommé Hunno, est venu dans l'église des saints martyrs Marcellin et Pierre, demander grâce pour la faute qu'il a commise en contractant mariage, sans votre consentement, avec une femme de sa condition qui est aussi votre esclave (1). Nous venons donc solliciter votre bonté pour qu'en notre faveur vous usiez d'indulgence à l'égard de cet homme, si vous trouvez que sa faute puisse être pardonnée. Je vous souhaite une bonne santé avec la grâce du Seigneur.

XVII. A L'ABBÉ RABAN.

Au très-révérend serviteur du Christ, le vénérable abbé Raban (2), Éginhard pécheur. — Un de vos hommes, nommé Gundhart, nous a prié d'intercéder pour lui auprès de votre sainteté, afin que sans encourir votre disgrâce, mais tout au contraire avec votre agrément, il lui soit permis de se dispenser de l'expédition militaire qui va partir, et de demeurer chez lui. Il prétend que cette exemption est pour lui de la plus urgente nécessité : parce

---

(1) Ce mariage n'était pas frappé de nullité, mais le serf était passible d'une punition pour ne pas avoir demandé le consentement de son maître et payé le *maritagium*. Voy. Grimm, p. 383.

(2) Raban, abbé de Fulde. Voy. p 45, n 2.

mum. Ideo rogat ut eum in tantum periculum vestræ jussionis auctoritas non impellat (1) : sibi curæ esse, seque providere ut cum exactore heribanni, si venerit, et eum compellaverit, sine vestro labore se pacificet. Non vos rogarem de hac causa, nisi angustias ejus atque pericula comperta haberem. Opto ut semper bene valeatis.

XVIII. AD MARCHRADUM VICEDOMINUM.
De venia.

Dilecto amico nostro Marchrado, glorioso (2) vicedomino, Einhardus æternam in Domino salutem. — Duo servi S. Martini, de villa Hedabach, nomine Willirannus et Otbertus, confugerunt (3) ad limina beatorum Christi martyrum Marcellini et Petri, pro eo quod frater eorum quemdam (4) socium suum occidisset : rogantes ut eis liceat solvere illum weregeldum pro fratre suo, et ut ei membra perdonentur (5).

---

(1) Cod. *inpellat*.
(2) Hoc verbum in editis desideratur.
(3) Edit. *fugerunt*.
(4) Cod. *quendam*.
(5) Cod. *prodonentur*; hanc vocem, cum editis, emendamus. Ubi enim veteres verbo *condonentur* usi fuissent, medii ævi scriptores verbum *perdonentur* usurpant.

qu'étant en querelle (1), il craint de se mettre en route avec des gens qui lui sont hostiles et qui en veulent à ses jours; d'autant que le comte sous les ordres duquel il doit marcher, est, à l'entendre, le plus acharné de ses ennemis. Il vous adresse donc cette prière, afin que l'autorité d'un ordre émané de vous ne le livre pas à un tel péril. Si le collecteur du ban vient pour le forcer à payer l'amende (2), vous n'avez pas à vous en inquiéter, il en fait son affaire et prendra ses précautions pour s'arranger avec lui. Je ne vous ferais pas cette demande si je ne connaissais parfaitement la position critique dans laquelle cet homme est placé, et les dangers qu'il aurait à courir. Je souhaite que vous conserviez toujours une bonne santé.

XVIII. AU VIDAME MARCHRAD.
Pour demander une grâce.

A notre cher ami, le glorieux vidame Marchrad, Éginhard, salut éternel dans le Seigneur.—Deux serfs de saint Martin, du domaine d'Hedabach, nommés Williran et Otbert, se sont réfugiés dans l'église des bienheureux martyrs du Christ, Marcellin et Pierre, à cause du meurtre commis par leur frère sur un de ses compagnons (3). Ils demandent qu'il leur soit permis de payer la composition pour leur frère, afin qu'on lui fasse grâce de ses

---

(1) Voy. l'art. vii du troisième capitulaire de l'année 805 : *De armis infra patriam non portandis*. Baluze, I, 431.

(2) Voy. ci-après p. 35, note 1, et le chap. ix du second capitulaire de 812 : *De his qui domi remanent*. Baluze, I, 496.

(3) Au temps d'Éghinard la *chrenecruda* de la loi Salique, c'est-à-dire l'obligation imposée à toute la famille de payer la composition pour le crime commis par l'un de ses membres, lorsque celui-ci était insolvable, n'existait plus dans les lois, mais on voit par cette lettre qu'elle était encore dans les mœurs.

Proinde rogamus dilectionem tuam ut, in quantum possibile est, ei parcere digneris propter amorem Dei et sanctorum ejus, ad quorum limina confugerunt. Opto ut semper bene valeas in Domino.

XIX. IN PERSONA HLUDOWICI IMPERATORIS, AD G. COMITEM.

In nomine Domini Dei et Salvatoris nostri Jeshu Christi, Hludowicus, divina ordinante providentia, imperator augustus, G. comiti. — Notum sit tibi quod (1) volumus ut, quando hæc epistola nostra ad te venerit, statim sine ulla dilatione, præpares te ad hoc ut, xv kal. januarii, id est vi diebus ante Natale Domini, obviam misso nostro H. venias in villa nostra quæ dicitur Heilambrunno : et quicquid ille tibi de verbo nostro, simul cum aliis comitibus et fidelibus nostris, ad faciendum injunxerit, facere studeas, et taliter exinde agas, qualiter in tua fidelitate bonam habemus fiduciam. Bene vale.

XX. IN PERSONA HLUDOWICI IMPERATORIS, AD H. EJUS FIDELEM.

In nomine Domini Dei et Salvatoris nostri Jeshu Christi, Hludowicus, ordinante divina providentia, imperator augustus, H. fideli nostro. — Notum sit tibi quod volumus ut unum de filiis tuis, vasallis nostris, quem tu noveris quod hoc melius facere possit, præparatum esse jubeas, ut, quando R. comes et H. missus

---

(1) Edit. *quia*.

membres. Je m'adresse donc à votre amitié afin que vous daigniez, si cela est possible, épargner ce malheureux, pour l'amour de Dieu, et des saints Martyrs auprès desquels ils sont venus chercher un refuge. Je souhaite que vous conserviez toujours une bonne santé avec la grâce du Seigneur.

XIX. SOUS LE NOM DE L'EMPEREUR, AU COMTE G.

Au nom du Seigneur Dieu et de notre Sauveur Jésus-Christ, Louis, par la volonté de la divine Providence empereur auguste, au comte G. — Notre volonté, sachez-le, est qu'aussitôt après avoir reçu cette lettre, vous fassiez, sans aucun retard, tous vos préparatifs pour venir, le xv des kalendes de janvier, c'est-à-dire six jours avant Noël, dans notre domaine d'Heilbronn (1), au-devant de H. notre commissaire. Vous aurez soin d'exécuter tout ce qu'il vous enjoindra de notre part, ainsi qu'aux autres comtes et à nos fidèles, et vous agirez de manière à répondre à la confiance que nous avons en votre fidélité. Portez-vous bien.

XX. SOUS LE NOM DE L'EMPEREUR, A H. SON FIDÈLE.

Au nom du Seigneur notre Dieu et de notre Sauveur Jésus-Christ, Louis, par la grâce de la divine Providence empereur auguste, à H. notre fidèle. — Nous vous faisons savoir notre volonté, qui est que vous ordonniez à celui de vos fils, nos vassaux, qui vous en semblera le plus capable, de se tenir prêt, quand le comte Robert ou H. notre délégué vou-

---

(1) Heilbronn, ou Hailbron, sur le Necker, à 10 lieues N. de Stuttgard, aujourd'hui ville forte du cercle du Necker (Wurtemberg).

noster per illum nobis aliquid mandare voluerint, sine mora vel tarditate, ad Turones pergere possit; quia ibi aut nos ipsos, aut dilectam (1) conjugem nostram, Domino volente, inventurus est. Vide ut nullam exinde habeas negligentiam (2), si gratiam nostram velis habere. Opto ut semper bene valeas in Domino.

XXI. IN PERSONA HLUDOWICI IMPERATORIS, AD T. EJUS FIDELEM.

In nomine Domini Dei et Salvatoris nostri Jeshu Christi, Hludowicus, divina ordinante providentia, imperator augustus, T. fideli nostro. — Notum sit tibi quod volumus ut ad hoc te præpares ut, quandocumque Hrotbertus (3) comes et H. missus noster per te nobis aliquid mandare voluerint, statim, sine mora vel aliqua tarditate, cum ipso mandato, ad Turones (4) pergere possis : quia ibi aut nos ipsos, aut dilectam conjugem nostram, Domino volente, inventurus es. Vide ut nullam exinde habeas negligentiam, si gratiam nostram velis habere.

XXII. AD A. MISSUM DOMINICUM.

Dilecto fratri et amico A. misso dominico, Einhardus sempiternam in Domino salutem. — Putabam tibi bene cognitum esse quod homines nostri, quos in istis

---

(1) Cod. *delectam.*
(2) Cod. *neglegentiam.*
(3) Hic cod. tantum habet *Hrt.*
(4) Cod *Turonos.*

dront se servir de lui pour nous mander quelque chose, à se rendre à Tours immédiatement et avec toute la célérité possible. S'il plaît à Dieu, il trouvera dans cette ville ou nous-même, ou notre chère épouse. Veillez à n'apporter dans cette affaire aucune négligence si vous voulez mériter nos bonnes grâces. Puisse le Seigneur vous conserver toujours en grâce et en santé.

XXI. SOUS LE NOM DE L'EMPEREUR, A T., SON FIDÈLE.

Au nom du Seigneur notre Dieu et de notre Sauveur Jésus-Christ, Louis, par la grâce de la divine Providence empereur auguste, à T. notre fidèle. — Nous vous faisons savoir notre volonté qui est que vous vous teniez prêt, toutes les fois que le comte Robert et H. notre délégué voudront se servir de vous pour nous mander quelque chose, à vous rendre à Tours immédiatement, sans délai et le plus promptement possible avec la dépêche qu'ils vous auront confiée. S'il plaît à Dieu, vous rencontrerez dans cette ville ou nous-même, ou notre chère épouse. Veillez à ne mettre dans cette mission aucune négligence, si vous voulez mériter nos bonnes grâces.

XXII. AU COMMISSAIRE IMPÉRIAL A.

A notre cher frère et ami A., commissaire impérial, Éginhard, salut éternel dans le Seigneur. — Je croyais que vous saviez très-bien que nos hommes de ce pays avaient été, d'après les dispositions et les ordres de l'empereur, notre seigneur, employés à la garde des côtes, non-seulement à l'époque de son départ pour......, mais encore lors de son voyage à Orléans. Il ne serait donc

partibus habemus, secundum ordinationem et jussionem domni imperatoris, ad custodiam maritimam fuerunt non solum eo tempore, quando ille (1).... oriam profectus est, sed etiam quando Aurelianos perrexit. Et ideo non videtur mihi justum esse ut heribannum solvere debeant, qui non aliubi fuerunt, nisi ubi ipse imperator præcepit. Et ideo precor dilectionem tuam ut nobis spatium inde dones, donec domnus imperator venerit, et nos illum admonebimus de jussione sua, et ille tunc præceperit qualiter illi placuerit. Opto ut semper bene valeatis in Domino.

XXIII. AD VICEDOMINUM SUUM.

In Christi nomine, abbas Einhardus vicedomino et fideli nostro salutem. — Notum sit quia volumus ut homines aliquos mittas ad Aquas, qui mansiones nostras emendent atque restaurent, et ea, quæ nobis ibi necessaria sunt ad habendum, id est farinam, bracem, vinum, formatem, et cætera, secundum consuetudinem, tempore opportuno illuc venire facias. Boves vero, qui occidendi sunt, volumus ut facias ad Ludinacam venire, et ibi occidere : unum ex his volumus ut dari facias Hruotlouge, et illa minutalia atque interanea (2), quæ ad nostrum opus servari non pos-

---

(1) Hic vacat in codice spatium septem circiter litterarum quæ penitus erasæ sunt. Alicujus civitatis vel regionis nomen, in has litteras *oriam* desinens, frustra quæsivimus. Cum autem hæc epistola scripta nobis videatur, anno 832, tempore quo Ludovicus, expeditione in filium suum Bajoariæ regem confecta, Aurelianos, conventum ibidem habiturus, perrexit, ponere fas est exscriptoris mendam hic irrepsisse, et sic locum esse restituendum *q. i. in Bajoariam p*.

(2) Cod. *iteranta*

pas juste, selon moi, de leur faire payer l'amende pour
défaut de service militaire (1), puisqu'ils n'ont pas été
ailleurs que là où la volonté de l'empereur lui-même les
avait appelés. Par conséquent, je compte assez sur votre
amitié pour nous accorder un délai jusqu'à l'arrivée de
l'empereur. Nous lui rappellerons ses propres ordres, et
il décidera suivant son bon plaisir. Je souhaite que le Seigneur vous conserve en grâce et en santé.

XXIII. A SON VIDAME (2).

Au nom du Christ, l'abbé Éginhard, à son vidame et
fidèle, salut. — Vous saurez qu'il faut envoyer quelques
hommes à Aix, pour approprier et remettre en état notre
habitation. Vous y ferez venir en temps utile tout ce qui
nous est nécessaire, c'est-à-dire de la farine, du grain pour
faire de la bière, du vin, du fromage et le reste comme
d'habitude. Quant aux bœufs qui seront à tuer, vous les
ferez conduire à Linnitz : c'est là qu'il faudra les abattre.
Nous voulons que l'on donne un de ces bœufs à Hruotlouge
et que les morceaux et les issues, qui ne peuvent servir à
notre usage, soient donnés aux serfs qui demeurent en cet
endroit. Pour nous, avec la grâce de Dieu, si nous sommes

---

(1) Heribannum de *heer*, guerre, et *bannum*, appel : tout homme
libre manquant à cet appel, était passible de 60 sols d'amende (valeur
de trente bœufs, suivant M. Naudet, *Mém. de l'Institut*, tom. VIII,
p 465). Voy. aussi l'art. 1 du second capitulaire de 812, *De libero
homine in hostem bannito*, dans Baluze, I, 493.

(2) Vidame, intendant, officier chargé d'administrer le temporel
d'un monastère ou d'un évêché.

sunt, volumus ut dentur ad illam familiam quæ ibidem est. Nos vero, Domino adjuvante, si vita comes fuerit, volumus, circa missam sancti Martini, ad palatium venire : et ideo volumus ut hæc omnia junioribus etiam nota facias, eisque ex verbo nostro præcipias ut similiter de expensa nostra faciant, sicut te facere præcipimus. Bene vale.

XXIV. AD QUEMDAM MINISTRUM SUUM.

In Christi nomine, Einhardus, dictus abbas, N. in Domino salutem. — Notum tibi facimus quod cera indigemus ad servitium nostrum, et hoc in istis locis recuperare non possumus, quia parvus proventus mellis fuit per hos duos annos in istis regionibus. Ideo volumus ut tractes atque consideres cum N. qualiter, si fieri potest, unam saumatam (1) nobis venire (2) faciatis simul cum vasallis nostris, qui ad nos de istis partibus, post missam sancti Bavonis, revertuntur. Bene vale et ora pro nobis.

XXV. AD N. EPISCOPUM.

De venia.

Domino sancto et merito venerabili N., reverendo [episcopo], Einhardus peccator. — Quidam servus Sanctæ Mariæ, nomine N., ad vestræ sanctitatis pertinens potestatem, venit ad limina beatorum Christi martyrum Marcellini et Petri, pro scelere quod commisit interficiendo socium suum propter scandalum

---

(1) Cod. *soumatam*.
(2) Hæc vox in editis desideratur.

encore en vie, nous comptons nous rendre au palais vers la Saint-Martin. Vous aurez donc soin de communiquer tous ces détails à nos serviteurs, et vous leur commanderez, de notre part, de se conformer pour notre dépense à ce que je vous ai prescrit à vous-même. Adieu.

XXIV. A L'UN DE SES OFFICIERS.

Au nom du Christ, Éginhard abbé, à N., salut dans le Seigneur. — Vous saurez que nous manquons de cire pour notre usage et qu'il n'est pas possible de s'en procurer ici, parce que la récolte du miel a été peu abondante depuis deux ans dans ce pays. Nous voulons donc que vous vous entendiez à ce sujet avec N. et que vous voyiez avec lui s'il y aurait moyen de profiter, pour nous en envoyer une charge, du retour de ceux de nos vassaux qui doivent revenir ici, après la fête de Saint-Bavon. Portez-vous bien et priez pour nous.

XXV. A UN ÉVÊQUE.

Pour demander une grâce.

Au saint et justement vénérable seigneur N., très-révérend évêque, Éginhard pécheur. — Un serf de Notre-Dame, le nommé N., qui appartient à la seigneurie de votre sainteté, s'est réfugié (1) dans l'église des bienheureux martyrs du Christ, Marcellin et Pierre, à cause du crime qu'il a commis en tuant un de ses compagnons

---

(1) L'asile dans les églises n'était pas un droit d'impunité, c'était un moyen, conforme aux principes du christianisme, d'éviter de san-

quod inter eos fuit exortum. Proinde precamur sanctitatem vestram ut, ob reverentiam eorumdem martyrum, ad quorum limina confugit (1), ei parcere dignemini, ut, indulta membrorum integritate, verberumque pœna, liceat illi solutione pecuniæ componere atque emendare quod mala voluntate commisit. Optamus sanctitatem vestram semper in Christo bene valere, sanctissime ac reverentissime pater.

XXVI. AD AMICUM SUUM U.

Einhardus U. suo salutem.—Frumoldus filius N. comitis, cujus N. sororem habet, magis infirmitate quam senectute confectus — nam continuo ac gravi pedum dolore vexatur — habet beneficium non grande in Burgundia (2), in pago Genawense, ubi pater ejus comes fuit, et timet illud perdere, nisi vestra benignitas illi opituletur, eo quod propter infirmitatem (3), qua premitur, ad palatium venire non potest. Idcirco precatur ut, in ista necessitate, domnum imperatorem rogare dignemini, ut permittat se habere beneficium, quod avus ejus illi concessit, et pater habere permisit, quousque, viribus receptis, ad ejus præsentiam venerit ac se solemni more commendaverit (4). Bene vale, igulorum amantissime, sic optat igulus tuus vetulus et infirmus.

---

(1) Cod. *confugit*.
(2) Cod. *Burgandia*.
(3) Sic in codice; edit. *præ infirmitate*.
(4) Cod *commendaverat*. — *Optet*.

dans une rixe qui s'est élevée entre eux. Je prie donc votre sainteté que, par respect pour les saints martyrs, près desquels cet homme est venu chercher un asile, elle daigne être assez indulgente pour lui faire grâce de la mutilation et de la peine du fouet, en l'autorisant à composer à prix d'argent et à racheter le crime qu'un mauvais mouvement lui a fait commettre. Je fais des vœux, très-saint et très-révérend père, pour que le Christ conserve votre sainte personne en grâce et en santé.

XXVI. A U. SON AMI.

Éginhard à U., son ami, salut.— Frumold, fils du comte N., dont N. a épousé la sœur, accablé plutôt par une infirmité que par la vieillesse — de violents accès de goutte le tourmentent sans relâche — possède en Bourgogne, dans le pays de Genève où son père a été comte, un petit bénéfice qu'il craint de perdre si votre bonté ne lui vient en aide, parce que le mal dont il souffre ne lui permet pas de se rendre au palais. Dans cette impérieuse nécessité, il vous prie de vouloir bien intercéder pour que l'empereur autorise la conservation de ce bénéfice, dont la concession a été faite par son aïeul, et la jouissance maintenue par son père, jusqu'à ce que Frumold se rétablisse et qu'il puisse se rendre lui-même en sa présence pour se recommander à lui (1) dans la forme voulue. Portez-vous bien, le plus cher de mes amis, tel est le vœu de votre pauvre ami, maintenant bien vieux et bien infirme.

---

glantes représailles, et d'amener la réparation du crime par la composition.

(1) C'est-à-dire prêter serment comme vassal Voy. ci-dessus la lettre II, et la note 3, p. 5. Voy. aussi la lettre suiv. XXVII.

XXVII. AD N. COMITEM.

Magnifico et honorabili atque illustri viro N. glorioso comiti, Einhardus sempiternam in Domino salutem. — N. vassus dominicus, frater uxoris N. comitis, morbo pedum et senectute gravis, volebat venire ad domnum imperatorem : sed non potuit propter infirmitatem suam. Cum primum potuerit, veniet ad servitium ejus. Interim postulat ut sibi liceat beneficium suum habere, quod ei domnus Karolus imperator dedit in Burgundia, in pago Genawense (1), usque dum ille ad praesentiam ejus venerit, ac se in manus ejus commendaverit. Mihi quoque rectum (2) et utile videtur ut ita fiat, sicut ipse desiderat, quia vir bonus ac prudens est, et bonae famae inter vicinos suos, et vos bene facietis, si eum in hac re adjuvare dignemini. Opto ut semper bene valeatis in Domino.

XXVIII. AD N. COMITEM.

Magnifico et honorabili atque illustri N. glorioso comiti, Einhardus aeternam in Domino salutem. — Rogo benignitatem vestram ut hunc juvenem N. apud (3) domnum imperatorem adjuvare dignemini, ut beneficium, quod ipse et frater suus habent, non perdant. Habent enim in pago Tornacense (4) mansos xv, et

---

(1) Cod. *Genawensse*.

(2) Hanc vocem cum editis emendavimus; cod. enim prima manu *reotum*, posteriori vero, expunctis duobus litteris *eo* et superposita littera *a*, *ratum*.

(3) Cod. *aput*.

(4) Cod. *Turnacense*.

XXVII. A UN COMTE.

Au magnifique, honorable et illustre seigneur le glorieux comte N., Éginhard, salut éternel dans le Seigneur. — N. (1), vassal de l'empereur, frère de la femme du comte N., quoique retenu par la goutte et par son grand âge, voulait se rendre auprès de l'empereur notre maître, mais il n'en a pas eu la force. Aussitôt qu'il le pourra, il viendra s'acquitter de son devoir; en attendant, il demande qu'il lui soit permis de conserver le bénéfice que l'empereur Charles lui concéda en Bourgogne, dans le pays de Genève, jusqu'à ce qu'il puisse se présenter devant l'empereur et se recommander entre ses mains. Il me paraît juste et convenable de faire ce qu'il désire, car c'est un homme de bien et de mérite, qui est fort estimé dans son voisinage. Vous ferez donc une bonne action, si vous daignez appuyer sa demande. Je souhaite que le Seigneur vous conserve en grâce et en santé.

XXVIII. A UN COMTE.

Au magnifique, honorable et illustre seigneur le glorieux comte N., Éginhard, salut éternel dans le Seigneur. — Soyez assez bon, je vous prie, pour daigner appuyer auprès de l'empereur ce jeune homme nommé N., et obtenir que lui et son frère ne perdent pas leur bénéfice. Ils possèdent xv manses dans le pays de Tournay et v autres manses au delà du Rhin. N. désire servir l'empereur pour le bénéfice situé dans le Tournaisis, tandis

---

(1) N., c'est-à-dire Frumold; voyez la lettre précédente sur le même sujet, et dans laquelle Frumold est nommé.

ultra Hrenum mansos v. Ipse vult cum beneficio, quod in Tornacense est, servire domno imperatori, et ut frater suus, cum illo quod ultra Hrenum est, se ad N. commandet, et tamen communiter illud beneficium totum habeant : sed ille non vult ei ad hoc consentire, nisi domnus imperator illi præcipiat. Nam nisi hoc factum fuerit, perdunt illud beneficium quod ultra Hrenum habent. Ideo precatur bonitatem vestram ut inde domnum imperatorem rogare dignemini, ut fratrem ejus sic facere jubeat : et ipse paratus est facere firmitatem, qualem domno imperatori placuerit, quod beneficium suum communiter cum fratre suo habere vult semper (1). Opto ut semper bene valeatis in Domino.

XXIX. AD N. SACERDOTEM.

Domino sancto et merito venerabili N. summi Dei sacerdoti, Einhardus peccator. — Venientem ad nos Eburonem, propinquum et fidelem vestrum (2), gratanti animo suscepimus, existimantes eum diutius apud nos esse mansurum. Sed quia ille ad vos redire festinat, noluimus illum sine litteris nostris dimittere, ne si vacuis (3) manibus rediret, ad nos non venisse putaretur (4). De his tamen causis, unde se certi aliquid ad vos allaturum existimavit, nihil vobis certi significare, aut per illum indicare possum, quia mu-

---

(1) Edit. *habere non vult semper;* sed vox *non*, quamvis adsit in codice, expungenda est, cum, submissis punctis, ab ipso exscriptore irrita facta fuerit.

(2) Cod. *vestram.*

(3) Cod. *evacuis.*

(4) Cod. *venisse non putaretur.*

que son frère se recommanderait à N. pour celui qui est situé au delà du Rhin, sans cependant cesser de posséder en commun l'intégrité de ce dernier bénéfice. Mais son frère ne veut y consentir que sur l'ordre de l'empereur. Or, si cet arrangement n'a pas lieu, ils perdront le bénéfice situé au delà du Rhin. N. s'adresse donc à votre bienveillance, afin que par votre entremise son frère reçoive de l'empereur les ordres nécessaires. Quant à lui, il est tout prêt à fournir toutes les sûretés qu'il plaira à l'empereur d'exiger pour garantie qu'il entend toujours posséder en commun avec son frère le bénéfice qui lui serait attribué. Je souhaite que le Seigneur vous conserve en grâce et en santé.

XXIX. A UN ÉVÊQUE.

Au saint et justement vénérable seigneur N., ministre du Très-Haut, Éginhard pécheur. — L'arrivée d'Eburon, votre parent et votre fidèle, nous a rempli de joie; nous espérions qu'il ferait auprès de nous un plus long séjour. Mais puisqu'il a hâte de retourner vers vous, nous n'avons pas voulu le laisser partir sans lui remettre une lettre, car s'il revenait les mains vides vous pourriez croire que nous ne l'avons pas vu. Quant aux affaires sur lesquelles il comptait vous rapporter quelques renseignements certains, je ne puis rien vous dire de positif ni même vous transmettre par lui aucune indication : la révolution qui vient de s'accomplir dans ce royaume (1) nous a troublé

---

(1) Il est probable que cette lettre fut écrite en 830, lors de la première révolte des fils de Louis-le-Débonnaire Voy. Nithard, liv. 1, 3, et la vie de Vala, abbé de Corbie, dans Bouq. VI, 68 et 285.

tatio (1) rerum, quæ nuper in hoc regno facta est, in tantum nos conturbavit, ut penitus ignoremus quid agere debeamus, nisi ut, secundum verba Josaphat, oculos nostros ad Dominum dirigamus (2); et, juxta verba Philonis (3), imploretur divinum, quando humanum cessat auxilium. Ipsum autem latorem præsentium Eburonem, quamvis vobis (4) propinquus sit, carissimum, vestræ electioni (5) commendamus. Confidimus (6) enim in Deo, licet nunc fieri non posset, quod eum iterum, opitulante divina clementia, lætum et hilarem, opportuno tempore, ad vos remittere debemus. Optamus ut sanctitatem vestram, bene valentem et nostri memorem, divina gratia semper et ubique custodiat.

XXX. AD VUSSINUM FILIUM SUUM.

Carissimo filio Vussino in Domino salutem. — Vereor namque, fili, et valde metuo quod, relicto ovili, nec tui nec mei memor esse debeas : quia juventus immatura, nisi frenis disciplinæ coercita, haud (7) facile per justitiæ incedit vias. Quamobrem, mi nate, stude probos æmulari mores, et quem te semper sequi hortabar (8), ne ullo pacto offensum habere velis : sed professionis tuæ (9) memor, quan-

---

(1) Cod. *quam mutuo rerum.*
(2) Cf. Paralip. lib. II, cap. xx, v. 12.
(3) Cod. *Filonis.*
(4) Cod. et ed. *nobis,* quod ex ipsius epistolæ initio mutandum erat.
(5) Sic codex; edit. *dilectioni.*
(6) Cod. *consudimus.*
(7) Cod. *haus.*
(8) Cod. *ortaber.*
(9) Cod. *professione tua.*

au point que nous ignorons entièrement ce que nous devons faire, si ce n'est, suivant les paroles de Josaphat, de tourner nos regards vers le Seigneur, et d'implorer, comme le dit Philon, le secours de Dieu quand celui des hommes nous manque. Quoique le porteur des présentes, Éburon, soit votre parent, nous l'aimons trop pour ne pas le recommander encore à votre choix. Car nous avons la confiance qu'avec la grâce de Dieu, ce qui ne serait pas possible aujourd'hui pourra le devenir un jour, et qu'une autre fois le secours de la divine Providence nous permettra de vous le renvoyer, en des temps meilleurs, plein de joie et d'allégresse. Je fais des vœux pour que la grâce divine conserve partout et toujours votre sainteté en bonne santé et pleine de notre souvenir.

XXX. A SON FILS VUSSIN.

A mon très-cher fils Vussin (1), salut dans le Seigneur. — Je crains mon fils et je redoute vivement que, sorti du bercail, vous ne veniez à vous oublier et à m'oublier moi-même; car la jeunesse sans expérience, si elle n'est maintenue par le frein de la discipline, ne marche que bien difficilement dans les voies de la justice. Efforcez-vous donc, mon cher enfant, d'imiter les bons exemples, ne contrariez en rien l'homme que je vous ai proposé pour modèle, mais gardant le souvenir de votre profession (2), autant que vous le permettra celui que vous

---

(1) Le mot *fils* doit être pris, ici, dans son acception propre; Vussin était le fils unique d'Éginhard et d'Imma.

(2) Mabillon, *Annal. Benedict.* liv. xxviii, n° 48, conclut de ce passage que sans doute Vussin avait embrassé la profession monastique à Seligenstadt, et qu'il quittait alors ce monastère où il avait été

tum ipse annuerit, cui te totum commisisti, ejus (1) mandatis insiste discendis. His edoctus (2), et in opere eorum assuetus, nullo vitalis scientiæ commodo carebis. Sicut te præsens monui, in studio discendi te exerce, et quicquid ex ipso lucidissimo et abundantissimo magni oratoris (3) ingenio assequi nobilis scientiæ potueris, nihil intactum relinque : maxime autem probos mores illius, quibus excellit (4), imitari memento; quoniam grammatica et rhetorica (5), cæteraque liberalium artium studia, vana sunt, et valde nociva servis Dei, nisi per gratiam divinam bonis moribus subesse noscantur : quia scientia inflat, caritas vero ædificat. Melius mihi quidem (6) est ut te mortuum videre contingat, quam inflatum et scatentem vitiis. Non enim Salvator a se miraculorum facta, sed mansuetudinem et cordis humilitatem discere præcepit. Quid plura? Sæpe hæc et alia hujus modi a me audisti. Utinam aliquando contingat istis (7) delectari, quibus munditia cordis corporisque, per Dei auxilium, assequitur. Misi (8) igitur tibi verba et nomina obscura ex libris Vitruvii, quæ ad præsens occurrere (9) poterant, ut eorum notitiam ibidem perquireres. Et credo quod eorum maxima pars tibi demonstrari possit in capsella, quam domnus E. columnis eburneis, ad instar antiquorum operum, fabricavit. Et propter

---

(1) Cod. *ei.*
(2) Cod. *et doctus.*
(3) Cod. *oratores.*
(4) Cod. *excellet.*
(5) Cod. *rethorica.*
(6) Cod. *qualem e. ut de m.*
(7) Cod. *iste.*
(8) Cod. *nisi.* — (9) *occurre.*

avez choisi pour maître, appliquez-vous à profiter des ses
leçons. Instruit par ces préceptes et accoutumé à les pra-
tiquer, vous posséderez tous les avantages de la science
de vie. Comme je vous le conseillais de vive voix, exer-
cez-vous aussi à l'étude et ne négligez aucune des nobles
connaissances que vous pourrez puiser dans le génie
si lucide et si fécond de ce grand orateur, mais avant
tout, souvenez-vous d'imiter les vertus qui font son plus
grand mérite, car la grammaire, la rhétorique et les autres
arts libéraux sont choses vaines et grandement nuisibles
aux serviteurs de Dieu, si la grâce divine ne nous apprend
qu'il faut toujours les subordonner aux bonnes mœurs;
en effet, la science peut enfler le cœur, mais la charité
l'édifie. J'aimerais mieux vous savoir mort que souillé
d'orgueil et de vices, car le Sauveur ne nous a point prescrit d'imiter ses miracles, mais sa douceur et son humilité.
Que dirai-je de plus? Ces conseils et d'autres semblables,
vous les avez souvent entendus de ma bouche. Puissiez-
vous enfin être assez heureux pour aimer ce qui procure,
avec la grâce divine, la pureté de l'âme et du corps. Je
vous ai donc envoyé des mots et des termes obscurs
employés par Vitruve, autant que j'ai pu les recueillir
quant à présent, pour que vous cherchiez à en éclaircir
le sens. Je pense que vous trouverez la solution de la
plupart de ces difficultés, à l'aide du coffret que maître E. a fabriqué avec des colonnes d'ivoire, à l'imitation
des monuments antiques. Et quant à ce que Vitruve

élevé, *relicto ovili*, pour entrer à l'abbaye de Fulde, gouvernée par le
célèbre Raban-Maur, *Hrabanus Maurus*, abbé de Fulde en 822, archevêque de Mayence en 847, et qui est très-certainement le grand
orateur dont son père lui propose la vie pour modèle. Voy. *nov.* Gall
christ. VI, 446 et 605.

illud quod Vitruvius nominat scenographiam, interroga quid sit quod Virgilius in III Georgicorum libro (1) scenam vocat. Dicit enim :

> . . . . [Jam nunc solemnes ducere pompas]
> Ad delubra juvat, cæsosque videre juvencos,
> Vel scena ut versis discedat frontibus, utque
> Purpurea intexti tollant aulea Britanni.

Vale.

XXXI. AD N. EPISCOPUM.

Domino sancto et merito venerabili N. episcopo, Einhardus sempiternam in Domino salutem. — Quamvis me multum contristet quod te, amantissime Domine, per litteras (2), in hoc molestissimo corporis vestri labore positum audio; tamen non minimam capio (3) consolationem, quod hunc laborem tibi proficere, et ad purgationem animæ pertinere non ignoro. Credo enim quod ideo te divina misericordia tamdiu in hoc morbo corporali macerari permittat, quod te, hoc corpore migrantem, emendatum recipiat. De orationibus vero pro te faciendis, certam facio caritatem tuam quod, in quantum mihi Deus vires et possibilitatem concedere dignatus fuerit (4), per eos, quos auditione dignos æstimare possum, certare curabo, quemadmodum et te erga meam pusillanimitatem fiduciam habere cognosco. De recuperanda corporis salute licet nunquam sit desperandum, quia potens est Deus de creatura sua facere quidquid voluerit, tamen melius est unicui-

---

(1) Cod. *libros.*
(2) Hæc vox in editis desideratur, et reliquus locus, interpunctis male distinctus, intelligi non potest.
(3) Cod. *capie;* edit. *capere.*
(4) Cod. *dignatus sum fuerit.*

appelle scénographie (1), consultez ce que dit Virgile de la scène dans son troisième livre des *Géorgiques* :

« Déjà je crois conduire au temple la pompe solennelle ; déjà je crois voir les taureaux immolés, ou la scène changer de face en tournant, et les Bretons lever les rideaux de pourpre sur lesquels ils sont représentés. »

Adieu.

XXXI. A UN ÉVÊQUE.

Au saint et justement vénérable seigneur, N. évêque, Éginhard, salut éternel dans le Seigneur. — Bien que j'aie éprouvé une vive douleur, mon très-cher seigneur, en recevant la lettre qui m'apprend la cruelle maladie dont votre corps est affligé, je trouve de puissants motifs de consolation dans la pensée que cette épreuve vous profite et qu'elle sert à purifier votre âme. Je crois en effet que si la divine miséricorde prolonge pour vous les macérations dans cette maladie corporelle, c'est pour vous recevoir sans tache lorsque vous abandonnerez votre enveloppe terrestre. Quant aux prières à faire pour vous, votre charité peut être certaine que je mettrai en œuvre tout ce que Dieu a daigné m'accorder de force et de pouvoir pour y employer ceux que je croirai dignes d'être exaucés, car je sais quelle confiance vous voulez bien avoir en ma faiblesse. Sans doute il ne faut jamais désespérer de recouvrer la santé, parce que Dieu dans sa puissance peut faire tout ce qu'il veut de sa créature. Cependant, il vaut mieux pour chacun de nous se préparer à ce qui doit

---

(1) Vitruve, *De Architect.* liv. I, chap. 2 (tom. I, p. 12, édit. de Schneider) *Scenographia est frontis et laterum abscedentium adumbratio, ad circinique centrum omnium linearum responsus.*

que nostrum ad certa se præparare, quam, propter incerta (1), quod necessarium est, velut meliora speranda (2), negligere. Opto ut semper bene valeas in Domino.

XXXII. AD AMICUM.

Carissimo meo Einhardus peccator, jam in extremo positus, tuus (3) tamen tuorumque, donec superest flatus, Deo teste, fidelis. — Commendo, dilectissime mi, tuæ caritati animam, e corpore subdito peccatis egressam, ut eam in tuo tuorumque fidelium consortio adscribi digneris : quatenus, sanctarum studiis orationum, piorumque precibus fratrum, misera adjuvata anima, locum quemdam (4) refrigerii accipere mereatur (5). His itaque, propter nimiam magnamque angustiam carnis vel spiritus, breviter prælibatis, deprecor, dilectissime mi (6), ut summam, pro amore Dei ac meæ vilitatis amicitia (7), ecclesiarum, meæ parvitati commissarum, adhibeas curam, ne post obitum meum lupi locum sanctitatis invadant rapaces, gregemque humillimum dispergant : sed potius eis talis concedatur rector, qui Deum amare noverit vel timere, et his, qui subditi sunt, misericorditer (8) subvenire. Fratres vero nostri tuique fidelissimi ex monasterio N.

---

(1) Cod. *incerto.*
(2) Edit. *sperando.*
(3) Cod. *tuos.*
(4) Cod. *m. adjuvate a. l. quiddam.*
(5) Cf. preces missæ in memoriam mortuorum.
(6) Cod. *dilectissime enim.*
(7) Cod *ac mea v. amititiam.*
(8) Cod. *mediocriter.*

certainement arriver que de négliger le nécessaire pour des choses incertaines, que l'on se figure être plus désirables. Je fais des vœux pour que vous vous conserviez dans la grâce du Seigneur.

XXXII. A L'UN DE SES AMIS.

Au plus cher de ses amis (1), Éginhard pécheur, déjà au bord de la tombe, mais, comme Dieu lui en est témoin, dévoué à vous et aux vôtres jusqu'au dernier soupir.— Mon très-cher ami, je recommande à votre charité mon âme une fois délivrée de ce corps soumis au péché. Daignez l'admettre dans l'association formée par vous et vos fidèles, afin que, secourue dans sa misère par le zèle de vos saintes oraisons et par les pieuses prières de vos frères, elle mérite d'obtenir un lieu de rafraîchissement. Après vous avoir adressé cette recommandation, que mes angoisses de corps et d'esprit me forcent d'abréger, je vous prie avec instance, mon très-cher ami, de vouloir bien, pour l'amour de Dieu et en souvenir de l'attachement de votre pauvre ami, prendre les plus grands soins des églises qui ont été confiées à ma faiblesse, de peur qu'après ma mort les loups dévorants n'envahissent le sanctuaire et ne dispersent mon humble troupeau. Faites en sorte, au contraire, qu'on leur donne un pasteur qui sache aimer Dieu et le craindre, et protéger miséricordieusement ceux qui lui seront soumis. Nos frères communs et très-fidèles du monastère de N. ont désiré pour chef un d'entre eux, notre proche parent, jeune d'années, il est vrai, mais, selon

---

(1) D. Mabillon, *Annal. Bened.* liv. xxxii, n° 16, pense que cette lettre est adressée au bibliothécaire Gerward, et qu'il s'agit plus bas du monastère de Seligenstadt et de Ratleig, alors notaire d'Éginhard, qui lui succéda dans cette abbaye.

fratrem quemdam (1) inter eos, proximum mihi, sibi præesse optaverunt, juvenem quidem ætate, sed moribus, ut puto, senem; cujus progeniem bene nosti, [est enim] filius N. frater N. et multorum nobilium proximus. Quem Wormatiam [fratres nostri tuique] direxerunt et, adhuc vivente (2) me, dum N. me visitare dignatus est, præsentem [eum] commendaverunt. Qui valde et cum multis lacrymis, mihi vel propinquis meis, adstante N. comite, promisit...... quoque (3) N. precibus compulsus annuit quod, si apud Deum factum sit, ipsum loco meo optassent (4). Unde memento, dulcissime, ut hoc non differatur, sed ut fiat maxime adhibe certamen. Mitto pallium unum, quod (5) rogo fratribus ad S. Servatium dari jubeas, ut mei mentionem faciant. Tuæ caritati mulum meum dari præcepi. Imma, soror dilectissima, his esto adjutrix, tibique animam commendo! Jam plura loqui angustia non permittit, attamen animam meam iterum precibus vestris commendo.

XXXIII. AD N. COMITEM ET N. JUDICEM, MISSOS DOMINICOS.

Dilectis in Christo fratribus et amicis, N. comiti,

---

(1) Cod. *frater quidam.*

(2) Cod. *viventem.*

(3) Vox *quoque* ab edit. prætermissa in cod. distincte legitur; sed ea quæ proxime præcedit, septem litteris circiter constans, oculorum aciem penitus effugit.

(4) Hic locus, a verbis *filius N.*, magna parte corruptus est, et præterea, cum per has similes litteras N. variæ personæ designentur, vix intelligi potest

(5) Cod. *quem...... dare.*

moi, déjà vieux par les vertus. Vous connaissez bien sa famille; c'est le fils de A., le frère de B., et le parent de plusieurs nobles personnages. Nos frères l'envoyèrent à Worms, et, lui-même étant présent, le recommandèrent, quoique de mon vivant, à C. lorsqu'il daigna me faire visite; ce fut en versant beaucoup de larmes que C. fit à moi et à mes proches, en présence du comte D., les plus grandes promesses. Cédant aux prières de E., il consentit même que ce jeune homme fût élu à ma place, quand il plairait à Dieu. Veillez donc, mon cher ami, à ce que cette mesure ne soit pas différée, mais employez tous vos efforts pour en obtenir l'accomplissement. Je vous envoie une nappe d'autel que je vous prie de faire donner aux frères du monastère de Saint-Servat, afin qu'ils se souviennent de moi dans leurs prières. Pour vous, mon ami, j'ai voulu que ma mule vous fût donnée. Imma, ma sœur chérie, veille à l'exécution de mes volontés (1), et prie pour mon âme que je te recommande! Mes douleurs ne me permettent pas d'en dire davantage, cependant je recommande encore une fois mon âme à vos prières.

XXXIII. AU COMTE N. ET AU JUGE N., DÉLÉGUÉS IMPÉRIAUX.

A ses très-chers frères en Jésus-Christ et très-chers

---

(1) D Bouquet, VI, 376 et 377, not. *b*, assigne à cette lettre la date de 839. Mais si cette date était exacte, comment Éginhard pourrait-il charger Imma, sa femme, de veiller à l'exécution de ses dernières volontés, puisqu'elle était morte trois ans auparavant, en 836? N'est-il pas tout simple de penser qu'Éginhard fit, avant 836, probablement vers 830, une maladie très-grave et qu'au plus fort d'une crise, de laquelle il réchappa, cette lettre fut écrite à Gerward? C'est d'ailleurs ce que prouve d'une manière incontestable la lettre LXXVII adressée à Lothaire

N. judici, gloriosis (1) missis domni imperatoris, Einhardus in Domino salutem. — Homines nostri, qui de istis partibus ad nos veniunt, solent nobis narrare de bona voluntate et de benignitate vestra erga nos, in eo quod homines nostros servatis, et eis parcitis (2) in qualicumque loco illis parcere potestis, tam in heribannis quam in aliis causis ad vestrum missaticum pertinentibus. Unde vobis, ut dignum est, magnas agimus gratias, Deumque rogamus et Sanctos ejus ut vobis non solum hic, in præsenti vita, sed etiam in futura, congruam factis vestris mercedem retribuere dignetur. Promittimus etiam quod et nostram parvitatem ad voluntatem vestram faciendam paratam habere debeatis. Bene valete.

XXXIV. AD LOTHARIUM IMPERII CONSORTEM.

Vivat Dominus meus, piissimus Augustus, in perpetuum. — Quantam curam et sollicitudinem erga magnitudinem vestram mea pusillitas gerat, non facile verbis explicare valeo. Quoniam æque vos atque piissimum dominum meum, patrem vestrum, semper dilexi, et æqualiter ambos salvos esse volui, postquam vos in societatem nominis et regni, consensu totius populi sui, assumpsit, meæque parvitati præcepit ut vestri curam gererem, ac vos de moribus corrigendis, et honestis atque utilibus sectandis, sedulo commonerem. Sed licet in his meam operam, minus quam debuit, utilem vobis sitis experti, tamen voluntas fidelis

---

(1) Cod. *gloriosi*
(2) Cod. *paratis*

amis le comte N. et le juge N., glorieux délégués impériaux, Éginhard, salut dans le Seigneur.—Ceux de nos hommes, qui arrivent ici du pays où vous êtes, nous parlent souvent des bonnes dispositions et de la bienveillance dont vous nous donnez des preuves, en les protégeant et en les ménageant, toutes les fois qu'il vous est possible de le faire, soit pour le service militaire, soit pour les autres choses qui se rattachent à votre délégation. Nous vous en adressons donc, comme nous le devons, de grands remercîments, et nous prions Dieu et ses Saints de vouloir bien vous accorder, non-seulement dans cette vie, mais encore dans l'autre, une récompense digne de votre conduite. Soyez persuadés aussi que nous serons toujours empressé de faire, autant que nos faibles moyens le permettront, tout ce que vous nous commanderez. Adieu.

XXXIV. A LOTHAIRE, ASSOCIÉ A L'EMPIRE (1).

A mon souverain maître, le très-pieux Auguste, vie éternelle.—Vous dire quel intérêt, quelle sollicitude, votre grandeur inspire à ma faiblesse, c'est ce qu'il me serait difficile d'exprimer; en effet, j'ai toujours également chéri et vous et mon très-pieux seigneur, l'empereur votre père, et j'ai également désiré votre salut commun depuis qu'en vous admettant, du consentement de tout son peuple, à partager avec lui son titre et son pouvoir, il daigna confier à ma faiblesse le soin de votre personne, me charger de corriger vos mœurs et de former soigneusement votre cœur à tout ce qui est honnête et utile. Si vous n'avez pas trouvé en moi, à cet égard, tous les secours

---

(1) Cette lettre fut écrite par Éginhard vers l'été de l'année 830, après la première révolte des fils de Louis-le-Debonnaire.

non defuit, nec adhuc quidem deest, quæ me tacere non permittit; quin potius cogit ut vos de vestra [salute commoneam et in quibus periculum vestrum cavere debeatis breviter aperiam. Pervenisse ad parvitatis meæ notitiam magnitudo vestra] (1) cognoscat, quod quidam homines, sua potius quam vestra commoda quærentes, mansuetudinem vestram sollicitent, vobisque persuadere conentur ut, postposito paterno consilio, et obedientia (2) debita derelicta, locum, vobis ad regendum atque custodiendum a piissimo genitore vestro commissum, dimittatis, et ad illum, ipso invito, et neque volente neque jubente, veniatis, et apud eum, quamvis illi non placeat, permaneatis. Quo quid perversius vel indecentius (3) excogitari potest! Videte qualis sit, et quantum mali habeat ista persuasio. In primis siquidem, ut meæ pusillitati videtur, hortatur vos ut Dei præceptum, quo parentibus honor exhiberi jubetur, parvi pendatis, et longævitatem, quæ pro remuneratione conservati mandati promittitur, pro nihilo habeatis : deinde ut, abjecta obedientia, inobedientiam pro illa assumatis, et contra eum, sub quo subjectionem humiliter vos agere debueratis, per elationem contumaciter erigatis : tum ut (4)

---

(1) Hunc locum, qui in editis desideratur, inter uncos restituimus ex altero ejusdem epistolæ exemplari quod in nostro codice, f° 18, reperias. Quod quidem folium alterius pars fuit codicis, nostro haud recentioris forsan, sed profecto longe emendatioris, ut saltem conjici potest ex hoc unico folio quod alteram Einhardi ad Lotharium epistolam, infra sub numero LXXVII primum recusam, et hujusce initium, usque ad voces *quam vestra commoda*, tantum continet.

(2) Cod. *oboedientia* et sic infra.

(3) Cod. *indecontius*.

(4) Cod. *tit*.

que je vous devais, au moins le zèle et le dévouement ne m'ont pas manqué, et ces sentiments, qui m'animent encore aujourd'hui, ne me permettent pas de garder le silence ; ou plutôt ils m'imposent l'obligation de vous donner les avertissements nécessaires à votre salut et de vous exposer en peu de mots ce que vous avez à faire pour éviter les dangers qui vous menacent. Que votre grandeur apprenne donc ce qui est parvenu à la connaissance de ma chétive personne. C'est qu'il est des hommes, plus occupés de leurs intérêts que des vôtres, qui entourent de séductions votre mansuétude et qui cherchent à vous persuader de rejeter les avis de votre père, de renoncer à l'obéissance qui lui est due, d'abandonner le pays dont le très-pieux auteur de vos jours vous a confié le gouvernement et la garde (1), pour vous rendre auprès de sa personne malgré lui, car il ne vous en a ni exprimé le désir ni donné l'ordre, et vous établir près de lui, quelque déplaisir qu'il en témoigne. Peut-on rien imaginer de plus pervers et de plus inconvenant ! Réfléchissez vous-même à ces conseils, et à tout ce qu'ils ont de pernicieux. En effet, suivant mes faibles lumières, ce que l'on vous conseille d'abord, c'est de mépriser le précepte divin qui nous ordonne d'honorer nos parents, c'est de compter pour rien cette longue vie, que Dieu promet comme récompense à ceux qui observeront son commandement. On veut ensuite que vous rejetiez tout sentiment d'obéissance pour y substituer l'esprit de rébellion, et que, dans

---

(1) Lothaire, associé à l'empire le 31 juillet 817, roi de Lombardie en 820, couronné empereur par le pape Pascal, le jour de Pâques, 5 avril 823, avait été renvoyé en Italie, après l'assemblée de Worms, en 829, par son père qui voulait l'éloigner de la cour et des factieux.

per contemptum et inobedientiam caritate (1) depulsa, discordia, quæ nunquam inter vos vel nominari debuit, in tantum excrescat, ut, inter quos amor esse debuit, odium enascatur : quod ne veniat summopere cavendum est. Credo enim prudentiam vestram minus latere, quanta abominatio (2) sit apud Deum filius contumax et parentibus inobediens, cum eum Deus, sicut in Deuteronomio legere potestis, per Moysen ab omni populo lapidari præcepit. Quapropter admonendum censui pietatem (3) vestram ut, per prudentiam

---

(1) Cod. *caritatem* ..... *nominat.*

(2) Cod. *abiornatio.*

(3) Omnes editores hìc legunt, cum codice, *neptitatem*, et ex hac voce præcipuum ducunt argumentum qui Immam, Einhardi uxorem, Caroli Magni filiam, ideoque Lotharii amitam fuisse contendunt, et ea ratione Lotharium nepotis titulo ab Einhardo recte appellatum. Longe aliam difficultatis enodationem exhibet doctissimus abbas Lebeuf(*) dum per *neptitatem* intelligit *principalitatem* seu *præcipuitatem*, quam vocem deducit a teutonico *nempt* vel *nept* id est *præcipuus* Nos vero, re attente perpensa, Leibnitii et Fabricii sententiam secuti, conjicimus hanc vocem *neptitatem*, cujus, nec apud Einhardum nec apud cæteros cujusvis ætatis scriptores, alterum exemplum reperias, omni sensu destitutam et exscriptoris oscitationi plane esse tribuendam, qui ex verbis *a me pietatem* vel *neq pietatem* (voce *neque* in linea proxime sequenti sumpta) male in unum adunatis eam conflavit. Ejus enim inscitiæ non solum præcedentes et sequentes epistolæ, sed hæc ipsa etiam de qua agimus, plurima perhibent exempla, quæ sedulo a nobis notata fuerunt et a pristinis editoribus, absque ulla difficultate, emendata. Quemadmodum *indecentius* potius quam *indecontius*, *ut* quam *tit*, *abominatio* quam *abiornatio*, *doctores* quam *toctores*, etc., etc., omnes legere maluerunt, sic et nobis legere placet, non *neptitatem* verbum prorsus insolitum, sed *pietatem* vocem sæpissime ab Einhardo, aliisque ejusdem ætatis scriptoribus, usurpatam. De cæteris vero argumentis, ad propositum nostrum confirmandum, ex ipsa epistolæ forma deducendis, vide contra notam gallicam.

(*) In dissertatione quæ anno 1740 præmium ab Academia Suessionensi propositum tulit.

un transport d'orgueil, vous vous éleviez arrogamment contre celui sous lequel vous devriez vivre dans une humble soumission. Enfin l'on s'efforce, en étouffant toute tendresse par le mépris et la désobéissance, de pousser la discorde, dont le nom même n'aurait jamais dû être prononcé entre vous, jusqu'à faire naître la haine dans le cœur d'un père et d'un fils qui ne devraient éprouver que des sentiments d'affection. Il faut tout faire pour prévenir un tel malheur. Car votre sagesse ne saurait ignorer, j'en suis convaincu, combien un fils désobéissant et rebelle à ses parents est abominable devant Dieu, puisque Dieu, comme vous pouvez le lire dans le Deutéronome, ordonna par la voix de Moïse qu'un tel fils fût lapidé par tout le peuple. J'ai donc cru devoir adresser à votre piété (1) ces

---

(1) M. Guizot dans sa savante notice sur Éginhard, p. xxiv, traduit ainsi ce passage : « J'ai donc cru devoir vous avertir, *mon cher fils*, etc. » et il ajoute en note : « Les mots *neptitas vestra* me semblent une expression vague d'affection, un souvenir de l'ancienne tutelle d'Éginhard sur Lothaire, plutôt qu'une qualification précise soit de parenté, soit de rang. » — Quelque ingénieuse que soit cette interprétation, quelque grave que soit l'autorité dont elle émane, nous allons essayer de la combattre. Nous avons déjà développé dans la note latine ci-contre les raisons, tirées de la lecture même du manuscrit, qui nous ont déterminé à substituer, dans le texte, le titre honorifique *pietatem* au mot *neptitatem* qui, suivant nous, n'a jamais existé. Mais, lors même que l'on pourrait trouver un autre exemple de ce mot, soit pour indiquer la parenté de l'oncle au neveu, soit comme expression vague d'affection, il nous semble qu'il ne s'accorderait nullement avec le ton général de la lettre. En effet, tout en faisant à son ancien élève d'énergiques représentations, Éginhard a soin de se conformer aux règles de l'étiquette la plus sévère ; il appelle Lothaire *son souverain maître, le très-pieux Auguste*, il s'adresse à *sa prudence*, à *sa sagesse*, à *sa grandeur*, tandis qu'en parlant de lui-même il se sert des formules les plus humbles, telles que *ma faiblesse, mon indignité*, comment donc admettre que, sans transition aucune, il ait employé, au milieu de sa lettre, une expression d'une familiarité inusitée, sans même la relever

a Deo vobis concessam, caveatis periculum vestrum, neque arbitremini hanc divinam sententiam posse (1) a quolibet contemni, licet in veteri lege conscripta sit. Est enim una de multis, quas majores ac doctores nostri, sancti (2) videlicet Patres, tam præsentibus quam priscis (3) temporibus, tam christianis quam judæis, observandas esse censuerunt. Amo vos, Deus scit, et ideo tam fiducialiter admoneo : nec vos vilitatem (4) personæ admonentis, sed salubritatem consilii, considerare debetis. Opto, etc.

XXXV. AD N. ABBATEM.

Domino sancto et merito vener. N., reverentissimo abbati, N. [i. e. Einhardus] peccator. — Amicorum meorum relatione didici N. — abbatem an episcopum nominare debeam ignoro, quis ille sit vos optime nostis — quod in rebus, ad suum profectum pertinentibus, vestro salubri et prudentissimo soleat uti consilio. Quapropter visum est mihi vestram sanctitatem precari ut apud memoratum virum pro nepote ipsius Eburone, qui nunc Metis moratur, loqui, eumque rogare (5) dignemini ut eum spe, quam illi fecerat (6), non fraudaret, sed potius in promissa ei erga se be-

---

(1) Cod. *possit..... contempti.*
(2) Cod. *toctores n. cum v.*
(3) Edit. *præteritis.*
(4) Cod. *utilitatem.*
(5) Cod. *n. Metam moratum l. cum quem r.*
(6) Cod *illis ecerat.*

avertissements, afin que la prudence, dont le Seigneur vous a doué, vous serve à éviter ce danger; et croyez bien qu'il n'est personne au monde qui puisse mépriser ce précepte divin, quoiqu'il soit écrit dans l'ancienne loi. Car ce commandement est au nombre de ceux que nos maîtres et docteurs, les Pères de l'Église, ont déclaré obligatoires pour les temps modernes aussi bien que pour les temps anciens, pour les chrétiens comme pour les juifs. Je vous aime, Dieu le sait, et c'est pour cela que je vous adresse avec confiance ces avertissements. Pour vous ce n'est pas l'indignité de la personne, mais l'utilité de ses avis que vous devez considérer. Je souhaite, etc.

XXXV. A UN ABBÉ.

Au très-saint et justement vénérable seigneur, le très-révérend abbé N., Éginhard pécheur. — J'ai appris par mes amis que l'abbé ou l'évêque N. — j'ignore lequel de ces deux titres je dois lui donner, mais vous savez parfaitement celui qui lui appartient — use d'ordinaire, dans ce qui l'intéresse, de vos sages et très-prudents conseils. J'ai donc cru devoir m'adresser à votre sainteté pour qu'elle veuille bien intercéder auprès de lui, en faveur de son propre neveu Éburon, qui maintenant habite

---

par une épithète? La force de cette objection avait été sentie par l'abbé Lebeuf, et c'est ce qui l'avait déterminé à aller chercher dans l'ancien allemand une étymologie du mot *neptitas* qu'il est bien difficile de justifier ainsi, tandis qu'on peut l'expliquer facilement par une négligence de copiste dont notre manuscrit offre des exemples multipliés. — Voy. au reste sur cette question la note de Foncemagne, *Mém. de l'Acad.* XIV, 216; Leibnitz et Fabricius admettent notre opinion; elle est rejetée par les auteurs de l'*Hist. littér.* IV, 562; par Mabillon, *Ann. Bened.* liv xxv, n° 78, et liv. xxviii, n° 47, et Papebroch, *Acta sanct.* tom. I, *Junii*, p. 178. Seulement ce dernier, qui établit différemment la parenté

nignitate (1) permanere vellet. In eo videlicet, ut in paupertate constitutum (2) de facultatibus suis adjuvare dignetur, ut, propter penuriam et indigentiam rerum necessariarum (3), necessitas illi non eveniat illum locum omittendi, in quo eum ipse constituit. Quod profecto eveniet, nisi ab eo (4), ne eveniat, fuerit ante provisum. Leviter hoc provideri poterit, si in promissis suis, quibus eum ad sibi consentiendum [compulit] (5), permanere voluerit. Opto sanctitatem vestram, nostræ pusillitatis memorem semper in Christo, bene valere in Domino.

XXXVI. AD AMICUM.

Dilecto fratri et amico carissimo N., Einhardus æternam in Domino salutem. — N. comes rogavit me ut te precarer de illis porcis, quos tu in ejus ministerium ad pascendum misisti, ut ei liceret eosdem porcos sibi retinere, usque [quo] crassiores et meliores fierent, et ille eos justo pretio ad opus dominicum comparasset. Ille enim sciens nostram amicitiam, putavit me hoc apud te impetrare potuisse. Et ego, in tua dilectione confidens, peto ut voluntatem ejus in hac causa adimplere non graveris. Opto ut semper bene valeas in Domino.

---

(1) Cod. *benignitatem.*
(2) Cod. *in paupertatem constitutam.*
(3) Cod. *necessarium.*
(4) Cod. *habeo.*
(5) Hanc vocem, quæ in codice desideratur, cum editis supplemus.

Metz, et l'engager à ne pas frustrer ce jeune homme des espérances qu'il lui a fait concevoir, mais au contraire à persévérer dans la bienveillance qu'il lui a promise. Daignez insister pour qu'Éburon, qui se trouve maintenant réduit à l'indigence, obtienne quelques secours, dans la crainte que la pénurie et la privation des choses les plus nécessaires, ne le force d'abandonner la position dans laquelle son oncle l'a placé. Ce malheur arrivera certainement, si l'abbé N. ne fait rien pour le prévenir. Il lui sera facile d'y pourvoir s'il veut persister dans les promesses qui ont déterminé l'assentiment de son neveu. Je fais des vœux pour que votre sainteté n'oublie jamais notre faiblesse dans ses prières au Christ, et pour que Dieu la conserve en force et en santé.

XXXVI. A L'UN DE SES AMIS.

A son frère bien-aimé et très-cher ami N., Éginhard, salut éternel dans le Seigneur. — Le comte N. m'a chargé de vous adresser une prière au sujet des porcs que vous avez envoyés au pâturage sur son territoire. Il désire pouvoir les y garder jusqu'à ce qu'ils soient engraissés et améliorés, afin de les acheter alors, à un prix convenable, pour le service de sa maison. Comme il connaît l'amitié qui nous unit, il a pensé que je pourrais obtenir votre consentement. Plein de confiance dans votre affection pour moi, je viens vous prier de ne pas vous refuser à ses désirs. Je souhaite que le Seigneur vous conserve toujours en grâce et en santé.

---

de Lothaire et d'Éginhard, prétend qu'Imma était sœur de l'impératrice Ermengarde, mère de Lothaire. D. Bouquet, dans son Glossaire, adopte l'explication de Lebeuf. Enfin Smincke, dans sa notice sur Eginhard, donne l'interprétation qui a été reproduite par M. Guizot.

XXXVII. AD N. VICEDOMINUM SUUM.

In Christi nomine Einhardus, N. vicedomino. — Miramur valde propter quod (1) omnia sic remanere potuissent, sicut remanserunt, quæ tibi facienda commisimus. Nam, sicut audivimus, de illa annona, sive ad farinam, sive ad bracem faciendam, quam ad Mulinheim mittere debuisti, nihil misisti : nec aliud aliquid, nisi triginta porcos, et illos ipsos non bonos, sed mediocres, et tres modios de legumine : de cætero nihil. Et non solum hoc, sed etiam illud quod, in toto hiberno isto, nec te, nec missum tuum aliquem, videre potuimus, qui nobis aliquid de istis partibus adnuntiaret. Quod si majorem utilitatem de Frideslare habere non possumus, nisi quantum tu nos inde habere fecisti, nescimus cur illud beneficium habere debemus. Nunc ergo, si tibi de gratia nostra ulla cura sit, rogamus ut negligentiam tuam emendare studeas, et nos cito certos efficias quid de te sperare debemus.

XXXVIII. AD FRATREM N

Dilecto fratri N., Einhardus in Domino salutem. — Volumus ut Egmunelo de verbo nostro præcipias ut faciat nobis lateres quadratos, habentes in omnem partem duos pedes manuales et quatuor digitos in crassitudinem, numero LX, et alios minores, similiter quadratos, habentes in omnem partem unum semissem et quatuor digitos, et in crassitudine digitos tres, nu-

---

(1) Cod. *quidquid.*

XXXVII. A N. SON VIDAME.

Au nom du Christ, Éginhard à N. son vidame. — Je m'étonne fort que toutes les choses, dont je vous avais chargé, soient restées dans l'état où elles sont aujourd'hui. Vous deviez envoyer à Mulinheim (1) du grain pour faire de la farine ou préparer de la bière, et je viens d'apprendre que vous n'avez rien envoyé que trente porcs, qui même, au lieu d'être de bonne qualité, sont médiocres; puis trois muids de légumes, rien de plus. Ce n'est pas tout; l'hiver s'est écoulé sans que ni vous, ni personne de votre part soit venu nous donner quelque nouvelle de ce côté où vous êtes. Si cette terre de Fritzlar (2) ne nous donne pas plus de produits que vous n'avez su nous en procurer jusqu'à ce jour, nous ne voyons pas pourquoi nous conserverions ce bénéfice. Maintenant donc, si vous avez quelque souci de nos bonnes grâces, nous vous prions de vous appliquer à réparer votre négligence, et de nous faire savoir promptement ce que nous devons attendre de vous.

XXXVIII. AU FRÈRE N.

A son cher frère N., Éginhard, salut dans le Seigneur. — Nous désirons que vous ordonniez de notre part à Egmunel de fabriquer pour nous soixante briques carrées, de deux pieds de côté et de quatre doigts d'épaisseur. Nous en voulons en outre deux cents autres plus petites,

---

(1) Mulinheim, à 12 l. E. de Mayence, sur la rive gauche du Mein (gr. duché de Hesse-Darmstadt). Cette ville prit le nom de *Seligenstadt*, la ville bienheureuse, après qu'Eginhard y eut transporté les reliques de saint Pierre et de saint Marcellin, et construit son abbaye.

(2) Auj. petite ville de la Hesse électorale. Voy. t. I, p. 161, n° 1.

mero cc. Misimus (1) tibi per hunc hominem de semine lapathi (2), quod volumus ut in largo loco seminari facias : quæ solet in magnam herbam excrescere. Bene valete.

XXXIX. AD EMERITANOS, IN PERSONA HLUDOWICI IMPERATORIS.

In nomine Domini Dei et Salvatoris nostri Jesu Christi, N. [i. e. Hludowicus], divina ordinante providentia, imperator augustus, omnibus primatibus, et cuncto populo Emeritano (3) in Domino salutem. — Audivimus tribulationem vestram, et multimodas angustias, quas patimini per crudelitatem regis Abdirhaman, qui vos, per nimiam cupiditatem rerum vestrarum, quas vobis auferre conatus est, sæpissime violenter oppressit. Sicut et patrem ejus Abolaz fecisse comperimus, qui injustis superpositionibus censum, cujus debitores non eratis, sibi solvere (4) cogebat, et propter hoc de amicis inimicos, et de obedientibus sibi contrarios atque inobedientes, effecerat; quia et libertatem vobis tollere, et injustis censibus ac tributis vos onerare (5) atque humiliare molitus est. Sed, ut audivimus, vos semper, sicut viri fortes,

---

(1) Cod. *missimus*.

(2) Cod. *lapitu* ; edit. *lapitri*..... *qui*

(3) Hic D Bouquet, VI, 379, n. *a*, Cointii (ad ann. 826, num. 37) sententiam secutus, pro *populo Emeritano* legendum censet, *populo Cæsaraugustano*. Quod admittendum non putavimus ; qua ratione? Vid. e contra notam gallicam.

(4) Cod. *volvere*.

(5) Cod. *honorare*.

mais de la même forme, ayant un demi-pied et quatre doigts de côté et trois doigts d'épaisseur. Nous vous envoyons, par ce messager, de la graine de patience dont vous ensemencerez un vaste terrain ; cette plante s'élève à une grande hauteur. Portez-vous bien.

XXXIX. SOUS LE NOM DE L'EMPEREUR LOUIS, AUX HABITANTS DE MÉRIDA.

Au nom du Seigneur Dieu et de notre Sauveur Jésus-Christ, N. [Louis] par la grâce de la divine Providence, empereur auguste, aux grands et à tout le peuple de la ville de Mérida (1), salut dans le Seigneur. — Nous avons été instruit des tribulations et des angoisses de tous genres que vous fait souffrir la cruauté du roi Abdalrhaman, qui dévoré du désir de s'approprier les biens dont il s'est efforcé de vous dépouiller, ne cesse de faire peser

---

(1) D. Bouquet, VI, 379, not. *a*, fait observer que Mérida, située dans l'Estramadure, près du Portugal, est éloignée de la Marche hispanique, et, par cette seule raison, il propose, avec le père Le Cointe, *Annal. Franc.* VII, 791, de lire *populo Cæsaraugustano*, au lieu d'*Emeritano*, c'est-à-dire de substituer le nom de Saragosse à celui de Mérida. Suivant nous, rien n'autorise une telle restitution, et le nom de Mérida s'accorde parfaitement avec le texte de la lettre et les données historiques. On sait, en effet, qu'en 828 les habitants de Mérida se révoltèrent contre Abdalrhaman II, roi de Cordoue, et soutinrent contre ce prince deux siéges qui amenèrent la ruine de leur ville. N'est-on pas fondé à croire que l'empereur, dont les généraux faisaient alors contre Abdalrhaman une guerre assez malheureuse en Catalogne, s'est efforcé d'encourager une révolte qui opérait en sa faveur une utile diversion, et que, par conséquent, il fit écrire la lettre dont nous nous occupons, non pas en 826, comme le dit D. Bouquet, mais en 828, après la première révolte des habitants de Mérida, au moment où lui-même envoyait en Espagne une nouvelle armée sous les ordres de son fils Lothaire. Voy. les Ann. t I, p. 394. — Telle est aussi l'opinion du savant M. Reinaud, *Invas. des Sarrasins*, 130, qui cependant conserve à cette lettre la date de 826.

injurias, ab iniquis regibus vobis illatas, fortiter repulistis (1), et crudelitati atque aviditati (2) eorum viriliter restitistis. Quod et vos modo facere multorum relatione didicimus. Quapropter complacuit nobis ad vos has litteras dirigere, vosque consolari atque exhortari ut in ea, qua coepistis, libertatis vestræ defensione contra crudelissimum regem perseveretis, et furori atque sævitiæ illius, [sicut] hactenus fecistis, cedere non dignemini. Et quia idem rex certissimus adversarius et inimicus tam noster quam et vester est, communi consilio contra sævitiam (3) ejus dimicemus. Volumus enim, cum Dei omnipotentis adjutorio, proxima æstate exercitum nostrum ad marcam nostram (4) mittere, ut ibi præparatus sedeat et expectet donec vos mandetis quando promovere debeat, si ita vobis bonum visum fuerit, ut propter vos adjuvandos eumdem exercitum contra communes (5) inimicos nostros, qui in marca nostra resident, dirigamus : ad hoc ut, si Abdirhaman, vel exercitus ejus, contra vos venire voluerit, isti per nostrum exercitum impediantur ut illi et exercitui (6) ejus in adjutorium contra vos venire non valeant. Nam certos vos facimus quod, si ab illo vos avertere, et ad nos convertere volueritis, antiqua libertate vestra (7), plenissime et sine ulla diminutione, vobis uti concedimus, et absque

---

(1) Cod. *reppulisti*.
(2) Cod. *aviditate*.
(3) Cod. *servitiam*.
(4) Edit. *vestram*.
(5) Cod. *commures*.
(6) Edit. *exercitus*.
(7) Cod. *vestram*.

sur vous la plus violente oppression. Il agit à votre égard
comme l'avait déjà fait son père Abulaz (1), qui vous con-
traignant par d'injustes exactions à lui payer un cens que
vous ne lui deviez pas, finit ainsi par changer votre
affection en haine, votre soumission en opposition et en
résistance, car il s'efforça et de vous ravir la liberté, et
de vous écraser d'impôts et de tributs iniques, et enfin de
vous plonger dans l'humiliation. Mais nous savons aussi
qu'agissant toujours en hommes de cœur, vous avez re-
poussé énergiquement les entreprises de ces mauvais rois,
et que vous avez opposé à leur cruauté et à leur avarice
une mâle résistance. Telle est encore aujourd'hui votre
conduite, comme de nombreux témoignages nous l'attestent. Nous avons donc jugé convenable de vous adresser
cette lettre pour vous consoler et vous exhorter à persévérer dans cette défense de votre liberté contre un roi
si cruel, en résistant avec indignation, comme vous l'avez
fait jusqu'à présent, à sa fureur et à sa barbarie. Et puisque ce prince est notre adversaire, notre ennemi le plus
déclaré aussi bien que le vôtre, entendons-nous pour
combattre ensemble sa cruauté. Nous voulons donc, avec
l'aide du Dieu tout-puissant, envoyer l'été prochain dans
la marche d'Espagne une armée qui s'y tiendra prête et
qui attendra de vous le signal de se porter en avant, si
vous jugez convenable que nous dirigions, pour vous
secourir, cette armée contre nos ennemis communs qui
résident dans notre marche; de manière que ceux-ci, dans
le cas où Abdalrhaman et son armée voudraient agir
contre vous, fussent empêchés par la nôtre de venir
à son aide et à l'aide de ses troupes. Nous vous donnons

---

(1) Aboulassy, *le Méchant*, voy. t. 1, p. 315, n. 1.

censu vel tributo (1), immunes vos esse permittimus, et non aliam legem, nisi qua ipsi vivere volueritis, vos tenere jubemus, nec aliter erga vos agere volumus, nisi ut vos amicos et socios, in defensione regni nostri, honorifice habeamus. Optamus vos in Domino semper bene valere.

XL. AD IMPERATRICEM.

Cognoscere dignetur piissima Domina nostra quod ego servus vester, postquam de Aquis exivi, tantis corporis incommodis affectus sum, ut de Trajecto vix decimo die pervenire possem ad Valentianas. Ibi me tam magnus renium simul ac splenis (2) dolor invasit, ut ne unum quidem miliarium in integro die valerem equitando conficere. Quapropter supplico pietati vestræ ut mihi liceat, cum gratia vestra, navigando ire ad Sanctum N. [i. e. S. Bavonem] ibique jacere quousque mihi Deus omnipotens vires ad iter faciendum dare dignabitur. Nam cum primum (3) equitare potuero, vel ad vos, vel ad domnum imperatorem venire festinabo : utrum vobis placuerit ut faciam. Nunc humiliter deprecor pietatem vestram ut me apud misericordissimum

---

(1) Cod. *censum vel tributum*; edit. *causa vel tributo*; sed D. Bouquet, quamvis codicem non inspexisset, argute in notis corrigendum proponit *absque censu*.

(2) Cod. *plenis.... valeam*.

(3) Cod. *c. primum est e*.

l'assurance que, si vous voulez l'abandonner pour vous réunir à nous, nous vous laisserons jouir de votre antique liberté, pleinement et sans aucune restriction; que nous vous exempterons de toute espèce de cens et de tribut; que nous ne vous imposerons d'autre loi que celle sous laquelle vous voudrez vivre; en un mot que nous voulons agir en tout envers vous de manière à vous avoir pour d'honorables amis et alliés dans la défense de notre royaume. Nous adressons nos vœux au Seigneur pour votre prospérité.

XL. A L'IMPÉRATRICE (1).

Daigne ma très-pieuse maîtresse apprendre que moi, son serviteur, je me suis trouvé en partant d'Aix atteint d'une indisposition assez grave, pour qu'il m'ait été à peine possible de venir en dix jours de Maestricht à Valenciennes. Là, j'ai été pris d'une douleur de reins et de rate tellement violente, que je suis hors d'état de faire un mille à cheval dans toute une journée. Je supplie donc votre piété de trouver bon que je me rende par eau au monastère de Saint-Bavon, et que je puisse m'y reposer jusqu'à ce qu'il plaise au Tout-Puissant de me donner les forces nécessaires pour continuer mon voyage. Car, aussitôt que je pourrai monter à cheval, je m'empresserai de me rendre soit auprès de vous, soit auprès de l'empereur, selon votre

---

(1) Judith, seconde femme de Louis-le-Débonnaire. — D. Bouquet assigne à cette lettre et aux deux suivantes la date de 839. C'est une erreur que M Pertz a rectifiée dans sa notice sur Éginhard (*Script.*, tom. II, p. 428). Ces trois lettres ont été écrites en 830, au moment de la première révolte des fils de Louis-le-Debonnaire, lorsque ce prince, forcé de renoncer à l'expédition de Bretagne, se fut rendu à Compiègne, où l'impératrice vint le rejoindre.

dominum meum, cum ad illum veneritis, excusare dignemini de eo quod ad vos non veni. Deus testis est quod de valetudine mea (1) nullam falsitatem vobis scripsi : et non solum hoc, sed etiam quod multo graviora sunt alia quædam incommoda, quæ patior in memetipso, de quibus, nisi cum fidelissimo, nullam possum habere locutionem. Hoc tamen scitote quod majorem vobis coram Deo mercedem in præsenti acquirere non potestis, quam si effeceritis ut mihi liceat ad servitium sanctorum Christi Martyrum, cum primum valuero, festinare. Possum enim illuc in quindecim diebus de Sancto N. navigando pervenire. Si me imbecillitas corporis non impediret, non has litteras mitterem, sed potius ipse venirem, et in his quæ apud vos aguntur simul vobiscum essem.

XLI. AD AMICUM.

Nunc, in magnis angustiis positus, oro benignitatem vestram, ut apud piissimum dominum et imperatorem nostrum pro me intercedere dignemini. Nam jussit mihi (2) regina, quando de Aquis egressa est, qui simul cum ea ire non poteram, post se ad Compendium venire. Cujus præceptis obtemperans, cum magna difficultate, vix in decem diebus, veni ad Valentianas. Inde, qui jam (3) equitare non valui, usque ad Sanctum N. navigavi. Nam et nimia ventris solutio et renium dolor sic in me alternando sibi succedunt, ut

---

(1) Cod. *meæ*.
(2) Cod. *mei*.
(3) Sic codex, edit. *quia*.

bon plaisir. Quant à présent, je supplie humblement votre piété de daigner intercéder pour moi auprès de mon maître très-miséricordieux, lorsque vous l'aurez rejoint, et de m'excuser si je n'ai pu me rendre auprès de vous. Dieu m'est témoin que je ne vous écris rien de faux sur l'état de ma santé, et j'ajouterai même que je souffre encore d'incommodités beaucoup plus graves, dont je ne puis parler que dans l'intimité (1). Quoi qu'il en soit, sachez que vous ne pouvez rien faire maintenant de plus agréable à Dieu, que d'obtenir pour moi la permission de me rendre en toute hâte, aussitôt mon rétablissement, au lieu où m'appelle le service des saints Martyrs du Christ. De Saint-Bavon, il ne me faut pas plus de quinze jours pour m'y transporter par eau. Sans mon extrême faiblesse, au lieu de vous écrire, je serais venu en personne, et j'aurais pris part avec vous aux affaires qui vous occupent.

XLI. A L'UN DE SES AMIS (2).

Placé dans la position la plus critique, je m'adresse à votre bienveillance pour que vous intercédiez en ma faveur auprès du très-pieux empereur, notre maître. A son départ d'Aix, la reine voyant que je ne pouvais l'accompagner, m'ordonna de la rejoindre à Compiègne. J'ai voulu obéir à ses ordres, mais c'est avec toutes les peines du monde que je me suis rendu en dix jours jusqu'à Valenciennes. De là, ne pouvant plus me tenir à cheval, je me suis fait transporter par eau à Saint-Bavon. Car je souffre alternativement d'un si grand flux de ventre

---

(1) Voy. la lettre suivante.
(2) Voyez la lettre précédente et la suivante.

nulla dies fuerit, postquam de Aquis promovi, quin (1) hac vel illa infirmitate (2) laborarem. Sunt pariter hæc et alia quæ mihi ex illo morbo, in quo anno præterito jacui, contigerant, dextri videlicet femoris continuus torpor, ac splenis pene intolerabilis dolor. His passionibus affectus, valde tristem ac pene omni jucunditate carentem duco vitam; in eo maxime quod timeo me aliubi quam velim, et aliud (3) agentem quam sanctis Christi Martyribus servientem, esse moriturum. Quapropter adjuro vos et obtestor per beatos Christi martyres Marcellinum et Petrum, ut pro mea parvitate apud piissimum imperatorem intercedere dignemini, ut non mihi succensere (4) velit pro eo quod illi, sicut hi qui potuerunt, in occursum (5) non venissem. Utique certe (6) venissem si potuissem, et veniam cum primum potuero; et sive absens, sive præsens, fidelis ei permanebo. Precor igitur caritatem vestram ut, tam de actis (7) quam agendis apud vos rebus, per litteras vestras me, quanto celerius potueritis, certum facere dignemini. Opto ut semper bene valeatis in Domino.

Omnia quæ nunc in hoc regno geruntur, revelantibus Christi Martyribus ante biennium, futura prædicta (8) sunt.

---

(1) Cod. *qui in.*
(2) Cod. *illam firmitatem.*
(3) Cod. *aliut.*
(4) Cod. *suscensere.*
(5) Cod. *in hoc cursum.*
(6) Hæ duæ voces in edit. desiderantur.
(7) Cod. *diactis.*
(8) Cod. *prædicti.*

et d'une telle douleur de reins, que, depuis mon départ d'Aix, l'un ou l'autre de ces maux ne m'a pas laissé un seul jour de relâche. De plus, je ressens encore les suites de la maladie qui me retint au lit l'année passée; c'est-à-dire, un engourdissement continuel de la cuisse droite et une douleur de la rate presque insupportable. En proie à de si cruelles souffrances, je mène une vie bien triste et privée de toute douceur, surtout par la crainte que j'éprouve de mourir ailleurs qu'où je devrais être, et occupé de soins étrangers au service des saints martyrs du Christ, Marcellin et Pierre. Je vous prie donc et vous conjure, au nom de ces bienheureux martyrs, de vouloir bien intercéder en faveur de mon humble personne auprès du très-pieux empereur pour qu'il ne soit pas irrité contre moi, si je ne suis pas allé à sa rencontre, comme ceux à qui il a été possible de le faire. J'y serais allé si je l'avais pu, et je ne manquerai pas de me rendre auprès de lui aussitôt que j'en aurai la force; mais soit absent, soit présent, je lui resterai toujours fidèle. Je prie votre charité de vouloir bien m'écrire le plus promptement possible pour me faire savoir ce qui s'est passé et ce qui se prépare auprès de vous. Puisse le Seigneur vous conserver en grâce et en santé.

Les saints Martyrs du Christ (1) avaient prédit, il y a plus de deux ans, dans leurs révélations, tout ce qui se passe aujourd'hui dans ce royaume.

---

(1) Voyez ci-après l'histoire de la translation de saint Marcellin et de saint Pierre, chap. iv, n° 39, à la fin.

XLII. AD HLUDOWICUM IMPERATOREM.

Magno domino servus modicus. — Memorem esse [precor] dominum meum piissimum quomodo mihi licentiam dedistis ut, quando domina mea ad vos pergeret, tunc ego ad beatorum Christi Martyrum servitium faciendum (1) proficiscerer : sic facere volui. Sed dominâ mea jussit me post se ad Compendium venire, et ego, jussis ejus obediens, cum primum caballos meos habere potui, post illam ad Compendium pergere cœpi. In qua profectione splenis simul ac renium dolore correptus, in tantum affectus sum, ut vix in decem diebus de Trajecto ad Valentianas (2) venissem. Ibi cum me jam equitare non posse sentirem (3), veni a nave (4) ad Sanctum N. [Bavonem]. Navigandi per [casus?] æger, atque ibi nunc in magnis angustiis ac doloribus positus, quæso atque oro ut pietas vestra mihi licentiam dare dignetur pergendi ad locum, in quo piorum patronorum (5) vestrorum sacrata corpora requiescunt. Possum enim illuc navigio in quindecim diebus de sancto N. venire. Magnam vobis coram Deo mercedem comparare potestis, si me ad servitium sanctorum suorum ire permittitis, si tamen illo vivus pervenire potuero. Credo quod illi sancti Martyres

---

(1) Cod. *favendum*.

(2) Cod. *Valentias*

(3) Cod. *sentire in*.

(4) Edit. *mane*..... *navigando*, punctumque post verbum *navigando* ponentes, voces sequentes omittunt. Quarum prima *per*, et ultima *eg*. i. d. *æger*, satis distincte leguntur, sed vox intermedia, quatuor litteris circiter constans, oculorum aciem penitus effugit

(5) Cod *patrum nostrum*.

XLII. A L'EMPEREUR LOUIS (1).

A son puissant maître un humble serviteur. — J'espère que mon très-pieux seigneur n'a pas oublié la permission qu'il m'accorda de partir pour aller me consacrer au service des saints Martyrs du Christ, dès que ma maîtresse se rendrait auprès de lui. C'est ce que j'ai voulu faire ; mais ma maîtresse me prescrivit de la rejoindre à Compiègne, et docile à ses ordres, dès que je fus parvenu à me procurer des chevaux, je me mis en route pour cette ville. Mais, saisi à mon départ d'une douleur de rate et de reins, je me suis trouvé si mal qu'à peine ai-je pu, en dix jours, aller de Maestricht à Valenciennes. Arrivé dans cette ville, sentant que je ne pouvais plus me tenir à cheval, je me suis fait transporter par eau jusqu'à Saint-Bavon. Les accidents du trajet me rendirent encore plus malade, et c'est de là qu'au milieu de mes douleurs et des plus vives angoisses, je m'adresse à votre piété pour qu'elle daigne m'accorder la permission de me rendre au lieu où reposent les corps sacrés de vos saints patrons. Je puis en effet m'y transporter par eau en quinze jours. Vous pouvez vous préparer une grande récompense auprès du Seigneur en me permettant d'aller me consacrer au service de ses saints, si toutefois je puis arriver vivant jusqu'à leur église (2). Je suis convaincu que les saints Martyrs intercéderont pour vous auprès de Dieu, si vous voulez préférer leur service au vôtre, et je ne connais pas d'autre lieu dans votre

---

(1) Voy. les deux lettres precedentes.

(2) Eginhard obtint l'objet de sa demande et il se retira, au mois de mars, dans son abbaye de Seligenstadt. Voy. la notice sur Eginhard au commencement du Ier vol

pro vobis apud Deum intercedere debeant (1), si eorum servitium vestro servitio (2) anteponere volueritis. Nam ego in nullo alio loco regni vestri majorem profectum vobis facere possum, quam ibi, si me ad hoc adjuvare volueritis.

XLIII. AD N. EPISCOPUM.

Domino sancto et merito venerabili N. reverentissimo episcopo, Einhardus peccator. — Omnipotenti Deo et Domino nostro Jesu Christo quantas valeo gratias agere non cesso, quia gloriosissimum et a Deo conservatum, semper[que] conservandum dominum meum Hlotarium (3) augustum salvum et incolumem, ac te, mihi carissimum, una cum illo, de Italia venisse cognovi : et opto atque oro ut ille me cito permittat illo venire, ubi vestra corporali præsentia perfrui merear. Tamen interim parvitatem meam tuæ caritati, ac per te illius pietati, commendo, ac deprecor ut ex nullius persuasione sinistri aliquid de mea pusillitate suspicari dignemini. Testor Deum et sanctos martyres Marcellinum ac Petrum, quod amorem et devotionem, qua erga vos affectum (4) me esse scio, verbis (5) explicare non valeo. Et ideo fiducialiter peto ut, cum venero, tales vos erga me invenire merear, qualiter me de vobis meritum esse non dubito. Opto sanctitatem ves-

---

(1) Cod. *elebeant*.
(2) Cod. *vestre servatio*.
(3) Cod. tantum habet *Hl*.
(4) Cod. *affectam*
(5) Sic codex ; editi *vobis*.

royaume où je puisse vous être plus utile, si vous daignez seconder mes désirs.

XLIII. A UN ÉVÊQUE.

Au saint et justement vénérable seigneur N. très-révérend évêque, Éginhard pécheur. — Je ne cesse d'adresser au Tout-Puissant et à Notre-Seigneur Jésus-Christ les plus ferventes actions de grâces, depuis que j'ai appris que mon très-glorieux maître, l'empereur Lothaire, à qui Dieu puisse toujours continuer la protection qu'il lui a jusqu'à présent accordée, est heureusement revenu d'Italie (1), et, avec lui, vous qui m'êtes si cher. Je désire, je demande en grâce qu'il daigne bientôt me permettre de me rendre au lieu où je pourrai jouir de votre présence. En attendant, je recommande mon humble personne à votre charité et à sa bienveillance par votre intermédiaire. Qu'aucune insinuation, je vous en conjure, ne puisse vous inspirer de sinistres soupçons contre votre pauvre serviteur. Je prends à témoin Dieu et les saints martyrs, Marcellin et Pierre, que l'amour et le dévouement dont je me sens animé pour vous ne peuvent s'exprimer. Je demande donc avec confiance qu'à mon arrivée, je trouve en vous les sentiments dont je suis sûr de m'être rendu digne. Je fais des vœux pour que votre sainteté, gardant

---

(1) Suivant M. Pertz, *Einhardi vita*, *Script.* II, 428, n°° 43 et 44, cette lettre a été écrite par Éginhard, au moment de la première révolte des fils de Louis-le-Debonnaire, lorsque Lothaire vint d'Italie en France et se rendit à Compiègne vers le mois de mai 830.

tram, nostræ imbecillitatis memorem, in Christo semper bene valere.

XLIV. AD E. AMICUM SUUM.

Domino sancto ac merito venerabili E., Einhardus salutem sempiternam (1). — Quamvis perplura sint de quibus cognoscendis mihi cura esse potest, duo tamen sunt quorum me in præsenti major curiositas tenet. Unum, ubi et quando generalis ille conventus habendus sit; alterum, si domnus Hlotarius in Italiam (2) reverti, aut cum patre manere debeat? De his duobus certum me facere caritas vestra non gravetur. Nam horum notitia, plus quam cæterarum rerum, quæ apud vos aguntur, indigeo; quoniam ex his pendet quid ego facere debeam, si divina pietas mihi favere dignabitur ut aliquid utilitatis facere valeam. Opto ut te, amicorum meorum amantissime, bene valentem cito videre merear (3).

XLV. AD G. COMITEM.

Dilectissimo fratri, G. glorioso comiti atque optimati, Einhardus sempiternam in Domino salutem. — Semper benevolam erga me sensi dilectionem vestram, sed nunquam plus quam modo, quando mihi licentiam impetrastis pergendi ad servitium sanctorum Marcellini et Petri, qui ob hoc factum apud Deum interces-

---

(1) Hic cod. habet *E. E. s. s.* quod adhuc significare potest *Einhardus suo salutem.*

(2) Cod. *Hl. in Italia.*

(3) Cod. *mear* absque ulla abbreviationis nota.

le souvenir de ma faiblesse, se maintienne toujours dans la grâce du Seigneur.

XLIV. AU SEIGNEUR E.

Au saint et justement vénérable seigneur E., Eginhard, salut éternel. — Au milieu de tant de choses que j'aurais besoin de savoir, il en est deux surtout qui actuellement m'intéressent au plus haut degré. D'abord, en quel lieu et à quel moment se tiendra cette assemblée générale (1); ensuite le seigneur Lothaire doit-il retourner en Italie ou rester avec son père? Je compte sur votre amitié pour obtenir une réponse à ces deux questions. Car de tout ce qui se passe autour de vous, il n'est rien qu'il m'importe plus de connaître. Ces renseignements me sont indispensables pour savoir ce que je dois faire, si tant est qu'avec la protection de la divine providence, je puisse faire quelque chose d'utile. Je souhaite qu'il me soit donné de vous revoir bientôt en bonne santé, vous le meilleur de mes amis.

XLV. AU COMTE G.

A son très-cher frère, le glorieux comte et seigneur G., Eginhard, salut éternel dans le Seigneur. — J'ai toujours ressenti les bons effets de votre affection pour moi,

---

(1) On peut donc assigner à cette lettre la date de 831, car l'assemblée dont parle Éginhard se tint à Nimègue, au mois d'octobre de cette année, malgré les efforts de Lothaire, qui voulait la convoquer de l'autre côté du Rhin où ses partisans étaient plus nombreux. On sait que, dans cette assemblée, les principaux chefs de la révolte furent jugés et condamnés, et que, peu de temps après, Lothaire lui-même, dépouillé de son titre d'associé à l'empire, fut renvoyé en Italie.

suri sunt (1). Et ideo benignitati vestræ quantas valeo gratias ago, et obnixe deprecor ut secundum bonam consuetudinem vestram pro me semper esse dignemini tam apud dominum imperatorem, quam apud filios ejus, maximeque apud domnum Hlotarium, juvenem (2) augustum, in cujus pietate, licet immeritus, magnam habeo fiduciam. Cæterum rogo vos ut pro N. pictore, devoto juniore vestro, mercedem habere velitis, et eum adjuvare, et apud domnum imperatorem pro illo intercedere dignemini, si congruum locum videritis, ne per cujuscumque invidiam beneficium suum amittat, quod dominis suis bene serviendo acquisivit. Mihi non est necesse vobis nominare, qui sint illi quos in hac causa timeat; quoniam æque (3) mihi ac vobis noti sunt. Tantum rogo ut, in quantum potestis, eum adjuvare dignemini. Opto ut semper bene valeatis in Domino.

XLVI. AD ABBATEM N.

Summa veneratione dignissimo N., reverentissimo abbati, Einhardus peccator. — Sicut me petitionis meæ memorem esse, sic te promissionis tuæ oblitum esse non arbitror, licet multa et varia rerum im-

---

(1) Cod. *intercessuris*.
(2) Hæc vox in editis desideratur.
(3) Cod. *equa*.

mais jamais plus heureusement qu'en ce jour où vous venez de m'obtenir l'autorisation d'aller servir les saints martyrs du Christ, Marcellin et Pierre, qui, pour ce fait, ne peuvent manquer d'intercéder en votre faveur auprès de Dieu. Je rends donc à votre bienveillance les plus vives actions de grâce et je vous prie avec instance de vouloir bien continuer, selon vos louables habitudes, d'être mon protecteur auprès de l'empereur mon maître et de ses fils et surtout auprès du seigneur Lothaire, le jeune Auguste, dans l'affection duquel, bien que j'en sois indigne, j'ai la plus grande confiance. J'ai aussi à vous adresser une prière en faveur du peintre N., qui est votre serviteur dévoué, et je sollicite pour lui votre bienveillance. Prenez-le sous votre protection et daignez, s'il se présente une occasion favorable, intercéder en sa faveur auprès de l'empereur, de peur que des envieux ne lui fassent perdre le bénéfice qu'il a gagné en servant ses maîtres fidèlement. Il n'est pas nécessaire de vous nommer les personnes qu'il redoute en cette affaire, vous les connaissez aussi bien que moi. Tout ce que je vous demande, c'est de vouloir bien l'appuyer de tout votre pouvoir. Je vous souhaite une bonne santé avec la grâce du Seigneur.

XLVI. A UN ABBÉ.

Au très-révérend abbé N., digne de la plus haute vénération, Éginhard pécheur. — J'ai gardé un fidèle souvenir de la demande que je vous ai adressée, et je pense que vous n'avez pas non plus oublié votre promesse, quoique, depuis, des obstacles nombreux et divers aient pu non-seulement assoupir pour un temps l'affaire que nous avons traitée, mais encore l'ensevelir dans un éter-

pedimenta postea accidissent, quæ illud colloquium nostrum, non solum ad tempus sopire, sed etiam oblivioni perpetuæ tradere potuissent. Illud dico colloquium, quando, in palatio simul positi, de tecto basilicæ beatorum Christi martyrum Marcellini et Petri, quam ego nunc, licet cum magna difficultate, construere molior, locuti sumus, et constitit inter nos de plumbo emendo contra pretium quinquaginta librarum. Sed quamvis opus basilicæ nondum ad hoc perductum sit, ut tegendi necessitas me admonere compellat, tamen, propter incertum vitæ mortalis terminum, semper videtur esse festinandum, ut bonum, quod [a] nobis inchoatum [est], Domino auxiliante perficiatur. Proinde precor benignitatem tuam ut me de eodem plumbo emendo per litteras tuas digneris facere certiorem; ut scire valeam si aliquid inde adhuc inchoatum sit, et, si nondum inchoatum est, quando inchoari, et, Domino adjuvante, perfici id ipsum negotium debeat. Idcirco oro tuam permagnam caritatem ut me, de hac re, per litteras tuas, certiorem facere non graveris. Opto ut, mei memor, semper bene valeas in Domino.

XLVII. AD AMICUM.

Einhardus [*suo salutem*]. — Qu[*is sit*] status(1) rerum palatinarum, nihil mihi scribere peto, quia nihil ex

---

(1) Codex, *E.* ..... *Qu.... statu r. p. n. m. socribere.* Edit. *De statu r. p. n. m. scribere.*— Hujus epistolæ initium oculorum aciem in codice fere penitus effugit et præterea locus turbatus videtur. Cum autem post salutis formulam, certissime legantur litteræ *Qu....* his versio nostra confirmatur, et refellitur verbum *De*, a Chesnio conflatum, quo epistola incipit in editis. Sententia cæterum in utroque casu eadem est.

nel oubli. Je veux parler de l'entretien qui eut lieu entre nous le jour où nous nous sommes rencontrés au palais. Il s'agissait du toit de la basilique des saints martyrs du Christ, Marcellin et Pierre, édifice que je m'efforce maintenant de construire, malgré de grandes difficultés. Un achat de plomb, moyennant une somme de cinquante livres, fut alors convenu entre nous. Quoique les travaux de l'édifice ne soient pas encore assez avancés pour que je doive m'occuper de la couverture, cependant la durée incertaine de cette vie semble nous faire un devoir de toujours nous hâter, afin de terminer avec l'aide de Dieu ce que nous avons pu entreprendre d'utile. Je m'adresse donc à votre bienveillance dans l'espoir que vous voudrez bien me donner des renseignements sur cet achat de plomb, afin que je puisse savoir si l'on a commencé à s'occuper de cette affaire, et, dans le cas où on ne s'en serait pas encore occupé, quand on pourra l'entamer, et, avec l'aide de Dieu, la mener à fin. Veuillez donc, dans votre extrême complaisance, prendre la peine de m'écrire et faire cesser mes incertitudes à cet égard. Puissiez-vous ne pas m'oublier et vous conserver en grâce auprès du Seigneur.

XLVII. A L'UN DE SES AMIS.

Éginhard à son ami, salut. — Je ne vous demande pas de m'écrire sur l'état des affaires de la cour (1), car dans tout ce qui s'y passe, il n'est rien que je puisse apprendre avec plaisir. Mais s'il me reste encore d'autres amis que

---

(1) D. Bouquet assigne à cette lettre la date de 839, sans en donner aucun motif. Il nous semble plus probable qu'elle a été écrite en 833 après la déposition de Louis-le-Débonnaire, dont le scandale dut vivement affliger Éginhard.

his, quæ [illic] aguntur, audire delectat. De te et (1) cæteris amicis meis, si te excepto aliquis remansit, magna est mihi cura cognoscere ubi sitis, et quid agatis. Ideo caritati tuæ has litteras mittere curavi, ut te commonefacerem scribere mihi de his quæ aguntur erga te, id est, quali uteris valitudine, et [ubi] vel quando evenire possit ut, vita comite, ad invicem nos videamus. Sæpe enim te videre, ac tecum loqui desideravi : sed numquam ardentius quam modo, quia numquam mihi major incubuit necessitas ut de agenda vita cum amico conferrem atque tractarem, quod cum nemine libentius facio quam tecum, quod in nullius fide majorem habeo fiduciam. Misi per hunc puerum litteras (2) ad N. abbatem, quem rogo, si ire potuerit, per aliquem tuorum usque ad illum deduci facias, aut, si forte, propter lassitudinem jumentorum, ut evenire (3) solet, longius ire non poterit, precor ut litteras; quas Folconi mitto, [ab] eo accipias, et ei per aliquem dirigas, eumque preceris (4) ut mihi respondeat, atque responsum, quod ei dare placuerit, tibi remittat; et tu ad me, cum primum idoneum perlatorem inveneris, ipsum responsum facias pervenire. Opto te, amicorum amantissime, semper in Christo bene valere, et mei memorem esse.

XLVIII. AD N. EPISCOPUM.

Domino sancto et merito venerabili N., reverentissimo [episcopo], Einhardus peccator. — Iste presbyter

---

(1) Edit. *De cæteris.*
(2) Cod. *interas.*
(3) Cod. et edit. *venire.*
(4) Cod. *preceres.*

vous, je désire vivement savoir où vous êtes tous et ce que vous faites. Je vous adresse donc cette lettre, mon cher ami, pour vous prier de m'écrire et de m'instruire de tout ce qui vous concerne, c'est-à-dire de l'état de votre santé et du lieu, du moment où nous pourrons enfin, si Dieu nous prête vie, nous retrouver ensemble. Souvent j'ai désiré vous voir et causer avec vous, mais jamais plus vivement qu'aujourd'hui, car jamais je n'ai eu un si grand besoin de conférer avec un ami pour examiner comment je dois régler ma vie. C'est un sujet que je ne traite avec personne plus volontiers qu'avec vous, parce qu'il n'est personne qui m'inspire une plus grande confiance. J'envoie par ce porteur une lettre à l'abbé Foulque. Si mon messager peut aller jusque là, je vous prie de l'y faire conduire par un de vos gens; mais si par hasard, comme c'est l'ordinaire, ses chevaux étaient trop fatigués pour le mener plus loin, veuillez recevoir de lui cette lettre et charger quelqu'un de la rendre à l'abbé Foulque en le priant de me répondre et de vous renvoyer la réponse qu'il lui plaira de faire. Vous me l'adresserez par la première occasion favorable. Je souhaite, ô le plus cher de mes amis, que vous vous conserviez à jamais dans la grâce du Christ, et que vous ne m'oubliiez pas.

XLVIII. A UN ÉVÊQUE.

Au saint et justement vénérable seigneur, le très-révérend évêque N., Éginhard pécheur. — Ce prêtre nommé N. m'a prié instamment d'intercéder auprès de vous, afin d'obtenir en sa faveur votre miséricordieux intérêt. Il est réellement, comme il l'affirme, réduit à une grande pauvreté, maintenant surtout que le petit bénéfice qu'il pos-

nomine N. rogavit me plurimum ut pro illo apud vos intercederem, ut erga illum misericorditer agere dignaremini; qui, sicut ipse asserit, in magna paupertate constitutus est, et nunc maxime quando ipsum parvum beneficiolum, quod habuit in Bajoaria, ablatum est ab illo, et alteri datum. Et nunc nescit quid agere, vel qualiter seniori suo servire debeat, nisi, per vestram intercessionem, domnus Hl. ei aliquod solatium ad vitam præsentem sustentandam dare dignabitur. Opto ut, mei memor, semper bene valeas in Domino, et parvitatem meam piissimo imperatori commendare digneris.

XLIX. AD N. OPTIMATEM, AMICUM SUUM.

Dilectissimo fratri ac fidissimo amico N., glorioso optimati, Einhardus æternam in Domino salutem. — Quia fidem vestram tam bene probatam habeo, ut nullatenus dubitare possim quin, in omnibus meis meorumque necessitatibus (1), ad vestræ caritatis auxilium confugiam. Idcirco et nunc præsentes pagenses et familiares meos, Am.... et Theothoum, cum his (2) litteris, ad vos direxi, precans ut eos more solito amanter suscipere, et in necessitatibus eorum, quas vobis insinuaverint, apud domnum Ill. augustum, et piissimum patrem ejus adjuvare dignemini, sic ut illi similiter in vobis, sicut et ego, magnam habeant fiduciam. Opto ut semper bene valeatis, amicorum optime atque carissime.

---

(1) Cod. *ad necessitatibus*.
(2) Cod. *eis*.

sédait en Bavière lui a été enlevé pour être donné à un autre. Aujourd'hui il ne sait plus que faire et il ne voit pas comment il peut servir son seigneur, à moins que, par votre intercession, il n'obtienne du seigneur Lothaire quelque secours pour soutenir sa vie en ce monde. Ne m'oubliez pas, je vous prie, en vous conservant à jamais dans la grâce divine, et daignez recommander mon humble personne au très-pieux empereur.

XLIX. A L'UN DE SES AMIS.

A son très-cher frère et très-fidèle ami, le glorieux seigneur N., Éginhard, salut éternel en Jésus-Christ. — Vous m'avez accordé trop de preuves de votre amitié pour que je puisse jamais balancer, toutes les fois que mes affaires ou celles de mes amis l'exigeront, à réclamer l'appui de votre bienveillance. Je vous fais donc parvenir cette lettre par deux personnes qui sont de mon pays et de mon intimité, Am. et Théodote, en vous priant de leur faire, suivant votre usage, un accueil amical, et d'être assez bon pour les seconder, dans les affaires qu'ils vous feront connaître, auprès du seigneur Lothaire et de son père, le très-pieux empereur. Qu'ils prennent en vous, je vous prie, toute la confiance que j'ai moi-même. Je souhaite, ô le meilleur et le plus cher de mes amis, que vous vous conserviez éternellement dans la grâce du Seigneur.

* L. AD N. COMITEM (1).

Magnifico et honorabili atque illustri viro, N. glorioso [*comiti, Einhardus æternam*] in Domino salutem. — Qui in vestra amicitia multum confidimus, [*benignitatem vestram*] rogare non dubitamus de justitiis beatorum Christi [*martyrum, Marcellini*] et Petri, quæ in vestro ministerio eisdem (2) de quibusdam man[*sis pertinent, quas*]que præsens advocatus noster N. coram vobis quæsivit [*et arbitratur se*] posse adquirere si vestrum adjutorium habuerit. Proinde [*instanter precamur*] benignitatem vestram ut eum, non solum in hac causa, sed etiam [*in aliis quibuscumque*], adjuvare dignemini ut per hoc memoratos Christi [*martyres, Marcellinum et Petrum,*] patronos atque intercessores habere mereamini.

LI (3). AD HLOTARIUM.

Dominus meus, piissimus genitor vester, jussit [*N. episcopum et abbatem N.*] de monasterio N., ut nobis adjutores et coope[*ratores essent*] in constructione

---

(1) Hæc epistola et sequentes signo, quod asteriscum vocant, pariter notatæ, a pristinis editoribus omissæ fuerunt, quippe quæ in codice partim mutilæ, partim quodam atro liquore inquinatæ, oculorum aciem penitus effugiant. Quæ autem legi non possunt ea restituere conati sumus, charactereque italico inter uncos scripsimus, hoc simul semperque perpenso ut, ad complendam sententiarum seriem, voces, sæpius ab Einhardo usurpatas, tantummodo adhiberemus, nec mutilum cujusque lineæ spatium litterarum numero excederemus.

(2) Cod. *monasterio idem.*

(3) Hæc epistola sub numero L. in editis notatur.

* L. A UN COMTE.

Au magnifique, honorable et illustre personnage, le glorieux comte N., Éginhard, salut éternel dans le Seigneur. — Comme nous avons en votre amitié une grande confiance, nous n'hésitons pas à faire un appel à votre bienveillance, en faveur des saints martyrs du Christ, Marcellin et Pierre. Il s'agit de droits qui leur appartiennent (1) sur quelques manses situées dans les limites de votre juridiction (2), droits au sujet desquels N., notre avoué (3), vous a déjà présenté une requête, et qu'il espère pouvoir récupérer, si vous voulez lui venir en aide. En conséquence, nous vous adressons d'instantes prières pour que vous daigniez l'assister dans cette affaire et dans toutes les autres, de manière à mériter que les saints martyrs du Christ, Marcellin et Pierre, deviennent vos patrons et vos intercesseurs.

LI. A LOTHAIRE.

Notre seigneur, le très-pieux empereur votre père, a donné l'ordre à l'évêque N. et à l'abbé N. du monastère

---

(1) *Justitia*, les droits qu'on a sur une chose, sur ses revenus, *præstatio*, *census* · ce mot, dans la même acception, s'est déjà rencontré dans les Annales, ann. 755; voy. t. I, p. 130; voy. aussi les exemples rapportés par Du Cange.

(2) Le mot *ministerium* pour désigner ce que nous appelons aujourd'hui le ressort, le territoire soumis à une juridiction, a déjà été employé par Éginhard, lettre xxxvi, p. 62. *Monasterio*, qu'on lit dans le manuscrit, est évidemment une faute de copiste. Non-seulement ce mot ne présente pas de sens, mais il est incompatible avec la formule initiale de la lettre qui ne peut pas s'appliquer à un personnage ecclésiastique.

(3) C'était encore, du temps d'Éginhard, un simple officier chargé

[basilicæ] (1) beatorum Christi martyrum, Marcellini et Petri, patronorum vestrorum. Sed illi, ut mihi videtur (2), nihil de illo opere fac[*ere dignabuntur*], nisi jussio clementiæ vestræ ad eos veniat, ut eis denuo præcipiat ut, secundum dispositionem domini et genitoris vestri, nos adjuvent in opere prædicto. Quapropter ut vobis causam memorati operis notam facerem, has meæ parvitatis supplicatorias litteras vestræ (3) magnitudini mittere curavi, per quas rogo et humiliter peto ut, propter amorem et honorem Christi Martyrum, patronorum vestrorum, curam habere dignemini de constructione basilicæ illorum, ut, per vestrum adjutorium, hoc perficiatur, et detis nobis ad memoratos episcopos sacram jussionem vestram per litteras gloriosissimæ auctoritatis vestræ, quas contemnere (4) non audeant : et inde vobis coram Deo merces accrescat, et beati Martyres pro vobis intercedant, ut regnum vestrum semper augeatur atque firmetur, et tutum ac defensum maneat ab insidiis atque infestatione (5) malignorum spirituum, et malevolorum hominum. Opto et oro ut bene valeat dominus meus rex, et vivat in æternum.

---

(1) Hoc verbum, nullo vacuo spatio, in codice desideratur.
(2) Cod. *violetur*.
(3) Cod. *vestras*.
(4) Cod. *aut. temnere*.
(5) Cod. *infestinatione*.

de N. de venir nous aider et de coopérer avec nous à la construction de la basilique des saints martyrs du Christ, Marcellin et Pierre, vos patrons. Mais je pense qu'ils n'en feront rien s'ils ne reçoivent de votre clémence un ordre qui leur enjoigne définitivement, selon la volonté de l'empereur votre seigneur et père, de nous seconder dans cette entreprise. J'ai donc voulu attirer votre attention sur cette affaire, en adressant à votre grandeur cette humble supplique, par laquelle je vous demande, et je vous prie en grâce, au nom de l'amour du Christ et de ses martyrs, vos patrons, de vouloir bien prendre quelque souci de la construction de leur église, afin que, par votre protection, cette difficulté soit résolue, et que nous puissions nous prévaloir auprès de ces évêques d'un ordre sacré, consigné dans un acte de votre glorieuse puissance, et auquel ils n'oseront pas résister. Vous obtiendrez ainsi une part plus large dans les récompenses divines, et les saints Martyrs intercéderont pour vous, afin que votre royaume, accru et affermi, demeure préservé et défendu des piéges et des attaques des malins esprits et des gens pervers. Je fais des vœux et des prières pour la santé et la vie éternelle du roi mon seigneur.

---

d'administrer et de défendre les intérêts temporels d'un monastère ou d'une église, et dont les fonctions se rapprochaient beaucoup de celles du vidame. Mais plus tard, ce titre d'avoué fut donné à de grands seigneurs qui opprimèrent souvent les églises placées sous leur protection, et qui dissipèrent quelquefois les biens dont ils avaient la garde. Voyez Guérard, *Cartul. de S. Père de Chartres*, Prolégom., p. lxxviij, et Du Cange, au mot *Advocati ecclesiarum*.

LII (1). AD EUMDEM.

Pro quodam (2) amico et familiare meo N. videlicet, fidele vestro, pietati vestræ supplicare volo ut eum suscipere dignemini, et, quando in vestras manus se commendaverit, aliquam consolationem ei faciatis de beneficiis quæ hic, in nostra vicinia, absoluta et aperta esse noscuntur. Est enim homo nobilis et bonæ (3) fidei, bene quoque doctus ad serviendum utilius in qualicumque negotio quod ei fuerit injunctum. Servivit enim avo et patri vestro fideliter et strenue: sic et vobis facere paratus est, si Deus illi vitam et sanitatem concedere voluerit. Nam adhuc valde infirmus est, et ideo non potest ad vestram præsentiam venire: veniet cum primum potuerit. Proinde precor pietatem vestram ut me scire permittatis quid illi de vestræ bonitatis parte promittere possim; ut in bona spe vivat, donec ad vestram pervenerit præsentiam.

*LIII. AD HLUDOWICUM BAJOARIÆ REGEM (4).

[*Oro clementiam Do*]mini mei gloriosissimi regis ne

---

(1) Hæc epist. sub num. LI in edit. notatur.
(2) Cod. *quidam.*
(3) Cod. *bene.*
(4) De ejus epistolæ textu restituendo magna nobis occurrebat difficultas, tum propter peculiarem ejusdem materiam, tum propter multiplices lacunas quæ sententiarum seriem, quaque linea, disrumpunt. Conatus nostros benevolus lector clementer excipiens e regione notas gallicas videat et cf. *Vitam Ludovici Pii* ab anonymo cap. XLVIII in fine ap. D. Bouq. VI, 114; nostramque Einhardi vitam ad initium prioris voluminis.

LII. AU MÊME.

Je désire solliciter votre piété en faveur de mon ami intime, N., l'un de vos fidèles, pour que vous daigniez l'accueillir, et après qu'il sera venu se recommander entre vos mains, faire quelque chose pour lui en lui accordant l'un de ces bénéfices que nous savons être vacants et disponibles dans notre voisinage. C'est un homme de bonne naissance, d'une fidélité éprouvée et bien capable de vous servir utilement dans tout ce qu'on voudra lui prescrire. Votre aïeul et votre père ont eu en lui un serviteur aussi actif que dévoué, et il est tout disposé à se montrer le même à votre égard, si Dieu lui prête vie et santé. Quant à présent, il est encore bien faible, et c'est là ce qui l'empêche de se présenter devant vous ; mais il le fera le plus tôt possible. Je prie donc votre piété de me faire savoir ce que je puis lui promettre de la part de votre bienveillance, afin qu'il vive en bon espoir jusqu'à ce qu'il soit en état de paraître en votre présence.

*LIII. A LOUIS, ROI DE BAVIÈRE (1).

J'invoque la clémence du très-glorieux roi, mon sei-

---

(1) Les motifs suivants nous ont déterminé à croire que cette lettre est adressée à Louis, roi de Bavière, et qu'elle est de 833. Les mots *divisione regni inter vos facta*, nous semblent en effet prouver qu'elle a été écrite en 833, peu de temps après la révolution qui s'accomplit dans le champ du Mensonge, lorsque les trois fils de Louis-le-Débonnaire, Lothaire, Louis et Pépin, ayant déposé leur père, firent un nouveau partage de l'empire. *Jam populo juramentis obstricto*, dit l'auteur anonyme de la vie de Louis-le-Débonnaire, *imperium inter se fratres terna sectione partiuntur.* — Les mots *ad præsentiam do-*

contra me indignemini quod neque [*ad juramentum* (1) *neque vestram po*]stea adveni præsentiam; non enim hoc feci propter injuriam vestram, valde [*quidem hoc tempore jam in*]firmus eram, et febribus laborabam, sicut adhuc facio, et vix [*potui usque ad præsent*]iam domini Hl. (2) fratris vestri pervenire, et, accepta ab eo licentia (3), [*populo abeunte, redi*]re quando et ille a vobis ambobus absolutus est. Quod is me [*facere permiserat, hoc nihil*] ob aliud feci, nisi quod, divisione regni inter vos facta (4), qualis [*esset ignorabam. Increbuer*]at enim fama quod illa portio orientalium plagarum (5) Francorum, [*quæ vobis obvenit et in qua*] parvum beneficium habeo, ad regnum domni Hl. pertinere [*debebat. Nunc autem obnixe*] precor clementiam vestram ut me permittatis habere et uti ipsum [*hoc beneficium* (6), *donec*] a domno Hl. licentiam accepero ad vos veniendi et in vestras [*manus me comm*]endandi, si hoc ullatenus impetrare potuero, fidelis enim vo[*bis ero semper et parat*]us ad vestrum (7) venire servitium, si Deus mihi vitam et sanitatem conce[*dere digna*]bitur.

---

(1) Anonymus loc cit. *obstricto juramentis populo.*
(2) i. e. *Hlotarii.*
(3) Cod. *licentiam.*
(4) Cod. *facti.*
(5) Cod. *plagum.*
(6) Si quis miretur verbum *uti* accusativo junctum, sciat hoc plurimis exemplis confirmari, quæ apud Rob. Stephanum, sub voce *utor*, ex diversis Plauti, Ciceronis atque A. Gellii locis, collecta occurrunt.
(7) Cod. *vestram.*

gneur, et je le prie de ne pas être irrité contre moi si je n'ai pu ni assister à la prestation du serment, ni plus tard me présenter devant lui. Je ne l'ai pas fait pour vous offenser, car, dans ce moment, j'étais déjà fort malade et tourmenté par la fièvre comme je le suis encore aujourd'hui. C'est à peine si j'ai pu arriver jusqu'à votre frère Lothaire, et, avec sa permission, retourner comme ceux qui s'en allèrent, lorsque vous eûtes tous deux congédié l'assemblée. Je n'ai même profité de l'autorisation qu'il m'avait donnée, que parce que j'ignorais comment vous aviez réglé entre vous le partage de l'empire. En effet le bruit s'était répandu que cette partie de la France orientale qui vous est échue, et dans laquelle j'ai un petit bénéfice, devait appartenir au royaume du seigneur Lothaire. Mieux instruit maintenant, j'adresse mes instantes prières à votre clémence pour qu'elle daigne me permettre de conserver ce bénéfice, et d'en jouir en attendant que j'aie obtenu du seigneur Lothaire l'autorisation de me rendre auprès de vous, et de me recommander entre vos mains, si je puis jamais obtenir cette permission; car je désire vous rester toujours fidèle, et je suis tout prêt à me dévouer à votre service, si Dieu daigne m'accorder vie et santé.

---

mini Hl. fratris vestri pervenire....; accepta ab eo licentia ... a domino Hl. licentiam accepero, nous ont paru ne pouvoir se rapporter qu'au seigneur ordinaire d'Éginhard, à celui avec lequel il était habituellement en relation, c'est-à-dire à Lothaire, et nous en avons conclu que la lettre était adressée au frère de celui-ci, à Louis-le-Germanique, qui dut en effet, par le nouveau partage, réunir à ses états presque toute la France orientale. Au reste, voyez dans notre notice sur Éginhard, ce que nous disons pour la restitution de cette lettre.

LIV (1). AD N. PRESBYTERUM ET N. VICEDOMINUM.

[*In Christi nomine,*] Einhardus abbas, N. presbytero et N. vicedomino, fidelibus (2) nostris, in Domino salutem. — [*Notum sit vobis*] quia volumus ut eulogias (3) præparari faciatis secundum consuetudinem, sicut solet homo ad opus dominicum (4) facere, tam ad opus domni Hl. quam et N. conjugis ejus. Et quando ille de Audriaca villa ad Compendium reversus fuerit, tunc volumus ut ibi fiant præsentatæ (5) : et postea volumus ut per brevem nobis indicetis, qualiter illas [ab illo] (6) vel ab illa fuissent receptæ. Bene valete.

LV (7). AD QUEMDAM FIDELEM SUUM.

In Christi nomine, Einhardus abbas, illi (8) fideli nostro salutem. — Tu nosti quod, juxta quod potuimus, voluntatem tuam adimplere curavimus, in eo quod filiam tuam tibi reddere facimus. Et ideo rogamus te ut, propter honorem et amorem sancti N. et nostrum, nobis consentias (9) ad hoc ut, si illum hominem ad libertatem venire faciamus, eumdem (10) filiam tuam permittas in conjugium accipere, quia melius nobis

---

(1) Hæc epistola sub numero LII in editis notatur.
(2) Cod. *fidelis nostris*.
(3) Cod. *eulolias*.
(4) Cod. *dominici*. Edit. *domini sui*.
(5) Cod. *præsentatas*.
(6) Hæ duæ voces, nullo vacuo spatio, in codice desiderantur.
(7) Hæc epistola sub numero LIII in edit. notatur.
(8) Cod. *illo*.
(9) Cod. *conscentias*.
(10) Cod. *eandem*.

LIV. AU PRÊTRE N. ET AU VIDAME N.

Au nom du Christ, Éginhard abbé au prêtre N. et au vidame N. nos fidèles, salut dans le Seigneur. — Sachez que notre intention est que, suivant l'usage, comme tout vassal a coutume de le faire pour le service de son seigneur, vous fassiez préparer les présents (1) destinés au seigneur L. et à N. son épouse (2). C'est quand ce prince reviendra d'Orville (3) à Compiègne qu'ils devront lui être présentés. Nous voulons ensuite qu'un mot de vous nous apprenne comment ils auront été reçus par elle ou par lui. Portez-vous bien.

LV. A L'UN DE SES FIDÈLES.

Au nom du Christ, Éginhard abbé, à N. notre fidèle, salut. — Vous voyez que nous n'avons rien négligé pour accomplir votre volonté, puisque nous vous faisons rendre votre fille. Mais nous vous prions maintenant, au nom de l'honneur et de l'amour que vous portez à saint N. et à nous, de permettre, si nous pouvons obtenir l'affranchissement de cet homme, qu'il épouse votre

---

(1) *Eulogias*, dons gracieux, ce que l'on donnait plutôt par condescendance que par devoir. Voy. Du Cange au mot *Eulogiæ*, n° 3.

(2) Rien dans cette lettre ne peut servir à déterminer s'il s'agit de Louis et de l'impératrice Judith, ou bien de Lothaire et de sa femme Ermengarde. Cette dernière interprétation nous semble cependant la plus probable.

(3) Orville, *Audriaca-villa, Odreia-villa*, aujourd'hui village du Pas-de-Calais, Picardie, sur la rive droite de l'Authie, à 1 lieue ½ S.-E. de Doulens, était une résidence royale célèbre sous la seconde race. Voy. Mabil. *De Re dipl.* lib IV, 306.

videtur esse, ut iterum illi homini, si liber factus fuerit, conjugetur, quam ut ab omnibus repudietur (1). Bene valete.

* LVI. AD R. AMICUM SUUM.

Carissimo filio R. Einhardus æternam in Domino salutem. — Is, quem ad me misisti (2), x kalendas septembris venit, et quoniam de fide illius nihil (3) te dubitare scripsisti, [*ego ipse singula*], quæ ad te perferri volui, eidem comittere dubita[*re non debui. Potius*] enim fideli homini quam chartæ credendum judico, nam [*denuo nemo nescit mem*[branam, si se ferenti elabitur, omne quod continet s[*tatim in lucem proferre*], at (4) nuntius fidelis nec tortus (5) sibi commissum prod[*it. Ea igitur, quæ tibi*], si adesses, dicere volui, huic fideli tuo familiariter [*tradidi. Hunc enim fidum*] in omnibus esse cognovi, præcipue quod nihil ex [*iis, quæ ad me perferenda*] injunxistis, aut dissimulavit aut distulit. Opto ut bene [*valeas in Domino*].

* LVII. AD N. EPISCOPUM.

Domino et filio venerando ac diligendo N., r[*everentissimo episcopo, Einhardus peccator,*] vestram sem-

---

(1) Cod *conjugatur, q. u. a. ominibus repudiatur.*
(2) Cod. *admisisti.*
(3) Cod *nihhil* sic et infra
(4) Cod. *ad.*
(5) Cod. *tortur.*

fille (1); car il vaut mieux, ce nous semble, que votre fille s'unisse de nouveau avec lui, s'il devient libre, que de la voir repoussée par tous. Portez-vous bien.

*LVI. A R. SON AMI.

A son très-cher fils R. Éginhard, salut éternel dans le Seigneur. — La personne que vous m'avez envoyée est arrivée le 10 des kalendes de septembre, et comme votre lettre m'avait appris que vous n'aviez aucun doute sur sa fidélité, je n'ai pas dû hésiter à lui confier moi-même tout ce dont je voulais vous instruire. A mon avis, un homme fidèle est encore plus sûr qu'une lettre; car tout le monde sait qu'une lettre, si elle échappe à celui qui la porte, divulgue aussitôt tout ce qu'elle renferme, tandis qu'un messager fidèle résiste à la torture même plutôt que de trahir ce qui lui est confié. Tout ce que je vous aurais dit à vous-même, si vous aviez été présent, je l'ai donc livré sans réserve à cet homme qui vous est dévoué. Et ce qui m'a surtout prouvé qu'il était fidèle en toutes choses, c'est qu'il m'a dit sans détours et sans retard tout ce que vous l'aviez chargé de me transmettre. Je souhaite que vous vous conserviez dans la grâce du Seigneur.

*LVII. A UN ÉVÊQUE.

A son vénérable seigneur et très-cher fils N., très-révérend évêque, Eginhard pécheur, salut éternel dans le Seigneur. — Votre vassal, porteur des présentes, est arrivé près de nous et m'a rendu votre lettre. Après l'avoir lue, j'ai été heureux de faire tous mes efforts pour exé-

---

(1) Voy. la lettre xv, et la note 3, p. 25.

piternam in Domino salutem.—Postquam fidelis [*vester, præsentium lator,*] ad nos venit et mihi litteras vestras reddidit, qu[*idquid vobis gratum fore ex iis*] cognoscere potui, libenter facere certavi. Vestrum [*nunc est attente omnia con*]siderare ut ea, quæ inter vos agere disponitis, no[*n solum vobis utilia, sed*] etiam honesta ex utraque parte inveniantur, et [*nulla vobis inferri possit*] reprehensio, qui, ob multorum profectum, id quod agere i[*ncumbit acturus, fuisti*] pronunciatus. Quod ita demum fieri posse video, si su[*o videlicet tempore unumquodque*] fiat, quia sicut vos optime nostis, juxta Salomonem : « [*Omnia tempus*] habent (1) », et ea recte fiunt, quæ in suo tempore fiunt. [*Opto te semper in*] Christo bene valere, fili carissime.

LVIII (2). AD N. ABBATEM.

In Christi nomine, Einhardus, abbas humilis, illi (3) abbati, fideli atque dilecto, æternam in Christo salutem. — Memorem te esse non dubito qualiter tam te [*quam tuos*] (4) mihi commisisti. Et quoniam ita se habet (5) ut tua propria decrevit voluntas, meum utique deinceps est ut, ubicumque oportunum fuerit, tibi tuisque condignum suffragium, in quantum nosse et posse accesserit (6), omnibus modis impendam. Ergo notum sit dilectioni vestræ quoniam ille vassallus

---

(1) Cf. Ecclesiast., III, 1 (Vulgat.).
(2) Hæc epistola sub num. LIV notatur in edit.
(3) Cod. *abbas ille humilis abbati f*
(4) Edit. *te et tuos.*
(5) Cod. *haberet tua propria d.*
(6) Cod. *ancesserit.*

cuter ce que j'ai supposé pouvoir vous être agréable.
C'est à vous maintenant de bien considérer toutes choses,
afin que les arrangements que vous allez prendre ne
soient pas seulement avantageux pour vous, mais pour
que les deux parties les reconnaissent conformes à l'honnêteté. Il ne faut pas qu'on puisse vous adresser un seul
reproche, à vous qui avez été proclamé d'avance comme
devant agir dans l'intérêt général en tout ce qui serait à
faire. Or, c'est un but qu'il sera facile d'atteindre, suivant
moi, si chaque chose se fait à propos ; car, ainsi que vous le
savez fort bien, et comme le dit Salomon : « Toutes choses
ont leur temps », et celles-là sont bien faites, qui sont faites
en temps convenable. Je souhaite, mon très-cher fils,
que vous vous conserviez toujours dans la grâce de
Jésus-Christ.

LVIII. A UN ABBÉ.

Au nom du Christ, Éginhard, humble abbé, à l'abbé
N., son fidèle et son ami, salut éternel dans le Seigneur.
— Vous n'avez sans doute pas oublié que vous m'avez
chargé de veiller sur vous et les vôtres, et comme c'est
par votre volonté que je me trouve investi de ce soin,
je suis par cela même obligé, toutes les fois que l'occasion s'en présente, de vous rendre, à vous et aux vôtres,
en tout ce que je sais et en tout ce que je puis, les services de tout genre auxquels vous avez droit. Je ferai
donc savoir à votre amitié que N., notre vassal, et votre
fille ont conçu de l'amour l'un pour l'autre, et qu'ils désirent s'unir en mariage, avec la faveur divine et votre consentement. J'ai en conséquence résolu d'envoyer vers vous
pour vous annoncer que, s'il vous plaît d'accéder à cette

noster, necnon et filia tua, amore conjugii, alter alterum adipisci, Domino favente et vestra voluntate, cupiunt. Quamobrem ad vos mittere decrevi, innotescentes quod tam matri et fratri, quam et omnibus propinquis, si vobis placet ut fiat, congruum esse videtur. Insuper etiam ego non solum ut confirmetur volo, sed ut honorifice, prout citius (1) esse poterit, si mihi ad perficiendum potestatem dederitis, tam in beneficiis, quam in aliis rebus, condigne supplere cupio. Insuper idem ipse præfatus vasallus dotem dabit [et] auget munera : tantummodo huic rei superest ut aut vos ipsi ad hoc opus perficiendum per præsens venire non differatis, aut, ut a nobis perficiatur, licentiam concedatis. Scimus enim quid per præsens, Domino favente, explere possumus; sed quid futura pariat dies ignoramus. Ideo scriptum est : « Non cesset manus tua, non cesset pes tuus, sed quodcumque [*facere possunt, instanter*] operare (2). » His ita præmissis (3), rogamus ut, tam per hunc missum [*nostrum quam per lit*]teras vestras, nos de hac re certos reddere studeatis (4) ac fe[*stinetis quam*] cito. Bene valete.

* LIX. AD N. EPISCOPUM.

Domino sancto et merito venerabili N. summi Dei sacerdoti, Einhardus peccator. — Vasallus iste [*nomine*] Irtheo, propinquus meus est et fuit per aliquan-

---

(1) Cod. *ciuius*.
(2) Cf. Eccles. ix, 10, et xi, 6 (Vulg.).
(3) Hanc vocem cum editis emendamus; cod. *omissi*.
(4) Cod. *studete*.

union, la mère, le frère et tous les parents la trouvent convenable. Quant à moi, je ne désire pas seulement que ce mariage se fasse, je veux aussi qu'il se fasse honorablement et le plus tôt possible. Si vous me donnez pouvoir pour l'accomplir, je veux y contribuer dignement soit par des bénéfices, soit par d'autres avantages. Quant à notre vassal, il constituera la dot, et augmentera les présents d'usage (1). Il ne nous manque donc plus qu'une seule chose, c'est que vous veniez en personne terminer cette affaire, ou que vous me donniez l'autorisation de la terminer moi-même : car nous savons bien ce qu'avec l'aide de Dieu nous pouvons faire aujourd'hui; mais qui peut savoir ce qu'amènera le lendemain. C'est pour cela qu'il est écrit : « Ne laisse reposer ni ton pied, ni ta main, mais hâte-toi d'achever tout ce qu'ils peuvent faire. » Maintenant que vous êtes bien informé, nous vous prions de nous faire savoir votre volonté, tant par ce messager que par une lettre, et cela dans le plus bref délai. Portez-vous bien.

* LIX. A UN ÉVÊQUE.

Au saint et très-vénérable seigneur N., ministre du Très-Haut, Éginhard pécheur. — Ce vassal, nommé Irthéon, est mon parent, et il a été pendant quelque temps à mon service; mais il désire maintenant vivre

---

(1) « Dotem non uxor marito, sed uxori maritus offert. Intersunt parentes et propinqui, ac munera probant. » Tacit. *German.* xviii. Cette antique coutume des Germains s'est conservée chez les Francs de la première et de la seconde race. C'était le mari qui constituait la

tum tempus [*in nostro servitio*]; sed quia nunc desiderat sub vestro (1) dominatu dies suos du[*cere, in hoc se commisit ca*]ritati meæ, quod in tam familiari loco esse [me] elegis[*ti; et*] ideo has commendatorias litteras ei dare decrevi ut, per meam commendationem, faciliorem accessum (2) ad vestram sanctitatem haberet et apud [*vos admitteretur, quem*] mihi propinquum assevero (3). Precor igitur ut eum [*suscipere et sicut*] vassallum vestrum nutrire (4) dignemini. Puto quod non in[*gratum in illo debi*]torem habere debeatis. Opto ut semper bene valeatis in Domino.

LX (5). AD N. EPISCOPUM.

Pro ordinatione precanda (6).

[*Merito venerabili domino N.*] Einhardus peccator. — Propter paucitatem ministrorum altaris, cogit me necessitas supplicare sanctitati vestræ ut hunc clericum, nomine N., ad gradum diaconatus ordinare dignemini. Est enim non solum ætate, sed etiam eruditione ad hoc idoneus. Et ideo misimus illum ad vestræ benignitatis præsentiam, ut eum, a vobis iterum ad prædictum gradum consecratum, recipere mereamur. Opto vos in Christo semper bene valere.

---

(1) Cod. *uno*.
(2) Cod. *accensum*.
(3) Cod. *adsevero*.
(4) Cod. *nutriere*.
(5) LV in editis.
(6) Cod. *precando*.

sous votre seigneurie, et dans ce but il a recours à ma charité, à cause de l'affection toute particulière dont vous avez bien voulu m'honorer. En conséquence, je me suis décidé à lui donner cette lettre de recommandation, afin que, par mon appui, il obtînt un accès plus facile jusqu'à votre sainteté, et qu'il fût admis auprès de vous comme un homme que je reconnais pour mon parent. Je vous prie donc de daigner l'accueillir et le nourrir comme votre vassal. Vous n'aurez jamais en lui, j'en suis convaincu, un débiteur ingrat. Je souhaite que vous vous conserviez toujours dans la grâce du Seigneur.

LX. A UN ÉVÊQUE.

Pour demander une ordination.

Au très-vénérable seigneur N., Éginhard pécheur. — Nous avons si peu de ministres pour le service de l'autel que la nécessité m'oblige à supplier votre sainteté de daigner conférer l'ordre du diaconat à ce clerc nommé N. qui appartient à notre église. Il remplit, par son âge et son instruction, les conditions exigées. Nous l'envoyons donc auprès de votre bienveillante personne, dans l'espérance qu'il nous reviendra promu par vous à cet ordre sacré. Je souhaite que vous vous conserviez toujours dans la grâce du Seigneur.

---

dot. Mais le mot *munera* indique peut-être ici une chose distincte de la dot. Éginhard aura voulu parler des présents donnés par le mari au père ou aux parents paternels de sa femme pour acheter la puissance, *mundiburdium*, les droits qu'il acquérait sur celle-ci et qu'il transmettait à ses propres héritiers. C'est en vertu de ce principe que le mari et les parents du mari recevaient la composition de la femme, et que pour épouser une veuve on payait une somme à la famille du premier mari.

LXI. AD IMPERATOREM (1).

Novo et insolito siderum ortu infausta quædam et tristia (2), potius quam læta (3) vel prospera, miseris ventura significari mortalibus, pene omnibus veterum æstimavit auctoritas. Sola sacri evangelii scriptura salutarem novæ stellæ apparitionem fuisse testatur, quam Chaldæorum vidisse sapientes, et recentem æterni regis ortum de illius clarissimo fulgore conjicientes (4), munera, tantæ majestati convenientia, venerabiliter obtulisse (5) narrantur. Sed ejus stellæ, quæ nuper apparuit horrida et parum læta facies ab omnibus, qui eam se vidisse testati sunt, fuisse, ac minaciter flagrasse nunciatur. Quæ, ut reor, congrua meritis nostris præsagia fecit, et cladem, qua digni sumus, venturam indicavit. Quid enim interest utrum homine (6), vel angelo (7), vel stella nunciante, imminens ira generi prædicetur humano? Hoc tantum est necessarium ut intelligatur supervacuam non fuisse sideris [*istius apparitionem*], sed admonuisse mortales ut, pœnitendo, et Domini misericordiam flectendo, futurum certent declinare periculum. Sic in prædicatione Jonæ, Ninivæ subversio civitatis, quæ

---

(1) Hujus epistolæ nil nisi fragmentum, usque ad voces *in domum figuli*, e codice dedit Chesnius, quod, ex ipso, idem et pariter mancum, recuderunt recentiores editores, Weinckens et D. Bouquet; hoc apud eos sub n° LVI notatum reperias.

(2) Cod. *tristitia*.

(3) Cod. *liceta*.

(4) Cod. *conitientes*.

(5) Cod. *optulisse*.

(6) Cod. *hominem*.

(7) Hæ duæ voces in editis desiderantur.

LXI. A L'EMPEREUR (1).

Que l'apparition inaccoutumée d'astres nouveaux soit pour les pauvres mortels un présage malheureux et funeste, plutôt qu'un signe de joie et de prospérité, c'est ce qu'atteste l'opinion presque unanime des anciens. Les saintes Écritures seules nous montrent un gage de salut dans l'apparition de cette nouvelle étoile observée, comme elles nous l'apprennent, par les sages Chaldéens, qui, comprenant, à l'éclatante splendeur de l'astre nouveau, que le Roi éternel venait de naître, allèrent lui porter, avec leurs adorations, des présents dignes de sa sublime majesté. Mais pour l'astre qui vient d'apparaître (2), tous ceux qui l'ont observé attestent que son aspect est affreux et lugubre, et qu'il semble briller d'un éclat menaçant. C'est, je pense, un digne présage des maux que nous avons mérités, un signe avant-coureur de la catastrophe appelée par nos crimes (3). Qu'importe, en effet, que ce soit un homme, un ange ou une étoile qui vienne présager au genre humain la colère imminente du Très-Haut.

---

(1) Le salut qui termine cette lettre prouve qu'elle est adressée à l'empereur, et sa date, que nous fixons dans la note suivante à l'année 837, nous porte à croire que cet empereur est plutôt Louis-le-Debonnaire que Lothaire, qui était alors en Italie.

(2) On ne peut guère douter qu'Eginhard ne veuille parler ici de la comète qui fut observée, au commencement de l'année 837, dans les signes de la Vierge et de la Balance; car l'apparition de cette comète coïncide avec l'invasion des Nortmans, dont il parle plus bas, et le concours de ces deux circonstances ne peut convenir, d'après le récit des historiens, qu'à l'année 837. Voy. *Annal. Fuldenses* dans Bouquet, VI, 210; *Hermanni Chronic.* ibid. 226; *Sigiberti Chronic.* ibid. 254; et *Vita Ludovici Pii ab Astronom* cap. LVIII, *ibid.* 120.

(3) Sur la corruption des mœurs des Francs au temps de Louis-le-Débonnaire, voy. ci-après l'*Hist. de la Translat* ch. IV, n° 50

per illum fuerat praenunciata, hominibus [*ad pœnitentiam repente*] conversis (1), divina miseratione dilata est. Fecitque Deus et [*se quoque id fac*]turum per Jeremiam prophetam promisit (2), cum eum in domum figuli (3) [*descendere*], ibique juxta operantem artificem sua verba jussit audire (4). [*Quod etiam et*] erga nos eum facere velle confidimus si, humiliter (5) ut illi, ex toto [*nostro corde pœ*]nitentiam agere non negligemus (6). Et o utinam, clades illa, [*quam*] nuper [*clas*]sis Nordmannica partibus regni hujus intulisse dicitur, [*tam*] horrendi [*sid*]eris apparitionem expiare potuisset! Sed vere[*or ne quid no*]vi, oriundum [*inde, lugen*]dum sit, quod tam ferali ostento significatum est, [*nisi sat*]is gravem et a[*ma*]ram ultionem, in semetipsis ac suis, experti fu[*erint rei, quando illa in eos sæv*]a veniens validitate tempestas (7) tam vehementer incubuit. [*Opto ut in Christo bene valeat*] dominus meus piissimus in perpetuum, et in æternum vivat (8).

---

(1) Hoc verbum, quod distincte legitur in codice, a pristinis editoribus ommissum est.

(2) Sic codex; edit. *permisit*

(3) Ab hoc verbo *figuli* reliqua epistola desideratur in editis.

(4) Cf. Jerem. xviii, 2 (Vulg.).

(5) Cod. has duas voces male in unam adunans : *similiter*.

(6) Cod. *neglegemus*.

(7) Cod. *validitatem pestas*, manifesta exscriptoris oscitantis menda.

(8) Hæ tres voces, in codice, notis tironianis exprimuntur.

Ce qui est nécessaire, c'est de comprendre que cette apparition d'un nouvel astre n'est pas une chose vaine, que c'est un avertissement pour les mortels de se repentir et de s'efforcer, en fléchissant la miséricorde divine, d'éloigner les dangers qui les menacent. C'est ce qui arriva dans la prédication de Jonas : la ruine de Ninive avait été annoncée par lui, mais les habitants recoururent tout à coup à la pénitence, et la miséricorde divine différa le châtiment. C'est ce que Dieu fit encore, et c'est ce qu'il promit de faire par la bouche du prophète Jérémie, lorsqu'il lui ordonna de descendre dans la maison du potier, et d'écouter ses paroles auprès de l'artisan qui travaillait. C'est ce qu'il consentirait encore à faire pour nous, j'en ai la confiance, si, à l'exemple de ces peuples, nous ne négligions pas de faire pénitence en toute humilité et du plus profond de notre cœur. Et plût au ciel que les désastres dont la flotte des Nortmans vient de frapper, comme on le dit, les provinces de cet empire, eussent suffi pour expier l'apparition de cet astre terrible (1)! Mais je crains bien qu'il ne doive en résulter encore quelque nouveau sujet de deuil, annoncé par un si funeste prodige; à moins cependant que les coupables n'aient éprouvé sur eux-mêmes et sur tout ce qui leur appartient un châtiment assez grave, assez amer, quand ce fléau, fondant avec une force terrible, s'est appesanti sur eux d'une manière si cruelle. Puisse toujours mon très-pieux seigneur conserver sa force en Jésus-Christ, et mériter la vie éternelle.

---

(1) Ce fut au mois de juin que les Nortmans vinrent fondre sur l'île de Walcheren, *Valacria*, à l'embouchure de l'Escaut, brûlèrent la ville de Duerstède (auj. Wyk-Te-Duerstède à 4 l. S. d'Utrecht), et mirent toute la Frise à contribution. (D. Bouq. VI, *Index chronolog*. p. LXXIX).

* LXII. AD FRATREM N.

Dilecto et in Christo venerabili fratri N. Einhardus, sempiternam [*in Domino salutem.—Parentes*] N. hominis nostri, parati sunt porcos tuos, sic enim nobis [*declaraverunt, tibi componere*]. N. jam ex multo tempore, devote atque fideliter, nobis serv[*ivit; quapropter rogamus*] caritatem tuam ut, in quantum fieri possit, ei parcere digneris in illa [*com*]positione, quam tibi per legem debet, ut eum ad nostrum servitium utilem habere possimus et tu nos ad tuam voluntatem faciendam paratiores ac promptiores per justitiam semper habere valeas. Opto ut semper bene valeas [in Domino].

LXIII (1). AD N. COMITEM.

Magnifico et honorabili atque illustri viro, N. glorioso comiti, Einhardus æternam in Domino salutem.—Domnus imperator mandavit per Dagolfum venatorem [ut] N. comes faceret convenire ad unum locum illos comites qui sunt in Austria, id est Hattonem et Popponem et Gebehardum, et cæteros socios eorum, ut inter se considerarent quid agendum esset, si aliquid novi de partibus Bajoariæ fuisset exortum. Tunc visum est illis bene esse ut, et tu et Atto, in eodem placito fuissetis. Ideo rogant vos ut consideretis, atque illis mandetis in quali loco videatur aptissi-

---

(1) LVII in editis.

*LXII. AU FRÈRE N.

A notre cher et vénérable frère en Jésus-Christ N., Éginhard salut éternel dans le Seigneur. — Les parents de N., notre vassal, sont prêts, comme il nous l'ont eux-mêmes déclaré, à vous payer la composition pour vos porcs. Depuis longtemps N. nous sert avec dévouement et fidélité. Nous nous adressons donc à votre charité pour que vous le traitiez avec autant d'indulgence que possible dans la composition dont il est votre débiteur aux termes de la loi, afin que nous puissions encore recevoir de lui d'utiles services, et que vous-même vous nous trouviez toujours mieux disposé et plus empressé à seconder vos désirs en tout ce qui est juste. Je fais des vœux pour que vous vous conserviez dans la grâce du Seigneur.

LXIII. AU COMTE N.

A magnifique, honorable et illustre personne, le glorieux comte N., Éginhard salut éternel dans le Seigneur. — L'empereur, notre maître, a mandé par le veneur Dagolf au comte N. de convoquer à une réunion les comtes qui sont en Austrasie, c'est-à-dire Hatton, Poppon, Guébéhard et tous leurs collègues, pour aviser entre eux à ce qu'il y aurait à faire s'il survenait en Bavière quelque chose de nouveau (1). Ils ont pensé qu'il serait bon que vous fussiez avec Atton à cette assemblée. Ils vous prient

---

(1) Ce passage semble se rapporter à la révolte de Louis-le-Germanique en 852 On sait qu'au printemps de cette année, l'empereur s'avança jusqu'à Augsbourg, où il reçut la soumission de son fils. Cette lettre pourrait se rattacher aux précautions qu'il dut prendre afin de prévenir une nouvelle révolte.

mum esse tibi et (1) illis conloquium. Nam H. videtur ut hoc bene esse possit.

* LXIV. AD FRATRES SELIGENSTADTIENSES.

In nomine Dei summi, N. (i. e. Einhardus) peccator dilectis fratribus, in cœnobio beatorum Christi martyrum, Marcellini et Petri, consistentibus, perpetuam in Domino salutem. — Notum sit [*universita*]ti vestræ nos, Domino auxiliante, sanos et incolumes (2) esse, id idem de vobis [*omnibus esse ardenter*] cupientes. Cæterum admonemus fraternitatem vestram ut nostri memoriam [*semper conservetis apud sanctos Christi martyr*]es, quibus quotidie (3) servire noscimini, ut promisistis. [*Cum autem ad vos ire permiser*]it nobis pius dominus, per intercessionem eorum, sanos vos reperire, [*et in Domino bene valentes, gaudebimus.*] Vos igitur, dilectissimi, paterna sollicitudine hortamur [*ut memores sitis professioni*]s vestræ et qualiter vos Domino, sanctisque illius, commendastis; [*ideoque omni tempore vigilantes,*] semper sollicite caveatis ne antiquus hostis vos fal[*laciis suis decipere, insidiis v*]e seducere possit; ut jugiter intenti (4) laudibus divinis, et [*humiliter conversantes in ob*]edientia, cum frequentatione ecclesiarum Dei, et in invicem [*vos adjuvantes, vestraque*] onera portantes, facilius, hic feliciter Christo et sanctis martyribus [*ejus, Marcellino et*

---

(1) Cod. *a. e. ubi illis conloquium.*
(2) Cod. *incolomes.*
(3) Cod. *cotidie.*
(4) Cod. *inti*; absque ulla abbreviationis nota.

donc d'examiner quel serait l'endroit le plus convenable pour vous réunir les uns et les autres, et de le leur indiquer. Le comte N. approuve leur détermination.

*LXIV. AUX FRÈRES DU MONASTÈRE DE SÉLIGENSTADT.

Au nom du souverain Dieu, Eginhard pécheur à ses très-chers frères du monastère des bienheureux martyrs du Christ, Marcellin et Pierre, salut éternel dans le Seigneur. — Nous faisons savoir à toute votre communauté, que, par la grâce de Dieu, nous sommes sain et sauf, et que nous désirons ardemment qu'il en soit de même de vous tous. De plus, nous vous avertissons, mes frères, de ne pas manquer à votre promesse, et de ne jamais perdre notre souvenir auprès des saints martyrs du Christ, auxquels, comme nous le savons, vous consacrez vos services de tous les jours. Aussitôt que notre pieux maître nous aura permis de nous rendre auprès de vous, nous serons heureux de vous retrouver, par leur intercession, en bonne santé et en état de grâce auprès du Seigneur. Aussi nous vous exhortons, très-chers frères, avec une paternelle sollicitude, à ne jamais oublier la profession que vous avez embrassée, et comment vous vous êtes consacrés au service de Dieu et de ses saints. Ayez donc toujours les yeux ouverts, soyez sans cesse sur vos gardes, de peur que le vieil ennemi du genre humain ne parvienne à vous tromper par ses ruses, ou à vous faire tomber dans ses embûches : faites en sorte qu'en vous appliquant sans relâche à célébrer les louanges de Dieu, et à vivre humblement dans l'obéissance et la fréquentation de son Église, vous aidant les uns les autres, et portant en commun vos fardeaux, il vous soit plus facile, avec l'heureux secours que le Christ et

Petro,] suffragantibus, æternum regnum possitis obtinere. His [*insistite sedulo observandis, quæ*] sunt, secundum apostolum dico (1), cum omni honore et diligen[*tia, ad imitandum exhibenda per vos*], sacerdotes, Christi junioribus, formam salutis in vestris exem[*plis querentibus. Quapropter omn*]es, qui venturi sunt, cum benevolentia, in invicem [*eos adjuvantes, excipite, ita ut eos*] ad paschalia gaudia læti perducere, divina gratia [*opitulante, possitis. Regulam autem*] vestram, sicut vobis deposui, servare studete, et præposito, [*quem vobis dedi, omnem honorem*] et diligentiam impendere satagite, quatenus honor, [*a vobis ei præstitus, commodum*] vestrum esse valeat et profectus animarum vestrarum de die in diem in[*valescere et exinde, Domino aux*]iliante, proficere valeat. Valeat et vigeat sancta fraternitas vestra, [*prout ardenter opta*]mus, amantissimi fratres. Ista vero epistola nostra, coram omnibus fratribus, apertissime legatur atque sibi obediatur.

* LXV. AD IMPERATOREM.

Pietati splendidi senioris persona tenuis offerre præsumit preces orationis. Sunt etenim psalteria cantanda (2), cum cæteris oratiunculis, post purificationem Mariæ, semper virginis, quatenus Rex immortalis vobis tribuat salutem vitæ præsentis et faciat vos

---

(1) Cf. epistolam II Pauli ad Thessalonic. cap. III, v. 9.
(2) Cod. *tanta.*

ses saints martyrs, Marcellin et Pierre, vous prêteront ici-bas, d'obtenir le royaume éternel. Appliquez-vous à observer ces préceptes, car ce sont, comme le dit l'apôtre (1), des modèles que vous, qui êtes revêtus du sacerdoce, vous devez présenter pour être imités, en tout honneur et diligence, par les serviteurs du Christ, qui viendront chercher dans vos exemples le moyen de faire leur salut. Recevez donc avec bienveillance tous ceux qui vont venir vers vous, et prêtez-leur un secours mutuel, de telle sorte qu'avec l'aide de Dieu vous puissiez, pleins d'allégresse, les conduire aux solennités pascales. Appliquez-vous encore à observer votre règle telle que je vous l'ai laissée, et efforcez-vous d'entourer le chef, que je vous ai donné, de respect et d'amour, afin que le respect, que vous lui témoignerez, tourne à votre avantage, et que le profit de vos âmes s'en accroisse de jour en jour. Nous faisons les vœux les plus ardents, très-chers frères, pour que votre sainte communauté se conserve en force et en santé. Quant à cette lettre que nous vous adressons, nous voulons qu'elle soit lue publiquement, en présence de tous les frères, et que l'on s'y conforme.

* LXV. A L'EMPEREUR.

Mon humble personne ose offrir à la piété de son illustre seigneur ces prières d'office. Ce sont des psaumes que nous devons chanter, avec les autres oraisons, après la purification de Marie toujours vierge, pour obtenir que le Roi immortel vous accorde la santé dans cette présente

---

(1) Saint Paul, dans sa seconde épître aux Thessaloniciens. Eginhard rappelle plutôt la pensée que le texte même de cette épître.

per ævum, in gloria coelesti (1), gaudere suis cum sanctis.

..... Dextra
Clavigerum sola ne mergeretur erexit,
Quæ, pietate Dei, vitam per secula regnat (2).

LXVI (3). AD N. EPISCOPUM.

In persona ejusdem clientum.

Obtutibus (4) præstantissimi antistitis humillimi clientuli vestri apices præcipuæ servitutis dirigere satagunt; intimantes devotionem, juxta modulum eorum possibilitatis (5), pronam fieri, si almitas vestræ celsitudinis mandare non dedignaverit. In omni obsequio vestro vestrorumque, et deinceps, sive juxta clementiam præsentiæ vestræ positi, seu ubicumque versari videntur, libenter professi sunt vestris mellifluis obtemperare mandatis. Nunc vero, quamvis nullis exigentibus meritis, tamen alloquio vestræ promissionis confisi, monere non titubant pietatem vestræ caritatis. Valeat beatitudo vestra.

* LXVII. AD N. COMITEM.

In nomine Domini nostri Jesu Christi, N. (i. e. Ein-

---

(1) Cod. *cœlestis*.
(2) Horum versiculorum alter bis contra quantitatem, alter contram grammaticam peccat, et vix intelligi potest.
(3) LVIII in edit.
(4) Cod. *optutibus*.
(5) Ita habet codex; edit. *j. modum e. possibilitati*.

vie, et vous fasse jouir pendant l'éternité, dans la gloire céleste, de la béatitude des saints.

« Il lui suffit d'étendre la main pour empêcher le porte-clefs (saint Pierre) d'être submergé; cette main qui, grâce à la miséricorde divine, fait régner la vie dans l'éternité. »

LXVI. A UN ÉVÊQUE.

Sous le nom de ses clients.

Vos très-humbles clients s'empressent de mettre sous les yeux de leur très-excellent maître le témoignage de leur entière obéissance. Ils protestent que leur dévouement n'aura pas d'autres bornes que celles de leurs faibles moyens, si, dans sa bonté, votre grandeur ne dédaigne pas de leur donner des ordres. Fidèles en toute chose et pour toujours à vous et aux vôtres, placés auprès de votre clémence ou dans tout autre lieu, ils ont été heureux de promettre obéissance à vos gracieux commandements. Quant à présent, quoiqu'ils n'aient encore rien fait pour le mériter, cependant, pleins de confiance dans les paroles de votre promesse, ils n'hésitent point à se recommander à l'affection de votre charité. Ils font des vœux pour que votre béatitude jouisse d'une bonne santé.

* LXVII. A UN COMTE.

Au nom de Notre-Seigneur Jésus-Christ, Éginhard par le secours de la grâce divine humble abbé, au comte N., son ami intime, salut éternel dans le Dieu sauveur.—Nous ne faisons que payer de retour, autant qu'il est en nous, les bienfaits de votre amitié, lorsqu'on nous voit vous servir avec dévouement, et, en toute occasion, respirer

hardus), divina favente gratia, [*humilis abbas, N. amico suo et*] familiari, comiti, sempiternam in Domino sospitatis salu[*tem.—Quantum est in nobis*], rependimus gratias vestræ dilectionis, quum devoti[*ssime vobis inservire, vestræ*]que utilitatis compendium redolere comperti sumus. Qu[*in imo, non ignoratis, secundum bene*]volam famuli tui intentionem, amminiculante cle-[*mentia divina, vos nostris semper usuros*] fore devotis. Quapropter petimus per hos apices [*nostræ sollicitu*]-dinis quatenus circa nostros famulantes eamdem gratiam b[*enigniter habere dignemini, qualem erga nos ha*]betis. Hii sunt vero qui in vestro ministerio (1) nu[*nc aliqua provenda sunt instructi et*] quorum proprium hereditatis inter res Sancti Bav[*onis continetur; quamob*]rem nos visitare conati sunt et in nostro obsequi[*o, sicut in vestro, se commendaverunt*]. Ideo deposcimus ut provendam, quam ante[*cessores eorum habuerunt, et quam*] hactenus pro beneficiis vestris detinent, in posterum [*servent, manentes nec ne*] apud vos. Fiet ut liceat præfatis clericis nostris B. . . . . et Gozzilo usibus provendæ perfrui, et, quando licent[*iam abeundi obtinent,*] amicosque visere cupiunt, in omnibus, quibus indi-[*gent, sint adjuti, vestraque*] protectione muniti, ne quis audeat malivolam contr[*a ipsorum utilitatem inferre*] sententiam. Agat inde taliter dilectio vestra sicuti op[*timum judicabit, et semper*] valeat caritas vestra in domino.

---

(1) Cod *monasterio*, hoc verbum, sicut in epistol. n. L, immutandum erat, quum hujusce epistolæ initium ad ecclesiasticam personam non conveniret

pour vous le plus vif intérêt. Mais de plus vous n'ignorez pas que, conformément aux bonnes intentions de votre serviteur, et avec le secours de la miséricorde divine, vous êtes toujours sûr de trouver chez les nôtres un égal dévouement. Aussi, dans notre sollicitude, nous vous adressons cette lettre afin que vous daigniez avoir pour nos serviteurs la même bienveillance que vous avez pour nous-mêmes. Il s'agit de ceux de nos clercs qui sont pourvus d'une prébende dans votre territoire (1), et dont en même temps le patrimoine est compris dans les domaines de notre monastère de Saint-Bavon. C'est pour cela qu'ils ont voulu nous visiter et qu'ils se sont déclarés de notre obéissance aussi bien que de la vôtre. Je vous demande donc que cette prébende, qu'ont eue leurs prédécesseurs, et qu'eux-mêmes jusqu'à présent ont tenue de vous en bénéfice, leur soit conservée, qu'ils demeurent ou non auprès de vous. Il en résultera que nos dits clercs, c'est-à-dire B. . . . .
. . . . et Gozzilon, pourront jouir des fruits de cette prébende; et quand ils obtiendront la permission de s'absenter, et voudront visiter leur amis, ils seront pourvus de tout ce dont ils auront besoin, et de plus, appuyés de votre protection, ils ne craindront pas que l'on puisse prononcer contre leurs intérêts une sentence malveillante. Que votre amitié veuille donc bien faire en cela ce qui lui semblera le meilleur, et puisse votre charité se conserver toujours dans la grâce du Seigneur.

---

(1) Voy. ci-dessus, p. 91, n. 2

LXVIII (1). AD PRÆCIPUUM IMPERATRICIS CAPELLANUM.

In persona quorumdam ejus clientum.

Honorando atque sublimato et spiritu sapientiæ repleto........ magistro atque præcipuo (2) capellano domnæ imperatricis, [N.].... et [N.] (3)..., vestri fideles clientuli, per hanc schedam parvitatis nostræ, coronæ (4) beatitudinis vestræ optamus salutem perennem. — Recordetur bonitas vestra de causa quam quondam locuti fuimus, ut, sicut nos exhortastis, et largiter (5) promisistis, ita feliciter implere procuretis apud illum quem vos scitis : et inquirite utrum nos ad illum, an parte in alia tendere debeamus, et nobis, per fidelem gerulum, aut per vestros (6) apices, cito remandare dignemini. Pro confidentia enim magna, quam in vobis habemus, tam audacter vobis scripsimus necessitatem nostram. De vestra vero sospitate nobis intimare dignemini, quia vestra sanitas nostra est lætitia, et vestra lætitia nostrum est gaudium. Hoc optamus, hoc desideramus, hoc cupimus audire, ut fiat multis feliciter annis. Valete nunc et semper, vir gloriosissime, in Christo Jesu et in omnibus sanctis ejus. Amen.

---

(1) LIX in edit.

(2) Cod *præcipue*.

(3) Hic adsunt in codice duo nomina, notis tyronianis inscripta, quorum unum penitus erasum est, alterum legere frustra conati sumus.

(4) Hoc verbum a Chesnio omissum est. D. Bouquet, male locum restituens : *beatitudini vestræ*.

(5) Cod. *largite*; edit. *largire*.

(6) Cod. *vestras*.

LXVIII. AU PREMIER CHAPELAIN DE L'IMPÉRATRICE.

Sous le nom de deux de ses clients.

A l'honorable, très-haut et très-sage.... maître N., premier chapelain de l'impératrice (1), nous, N..... et N....., vos très-fidèles clients, en vous adressant cette supplique de notre faiblesse, nous souhaitons à la couronne de votre béatitude le salut éternel.—Que votre bonté daigne se rappeler cette affaire dont nous avons parlé autrefois. De même que vous nous avez adressé alors des exhortations et fait de grandes promesses, veuillez vous employer aujourd'hui à les accomplir auprès de la personne que vous savez; informez-vous s'il faut nous rendre auprès d'elle ou ailleurs, et daignez nous le faire savoir le plus-tôt possible, soit par ce fidèle messager, soit en nous écrivant. C'est la grande confiance que nous avons en vous qui nous a rendus si osés que de vous faire savoir la nécessité dans laquelle nous nous trouvons. Veuillez nous donner des nouvelles de votre santé, car votre santé fait notre joie, et votre joie fait notre bonheur. Ce que nous voulons, ce que nous désirons, ce que nous souhaitons de tous nos vœux, c'est qu'il en soit ainsi pendant longues années. Puissiez-vous à présent et toujours, très-glorieux seigneur, vous maintenir dans la grâce de Jésus-Christ et de tous ses saints. Ainsi soit-il.

---

(1) Probablement Judith, femme de Louis-le-Débonnaire. Mais j'ai vainement cherché le nom du premier chapelain. Ce ne fut que bien plus tard, en 961, qu'Othon-le-Grand conféra aux abbés de Saint-Maximin de Trèves, la dignité héréditaire de premier chapelain de l'impératrice. Voy. *nov. Gallia Christ.* xiii, 525 et instr. 323.

LXIX (1). AD M. ILLUSTREM DOMINUM.

In persona W. et G.

Illustris dignitatis virum atque nobilissimæ sublimitatis dominum M., W. et G. (2), fidelissimi ac devotissimi, vestræque in omnibus excellentiæ paratissimi famuli, fideli et optabili aggredimur servitio.—Maximas et, si fieri posset ultra vires (3), sublimitatis vestræ celsitudini referimus grates, quod, nostræ petitioni assensum præbentes, ad effectum perduxistis de capella in villa Lensi constituta. Tamen missus vester R. (4), qui nos exinde vestire venit, id ipsum, sicut jussistis, fecisset, nisi homines N., fratris vestri, hoc contradixissent. Attamen ipse locus valde vastatus est, ita ut nullum omnino tegumen tectorum inibi remanserit, quod non venditum, alienatum, vastatumque sit, excepta basilica, quæ etiam ex parte corruit. Nos autem, causa vestræ mercedis, hoc fixum in animo habuimus, ut [omnia] quæ præsenti anno adquirere possemus, ad restaurationem ejusdem (5) loci expenderemus : quod et facere cupimus, si ita per manse[*rint singula, sicuti benignitas vestra*] statuit atque decrevit. Vester itaque missus de laboribus (6) [*antea*] laboratis nihil ibi invenit, quia

---

(1) LX in edit.

(2) Forsan *Galterus*, codex *Gl.*, editi *gloriosum*, nulla sequentis epistolæ, quæ de eisdem personis tractat, habita ratione.

(3) Hæ duæ voces a pristinis editoribus omissæ fuerunt.

(4) Edit. *Tamen misistis....q*

(5) Hæc vox a pristinis edit. omissa est.

(6) Item hæ duæ voces.

LXIX. AU TRÈS-ILLUSTRE SEIGNEUR M.

Sous le nom de W. et G.

Au très-illustre, très-haut et très-noble seigneur M., nous W. et G., vos très-fidèles et très-dévoués serviteurs, nous nous déclarons très-empressés à servir en toute occasion votre excellence fidèlement et au gré de ses désirs. — C'est l'expression d'une reconnaissance profonde, et, si cela était possible, supérieure à nos forces, que nous adressons à votre grandeur qui a daigné accueillir notre prière et réaliser nos vœux au sujet de cette chapelle située dans le domaine de Lens. R., votre envoyé, qui est venu pour nous en investir, eût exécuté vos ordres si les hommes de votre frère ne s'y fussent opposés; et cependant les bâtiments sont dans un état complet de dévastation, au point qu'il n'y reste plus de couverture, et que tout a été vendu, détourné ou ravagé, excepté l'église, qui est même en partie ruinée. Nous avions pris la résolution, en reconnaissance de votre bienfait, de consacrer à la restauration du lieu tout ce que nous aurions pu percevoir cette année, et nous désirons encore le faire si tout demeure comme votre bienveillance l'avait établi et décidé. Votre envoyé n'a donc trouvé aucunes provisions dans les magasins (1), parce que tout avait été dévasté, sauf cependant la dîme seigneuriale que, d'après vos injonctions, il a recommandé de mettre en réserve. Faut-il la vendre ou non? c'est ce que nous ignorons complétement. Nous avons exposé tout ces faits à votre

---

(1) *Labores laborati*, les produits des terres et de l'industrie, les provisions amassées.

omnia vastata erant, excepta [*tantum*] dominicata decima, quam ex vestro verbo salvari præcepit, quæ utrum (1) [*vendi*] debeat an non, a nobis penitus ignoratur. Hæc ideo vestræ sublimitati exposuimus, ut vestra celsitudo cogitet et statuat, quomodo restaurari possit : et ne periculum alicujus proveniat, si domus Deo dicata negligatur et adnulletur. Quidquid ergo vestræ excellentiæ exinde libuerit, per vestrum missum nostræ modicitati insinuare dignetur. Vestram sublimitatem diutino tempore Christus protegat, pariterque ad vitam æternam perducat. Amen.

LXX (2) AD EUMDEM.

In eorumdem persona.

Prævio, insigni atque egregiæ nobilitatis viro N., W. et G., vestræ sublimitati per omnia devoti et dediti, fidele in omnibus obsequium atque servitium optamus. — Quoniam sublimitas [vestra] (3) nostræ modicitati aliquod servitium injungere voluit, quia idem ad effectum nondum venit, causam vestræ celsitudini innotescimus. Clericus fratris vestri A., quem (4) vestro jussu conservitio ipsius A. suscepimus, indiculum, quem nostræ parvitati misistis, secum abstulit, ut excusationem vestro fratri ex nostra parte faceret quod, pro vestro servitio, opus ejusdem imperfectum remaneret : et in ipso indiculo mensuræ, quas nobis

---

(1) Hæ duæ voces a pristinis editoribus omissæ sunt.
(2) LXI in edit.
(3) Hæc vox, nullo vacuo spatio, in codice desideratnr
(4) Cod. *quæ*.

sublimité, pour que votre grandeur, après y avoir réfléchi, détermine de quelle manière on pourra réparer le mal, et dans la crainte qu'il n'arrive malheur à quelqu'un si l'on permettait l'abandon et la ruine d'une maison consacrée à Dieu. Que votre excellence daigne donc faire connaître son bon plaisir à cet égard, et en informer par son envoyé ses humbles serviteurs. Puisse le Christ conserver longtemps votre grandeur et la conduire à la vie éternelle. Ainsi soit-il.

LXX. AU MÊME.

Sous le nom des mêmes personnes.

Au très-élevé, très-illustre et très-noble seigneur N., nous W. et G., vos serviteurs à jamais fidèles et dévoués, nous promettons en toute chose à votre grandeur soumission et obéissance. — Puisque votre grandeur a bien voulu donner des ordres à notre faiblesse, nous venons lui faire savoir pourquoi ils n'ont pas encore été exécutés. Le clerc de A., votre frère, que, d'après votre volonté, nous nous sommes associé pour le service de votre dit frère, a emporté avec lui la note, que vous aviez adressée à nos humbles personnes, afin de nous excuser auprès de votre frère de ce que votre service nous forçait de laisser inachevé l'ouvrage qu'il nous a commandé. Mais cette note renfermait les mesures que vous nous aviez transmises, et jusqu'à présent nous n'avons pu les retrouver. Veuillez donc nous renvoyer ces mesures, et nous nous efforcerons de nous acquitter du travail que vous nous avez confié. Nous faisons les vœux les plus ardents pour

transmisistis, pariter ablatæ sunt, quæ a nobis hactenus nullo modo reperiri possunt. Quapropter ipsas mensuras nobis transmittite, et, quantum valemus, de vestro servitio elaborare curabimus. Valere in Domino vestram sublimitatem jugiter exoptamus (1).

* LXXI. AD HLOTHARIUM.

(2) Quamvis certissime credam piissimum Dominum meum semper memorem esse patronorum suorum, beatissimorum Christi martyrum, Marcellini et Petri, qui, occulto Dei judicio, Roma relicta, ad exaltationem et protectionem regni vestri, in Franciam (3) venerunt, et, pro qua nescio causa, apud me peccatorem hospitari dignati sunt, mihi tamen magna incumbit necessitas ut vos de causis ad eorum honorem pertinentibus crebro commoneam, ne forte periculum ac

---

(1) Post hanc epistolam legitur in codice EXPLICIT DEO GRATIAS AMEN. Qua formula, litteris majusculis exarata, libelli exscriptor epistolarum Einhardi finem, meo quidem judicio, indicare voluit. De sequentibus vero in codice epistolis, sex numero, et in tribus foliis, eodem tempore, eademque ac præcedentes manu, uti videtur, exaratis, quas, vel potius quidquid earum legere fas fuit, infra, in appendice prima recudimus, vide e regione notam gallicam et prolegomena nostra.

(2) Hanc epistolam attendas, quæso, ex unico, ut jam diximus p. 56, n. 1, deperditi cujusdam codicis folio primum erutam, quæ nobis elegantissime scripta visa fuit, neque sine quadam vera eloquentia, immo in qua nihil, quod ad grammaticam attinet, delinquitur; ut, si quid passim nobis immutandum esse visum est ad perpaucas voces ad puræ latinitatis orthographiam reducendas, hoc fere nullius momenti esse dixerimus.

(3) Id est in Franciam orientalem, trans Rhenum; de regione quam Einhardus, et ejusdem ævi scriptores, sub hoc nomine *Francia* designare solent, videsis in priori volumine p. 243, n. 2.

que votre excellence se maintienne dans la grâce du Seigneur (1).

LXXI. A LOTHAIRE (2).

Bien que je croie très-fermement à l'éternelle reconnaissance de mon très-pieux seigneur pour ses patrons les bienheureux martyrs du Christ, Marcellin et Pierre, qui par le secret jugement de Dieu, abandonnant Rome, sont venus en France pour la gloire et la protection de votre royaume, et qui, par je ne sais quel motif, ont dai-

---

(1) Cette lettre, comme l'indique la formule *Explicit Deo gratias*, termine, dans le manuscrit de Laon, la série des lettres d'Éginhard. Celles qui suivent, fol. 13-15 du ms., ne sauraient lui être attribuées avec certitude, cependant comme elles paraissent avoir été écrites dans le même temps, et de la même main que les précédentes, et que parmi ces lettres il en est une qui lui a été attribuée par de graves autorités, nous avons cru devoir reproduire tout ce que nous avons pu en déchiffrer. On les trouvera ci-après, dans le premier appendice, sous le titre d'*Epistolæ dubiæ*. Voyez au reste la description du ms. de Laon dans les Prolégomènes.

(2) Cette lettre, qui avait échappé aux recherches des premiers éditeurs, est, comme les précédentes, tirée du ms. de Laon, mais elle se trouve sur un feuillet isolé, d'une écriture toute différente, et qui évidemment a appartenu à un autre ms. Ce feuillet contient, outre cette lettre, un commencement de la lettre XXXII, qui nous a déjà permis de faire une importante restitution. (Voy. p. 56, n. 1.) Il est bien fâcheux que le manuscrit, d'où provient ce feuillet, ne soit pas parvenu jusqu'à nous; il était peut-être un peu moins ancien que le ms. de Laon, mais, à en juger par ce fragment, il aurait fourni un texte bien plus correct. — Nous présumons que cette lettre est adressée à Lothaire plutôt qu'à Louis-le-Débonnaire; mais on n'y trouve, à l'appui de cette conjecture, que des indices et non des preuves positives. Voy. les Prolégomènes.

detrimentum animæ meæ (1) incurram, si de illa admonitione negligentior (2) quam oportet exstitero (3), et licet illi sint misericordissimi, qui etiam percussori suo pepercerunt, regem tamen eorum, Dominum nostrum Jesum Christum, pro cujus amore mori non dubitaverunt, offendere timeo, si in exhibendis eorum cultui congruis honoribus me segniter agentem invenerit. Proinde, piissime domine, excellentiam vestram humiliter admoneo (4), et peto ut recordari dignemini de illa commutatione loci, in quo veneranda Martyrum corpora requiescunt, quæ cum Otgario episcopo facta est, et eum illis proprium efficiatis, pro quo liberando proprium vestrum Sancto Martino tradidistis. Item admonere præsumo misericordiam vestram de illis meis petitionibus quibus, tunc quando imminentis viciniam mortis exhorrui, vobis suggessi ut aliquid de nostris beneficiis ad sustentationem eorum, qui juxta sacratissima sanctorum Martyrum corpora Deo deservituri sunt, eisdem mitissimis patronis vestris dare dignaremini, qualiter tunc vestris benignissimis promissionibus spem mihi fecistis quod desiderio meo fraudari non deberem, et, non solum in hac causa, sed etiam in eo ut his, quos ad servitium vestrum enutrivi, misericordiam vestram impendere (5),

---

(1) Cod. *animae meae*, et sic diphthongus *ae*, quam in cætero codice, uti jam diximus, supra, p. 4, n. 4, tum pariter disjunctam, tum per unam litteram *e* expressam, tum etiam conjunctam reperias, in hoc folio constanter exprimitur.
(2) Cod. *ammonitione neglegentior*.
(3) Cod. *extitero*.
(4) Cod. *ammoneo* sic et infra.
(5) Cod. *inpendere*.

gné me choisir pour hôte, moi qui ne suis qu'un pécheur ; cependant je me trouve dans l'impérieuse nécessité de vous adresser des avertissements réitérés sur tout ce qui touche à leur honneur, pour éviter de mettre mon âme en péril ou même de la perdre, si je montrais à vous donner ces avertissements une négligence coupable ; et quoiqu'une miséricorde infinie anime ces Martyrs, qui ont pardonné même à leur bourreau, je craindrais d'offenser leur maître, Notre-Seigneur Jésus-Christ, pour l'amour duquel ils n'ont point balancé à mourir, s'il ne voyait en moi que de l'indifférence pour assurer à leur culte les honneurs qui lui sont dus. En conséquence, mon très-pieux seigneur, j'adresse à votre excellence cet humble avertissement, et je lui demande que, daignant se rappeler l'échange conclu avec l'évêque Otgaire, vous assuriez aux saints Martyrs la propriété du lieu où reposent maintenant leurs corps sacrés, et pour la délivrance duquel vous avez déjà transféré au chapitre de Saint-Martin des biens qui vous appartenaient (1). Je prendrai encore la liberté de rappeler à votre miséricorde ces demandes que je lui adressai, lorsque je tremblais à l'approche d'une mort imminente. Je vous priai de vouloir bien conférer à vos doux patrons, pour le soutien de ceux qui se consa-

---

(1) Otgaire, archevêque de Mayence. (Voy. p. 7, n. 2.) Le chapitre métropolitain de Mayence est désigné dans les actes anciens sous le nom de *monasterium majus seu episcopale S. Martini, conventus fratrum de S. Martino.* (Voy. *Nov. Gallia Christ.* V, 432.) Pour concilier ce passage avec le diplôme rapporté à la fin de ce volume, par lequel Louis-le-Debonnaire donna, le 11 janvier 815, à Eginhard, la terre de Mulinheim, il faut supposer qu'Eginhard fonda son abbaye de Seligenstadt, auprès, mais en dehors des limites de ce domaine, sur un emplacement qui appartenait au chapitre de Mayence.

et eos de ipsis beneficiis adjuvare deberetis. Certissime confido quod in hoc et Deum et sanctos ejus promereri debeatis, si me voti mei compotem in hac causa efficere dignamini. Item rogo ut cogitare atque pensare dignemini quæ merces vos apud Deum maneat, et laus coram seculo vobis adcrescat si, per vos et in diebus vestris, locus requietionis sanctorum Martyrum, tam in ædificiis quam in aliis necessariis rebus, fuerit auctus, ornatus et excultus, ut etiam exstructio ejus nomini vestro adscribatur, simulque et vestra et Martyrum memoria ore omnium populorum, perpetua mentione, celebretur. Ad extremum rogo et obnixe deprecor magnam mansuetudinem vestram ut super me miserum et peccatorem, jam senem et valde infirmum, misericorditer ac pie respicere dignemini, et a curis secularibus absolutum ac liberum fieri faciatis, meque permittatis, in pace et tranquillitate, juxta sepulcra beatorum Christi Martyrum, patronorum videlicet vestrorum, sub defensione vestra, in eorumdem sanctorum obsequio, et Dei ac Domini nostri Jesu Christi servitio consistere, ut me illa inevitabilis atque ultima dies, quæ huic ætati, in qua modo constitutus sum, succedere solet, non transitoriis ac supervacuis curis occupatum, sed potius orationi ac lectioni vacantem, atque in divinæ legis meditatione cogitationes meas exercentem, inveniat.

creront au service de Dieu près de leurs saintes reliques, quelque chose des bénéfices que je possédais. Vos promesses pleines de bienveillance me firent alors espérer que, non-seulement je ne serais pas déçu dans mes désirs en ce qui concernait les saints Martyrs, mais que vous étendriez même votre miséricorde sur ceux que j'avais élevés pour votre service, et que vous comptiez les aider également de ces mêmes bénéfices. J'ai la ferme confiance que vous mériterez l'affection de Dieu et de ses saints, si vous daignez en cette circonstance accomplir mes vœux. Veuillez donc réfléchir, et considérez quelle récompense vous attend auprès de Dieu, et quelle sera votre gloire aux yeux des hommes, si, par vous et de votre vivant, le lieu où reposent les saints Martyrs, si les édifices, si tout ce qui est nécessaire à leur culte, se trouve augmenté, orné et embelli de telle sorte que cette pieuse fondation se rattache à votre nom, et que votre mémoire, unie à celle des saints Martyrs, soit à jamais célébrée par la bouche de tous les peuples. Enfin je prie et je supplie humblement votre mansuétude de daigner jeter un regard de miséricorde et de pitié sur un pauvre pécheur, déjà vieux et accablé d'infirmités; faites que je puisse être débarrassé et libre pour toujours des affaires de ce monde, et qu'il me soit permis, dans la paix et le repos, près des tombeaux de vos patrons, les saints Martyrs du Christ, et sous votre protection, de me consacrer entièrement à leur culte et au service de Dieu et de Notre-Seigneur Jésus-Christ, afin que ce jour inévitable et suprême, ordinairement si voisin de l'âge où je suis arrivé, ne me trouve pas occupé de soins passagers et superflus, mais appliqué à la prière et à la lecture des livres saints et exerçant mes pensées dans la méditation de la loi divine.

LXXII. AD LUPUM AMICUM SUUM (1).

Einhardus Lupo suo salutem.—Omnia mihi studia, omnesque curas, tam ad meas quam amicorum causas pertinentes, exemit et excussit dolor, quem ex morte olim fidissimæ conjugis, jam nunc carissimæ sororis ac sociæ, gravissimum cepi. Nec finiri posse videtur; quoniam exstinctionis illius qualitatem adeo tenaciter memoria retinet, ut inde penitus non possit avelli. Huc accedit, quod ipsum dolorem identidem accumulat, et vulnus semel acceptum exulcerat, quod vota scilicet nostra nihil valere permissa sunt, ac spes, quam in Martyrum meritis atque interventione collocavimus, expectationem nostram ex asse frustrata est. Inde evenit ut solantium verba, quæ aliorum mœstitiæ mederi solent, plagam cordis nostri recrudescere potius faciant atque rescindant, cum me æquanimiter ferre jubent infortunii molestias, quas ipsi non sentiunt, atque in eo censent mihi gratulandum, in quo nullum gaudii vel lætitiæ valent demonstrare vestigium. Quis est enim mortalium, cui mens constet, quique sanum sapiat, qui sortem suam non defleat, et qui se infelicem ac miserrimum non judicet, cum in afflictione positus, eum, quem votis suis fauturum fore crediderat, aversum atque inexorabilem experi-

---

(1) Hanc epistolam, quæ in codice Laudunensi desideratur, primum a Papirio Massono, deinde a Chesnio, II, 728, inter Lupi epistolas, publici juris factam, nos ex Baluziana operum Lupi, Ferrariensis abbatis, editione recudimus, ubi eam p. 5, sub numero III notatam reperias. Cujus initium tantum modo D. Bouquet, VI, 402, edidit, eamdem plane integram, ex eodem fonte, Weinckens, *Eginhartus illustratus*, 99, LXIII.

LXXII. A LOUP SON AMI (1).

Éginhard à Loup, son ami, salut.—Toute préocupation, toute sollicitude pour mes intérêts personnels et pour ceux de mes amis ont été arrachées de mon cœur pour faire place à la douleur profonde que me cause la mort de celle qui fut autrefois ma fidèle épouse, et qui était devenue pour moi une sœur et une compagne chérie. Il me semble que ma douleur ne doit pas finir; car l'étendue de cette perte est si constamment présente à ma mémoire, que jamais le triste souvenir ne pourra s'en effacer. Une pensée vient encore aggraver mon chagrin et envenimer la blessure que j'ai reçue, c'est que, par la volonté de Dieu, nos vœux n'ont obtenu aucun effet, et que l'espérance, placée par nous dans les mérites et l'intervention des saints Martyrs, a été entièrement déçue. Aussi, ces paroles de consolation, qui, d'ordinaire, apportent quelque soulagement à la tristesse des autres, ne font qu'enflammer, en quelque sorte, et rouvrir la plaie de mon cœur. On m'invite à supporter avec courage le poids d'un malheur qu'on ne ressent pas, et l'on pense pouvoir m'apporter les compliments d'usage dans une circonstance où l'on chercherait vainement à m'indiquer le moindre prétexte de joie et de satisfaction. Et, en effet, quel est le mortel qui, à moins d'être privé de raison et d'avoir perdu le sens, ne déplore pas son malheur et ne se regarde comme le plus infortuné, le plus misérable des hommes,

---

(1) Sur Loup, qui fut depuis abbé de Ferrières, voy. ci-après, p. 155, n. 2, et comparez à cette lettre, les lettres II et III du second Appendice, que Loup écrivit à Éginhard au sujet de la mort d'Imma.

tur? Hæccine talia tibi videntur, ut suspiria, ut lacrymas homuncioni tantillo commovere, ut ipsum ad gemitum et planctum concitare, ut etiam in desperationis baratrum dejicere potuissent? Et utique dejecissent, nisi divinæ miserationis ope suffultus, quid in hujusmodi causis aut casibus majores ac meliores nostri tenendum servandumque sanxissent, ad inquirendum subito me convertissem. Erant ad manum doctores egregii, nedum non spernendi, verum omnibus audiendi atque sequendi: gloriosus videlicet martyr Cyprianus, et illustrissimi sacrarum divinarumque litterarum expositores, Augustinus atque Hieronymus. Quorum sententiis ac saluberrimis persuasionibus animatus, depressum gravi mœrore cor sursum levare conatus sum, cœpique mecum sedulo reputare quid super excessu carissimæ contubernalis sentire deberem, cujus mortalitatem, magis quam vitam, videbam esse finitam. Tentavi etiam, si possem a memetipso exigere, ut id ratione apud me fieret, quod longa dies solet efficere; scilicet ut vulnus, quod animo nostro nondum sperata morte repentinus casus inflixit, cicatricem ducere ac spontaneæ consolationis medicamento sanescere inciperet. Sed vulneris magnitudo facilitati resistit; et licet saluberrima sint, quæ a memoratis doctoribus, ad mitigandum gravem dolorem, velut a peritissimis idemque mitissimis medicis, offeruntur, plaga, quæ adhuc sanguinem trahit, sanandi maturitatem nondum admittit.

Hic fortasse miraris, ac dicis ex hujusmodi occasione natum dolorem, tam longum ac diuturnum esse non debuisse. Quasi in dolentis sit potestate quando id finiatur quod ille, quando inciperet, neque

lorsque, plongé dans l'affliction, il trouve insensible et inexorable celui en qui reposaient toutes ses espérances pour l'accomplissement de ses vœux. Cela ne suffisait-il pas, dites-moi, pour arracher des soupirs et des larmes à un faible mortel comme moi, pour le pousser aux gémissements et aux sanglots, et le précipiter même dans l'abîme du désespoir! Et certes j'y serais tombé si, avec l'aide et le soutien de la divine miséricorde, je ne m'étais aussitôt appliqué à rechercher quelle conduite, dans des peines et des malheurs semblables, des hommes, plus grands et meilleurs que moi, avaient su tenir et consacrer par leur noble exemple. J'avais sous la main les ouvrages de docteurs distingués, que, loin de négliger, nous devons écouter et suivre en toutes choses. C'étaient le glorieux martyr Cyprien et ces illustres interprétateurs des écritures divines et sacrées, Augustin et Jérôme. Ranimé par leurs pensées et par leurs salutaires exhortations, je me suis efforcé de relever mon cœur abattu sous le poids du chagrin, et je me suis mis à réfléchir attentivement en moi-même sur les sentiments que je devais éprouver en voyant sortir de ce monde une compagne chérie qui, en effet, avait cessé d'être mortelle, plutôt qu'elle n'avait cessé de vivre. Je voulus même essayer si je pourrais me vaincre assez pour obtenir de ma raison ce qui n'est ordinairement que le résultat du temps; c'est-à-dire si la blessure, faite à mon cœur par la catastrophe soudaine d'une mort imprévue, pourrait commencer à se cicatriser et marcher vers la guérison par le remède d'une consolation intérieure. Mais la gravité de la blessure exigeait des soins plus difficiles; et quelque salutaires que soient, pour calmer les douleurs les plus vives, les remèdes indiqués par les docteurs que j'ai nommés, et qui sont comme des médecins

in potestate habuit, neque præscivit. Metiri tamen posse videtur doloris ac mœroris magnitudo sive diuturnitas de eorum, quæ acciderunt, damnorum quantitate: quæ ego cum quotidie in omni actione, in omni negotio, in tota domus ac familiæ administratione, in cunctis, quæ vel ad divinum vel humanum officium pertinent, disponendis atque ordinandis, immaniter sentiam; qui fieri potest, ut vulnus, quod tot ac tanta incommoda intulit, cum crebro tangitur, non recrudescat potius et renovetur, quam sanescat aut solidetur? Arbitror enim — nec vereor quod hæc opinio falsum me habeat — hunc dolorem atque anxietatem, quæ mihi de carissimæ contubernalis occasione exorta est, perenniter mecum perseveraturam, donec id ipsum temporis spatium, quod Deus mihi ad hanc miseram ac temporalem vitam concedere voluerit, debito sibi termino finiatur. Quam tamen proficuam potius mihi quam noxiam hactenus experior, cum animum, ad læta et prospera festinantem, velut quibusdam frenis atque habenis remoratur ac retinet, mentemque ad revocationem mortis revocet, quam ad spem et amorem longævitatis odium atque oblivio senectutis illexerat. Video mihi non multum superesse temporis ad vivendum; licet quantum id esse debeat, mihi penitus ignoretur. Sed hoc certissimum teneo, et recens natum cito posse mori et senem diu non posse vivere. Ac proinde longe utilius ac beatius fore censeo ipsam temporis incerti brevitatem cum luctu quam lætitia ducere. Quia si, secundum Dominicam vocem, beati ac felices erunt qui lamentantur et lugent (1); e con-

---

(1) Cf. Matth. v, 5 (Vulgat.).

pleins d'habileté et de douceur, une plaie encore toute saignante n'est pas mûre pour la guérison.

Peut-être m'entendrez-vous avec quelque étonnement, et direz-vous qu'une douleur, née d'une telle cause, ne devrait être ni si longue ni si continue. Comme s'il était au pouvoir de l'affligé d'imposer une fin à ce qui a commencé hors de sa puissance et de ses prévisions! Il me semble cependant que la grandeur ou la durée de la douleur et de l'affliction peuvent se mesurer sur l'étendue des dommages qu'on a essuyés. Eh quoi! chaque jour, dans toutes mes actions, dans toutes mes affaires, dans toute l'administration de ma maison et de ma famille, en tout ce qu'il faut ordonner ou disposer pour le service de Dieu et celui des hommes, je trouve un vide immense; et cette blessure, qui me cause sans cesse des souffrances si nombreuses et si vives, irritée qu'elle est à chaque instant, je ne la sentirais pas se rouvrir et se renouveler plutôt que se cicatriser et se guérir! Je le pense,—et en le disant je ne crains pas de me tromper — la douleur et les tourments que m'a causés la perte de ma chère épouse, dureront autant que moi et ne cesseront qu'au moment où arrivera le terme fatal des jours que Dieu voudra m'accorder pour cette vie passagère et misérable. Mais je trouve que, jusqu'à présent, cette douleur m'a été bien plutôt profitable que nuisible, car elle retient et modère, comme avec un frein et des rênes, mon âme s'élançant vers la joie et la prospérité; elle rappelle l'idée de la mort à mon esprit, que l'horreur et l'oubli de l'âge voisin de la tombe avait entraîné vers l'espoir et le désir d'une longue vie. Je sais bien qu'il ne me reste que peu de temps à vivre, quoique j'ignore complétement l'instant où la mort arrivera. Mais ce qui est très-certain pour moi, c'est que l'enfant nouveau-né

trario infelices ac miseri fient, qui dies suos in jugi et continua lætitia finire non metuunt.

Gratias ago atque habeo caritati tuæ, quod me per litteras tuas consolari dignatus es. Neque enim majus aut certius tuæ erga me dilectionis indicium dare potuistis, quam ægro atque jacenti manum exhortationis porrigendo, monendoque ut surgerem, quem mente prostratum ac mœrore depressum ignorare non poteras. Bene vale, carissime ac desiderantissime fili.

peut mourir de bonne heure, et que le vieillard ne peut vivre longtemps. Il est donc plus utile et plus heureux pour moi de passer dans le deuil, plutôt que dans la joie, ce peu de jours que j'ai à vivre et dont le nombre m'est inconnu. Car, ainsi que le dit le Seigneur, si ceux qui se lamentent et qui pleurent doivent vivre dans le bonheur et la béatitude, au contraire le malheur et la misère attendent ceux qui ne craignent pas de vivre jusqu'à la fin au milieu d'une continuelle allégresse.

Je vous suis bien reconnaissant, et je vous rends mille grâces des consolations que vous m'avez offertes dans vos lettres. Vous ne pouviez me donner une marque plus grande ni plus certaine de votre affection; car vous m'avez exhorté, vous m'avez tendu la main à moi qui suis malade et gisant sur un lit de douleur, vous m'avez invité à me relever, moi que vous saviez sans courage et terrassé par la douleur. Adieu, le plus cher et le plus aimant des fils.

AD EINHARDI EPISTOLAS

APPENDIX PRIOR.

EPISTOLÆ DUBIÆ.

* I.

(1) Domino meo gloriosissimo Ill., Ill. ultimus omnium servorum Dei, servus tamen fidelis vester, inviolabiles ac incessabiles orationes, fideleque (2) simul mandat servi-

---

(1) Cette lettre est la seconde de celles qui se trouvent dans le manuscrit de Laon, après l'*explicit* des lettres d'Éginhard, du fol. 13 v° au fol. 15 inclusivement, et dont nous avons déjà parlé, p. 129, note 1. Nous n'avons rien remarqué dans celle-ci qui pût nous permettre de l'attribuer à Éginhard. Mais on peut croire qu'il y est question d'Immon, évêque de Noyon, de 840 environ à 859, et qui joua un assez grand rôle dans les querelles entre les fils de Louis-le-Debonnaire. C'est lui qui serait désigné ici sous le nom d'*Adimmo*; il est appelé *Exemeno* par Nithard, liv III, *Immo* et *Emmo* par les autres historiens. Cette lettre ne serait pas sans quelque importance historique, et elle donnerait sur la vie d'Immon des détails neufs et curieux, si le texte en etait moins mutilé et moins corrompu. La lettre précédente est encore plus incomplète et plus altérée, et comme elle n'offre pour le fond aucune espèce d'intérêt, nous avons dû renoncer à publier un texte dont la presque totalité demeurerait inintelligible, ainsi qu'on en pourra juger par ces deux premières phrases reproduites textuellement : *Dilectissimo venerando, amabilis* [amabili], *amabilissimo, diligendo, magistro meo, ille humilis, vestræ tamen sanctitati fidelis, mellifluam patre salutem. Gratias omnipotenti agitur, exoro quatenus hujus miserabilis vitæ prospera æterna dignetur vobis cœlestia gaudia.*

(2) Cod *fidelesque*.

tium.— Noverit nobilitatis vestræ prudentia de hoc, quod mihi et Ill. jussistis Adimmoni (1) loqui, Ill. mecum ibidem non fuit, quia ire non potuit propter passionem suam. Sed Ill. omnia mecum in Villanova episcopo intimavimus (2), et, quicquid nos ab (3) illo episcopo in responsum accepimus, quando Ill. istum vobis detulerit indiculum, omnium (4), per ordinem responsionis suæ, præsentiæ vestræ reddet (5) rationem. Super hoc, sciat nobilitas vestra ut ego, postea, solus ad episcopum (6), in causam confessio-[*nis veni et eum*] (7) de conloquio atque de prandio, quod in Petingahem (8) habere debuissetis, interrogavi cur hoc ita dimisisset, vel [de] cæterarum rerum varietatibus. Verba, veluti mihi mandastis, [*et ut*] possibilitati meæ insipientiæ sufficiebat, retuli. Respondens. . . . . certe quidquid episcopus sacerdoti confiteri debet, absque dubio, omnia. . . . . credo et in te non dubito. Tunc quoque, jurejurando, cum omni. . . . . confessionis cœpit dicere : quod nullatenus communi conloquio. . . . . ret, nisi quod sciret maximam calamitatem vestram pro actibus ne. . . . . tatis modulum vel omnium bonorum erumnositatis def . . . . indigentiam. Idcirco ibique se venire dimisit et statim. . . . . tunc advenissem. . . . . .

---

(1) Sic codex; forte legendum esset *ad Immonem*.

(2) Sic codex; forsan legendum *intimavit*.

(3) Cod. *ad illo*.

(4) Cod. *omnia*.

(5) Cod. *redderit*.

(6) Cod *ad episcopo*

(7) Hæ tres voces pro sensu supplendæ sunt, quamvis non earum spatium sit in codice.

(8) Auj. Peteghem sur la rive gauche de l'Escaut, à trois quarts de lieue O. d'Audenarde (Pettingehem sur la carte de Besselius E. d.).

APPENDIX PRIOR. 145

. . . . Numquid aliquid mihi de rebus. . . . . .
potestate sua dare deberet, quod valde sibi gravari deberet,
quia antea. . . . . quia ego, quando in
vinculis tenebatur, aliquam su. . . . . . cum sacramento
vehementer adfirmabat, quod ipse. . . . . nisi firmiter
atque sincerissimæ in omnibus fidei. . . . . . et si exinde
aliquid de vobis aliter audisset aut. . . . .
Simili modo promisit se si potuisset, Domino cooperante,
. . . . . . considerare vellet, ut de omni itinere securi
fuiss. . . . . recuperationem ex debitoribus (1)
locis sanctorum cæterorumque. . . . . paupertate vel
incommoditate, nec non et loca sanctorum f. . . . ., . et
dixit quod restaurare (2) vel emendare nunquam eas vali...
. . . . . nisi Dei et senioris vel multorum bonorum hominum adfui. . . . . . super hoc. . . . . . . petiit sibi
Deum omnipotentem ita adjuvare (3) ut vobis ex corde
. . . ., totis viribus, absque dolo et simulatione,
ita fidelis amicus esset sicut. . . . . potentia sua
in omnibus suppetisset. De thesauris ecclesiasticis nostris
cur. . . . . . . inquireret, non interrogavi quia ad cur-
tem ivit et Adham matricolarius (?) (4) ad Martianas (5) non
venit ; cur ita fuisset, Ill. vobis hoc exponere potest. Omnes
breves epicopus de missatica sua hic dimisit, et dixit quod
nulla ratio ex ea regi indicari noluisset, antequam per
omnia adimpleta teneret. Ill. quoque obsec. . . . . . . ad
Camaracum dirigatis, quia valde utilis esse potest, et aurum

---

(1) Cod. *debitibus*.
(2) Cod. *restaurari*.
(3) Cod. *adjuvari*.
(4) Cod. *maticol*.
(5) Marchiennes, sur la Scarpe, aujourd'hui bourg du département du Nord, à 4 lieues E. de Douai (Flandre-Wallone.).

cum maxime denarios aut xiiii, aut xv aut x. . . . . . aut per totum. . . . . nuntiare mihi dignemini.

* II.

Carissimo fratri Ill., Ill. in Christo salutem. — Misi benignitati vestræ solidos v. de quibus precor ut mihi cucullum (1) spissum dignemini comparare. Quod si pretium defuerit, et non ex hoc argento, quod misi, illud emere potueritis, ex vestro addite quod necesse fuerit, et ego aut reddam aut servitium multo majus impendam. Sic inde agite, ut in vos confido, et videte ne sine ipso in hoc mercato remaneam. Valete in Domino.

* III.

Confratribus ubique degentibus, fratres ex monasterio sancti Ill. salutem. — Flebili lamentatione scribentes, acceleramus vestræ compatienti dilectioni notum facere obitum præpositi, simulque patris nostri, Ill., quod est xii kalendas junii. Cujus piissimam paternitatem solitam recolentes, obsecramus ut, pio affectu, in adjutorium ejus animæ, precibus Domini misericordiam sedule imploretis. Bene valete in Domino (2).

IV.

(3) Eminentissimæ atque excellentissimæ, summaque veneratione nominandæ, Hermengardi, imperatrici augustæ, N.

---

(1) Un capuchon.

(2) Nous supprimons une lettre qui vient ensuite et qui termine le verso du fol. 14 dans le manuscrit. Cette lettre est non-seulement mutilée, mais elle ne présente aucun intérêt.

(3) Cette lettre occupe le fol. 15, recto et verso, du manuscrit de Laon. Duchesne, II, 710, n° LXII, et d'après lui Weinckens, dans son *Eginhartus illustratus*, p. 98, l'ont imprimée comme étant d'Éginhard;

totis nisibus, omnique servitutis affectu fidelis, prosperitatem atque beatitudinem in Jesu Christo Domino opto perennem. — Epistolam vestræ sublimitatis ad me perlatam, qualibus vobis placuit refertam sermonibus, accepi, acceptamque perlegi, perlectam paucis respondere decrevi. Dixistis namque insperatam ad vos pervenisse opinionem, scilicet quod pacem Ecclesiæ perturbare, et fraternam evertere niterer concordiam; et hoc opus dæmonibus adscripsistis. Dæmones quippe, ut manifestissime patet, dissensione et perturbatione bonorum hominum gaudent et discordia delectantur. Et hoc verum est, quia quisquis zelo stimulatus livoris, in pace consistentem Ecclesiam nefariis conatibus turbat, et veræ fraternitatis discidium amat, particeps dæmonum efficitur, a quorum participatione Domini misericordia immunem me perpetuo reddere dignetur. Non enim universalem discordiam cupit, qui tantum justitiam propriam quærit. Et ideo dæmonum opus minime ago, quia non iniquitatem, sed potius æquitatem et justitiam, quæro. Nam si ratio consideretur, ille verius et dicendus et credendus est particeps esse dæmonum qui iniquitatem diligit et justitiam

---

Mabillon, *Annal. Benedict.*, liv. xxviii, n° 48, la lui attribue expressément, et pense qu'elle a été adressée, vers 816, à Ermengarde, première femme de Louis-le-Débonnaire Mais D. Liron, dans une savante dissertation sur cette lettre, *Singularités historiques*, t. I, p. 1, prouve, d'une manière qui nous semble incontestable, qu'elle n'est pas d'Eginhard, et qu'elle a été adressée, vers 843, à l'impératrice Ermengarde, femme de Lothaire, par un seigneur qui, après avoir suivi le parti de Louis-le-Débonnaire, avait embrassé celui de Charles-le-Chauve. Ce seigneur qui, suivant lui, aurait occupé dans l'État un rang encore plus éminent qu'Éginhard, pourrait bien être Adalhard, oncle d'Hermentrude, femme de Charles-le-Chauve. D. Bouquet, adoptant cette opinion, a rangé cette lettre parmi les documents relatifs à l'histoire des fils de Louis-le-Débonnaire, et l'a imprimée, VII, 579, sous la date de 841.

non facit, et ita discordiam semper æquitati præponit et ab hac intentione nunquam recedit, sicut ille est qui seniorem vestrum (1) incitat ut taliter adversum me agat. Si enim benefactorum esset memoria et præterita recolerentur tempora, inveniretis me sæpius pro seniore vestro certasse ut pacem haberet et concordiam, et propterea totum in me odium provocasse, quod tempore beatæ memoriæ domni imperatoris (2) erupit, ita ut ejus offensam incurrerem propter illum (3) et omnes pene majores natu Francorum adversum me indignarentur. Post obitum etiam illius (4), quotiens me pro utilitate illius (5) opposuerim, reminisci potestis, si vultis. Nam, quantum in me fuit, semper in hoc laboravi ut ipsi (6) inter se concordes efficerentur. Et in hoc senior meus (7) et fideles ejus hactenus persistunt, et perseverare cupiunt, si ex parte illius (8) rite observatum fuerit. Nunc autem, versa vice, pro amore pacis, talibus remuneror præmiis, et qui, pro aliorum justitia laboravi, justitiam meam perdidi, et ob hoc imitator dæmonum dicor, quod tantum justitiam requiro. Ego denique naturam cæterorum hominum habeo, quia eos, qui mihi benefaciunt, diligo, et eos, qui mihi ubicumque possunt adversantur, refugio atque declino. Propterea ergo de pace eorum studui, ut non deterior sed melior inde fierem. Quisquis igitur vobis dicit quod inter filios senioris mei (9), qui me nutrivit,

---

(1) Lothaire.
(2) Louis-le-Débonnaire.
(3) Lothaire.
(4) Louis-le-Débonnaire.
(5) Lothaire.
(6) Les fils de Louis-le-Débonnaire.
(7) Charles-le-Chauve.
(8) Lothaire.
(9) Louis-le-Débonnaire.

discordias seminem, fallitur. Neque enim in hoc seniorum
discordiam et regni perturbationem esse arbitror, si justitiam meam quæsiero, de qua nequaquam prius silebo,
donec eam, Christo annuente, adipiscar. Quidam vero
arbitrantur me idcirco seniori vestro (1) infidelem esse,
quia seniorem meum (2) non reliqui, et illi me non subdidi.
Quod si hoc propter res transitorias facerem, neque illi,
neque cuiquam recte intelligenti, postmodum acceptus
essem. De discordia autem istorum regum valde metuo et
dolens dico quia, dum illi, puerile attendentes consilium,
discordes inter se existunt, cito forsitan, quod utinam absit,
exteriorum sapientium et fortium inimicorum virtute et
studio ad seram concordiam revocabuntur, qui nos undique
circumdant. Quod autem subjunxistis quod quædam loca
sancta adire decreverim, atque a jure proprio subtrahere
tentaverim, non satis intelligo quid dicere velitis. Non
enim recolo me uspiam hoc egisse, quia, per Domini clementiam et senioris mei misericordiam, tantam rerum copiam
habeo, ut nihil de locis sanctis injuste abstrahere sit necesse.
Idcirco autem tam multa inutilia et vana facile de me credere potestis, quia multa et innumera vobis mendacia de me
dicta sunt ab his, quibus bene creditis, qui vobis vera dicere
deberent. Quod vero addidistis familiaritatem vestram me
habuisse, usque dum animum meum erga vos benevolum
esse sensistis, scitote gratissimam utique mihi fuisse familiaritatem vestram; sed in quo nunc eam offenderim, nescio. Et licet vos repentina quædam et subita exagitet mutatio, ego tamen in fide semel cœpta libentissime perseverabo.
Cæterum, obsecro serenitatem vestram, ut rejectis ab animo

---

(1) Lothaire.
(2) Charles le-Chauve.

tumultuantium indignationum procellis, et remotis mendaciumhominum adulationibus, blandum atque tranquillum pectoris portum pandite (*sic*), meque solita mentis lenitate, infra tutissimi littoris sinum, unde abjectus fueram, revocate (*sic*); ut, absque ullo dubietatis scrupulo, sicut hactenus fui, fidelis vobis existere queam. Nam si quid boni postea didici, eo deinceps utilior et fidelior vobis ero, quo magis in studio doctrinæ profeci. Verumtamen Deus solus novit qua mentis puritate et ex quanta cordis devotione fidelis vobis fuerim, et sim, et semper esse cupiam.

* V.

(1) Carus carissimo, dilectus dilectissimo, filius in Christo

---

(1) Cette lettre n'est pas dans le manuscrit de Laon. Elle nous a été communiquée par M. Guérard qui l'a tirée, ainsi que la lettre suivante, du manuscrit latin n° 2777. L'âge du manuscrit dont elle provient, le style et les formules de cette lettre prouvent qu'elle est du temps d'Éginhard, et on pourrait même, en la rapprochant de la lettre XLVI (voyez ci-dessus p. 82 et suiv.), trouver quelques motifs de la lui attribuer. En effet, dans la lettre XLVI, Éginhard traite d'un achat de plomb qu'il voulait faire pour couvrir son monastère de Séligenstadt, et à la fin de la lettre dont nous nous occupons il est question d'un transport de plomb et d'autres matériaux destinés à la construction d'un monastère. Mais ces matériaux doivent être amenés par mer jusqu'à l'embouchure d'une rivière appelée *Signa*. Quelle est cette rivière? Nous l'avons vainement cherchée telle qu'elle est écrite dans le manuscrit. Le nom qui s'en rapproche le plus est l'ancien nom de la Seine, *Sigona*, mais alors la lettre ne serait pas d'Éginhard, car il n'est pas possible de supposer qu'il eût fait débarquer à l'embouchure de la Seine du plomb destiné à un monastère construit sur les bords du Mein. Il faudrait donc admettre ici une restitution et lire, au lieu de *ubi Signa confluit in mare*, — *u. s. c. in Hrenum. Signa*, signifierait la Sieg, *Siga*, *Sega* (sur la carte de Besselius E. i.), qui en effet se jette dans le Rhin entre Bonn et Mondorf, et qui n'est pas fort éloignée de

patri Illi, Ille humilis illi abbati, in Domino sempiternam salutem. — Duo enim simul nostro versantur in animo, admiratio videlicet et tristitia, quare, quia postquam a vestra dilectione corpore, non mente, separati sumus, neque per missum, neque per mellifluos apices vestros, de desiderabili prosperitate vestra, quam, Deo teste, semper audire et videre desideramus, certi effici meruimus. Notum igitur sit sapientiæ vestræ, quoniam, v kal. augusti, saumas nostras partibus palatii dirigere dispositum habemus, et postea, propter opus ecclesiæ, tres dies stare, easque festinanter; deinde, Domino auxiliante, sequi volumus, ea videlicet ratione, ut xviii kal. septembris ad Moguntiam esse possimus. Nam, si vobis placuerit, sicut dispositum habetis, ut per nos veniatis, tunc, secundum voluntatem vestram, iter nostrum disponere habemus. Nulla enim causa est et cœptis hisque per nullum ingenium immutare possumus, quia voluntatem vestram, in quantum, Christo auspice, valemus, nobis dimittere faciat. Fuimus namque ad locellum vestrum, in loco qui dicitur Ille, ipsum mansum consideravimus, ibique nostrum repastum ex nostro adducere præcepimus, et una cum nostris vestrisque fidelibus, in amore vestro, illic

---

Séligenstadt. Toutefois il semblerait encore assez étrange qu'un bateau chargé de matériaux pesants pour ce monastère se fût arrêté à l'embouchure de la Sieg, et n'eût pas remonté le Rhin un peu plus haut et ensuite le Mein jusqu'à sa destination. C'est là une première difficulté pour attribuer cette lettre à Éginhard; mais une autre se présente ensuite, et elle est encore plus grave · c'est que l'auteur de la lettre dit, en parlant du patron de son monastère, *Dominum meum sanctum Ill.*, tandis qu'Eginhard n'aurait pas manqué de dire *Dominos meos* et de rappeler ses deux patrons, S Marcellin et S. Pierre, dont il parle toujours collectivement. A moins donc de supposer ici, comme plus haut, une erreur de copiste, il est fort douteux que cette lettre soit d'Eginhard.

lætati sumus. Inde navigio, pisces capiendo, ad villam N. pervenimus. Tassilo vero, ut speramus, fidelis vester, de his, quæ ab eo quæsivimus, festinanter nobis in omnibus responsum dedit et putamus, si eum probaveritis, et secundum scientiam vel doctrinam vestram, aliquid servitium ei injunxeritis, quod vobis exinde placere . . . . t. Precamur denique ut illo præposito vestro præcipiatis ut de illo manso, quo vestra caritas nobis beneficiavit, bonum certamen, secundum promissionem vestram, habere studeat, qualiter nobis vobisque exinde merces (1) adcrescat. De plumbo. . . . . . et materiamine similiter demandate qualiter navigio, juxta voluntatem. . . . . . , Iesco illo usque ad locum, ubi Signa confluit in mare, nos ita adducere . . . . quatenus dominum meum sanctum Illum, amatorem (2) vestrum, una cum omnibus sanctis quorum reliquias in monasterio habemus, intercessores exinde habeatis. Deus omnipotens ex his temporibus in præsenti seculo vos sanum et incolumem custodiat et in futuro, cum sanctis angelis, lætabundum efficiat. Amen.

* VI.

(3) Domino clementissimo, a Deo electo et sublimato,

---

(1) Cod. *mercis*. et deinde spatium unius vocis vacuum habet.

(2) Cod. *amotorem*.

(3) Cette lettre est tirée du même manuscrit que la précédente ; elle est du même temps, car, outre le style et les formules, elle nous paraît émaner d'un agent de Pépin, roi d'Aquitaine, auprès de Louis-le-Débonnaire, et elle pourrait bien avoir été écrite soit en 830, soit en 834, lorsque Pépin et Louis-le-Germanique se rapprochèrent de leur père contre Lothaire, leur frère aîné. Mais, pour l'attribuer à Éginhard, il faudrait supposer, entre lui et Pépin, des relations dont l'histoire n'a pas gardé le souvenir. Quoi qu'il en soit, comme cette lettre offre de l'intérêt et qu'elle est inédite, nous avons pensé qu'on ne serait pas fâché de la retrouver ici.

Pippino, regique magnificentissimo, Ille humilis servulus et clientulus vester, oratorque per omnia sedulus, per hanc epistolam, vestram magnitudinem in Domino dominorum opto, et mitto sempiternam salutem. — Gratias itaque ago omnipotenti Deo. Summa cum prosperitate in servitio domini mei perveni, receptusque ab eo solita benignitate, illius in praesentia gratiosus consisto. Multa namque ab eodem piissimo rege melliflua verba de vestris partibus inquisitus fui. Sed in cunctis exquisitionibus, quibusque libenter audiri merui, talibus omnipotens mihi ministravit responsis, quod animum illius, velut suavissima melodia (1), sacrae jucunditatis gaudio inrigarunt. Et ideo ineffabilis illius clementia erga excellentiam vestram, sicut dignum est, optimam habet voluntatem. Quam vero, [per] omnia quae dicta sunt, ille servulus vester viva voce vobis potest narrare. Fuerunt quondam et pares, quos et amicos habere putabam, pectore venenoso, currentes antequam venissem, meam conati sunt accusare miseriam. Sed ille qui cunctorum novit occulta, misertus est famulo suo, eorumque machinamenta magis juvare coeperunt quam aliquod dolum parerent. Cuncta vero, quae latenter mentiendo, ad aures praeclaras nisi sunt accusare. . . . . . . cunctis principibus, idem ipse clementissimus rex mihi, famulo suo, dignatus est clementer narrare, quod et haec omnia praefatus ille vestris in auribus prudentius potest referre. Habere autem illum unum ex veris amicis et fidelem servulum non dubitetis, qui, in quantum mens illius praevaluit, de profectu vestro et gloria coram domino nostro viriliter certare studuit. Ille noster, quem, ut animam meam, in vestro (2) diligebam

---

(1) Cod *melodia ad sacri j*
(2) Cod. *ut anima mea in vestra.*

amore, non erubuit in nece mea suas contaminare sagittas, et saltim de parte mea, in regis præsentia, verba non vera jactare. Sed ille qui iniqui Achitophelis (1) ad nihilum redegit consilium, voluit et ejus subito conterere nequitiam, et gratiam domini mei, potius ut dignus inessem, mihi benignus concessit. Habeo enim ego servulus vester dispositum ut missum meum, quam citius cum potuero, in vestro dirigam servitio, scilicet nunc de præsente, pro benedictionis causa, per illum dirigo vobis munuscula parva, non tamen parvo voluntatis affectu, id est cusinos II; p[*recor ut*] eos vultu serenissimo respicere dignetis. Commendo me omnesque res sancti Illius ac nostras et cunctorum. . . . . rentibus nostris, servulis vestris, sub defensione alarum vestrarum, multis feliciter annis. Quæso devotissime serenitati vestræ ut confestim, cum hunc recensitum habueritis indiculum, igni ad devorandum. . . . . tradatis (2).

---

(1) Cod. *Achitoselis*.
(2) Cod. *trademini*.

AD EINHARDI EPISTOLAS

APPENDIX ALTERA.

LUPI FERRARIENSIS ABBATIS AD EINHARDUM EPISTOLÆ (1).

I.

Carissimo Einhardo Lupus (2) salutem. — Diu cunctatus sum, desiderantissime hominum, auderem nec ne excel-

---

(1) Nous imprimons ces lettres d'après l'édition de Baluze, *B. Servati Lupi presbyteri et abbatis Ferrariensis, ordinis S. Benedicti, opera.* (Paris, 1664, in-8°.) Ce texte, beaucoup plus correct que celui de Duchesne, a été reproduit par D. Bouquet, VII, 480 et suiv.

(2) Loup (*Servatus Lupus*), moine, et ensuite abbé du monastère de Ferrières en Gatinais, naquit vers l'an 805 au diocèse de Sens. Il était diacre, lorsqu'Aldric, archevêque de Sens, son protecteur, qui avait été abbé de Ferrières, l'envoya à Fulde étudier la théologie sous le célèbre Raban Maur. Loup profita de son séjour à Mayence pour se lier avec Éginhard qui habitait alors Séligenstadt, et il entretint avec lui une correspondance dont il n'est malheureusement resté que les quatre lettres que nous reproduisons Ces lettres étaient un complément nécessaire de celles d'Éginhard, car elles nous montrent comment il était apprécié par ses contemporains, et elles renferment en outre, pour l'histoire de la littérature classique, des détails pleins d'intérêt. La première de ces lettres a été écrite par Loup au moment de son arrivée dans l'abbaye de Fulde, vers 830, peu de temps après qu'Aldric eut été nommé à l'archevêché de Sens; les trois autres sont de 836, au moment de la mort d'Imma, femme d'Éginhard, et lorsque Loup se préparait à revenir en France. On a encore de lui cent vingt-trois autres lettres, adressées aux principaux personnages de son temps sur les affaires de l'État et qui sont d'une grande importance historique. Les au-

lentiæ vestræ scribere. Et cum me ab hoc officio aliæ rationabiles causæ, tum etiam ea maxime deterrebat, quod posse id contingere videbatur ut, dum vestram cuperem amicitiam comparare, offensam incurrerem. Scilicet quod præpropero et inusitato prorsus ordine, ab ipso familiaritatis munere inchoaverim, qui nec primordia notitiæ contigissem. Ita vehementer æstuanti, facilis, et modesta, et quæ sane philosophiam deceat, animi vestri natura tantæ rei obtinendæ spem tribuit. Verum ut aliquid rationis afferre videar, taceo quidem secularium litterarum de amicitia sententias; ne, quoniam eis apprime incubuistis, Horatianum illud doctissimorum ore tritum merito accipiam : « in silvam ne ligna feras (1)». Deus certe noster nedum aliquam aspernandi amicos occasionem relinqueret, diligendos omnino inimicos præscripsit. Itaque patienter, quæso, et benigne advertite animum, dum altius meas repeto cogitationes, ut nosse possitis quam hoc non perperam nec juvenili moliar levitate. Amor litterarum ab ipso fere initio pueritiæ mihi

---

tres ouvrages de Loup sont un traité de *Tribus quæstionibus, libero arbitrio, prædestinatione, et precio mortis Jes. Chr.*; une vie de saint Maximin, évêque de Trèves; une vie de saint Wigbert, abbé de Fritzlar; deux hymnes et deux homélies en l'honneur de ce saint. Ces divers ouvrages ont été réunis par Baluze dans le volume que nous avons déjà cité. De retour en France, en 836, Loup prit part aux affaires publiques, embrassa, après la mort de Louis-le-Débonnaire, le parti de Charles-le-Chauve, devint abbé de Ferrières à la place d'Adon, en 842, assista, en 844, au concile de Verneuil-sur-Oise, fut députe à Rome en 849, prit part au second concile de Soissons, où fut déposé Ebbon, archevêque de Reims, en 853, et mourut vers 862; du moins, à partir de cette époque, il n'en est plus question dans l'histoire. Voy. les notes de Baluze, l'Hist. littéraire, V, 255 et suiv. et le *nov. Gall. Christ.* XII, 159

(1) Horat. lib. 1, sat. 10.

est innatus, nec earum, ut nunc a plerisque vocantur, superstitiosa otia fastidio sunt. Et nisi intercessisset inopia præceptorum, et longo situ collapsa priorum studia pene interissent, largiente Domino, meæ aviditati satisfacere forsitan potuissem. Siquidem vestra memoria per famosissimum imperatorem Karolum, cui litteræ eo usque deferre debent ut æternam ei parent memoriam, cœpta revocari, aliquantum quidem extulere caput, satisque constitit veritate subnixum præclarum dictum : « Honos alit artes, et accenduntur omnes ad studia gloria (1). » Nunc oneri sunt qui aliquid discere affectant; et velut in edito sitos loco, studiosos quosque imperiti vulgo aspectantes, si quid in eis culpæ deprehenderint, id non humano vitio, sed qualitati disciplinarum assignant. Ita dum alii dignam sapientiæ palmam non capiunt, alii famam verentur indignam, a tam præclaro opere destiterunt. Mihi satis apparet propter seipsam appetenda sapientia : cui indagandæ a sancto metropolitano episcopo Aldrico delegatus, doctorem grammaticæ sortitus sum, præceptaque ab eo artis accepi. Sic quoniam a grammatica ad rhetoricam, et deinceps ordine ad cæteras liberales disciplinas transire hoc tempore fabula tantum est, cum deinde auctorum voluminibus spatiari aliquantulum cœpissem, et dictatus nostra ætate confecti displicerent, propterea quod ab illa Tulliana cæterorum gravitate, quam insignes quoque christianæ religionis viri æmulati sunt, oberrarent, venit in manus meas opus vestrum, quo memorati imperatoris clarissima gesta — liceat mihi absque suspicione adulationis dicere — clarissime litteris allegastis. Ibi elegantiam sensuum, ibi raritatem conjunctionum, quam in auctoribus notaveram, ibidemque non longissimis perio-

---

(1) Ex Cicer. lib. 1, Tuscul quæst.

dis impeditas et implicitas ac modicis absolutas spatiis sententias inveniens, amplexus sum. Quare cum et ante propter opinionem vestram, quam sapiente viro dignam imbiberam, tum præcipue propter expertam mihi illius libri facundiam, desideravi deinceps aliquam nancisci opportunitatem, ut vos præsentes alloqui possem ; ut quemadmodum vos meæ parvitati vestra tum probitas tum sapientia fecerat claros, ita me vestræ sublimitati meus etiam erga vos amor et erga disciplinas studium commendaret. Neque vero id optare desistam, quamdiu ipse incolumes in hac vita vos esse cognovero, quod posse contingere hoc magis in spem ducor, quo ex Gallia huc in Transrhenanam concedens regionem, vobis vicinior factus sum. Nam a præfato episcopo ad venerabilem Hrabanum directus sum, uti ab eo ingressum caperem divinarum scripturarum. Ergo cum ad vos iturum hinc ejus nuncium comperissem, primo quasdam verborum obscuritates, a vobis uti elucidarentur, mittendas proposui ; deinde præstare visum est, ut etiam hanc epistolam dirigere debuissem, quæ si a vobis dignanter accepta fuerit, exoptabili me affectum munere gratulabor. Sed semel pudoris transgressus limitem, etiam hoc postulo, ut quosdam librorum vestrorum mihi hic posito commodetis, quanquam multo sit minus libros quam amicitiam flagitare. Sunt autem hi Tullii *de Rhetorica* liber : quem quidem habeo, sed in plerisque mendosum. Quare cum codice istic reperto illum contuli ; et quem certiorem putabam, mendosiorem inveni. Item ejusdem auctoris *de Rhetorica* tres libri, in disputatione ac dialogo *de Oratore*. Quos vos habere arbitror, propterea quod in brevi voluminum vestrorum, post commemorationem libri *ad Herennium,* interpositis quibusdam aliis, scriptum reperi : *Ciceronis de Rhetorica.* Item, *Explanatio in libros Ciceronis.* Præterea,

A. Gellii noctium Atticarum. Sed et alii plures in prædicto brevi, quos, si Deus apud vos mihi gratiam dederit, istis remissis, accipiens, describendos mihi, dum hic sum, avidissime curare cupio. Exonerate, quæso, verecundiam meam, quæ supplico facientes, meque rimantem amaras litterarum radices, earum jam jucundissimis expleti fructibus, illo vestro facundissimo eloquio incitate; quæ si meruero, tantorum beneficiorum gratia, quoad vixero, semper mihi habebitur. Nam quæ vos eorum merito sit remuneratio secutura non opus est dicere. Plurima scribenda in alia mens suggessit, sed vestrum ingenium meis ineptiis ultra remorari non debui, quod scio vel exterioribus occupatum utilitatibus, vel circa intimas et abditas philosophiæ rationes intentum.

II.

Desiderantissimo præceptori Einhardo Lupus (1). — Molestissimo nuntio de excessu venerabilis vestræ conjugis consternatus, plusquam unquam vobis nunc optarem adesse, ut vestram mœstitiam vel mea compassione levarem, vel concepto sensu ex divinis eloquiis, assiduo sermone solarer. Verum donec id Deus præstet esse possibile, suggero ut, memores humanæ conditionis, quam merito peccati contraximus, modice sapienterque feratis quod accidit. Neque enim huic infortunio cedere debetis, qui blandimenta lenioris fortunæ forti semper animo devicistis. Invocato itaque Deo, nunc illas tolerantiæ vires expromite, ad quas carissimum quemlibet casu simili deprehensum probabiliter vocaretis. Opto vos valere feliciter.

---

(1) Comp. cette lettre et la suivante à la LXXIIe lettre d'Éginhard sur le même sujet. Imma, sa femme, mourut vers 836.

III.

Epistolam (1) vestræ dignationis, calamitatem, quæ dudum vobis contigit, graviter querentem, haudquaquam mediocriter commota mente perlegi, confectumque vestrum animum tam diuturni mœroris anxietate vehementer indolui. Et quamvis, qui me longe præstent, amicorum solatia tentaverint hunc tantum levare dolorem, nec tamen ob eam rem profecerint, ut litteris vestris satis eminet, quod ipsi casus vestri considerationem non satis ad se admiserunt, eo usque ut eorum quidam super excessu gratissimæ quondam uxoris gratulandum monerent, quod, ut opinor, nihil ad consolationem pertinet; non tam ætatis levitate, vel ingenii, quod exiguum sentio, confidentia, quam proni erga vos amoris magnitudine, hæc rursum, qualiacunque sint, in vestri solatium non sum veritus cudere. Siquidem conscius mihi sum intimum me nobilissimæ illius feminæ morte, cum vestra, tum etiam ipsius vice, traxisse dolorem; quem atrociter exasperantem vestræ litteræ, fateor, recrudescere coegerunt. Unde nequaquam desperaverim, quod aliis necdum, sit datum mihi, ut aliquod solatium vobis persuadere possim a Domino reservatum. Vilibus plerumque remedium quæritur quod pretiosissimis et artis vigilantissima compositis diligentia frustra diu tentatum est.

Itaque firmamentum justi, ut vobis videtur, doloris vestri duas in partes, epistolas mihi reddendo, divisistis. Earum prima, quæ et vel maxima illa est, quod vota vestra et spes, quam in sanctorum Martyrum intercessione locaveratis, vos velut irrita fefellerunt. Altera, quæ proxime primam accedit, quod sinister ille casus quantum vobis importaverit incommodi, quotidianis metiri negotiis cogimini; dum vos

---

(1) Voy. ci-dessus cette lettre, p. 134, n° LXXII.

onus domesticarum divinarumque rerum, quod illius memorabilis feminae fida societas leve fecerat, vestris ex toto impositum ac relictum cervicibus obruit: revera valida utraque res, et quae, praeter sapientem, qui adversa quoque modice ferre didicerit, facile quemlibet sua mole possit opprimere. Ac primo quidem quam proposui pariter conabor non subvertere ac penitus auferre,—quod prorsus impossibile perfectis etiam oratoribus, si essent, video multo magis mihi—sed tenuare, imbecillemque inspectu rationis efficere. Certe hinc movemini, certe hinc afficimini, quod vos cassa vota frustrata sint, ac spes in Martyribus, immo in Deo sita, illuserit; quasi vero id vobis omnimodis constet, quod tantopere poposcistis, vestrae uxorisque saluti conducere. Quod sane si vobis satis exploratum fuisset, acrioris justique doloris ingens esse videbatur fomes, dum vos non quasi filium corriperet, sed veluti in adversarium divina censura desaevisset. Attamen sic quoque non desperationis barathrum subeundum; sed divinitas infensa precibus assiduis, ac summissa fuerat flectenda patientia. Nunc autem cum Deus omnes homines salvos velit fieri, ac in nomine ipsius, qui Salvator dicitur, nemo postulet, nisi qui propriae saluti proficua flagitarit, cumque vos in nomine Salvatoris plena fide petieritis, quis non opinetur non exauditos quidem vos ad temporale votum, exauditos autem ad perpetuam salutem? Ego plane firmissime crediderim, et vobis, et uxori, ejus etiam immaturo excessu consultum. Quaeritis quemadmodum? Nempe quod conjuges ex duobus corporibus in unam redacti compagem, licet concordissime vixerint, non una leto resolvuntur; et quantum ad usitatum naturae pertinet ordinem, necesse est unum alteri superesse. Hinc jam vestra prudentia intelligit, quando sententia in hominem divinitus emissa: «Terra es et in terram ibis (1) », differri aliquantulum potest, in perpetuum autem vitari non potest, fidis optandum conjugibus, cum uter eorum remansurus sit, eum fore superstitem, qui sit et ad calamitatem ferendam robustior, et ad justa de more christiano curanda magis idoneus. Non enim sexu differentia virtutis, sed animo capienda est. Alioqui non video religiosi conjuges quemadmodum sibi sincero amore devincti sint. Cum hæc ita se habere indubitata ratio persuadeat, planum igitur est verisimile esse non illi feminæ venerabili solum, sed etiam vobis, a Deo magnum quiddam præstitum, dum, quod vobis eligendum fuerat, ipse ultro ingesserit, quanquam occulto, minime tamen injusto judicio. Certe illa etsi ex vestro consortio multa didicerat, ita ut non sui sexus modo, verum etiam turbam virorum sua insigni prudentia, gravitate atque honestate, quæ res magnam vitæ humanæ tribuunt dignitatem, longe superaret, ac corpore femina, animo in virum profecerat, ad sapientiæ vestræ fastigium nunquam penitus aspirasset, nunquam tantum robur, semperque similem, quam in vobis singulariter omnes mirantur, constantiam ullis unquam profectibus æquavisset. Nunquam, si supervixisset, tantum vestræ, quantum vos et illius et vestræ perpetuæ saluti procurare potuisset. Ac per hoc, quoniam dum in hoc fragili versamur corpore, omni perturbatione ita vacare non possumus, quin aliquando aliqua ægritudinis molestia quatiamur, quod posse sapienti contingere philosophi putaverunt, hoc vobis evenire optem, ut casus adversos, ut primo aspectu apparet, quibus vulgo inculta mortalium multitudo subruitur, vestræ mentis sapientia sensim emolliat, immo divinæ voluntati vestram contemperet. Deinde, quia vitæ hujus obscurissimas tenebras

---

(1) Cf. Genes. III, 19 (Septuag.).

sermo divinus irradiat juxta illud: «Lucerna pedibus meis verbum tuum, et lumen semitis meis (1)» quomodo ipse formet eamdem vitam penitus intuendum est. Nimirum in dominica oratione quotidie dicimus: « Fiat voluntas tua » scilicet non nostra, quæ ignara rerum sibi salubrium falli consuescit, sed « tua », quæ, utpote Dei, futura prænoscit. Salvator quoque noster, passione impendente, cum dixisset: « Pater, si fieri potest, transeat a me calix iste (2) », assumpti hominis infirmitatem, immo membrorum suorum, propter quod ad has preces descenderat, imbecillitatem sic divina virtute consolidat: «Verumtamen non sicut ego volo, sed sicut tu». Scilicet fallere fallique nescius magister, quod Deus suo nos exemplo instituit ut, cum adversa vergerent, sic ea depellere precibus conaremur, ut in his etiam contra nostrum votum ejus fieri voluntatem salubriter amplecteremur. Recolite, quæso, Paulum, cujus tanta erat eminentia, ut in tertium raptus cœlum, audierit arcana verba sanctæ Trinitatis quæ non licet homini loqui, tamen Dominum orasse quo a se angelum Satanæ, a quo tribulabatur, summoveret, nec obtinuisse quod voluit, sed quod profuit. Revocate in memoriam Davidem, quatenus se, pro impetranda filio vita, macerarit. Et certe, cum tantus esset propheta, ne responsum quidem divinum tam immani confectus mœrore promeruit. Quæcunque autem scripta sunt, ad nostram doctrinam scripta sunt, ut per patientiam et consolationem Scripturarum spem habeamus. Ergo perpendite qualiter David cassam precum suarum expertus instantiam, consolationem ratione perceperit, ac justitiæ Dei subjectus humiliter adquieverit. Non estis tam fundatæ fortitudinis. Quod præ-

---

(1) Cf. Psal. cxviii, 105. (Septuag.).
(2) Cf. Matth. xxvi, 39.

fato dictum est Apostolo, vobis responsum accipite : « Sufficit tibi gratia mea, nam virtus in infirmitate perficitur (1)». Si quidem et ipse mœrorem scriptæ orationis, si quis ei subortus fuerat, hoc admonitus oraculo aliud oportere, deposuit. Hujusmodi præceptis et exemplis sacræ Scripturæ capitula exuberant : quæ, quoniam, ut insignis ait Poeta, «non canimus surdis (2) », epistolarisque coartat angustia, præteriens, vobis consideranda relinquo. Suffecerit hæc tantum tetigisse, quæ sola recepta vulneris hujus tumorem, quantum mea fert opinio, mulcere atque lenire, largiente Domino, poterunt. Quanquam mihi multa volventi aliud etiam occurrat, quod hoc Dei judicium clementiæ quam iracundiæ videri possit certissimum documentum. Nam quia « flagellat omnem filium quem recipit (3) », affectum vestrum in uxoris amore forsitan subdivisum non passus, putari potest ad se solum amandum revocavisse, ac si quid ejus corpori intemperanter diligendo plus justo a vobis indultum fuerat, ejusdem corporis subtractione puniisse. Cumque per Prophetam loquitur : « Non consurget duplex tribulatio (4)», quod LXX. interpretum sic expressit translatio : «Non judicat Deus bis in idipsum», hic emendare dignatus est, quod ut homo excessistis, — nemo enim mundus a sorde—ne quid gravius in vos quandoque decerneret. Quare Dei amplecti debetis immensam pietatem, qui vos sua dignos judicaverit correctione, quam offensam metuere, disciplinæ illius verbera sustinentes. « Fili, inquit Salomon, noli deficere a disciplina Domini, et ne fatigeris, cum ab eo

---

(1) Cf Paul. ad Cor. II, xii, 9
(2) Virg. Egl. 10.
(3) Cf. Paul. ad Hebr. xii, 6.
(4) Cf. Naum. i, 9 (Vulgat.)

argueris. Quem enim Dominus diligit, corripit, et quasi pater in filio complacet sibi (1) ». Denique quorum istic peccata non visitat, quosque florere pro voto permittit, in hos post mortem, ejusdem ira desævit. De talibus in psalterio legimus : « In labore hominum non sunt, et cum hominibus non flagellabuntur (2) ». Et in Job : « Ducunt in bonis dies suos, et in puncto ad inferna descendunt (3) ». Præterea hoc mihi subjicit mens, voluisse Deum rebus ipsis vos experiri quam sit infelix qui in perpetuum abjungatur ab ipso, in quo est perpetua et vera delectatio, si tam immaniter afficiat, licet fidissimi atque carissimi, tamen hominis, momentanea separatio. Cum hæc verisimilia esse videantur, abolete, quæso, quantum potestis, de quo sermo habetur, mœrorem, et cum Job dicite : « Dominus dedit, Dominus abstulit. Sicut Domino placuit, ita factum. Sit nomen Domini benedictum (4) ». Et cum Apostolo in Dei spatiamini laudibus, dicentes : « Benedictus Deus et Pater Domini nostri Jesu Christi, Pater misericordiarum, et Deus totius consolationis, qui consolatur nos in omni tribulatione nostra (5) ».

Restat pars altera suscepti negotii : quæ stringenda breviter est, ne forte plura dicens, sim oneri, qui gestiam esse solatio. Hinc instaurari, immo perseverare doloris vulnus asseruistis, quod duplicatus quotidie dispositionis labor quid boni perdideritis admoneat, ac propterea nec finiri posse videatur. Id esse verissimum ipse concesserim, illudque quod inter alia posuistis, non posse pro voluntate hominem dolori

---

(1) Cf. Prov. III, 11 et 12 (hunc locum Lupus ex utraque, vulgat. scilicet et septuag. versione conflavit.).

(2) Cf. Psalm. LXXII, 5. (Vulg.).

(3) Cf. Job, XXI, 13 (Vulg.).

(4) Cf. Job, I, 21.

(5) Cf. Paul. ad Cor. II, 1, 3 et 4.

finem imponere, quem nec præsciat, nec imminentem queat effugere, vehementer approbo, satisque catholice dictum intueor. Non est enim in potestate hominum via ejus (1), sed a Domino gressus hominum diriguntur, et humani libertas arbitrii eget omnimodo auxilio gratiæ Dei; sed plane quæ facta sunt, infecta esse non possunt, nec dolor revocare valet semel præterita, nec est in homine unde a seipso petat auxilium. Quocirca deprehensi quibuslibet angustiis, quo verius nos sentimus fragiliores, hoc oportet celerius ad divinæ miserationis subsidium, velut ad portum tutissimum, confugiamus. Eleganterque illud dictum est: « Necesse est adesse divinum, ubi humanum cessat auxilium (2) ». Nec longus, dummodo conemur, terendus est labor. Nam qui ad se hoc modo vocat: « Venite ad me qui laboratis (3) », nitentes adjuvat, ad se pervenientes informat, in se permanentes procul dubio coronat. Quare quod dixistis memoratum dolorem quoad viveretis mansurum vobiscum, expressit hoc a vobis, sentio, concreta longo usu magnitudo amoris; sed in ea vos obstinatione animum relinquere, quantum audeo, dehortor. Siquidem et illi, cujus causa emersit, nihil immoderatum proderit, et vobis multum, nisi deponatur, officiet. Quinimo totum vos curandum sanandumque Domino permittite, cui est perfacile quod nostra natura difficillimum judicat. Nam quis speravit in Domino, et deceptus est? Obsecro, totum cor vestrum ad rogandum Deum effundite. Præstare vult qui se ut rogetur, admonuit: « Petite et accipietis (4) ». Petite ut ipse vobis affectum inspiret rogandi et

---

(1) Cf. Jerem. x, 23.
(2) Cf. Philonem, supra ab Einhardo, epist. xxix, p. 44 laudatum.
(3) Cf. Matth. xi, 28.
(4) Cf. Joan. xvi, 24.

effectum ipse tribuat impetrandi. Dicite quod clarissimus idemque suavissimus auctor Augustinus : « Da quod jubes, et jube quod vis (1) ». Siquidem sua nos Deus gratia, ut velle ac posse aliquid boni queamus, et prævenit et subsequitur. Quod evidenter in Psalmis didicimus, ubi scriptum est : « Deus meus, misericordia ejus præveniet me (2) »; utique et : « Misericordia tua subsequetur me omnibus diebus vitæ meæ (3) ». Adquiescite Spiritui sancto per Davidem monenti : « Jacta super Dominum curam tuam, et ipse te enutriet (4) ». Ac Domino fiducialiter dicite : « Tu es refugium meum a tribulatione quæ circumdedit me (5) ». Et cum Apostolo jam exultantes in Dei laudibus ingeminare poteritis : « Omnia possum in eo qui me confortat (6). Tristitia enim seculi mortem operatur (7) », haud dubium quin spiritualem, sed et corporalem, ut optime nostis, sæpe consciscit. Quamobrem ærumnis vitiorum, quibus premimur, contristemur; et ab eorum falsa dulcedine, quanta possumus amaritudine separari nitamur, ac hujus incolatum vitæ, in qua sine querela non vivitur, modeste feramus. Cæterum veniam a Deo exspectantes, in eo plena fide lætemur. Denique illud quod in Evangelio promittitur : « Beati qui lugent, quoniam ipsi consolabuntur (8) », non de iis qui lugent de amissione carorum et temporalium commodorum, verum de illis qui mœrent, initio sejuncti a mortifera vitiorum delectatione, donec virtutibus, Spiritus sancti gratia, con-

---

(1) Aug. confess. lib. x, c. 29, 31, 37.
(2) Cf. Psalm. LVIII, 11.
(3) Cf. Psalm. XXII, 6.
(4) Cf. Psalm. LIV, 23.
(5) Cf. Psalm. XXXI, 7.
(6) Cf. Paul. ad Philipp. IV, 13.
(7) Cf. Paul. ad Cor. II, VII, 10.
(8) Cf. Matth. v. 5.

solationem recipiant, vel de his, qui propter sua proximorumve peccata, salubriter affliguntur, propter quod illius felicis vitæ dilationem, cui votis omnibus suspiramus, rectissime intelligitur. Proinde petentes quondam uxori refrigerium sempiternum, quæ mortem, ut credimus, non incurrit, sed exuit, vobis patientiam et in bonis actibus perseverantiam atque profectum postulate a Domino Deo nostro, et dicto citius consolationem vestro infundet pectori; ita ut audiatis Apostolum cohortantem : « Gaudete in Domino semper. Iterum dico, gaudete (1) ». Ego sane quod dignati estis vestros æstus mecum communicare, attentius et pro illa et pro vobis supplicare conabor. Credo, quamvis non meo merito, vestra tamen Deum humilitate placandum; qui, absque respectu vestræ magnitudinis, cum mea parvitate conferre tam seria non horruistis. Ostendi, ut potui, et humana ratiocinatione, et divinis auctoritatibus, non vos exauditos ad votum patienter ferendum, dolorisque vulnus, quod inremediabile videbatur, quemadmodum mitigari posset. Vestræ prudentiæ ac solitæ dignationis erit, quæ pia intentione non docendi, sed commemorandi causa profusa sunt, æque pia mente lectitare, et si qua in his capi possit utilitas, pro jure amicitiæ vestram deputare.

Libellum *De adoranda cruce* (2), meo judicio utilissimum, quem meo nomini dedicastis, ut par fuit, amplexus sum. Atque utinam morem mihi gerentes, sic omnia quæcunque ab initio enodanda vobis misi, vel hoc anno reliqui, aperire non gravaremini. Profecto non mihi solum, sed multis videtur hic labor prodesse. Tamen et pro hoc quod nunc mihi nec opinanti misistis, et pro aliis quibus

---

(1) Cf. Paul. ad Philipp. iv, 4.

(2) Cet ouvrage d'Éginhard ne nous est point parvenu. Voyez les Prolégomènes.

a vobis institutus jam antea sum, maximas agens habensque gratias, quid Deus vestræ indulgentissimæ dignetur inspirare pietati sollicitus præstolabor.

Medio Maio, vita comite, hinc recedere decrevi. Quo tempore, Deo volente, sicut vobis, si recordamini, dixi, ad vos venturus sum, et aliquot apud vos dies facturus, ut et libros vestros vobis restituam, et quibus indiguero discam, fruarque aliquandiu vestro suavissimo alloquio, atque informer mihi gratissimo vestræ gravitatis et honestatis exemplo. Nam me hoc tempore discessurum inanis vobis fama mentita est. Quod etsi, quod penitus nolo, contingeret, sic quoque ad vos sine dubio properarem. Tantus enim mihi vestri amor incumbit, ut nullatenus vobis insalutatis, sanctorumque Martyrum neglecto patrocinio, ad patriam remearem. Cupio te mei memorem bene valere in Domino, prosperisque pollere successibus, domine, desiderantissime pater et de me optime per omnia merite.

IV.

Fidissimo Patri Einhardo Lupus salutem.— Memoriam vos habere mei quam gratum habeam, nequaquam facile dictu est, præsertim cum eminentiæ vestræ sublimitas eo usque se submiserit, ut ultroneæ salutationis munus ac vitæ [accipere?] meruerim, quamvis optaverim vestris refici litteris, quantumque jam æstus rei notæ deferbuerit discere, atque si vobis hinc a parvitate mea quicquam persuaderi potuerit. Ego certe, quemadmodum pollicitus sum, et pro illius carissimæ sempiterno refrigerio specialiter ac quotidie Dominum supplico, et, quod vobis vel in præsenti vel futura vita conducibile credo, vigilanti perseverantia postulare non desino. Proficiamne aliquid, vos forsitan sentiatis. Haudquaquam tamen dubitaverim harum fructum petitionum in divina miseratione reponere, ac licet serum, quantum ad voti spectat impatientiam, maturum tamen propter illius justitiæ pondus, sine dubio præstolari. Obsecro autem, legite libri sancti Augustini *De civitate Dei* xxi, titulum xxvii, et videte si non his quæ scripsi paria de eadem calamitate vir ille divini ingenii senserit; quæ plane nunquam ante legeram, sed cum postea ea percurrissem, admodum miratus sum mea tam similia sensu fuisse, ut ab his colorem traxisse penitus viderentur. Cæterum profectionis in patriam, ac per hoc ad vos, tempus aliquantum producere coactus sum. Namque venerabili viro Marcuuardo (1), per quem mea reversio administranda est, cum in Italiam legatus mitteretur, ac me prius ad suum colloquium ut amicissimum evocavisset, mihi consuluerat ut hinc, die qua significaveram vobis recedens, sanctitatem vestram petere debuissem. Verum illustris abbas Hrabanus postmodum regressus a palatio foret, necne, per id temporis istic propter legationem sibi commissam, ad liquidum scire non potuit; atque ob eam rem hortatus est ut reditum meum ad nonas Junii differrem, quando solemnitas sancti Bonifacii se abesse minime sineret; nisi forte ipsi quoque imperialis jussionis, et ea quam gravissima, præjudicaret auctoritas. Itaque, cum suam post regressionem Marcuuardus ex me quæsitum, quando potissimum reverti vellem, misisset, memoratæ rei causa, equos huc adducendos ut pridie nonas Junii curaret petii; quo, Christo propitio, viii id. ejusdem mensis iter ad vos possem arripere. Quod ille, si vita comes fuerit, indubitanter implebit. Quare certum diem quidem, quo ad vos venturus sim, exprimere non audeo; sed intra hebdomadam, quæ nonas Junii cæperit, omnino me venturum, Deo volente, confirmo. Atque utinam exoneratum omni curarum

---

(1) Marcward abbe du monastère de Prum Voy. sur cette légation, Thégan, liii.

molestia vestrum reperire tunc merear animum, ut non vacet modo, pro solita dignatione, quæcumque amicalia videbuntur mecum conserere, verum etiam ubi vel meum, vel aliorum me deficit, vestrum adsit consultum ingenium; cui quantum assurgam, quantumque deferam, quantum denique eo me vel adjutum vel adjuvandum credam, ut adulationis morsum effugiam, nolo amplius dicere; Deus viderit, cujus idipsum gratia procuravit. Interim hæc quæ subjeci, paterna, qua me semper fovetis, pietate considerare dignemini, ut ea prævisa mihi facilius expediatis. In priori libro Arithmeticæ Boetius, quarto capitulo, sic ponit : « Quod autem dictum est secundum duorum generum contrarias passiones hujusmodi est.» Ab eo loco usque ad hæc verba, quæ paucis interjectis subjiciuntur : « Spatio est maxima, parvissima quantitate », minus mihi quam velim clarum est. In eodem libro, xxxi capitulo, negat esse « difficile diligentibus » præter quas ipse expresserit partes, multiplices superpartientis, secundum monstratum a se modum, cæteras reperiri; quod, si per vos plene quod paulo præmisit superius intellexero, ubi ait : « Vocabunturque hi secundum proprias partes duplex superbipartiens », et sequentia, nimirum mihi non erit difficile. Idem auctor eximius secundo ejusdem operis libro, itemque secundo capite : « Et ut ait, inquit, Nicomachus inmusitatum », sive, ut alibi reperi: « enmusitaton theorema proficiens, etc. » quæ verba græca quam habeant proprietatem, nescio si recte acceperim. In eodem libro cap. xxv ab eo loco ubi scriptum est : « Omnis quoque cubus qui ex tetragonorum superficie in profunditatem corporis crevit», usque ad eum : « Angulos vero viii quorum singulis sub tribus ejusmodi continetur, quales priores fuere tetragoni unde cubus ipse productus est », ut verbo ipsius loquar, figuram rei subtilis non assequor; et ut per vos ejus intellectum capiam, vehementer indigeo. In Victorii quoque calculum, prævia Dei gratia vestraque doctrina, ingredi cupio. Quinetiam in hujusmodi dictionibus, ut est *aratrum, salubris*, et similia, quæ non modo positione, sed etiam natura penultimam videntur habere productam, magna hæsitatio est, in qua me adhuc laborare profiteor : utrumnam naturæ serviendum sit, ut penultima, ut est, longa pronuntictur; an, propter illud quod Donatus ait : — « Si penultima positione longa fuerit, [in] ipsa acuetur, [et antepenultima gravi accentu pronuntiabitur] ut *Catullus*; ita tamen, si positione longa, non ex muta et liquida fuerit, nam mutabit accentum, ut *pharetra* », (1) — in natura simul et tali positione productis, communis syllaba naturæ præjudicet, et accentus in antepenultimam transferatur. Namque nihil in auctoribus solidum adhuc reperire potui, unde uter eorum sensus aut astrui, aut abdicari mihi posse videatur. Erit igitur vestræ prudentiæ hanc ambiguitatem dirimere, et utrum eorum aliquo documento fortissimo roborare. Siquidem ad difficultatem, quod certam huic nullius reperio regulam, accedit etiam hoc quod in metro hujusmodi, ut est *aratrum*, semper productam invenio penultimam; cum, si in naturaliter quoque longis communis syllaba valeat, manifestum sit *aratra* nominativo, accusativo et vocativo pluralibus, per dactylum poni potuisse. Sunt et alia complura interroganda, quæ notata teneo, quæque commodius, si Deus vosque permiseritis, præsens disquiram. Et obsecro per quam mihi pietatem gratuito semper exhibuistis, ut, quoad veniam ad vos,

---

(1) *Ælii Donati editio prima*, cap. 5 de Tonis; *apud Putsch., Grammaticæ latinæ auctores antiqui*, p. 1742. — Loup a mal compris ce passage de Donat ; il confond les règles de la prononciation avec celles de la prosodie, et cette erreur rend toute cette partie de sa lettre assez obscure.

quæ necessaria mihi scitis me unde discam nisi ex vobis restare, ex abditis vestræ memoriæ diligentius eruere, ac mihi jure caritatis et amicitiæ ultro aperire dignemini; ut semina in me vestri figentes ingenii, frugem illius ad plurimos transmittatis.

Præterea scriptor regius Bertcaudus dicitur antiquarum litterarum, duntaxat earum quæ maximæ sunt, et unciales a quibusdam vocari existimantur, habere mensuram descriptam. Itaque si penes vos est, mittite mihi eam per hunc, quæso, pictorem, cum redierit; schedula tamen diligentissime sigillo munita.

A. Gellium misissem, nisi rursus illum abbas retinuisset, questus necdum sibi eum esse descriptum. Scripturum se tamen vobis dixit, quod præfatum librum vi mihi extorserit. Verum et illum et omnes cæteros quibus vestra liberalitate fruor, per me, si Deus vult, vobis ipse restituet.

Abdita in lege et maxime Græca nomina, et alia ex Servio item Græca, quæ initio vobis direxi, saltem nunc utinam ne gravemini explanare. Valeas, clarissime præceptor et pater dulcissime, prosperisque perpetuo successibus polleas.

VI.
EPISTOLA CLERI SENONENSIS AD EINHARDUM (1).

Inclyto et omni nobilitate præclaro Einhardo, domino sanctissimo, Senonicæ Ecclesiæ humillima devotio. — Præ-

---

(1) Cette lettre, publiée pour la première fois par Duchesne, *Script. rer. Franc.* II, 718, parmi les lettres de Frothaire, évêque de Toul, et d'après un ancien manuscrit conservé à Chartres, a été reproduite par Le Cointe, *Annal. eccles. Francorum*, VIII, 72; par D. Bouquet, VI, 393, et enfin par Weinckens, *Eginhartus illustratus*, 114, qui l'a intitulée, à cause du recueil d'où elle provenait, *Epistola Frotharii*

sumpsimus, mi domine, auribus clementiæ vestræ necessitatis nostræ causas humiliter innotescere, ut per vestram pietatem de his celeriter mereamur consolationem recipere. Notum vobis esse credimus quod nobis indignissimis a domno imperatore concessum fuerat ut ex nobis ipsis electionem faciendi haberemus licentiam. Sed cum illum, quem scitis, elegissemus, et a serenitate domni imperatoris non pleniter fuisset receptus, permissum nobis ut alium, si potuissemus, ex nobis huic officio congruum inveniremus. Sed cum esset inventus, ut credimus, in Dei et domni imperatoris servitio habilis, nescimus ob quam causam a missis dominicis non est plena benevolentia susceptus. Unde vestram oramus benignitatem ut ex hoc nobis in adjutorium esse dignemini; quatenus ipsum, de quo dicimus, ad præsentiam domni imperatoris nos ipsi deducamus, et, qualiter jusserit, discutiatur et probetur si nobis prodesse valeat, et in servitio Dei aptus esse possit an minus. Optamus vos divinis semper muniri præsidiis et immortalitatis corona quandoque gloriari, piissime et reverentissime domine. — *Inscriptio.* — Sanctissimo et piissimo domino Einhardo, merito venerabili, Senonicæ urbis vilis et abjecta congregatio.

Tullensis episcopi ad Einhardum. D. Bouquet pense qu'elle est de l'année 828, ainsi que deux autres lettres adressées dans le même but, l'une à l'impératrice Judith, femme de Louis-le-Débonnaire, l'autre à Huilduin, abbé de Saint-Denis, et qui n'eurent pas un meilleur résultat. Les deux élus du chapitre furent successivement repoussés, et, sur la désignation de l'empereur, Aldric, abbé de Ferrières, fut nommé archevêque de Sens. Mais comme il ne fut ordonné que dans le concile de Paris, le viii des ides de juin 829, il serait possible que cette lettre n'eût été écrite que dans les premiers mois de l'année 829, Jérémie, son prédécesseur, était mort le viii des ides de décembre 827. (Voy. *nov. Gall. christ.* xiii, 19 et 20.)

HISTORIA

TRANSLATIONIS BEATORUM CHRISTI MARTYRUM

MARCELLINI ET PETRI.

HISTOIRE

DE LA

TRANSLATION DES BIENHEUREUX MARTYRS

S. MARCELLIN ET S. PIERRE.

HISTORIA

TRANSLATIONIS BEATORUM CHRISTI MARTYRUM

MARCELLINI ET PETRI. (†)

PROLOGUS.

1. Veris veri Dei cultoribus, et Jesu Christi Domini nostri Sanctorumque ejus non fictis amatoribus, Einhardus peccator. — Qui vitas et facta justorum, ac secundum divina mandata conversantium hominum, litteris ac memoriæ mandaverunt, non aliud mihi efficere voluisse videntur, nisi ut ad emendandos pravos mores, et collaudandam Dei omnipotentiam, per ejusmodi exempla, quorumcumque animos incitarent. Feceruntque hoc, non solum quia livore carebant, sed quia caritate, quæ omnibus cupit esse consultum, granditer abundabant. Quorum laudabile propositum, quia tam in propatulo est ut, præter ea quæ dixi, nihil aliud eos moliri voluisse lucidissime clareat, cur a multis imitari non debeat, omnino non video. Ac proinde quia mihi conscius sum, quod libri, quos de translatione corporum beatorum Christi martyrum Marcellini et Petri, signisque ac virtutibus, quæ per eos Dominus ad salutem credentium fieri voluit, qua potui facultate conscripsi, eadem sunt voluntate atque

---

(†) Hujus translationis historiam ex Bollandistis, *Acta sanctorum*, tom. I junii col. 181 et seq. recudimus; de ejusdem editionibus et codicibus videsis prolegomena nostra.

HISTOIRE

DE LA TRANSLATION DES BIENHEUREUX MARTYRS
S. MARCELLIN ET S. PIERRE. (†)

PROLOGUE.

1. Aux vrais serviteurs du vrai Dieu, aux sincères adorateurs de Notre-Seigneur Jésus-Christ et de ses Saints, Éginhard pécheur. — Ceux qui ont confié au souvenir des lettres l'histoire et les actes des justes et des hommes qui ont vécu selon les préceptes divins, ne me paraissent pas s'être proposé d'autre but, en montrant de tels exemples, que d'exciter tous les esprits à corriger leurs mauvais penchants et à exalter la toute-puissance de Dieu. Et ils ont fait cela, non pas seulement parce qu'ils étaient exempts d'envie, mais parce que la charité, qui désire le bien de tous, surabondait en eux. Leur louable dessein est manifeste, et il est de la dernière évidence qu'ils n'ont jamais voulu atteindre d'autre but que celui dont je viens de parler. Je ne vois donc pas pourquoi d'autres ne chercheraient pas à les imiter. Aussi comme j'ai la conscience d'avoir composé avec la même volonté et dans les mêmes intentions cet ouvrage, que j'ai écrit de mon mieux sur la translation des reliques des bienheureux martyrs du Christ Marcellin et Pierre, et sur les signes

---

(†) Nous avons cru devoir, pour faciliter le travail typographique, rejeter à la fin de cet opuscule les notes historiques et géographiques. Elles sont indiquées par les chiffres de renvoi.

intentione compositi, eosdem edere, ac Dei amatoribus ad legendum offerre decrevi. Arbitror enim quod hoc opus non solum inane ac supervacuum cuilibet fidelium videri non debeat, sed etiam fructuose atque utiliter me laborasse praesumo, si efficere potuero, ut in laudem sui Conditoris animus illa legentis assurgat.

CAPUT I.

Missi ab Einhardo Romam ad procurandas reliquias. Obtentae sanctorum Marcellini et Petri.

2. Cum adhuc in palatio positus, ac negotiis secularibus occupatus, otium, quo aliquando perfrui cupiebam, multimoda cogitatione meditarer, quemdam locum secretum atque a populari frequentia valde remotum nactus, atque illius, cui tunc militaveram, principis Hludowici liberalitate consecutus sum. Is locus est in saltu Germaniae, qui inter Neccarum et Maenum fluvios medius interjacet, ac moderno tempore ab incolis et circummanentibus Odanwald appellatur. In quo cum, pro modo facultatum ac sumptuum, non solum domos et habitacula ad manendum, verum etiam basilicam, divinis officiis faciendis congruentem, non indecori operis aedificassem, dubitare coepi, in cujus potissimum sancti vel martyris nomine atque honore dedicari deberet. Cumque in hac animi fluctuatione plurimum temporis esset evolutum, contigit ut quidam diaconus Romanae Ecclesiae, nomine Deusdona, pro suis necessitatibus regis opem imploraturus, ad palatium veniret. Ibique aliquandiu moratus, cum, peracto

et miracles qu'il a plu à Dieu d'effectuer par leur moyen pour le salut des fidèles, j'ai résolu de le publier et de l'offrir à la lecture des adorateurs de Dieu. Je pense en effet que cet ouvrage ne paraîtra aux fidèles ni vain ni superflu, et je croirai même avoir travaillé d'une manière fructueuse et utile si je puis faire que l'âme de celui qui lira ces pages s'élève en actions de grâce vers son Créateur.

CHAPITRE PREMIER.

Des envoyés d'Éginhard vont à Rome pour avoir des reliques. Ils se procurent celles de saint Marcellin et de saint Pierre.

2. Tandis que j'étais encore à la cour, et qu'occupé des choses mondaines, je méditais souvent sur le repos dont j'espérais jouir un jour, je trouvai un lieu solitaire, placé loin du tumulte de la foule, et, grâce à la générosité du prince Louis que je servais alors, j'en devins propriétaire. Ce lieu est situé au milieu de cette forêt de la Germanie qui s'étend entre le Necker et le Mein, et qui porte aujourd'hui le nom d'Odenwald que lui donnent les habitants du pays et ceux des alentours (1). Après y avoir fait bâtir, selon mes moyens, quelques maisons et autres habitations pour y demeurer, et même, afin d'y célébrer le service divin, une basilique d'une construction assez remarquable, je me mis à chercher sous l'invocation de quel saint ou de quel martyr il convenait le mieux de la placer. Comme déjà bien du temps s'était écoulé dans ces hésitations, il arriva qu'un diacre de l'Église Romaine, nommé Deusdona, vint à la cour solliciter la protection du roi dans une affaire qui l'intéressait. Il y demeura quelque temps, et après avoir terminé l'affaire qui avait occasionné son voyage, lorsqu'il

propter quod venerat negotio, Romam redire pararet, quadam die, humanitatis causa, velut peregrinus, ad prandium nostræ parvitatis a nobis est invitatus : ibique inter prandendum plura locuti, eousque sermocinando pervenimus, ut de translatione corporis beati Sebastiani ac neglectis martyrum sepulcris, quorum Romæ ingens copia est, mentio fieret. Inde ad dedicationem novæ basilicæ nostræ sermone converso, percontari coepi, quonam modo ad id pervenire possem, ut aliquid de veris sanctorum reliquiis, qui Romæ requiescunt, mihi adipisci contingeret? Hic ille primo quidem hæsitavit, et qualiter id fieri posset, se nescire respondit. Deinde cum me de hac re sollicitum simul et curiosum esse animadverteret, altera die se percontationi meæ responsurum esse promisit.

3. Post hæc, cum iterum a me fuisset invitatus, protinus e sinu libellum mihi porrexit, rogans ut eum solus perlegerem; sibique de his, quæ in eo scripta erant, quid mihi placeret, indicare non dedignarer. Accepi libellum, et ut ille petiit, solus secrete perlegi. Continebatur in eo : esse sibi domi plurimas sanctorum reliquias, easque se mihi dare velle, si meo fultus adjutorio Romam reverti potuisset; compertum sibi fore, quod duos mulos haberem, quorum si alterum sibi darem, ac secum hominem meum fidelem mitterem, qui illas reliquias ab illo reciperet, mihique deferret, statim eas mihi se missurum. Complacuit mihi suadentis consilium, statuique fidem sponsionis incertæ celeriter experiri; ac proinde, dato quod petebat jumento, addita propter viaticum pecunia, notarium meum, nomine Ratleicum, quia et ipse orandi causa Romam eundi votum habebat, cum eo pergere

se disposait à retourner à Rome, nous l'invitâmes un jour par politesse, comme étranger, à venir partager notre modeste repas. Comme nous parlions à table de choses diverses, la conversation tomba sur la translation du corps de saint Sébastien (2) et sur les tombeaux des martyrs, si négligés à Rome où ils se trouvent en foule. Puis arrivant à la dédicace de notre nouvelle basilique, je me mis à demander comment il me serait possible de me procurer quelques-unes des véritables reliques des saints qui reposent à Rome. Il hésita d'abord, et répondit qu'il ne savait pas comment cela se pourrait faire. Mais remarquant ensuite que cette affaire excitait en moi autant d'inquiétude que de désir, il promit de répondre à ma demande un autre jour.

3. Quelque temps après, ayant reçu de moi une seconde invitation, il se hâta de tirer de son sein un billet qu'il me présenta en me priant de le lire en particulier, et de vouloir bien lui dire ce qui m'agréerait de certaines propositions qui s'y trouvaient écrites. Je le reçus, et, conformément à sa demande, j'en fis seul et secrètement la lecture. Il y disait que, possédant chez lui plusieurs reliques de saints, il était disposé à me les céder si je consentais à lui fournir les secours nécessaires pour retourner à Rome; qu'il savait que j'avais deux mules, et que si je voulais lui en donner une et envoyer avec lui un homme de confiance pour recevoir les reliques et me les rapporter, il me les enverrait sans délai. Cette ouverture me plut, et je résolus d'éprouver au plus tôt ce qu'il y avait de réel dans cette promesse incertaine. Je lui donnai donc la mule qu'il demandait en y ajoutant l'argent nécessaire aux dépenses du voyage, et comme Ratleig, mon

jussi. Igitur de Aquisgrani palatio profecti — nam ibi eo tempore imperator cum suo comitatu erat — Augustam Suessionum venerunt; ibique cum Hildoino abbate in monasterio S. Medardi locuti sunt, quia memoratus diaconus ei pollicitus est, se efficere posse, ut corpus beati Tiburtii, martyris, in ejus veniret potestatem. Quibus ille promissionibus illectus, misit cum eis quemdam presbyterum, hominem callidum, nomine Hunum, jubens ut acceptum ab eo memorati martyris corpus sibi deferret. Inde iter ingressi, Romam, quanta potuerunt celeritate, perrexerunt.

4. Contigit autem, postquam Italiam intraverunt, ut puer notarii mei, nomine Reginbaldus, tertiana febre correptus, non modicum profectioni eorum suis laboribus faceret impedimentum; quoniam his horis, quibus ille febrium æstibus tenebatur, iter agere non potuerunt. Erant enim pauci, ac per hoc ab invicem separari nolebant. Cumque hoc incommodo iter illorum non mediocriter fuisset retardatum, illi tamen prout poterant illud accelerare contenderent, tribus diebus priusquam ad Urbem venirent, apparuit in visu illi febricitanti quidam homo in habitu diaconi, perquirens ab eo quam ob rem dominus suus Romam ire festinaret? Cui cum ille et promissa diaconi de reliquiis sanctorum mihi mittendis, et de his quæ Hildoino abbati pollicitus est, prout illi comperta erant, exponeret. — « Non ita erit, inquit, sed longe aliter, quam vos existimatis, causarum, propter quas venistis, exitus adimplebitur. Nam diaconus iste, qui vos Romam venire rogavit, aut parum, aut nihil de his, quæ vobis promisit, facturus est; ac proinde volo sequaris me,

notaire, avait fait vœu d'aller à Rome pour y prier, je le chargeai d'accompagner le diacre. Ils partirent donc d'Aix-la-Chapelle où l'empereur tenait alors sa cour, et se rendirent à Soissons (3). Ils eurent, dans cette ville, une entrevue avec Hilduin, abbé du monastère de Saint-Médard (4), à qui le diacre avait fait espérer qu'il pourrait lui procurer le corps de saint Tiburce martyr. Séduit par ces promesses, l'abbé envoya avec eux un prêtre nommé Lehun, homme fort habile, avec mission de recevoir le corps du saint martyr et de le lui rapporter. Ils se mirent tous trois en route et se dirigèrent vers Rome le plus vite possible.

4. Lorsqu'ils furent entrés en Italie, il advint que le serviteur de mon notaire, qui se nommait Réginbald, ayant été pris d'une fièvre tierce, leur occasionna, par suite de cette maladie, de grands embarras dans leur voyage; car, aux heures où il avait ses accès de fièvre, ils étaient obligés de s'arrêter, ne voulant pas, à cause de leur petit nombre, se séparer les uns des autres. Comme cet accident leur avait fait éprouver d'assez longs retards, et que cependant ils s'efforçaient d'accélérer leur voyage, trois jours avant d'arriver à leur destination, Réginbald eut une vision dans un de ses accès de fièvre. Il lui sembla voir un homme en habit de diacre qui lui demandait pourquoi son maître se pressait tant d'arriver à Rome? Il répondit en lui exposant tout ce qu'il savait des promesses faites par le diacre touchant les saintes reliques qui devaient m'être envoyées ainsi qu'à l'abbé Hilduin. — « Il n'en sera pas ainsi, reprit le personnage; vous remplirez le but de votre voyage, mais de tout autre manière que vous ne le pensez. Ce diacre qui vous a engagés à venir à Rome, fera peu de chose, peut-

atque ea quæ tibi ostensurus atque dicturus sum, mente sollicita cures advertere. »

5. Tunc manu comprehensum, ut sibi videbatur, montis præcelsi cacumen secum conscendere fecit. In quo cum simul positi consisterent : « Convertere, inquit, ad orientem, et subjectos oculis tuis campos intuere. » Quod cum fecisset, et campos, de quibus sibi dixerat, fuisset intuitus, videt in eis molis immensæ fabricas, in modum magnæ cujusdam civitatis extructas, et, interrogatus ab eo, si sciret quid hoc esset, se nescire respondit. Tum ille : « Roma est, inquit, quam vides. » Statimque addidit : « Dirige oculos in interiora civitatis, et contemplare si aliqua tibi in his locis appareat ecclesia. » Cumque sibi quamdam ecclesiam apparere dixisset. « Vade, ait, et Ratleico nuntia, quoniam in ecclesia, quam modo vidisti, illa res est recondita, quam ille domino suo debet adferre : et ideo det operam, ut eam quanto celerius fieri potest accipiat, et ad dominum suum revertatur. » Cumque ille diceret, quod nemo de his, qui secum venerant, in hujusmodi re fidem dictis suis esset habiturus, respondit et dixit : « Tu nosti quod omnes, qui tecum hoc iter agunt, tibi conscii sunt quia complures dies in febre tertiana laborasti, et nondum te ab illa ullam habuisse remissionem. — Et ille : ita est, inquit, ut dicis. — Quapropter, ait, volo ut pro signo tibi sit, atque his quibus verba quæ dixi relaturus es, quoniam ex hac hora, febre, qua usque modo detinebaris, sic per Dei misericordiam cariturus es, ut te ulterius in hoc itinere non contingat. » His dictis expergefactus, omnia quæ sibi vidisse vel audisse videbatur, Ratleico referre

être même rien de ce qu'il vous a promis. Mais je veux que tu me suives et que tu retiennes avec attention ce que je vais te montrer et te dire. »

5. Il le prit alors par la main, comme il sembla à Réginbald, et ils se mirent à gravir ensemble une montagne élevée. Parvenus au sommet, ils s'arrêtèrent : « Tourne-toi, lui dit-il, vers l'orient, et regarde la campagne qui s'étend sous tes yeux. » Réginbald obéit, et ayant dirigé ses regards vers les lieux qui lui étaient désignés, il vit des constructions d'une immense étendue qui lui semblèrent former une grande ville. Son guide lui demanda s'il savait ce que c'était; il répondit qu'il l'ignorait complétement. « C'est Rome que tu vois, lui dit-il. » Puis il ajouta aussitôt : « Regarde maintenant dans l'intérieur de la ville et cherche si, au milieu de ces édifices, tu ne distingues pas une église. » Lorsqu'il eut répondu qu'il en remarquait une : « Va donc, lui dit l'autre, et annonce à Ratleig que cette église que tu viens de voir renferme ce qu'il doit rapporter à son maître. Qu'il se hâte donc de se le procurer pour retourner vers celui qui l'envoie. » Réginbald ayant objecté qu'aucun de ceux qui étaient venus avec lui ne voudrait ajouter foi à ce qu'il pourrait dire, il lui répondit : « Tu n'ignores pas que tous tes compagnons de voyage savent bien que depuis plusieurs jours tu es tourmenté par une fièvre tierce et qu'elle ne t'a encore laissé aucun repos. — C'est la vérité, dit Réginbald. — Eh bien, je veux te donner, à toi comme à ceux à qui tu rapporteras mes paroles, cette preuve de ma sincérité : à partir de ce moment tu seras, par la miséricorde de Dieu, si bien débarrassé de la fièvre qui te tourmentait, que tu n'en ressentiras plus aucun accès pendant tout le reste du voyage. » A ces mots, Réginbald s'étant réveillé, se hâta

curavit. Quæ cum Ratleicus presbytero secum pergenti exposuisset, visum est ambobus ut experimentum somni ex veritate promissæ sanitatis approbarent : nam eadem die, juxta qualitatem febrium, quibus laborare consueverat, febricitare debebat is qui somnium viderat. Et ut non vana illusio, sed potius vera revelatio fuisse ostenderetur, neque illa die, neque cæteris quæ illam secutæ sunt, ullum in corpore suo consuetarum febrium sensit indicium. Sicque factum est, ut et visioni crederent, et fidem diaconi promissis non haberent.

6. Igitur Romam venientes, juxta basilicam Beati Petri apostoli, quæ dicitur Ad Vincula, in domo ipsius, cum quo venerunt, diaconi, hospitium acceperunt; manseruntque cum eo per aliquot dies, opperientes promissorum ejus adimpletionem. Sed ille, qui suas pollicitationes perficere non valebat, ipsum, quod non poterat, quibusdam procrastinationibus palliabat. Tandem locuti cum illo, cur eis illo modo vellet illudere percontati sunt; rogantes simul, ne se diutius fallendo detineret, et reversionem suam vanis spebus impediret. His ille auditis, cum cerneret se hujusmodi calliditate eis jam amplius non posse imponere, primo notarium meum certum fecit de reliquiis mihi promissis, quod eas habere non posset, eo quod frater suus, cui et domum, et cuncta quæ habebat, inde abiens commendaverat, negotiandi gratia Beneventum esset profectus, ac se penitus ignorare quando esset reversurus, et quia ei reliquias illas, sicut et cæteram suppellectilem, ad servandum commiserat, nec omnino se scire posse, quid de his fecisset, quoniam eas in eadem domo nusquam invenisset : proinde

d'aller rapporter à Ratleig ce qu'il avait vu et entendu. Celui-ci en parla au prêtre qui voyageait avec eux, et tous deux convinrent que si Réginbald recouvrait la santé qui lui avait été promise, ce serait une preuve de la véracité du songe. En effet, d'après la nature de la fièvre qui tourmentait celui qui avait eu le songe, il devait avoir un accès le jour même. Or il parut bien que ce n'était point une vaine illusion, mais une révélation véritable, car ni ce jour, ni les suivants, il ne ressentit aucun des symptômes accoutumés. C'est ainsi qu'ils crurent à cette vision et cessèrent d'ajouter foi aux promesses du diacre.

6. Étant donc arrivés à Rome, ils reçurent l'hospitalité, près de l'église de Saint-Pierre-aux-Liens, dans la maison du diacre avec lequel ils étaient venus, et ils y passèrent quelques jours à attendre l'exécution de ses promesses. Mais celui-ci, ne pouvant remplir les engagements qu'il avait pris, inventait sans cesse de nouveaux délais pour dissimuler son impuissance. Ils eurent enfin avec lui une explication dans laquelle ils lui demandèrent pourquoi il cherchait ainsi à les tromper, le sommant de ne pas les retenir plus longtemps par ses fausses promesses, et de ne plus mettre obstacle à leur départ en cherchant à leur inspirer de vaines espérances. A ces paroles, voyant que sa fourberie ne pouvait plus désormais leur en imposer, il commença par faire connaître à mon notaire qu'il ne pourrait pas avoir les reliques qui m'avaient été promises, parce que son frère, auquel en partant il avait confié sa maison et tout ce qu'il possédait, était allé à Bénévent pour raison de commerce, et qu'il ignorait complétement à quelle époque il reviendrait. Il ajouta qu'il lui avait donné à garder ces reliques, comme tout le reste de son mobilier, et qu'il ne pouvait pas savoir ce qu'il en avait fait,

videret quid faceret, quia de parte sua nihil restaret, quod sperare posset. Postquam hæc notario meo dixit, et ille se ab eo illusum ac male sibi impositum quereretur, nescio quibus vanis ac frivolis etiam presbyterum Hildoini allocutus, spe simili animatum, a se fecit abscedere. Postridie vero cum valde tristes videret, hortatus est ut simul cum illo ad coemeteria sanctorum pergerent; videri sibi quod in eis aliquid tale inveniri posset, quo eorum desideriis satisfieret, nec fore illam necessitatem ut in patriam vacui reverterentur. Cumque eis hoc consilium placuisset, vellentque ut quantocius id, ad quod faciendum eos hortabatur, inchoarent, more solito, negotium dissimulavit, et eos, quorum animi tunc paululum erant erecti, in tantam desperationem hac dilatione dejecit, ut, omisso illo, statuerent in patriam, quamvis infecto negotio, reverti.

7. Sed notarius meus, recolens somnium quod puer suus viderat, coepit comitem suum hortari ut, sine hospite suo, irent ad coemeteria, ad quæ visenda ille eos se ducere velle promisit. Itaque invento atque conducto duce locorumque monstratore, primo ad basilicam Beati Tiburtii, martyris, in via Lavicana, tribus ab urbe passuum millibus distantem, veniunt, martyrisque tumbam quanta possunt diligentia contemplantur, et utrum sic, ut alii non sentirent, aperiri posset, cauta circumspectione considerant. Deinde in cryptam ejusdem basilicæ contiguam, in qua beatorum Christi martyrum Marcellini et Petri corpora erant tumulata, descendunt; atque explorata

puisqu'il ne les trouvait nulle part dans la maison; que Ratleig avisât donc à ce qui lui restait à faire, car il n'avait plus rien à attendre de lui. Après avoir tenu un tel langage à mon notaire, qui lui reprocha vivement de s'être joué de lui et de l'avoir indignement trompé, je ne sais quelles raisons vaines et frivoles il donna au prêtre de l'abbé Hilduin, qu'il avait flatté des mêmes espérances, pour le congédier également. Le lendemain, les voyant tous deux fort tristes, il les engagea à venir avec lui visiter les tombeaux des saints; il lui semblait, disait-il, qu'ils pourraient y trouver de quoi satisfaire leur désir, et ne pas en être réduits à retourner les mains vides dans leur pays. Cette proposition leur plut, et ils déclarèrent qu'ils étaient tout disposés à entreprendre le plus tôt possible ce qu'il les invitait à faire. Mais lui, suivant son habitude, eut recours à de nouveaux subterfuges, et, après leur avoir rendu quelque espérance, il les jeta par ces délais dans un tel découragement, qu'ils résolurent de retourner dans leur pays sans avoir accompli l'objet de leur mission.

7. Mais mon notaire s'étant alors rappelé le songe de son serviteur, se mit à presser son compagnon d'aller, sans leur hôte, visiter les tombeaux où celui-ci avait promis de les conduire. Ayant donc trouvé et loué un homme pour leur servir de guide, ils se rendent d'abord à la basilique de Saint-Tiburce, martyr, qui est située sur la voie Labicane (5), à trois mille pas de la ville. Là ils contemplent avec la plus grande attention la tombe du martyr et examinent avec beaucoup de circonspection s'il ne serait pas possible de l'ouvrir sans qu'on s'en aperçût. Ils descendent ensuite dans une crypte contiguë à ladite église où les corps des bienheureux martyrs du Christ saint Marcellin et saint Pierre avaient été ensevelis; et

etiam illius monumenti qualitate, discedunt, æstimantes hoc factum hospitem suum posse latere. Sed aliter evenit, quam arbitrati sunt. Nam licet ipsi nescirent quibus indiciis, cito tamen ad illum hujus facti notitia pervenit : veritusque ne sine illo voluntati suæ satisfacere debuissent, statuit consilio eorum festinando prævenire. Et quia ille eorumdem locorum plenariam atque omnimodam notitiam habebat, blande illos alloquitur, hortaturque ut illuc simul veniant; et si Deus votis eorum favere dignaretur, communi consilio facerent, quidquid eis videretur faciendum.

8. Assensi sunt ejus voluntati, tempusque id aggrediendi pari consensu constituunt. Tunc peracto jejunio triduano, noctu ad locum, nullo Romanorum civium sentiente, perveniunt ; ingressique basilicam S. Tiburtii, primo altare illud, sub quo sacrum ejus corpus situm credebatur, aperire tentaverunt. Sed parum successit eorum voluntati molitio operis inchoati : nam monumentum, durissimo marmore extructum, inermes id aperire conantium manus facile repellebat. Igitur, omisso illius martyris sepulcro, ad tumbam beatorum Marcellini et Petri descendunt; atque ibi, invocato Domino nostro Jesu Christo, et adoratis sanctis Martyribus, lapidem, quo summitas sepulcri tegebatur, de loco suo levare moliuntur. Quo sublato, vident sacratissimum sancti Marcellini corpus, in superioribus ejusdem sepulcri partibus positum, tabulamque marmoream ad caput positam, quæ titulo, quem continebat, evidens indicium dabat, cujus in eo loco martyris membra jacuissent. Quod, ut par erat, cum summa veneratione suscipientes levant, et munda

après avoir observé la construction de leur tombeau, ils se retirent espérant que leur démarche ne serait point connue de leur hôte ; mais il en arriva autrement qu'ils ne l'avaient pensé. Car, sans qu'ils aient pu savoir par quels indices, la connaissance du fait lui arriva promptement, et craignant qu'ils ne voulussent accomplir sans lui leur dessein, il résolut de se hâter et de les prévenir. Comme il avait une pleine et entière connaissance des lieux, il leur adressa de séduisantes paroles pour les déterminer à s'y rendre tous ensemble, afin que, si Dieu daignait favoriser leurs desseins, ils fissent d'un commun accord ce qu'il serait convenable de faire.

8. Sa proposition fut acceptée, et ils fixèrent ensemble le moment d'en commencer l'exécution. Ayant donc jeûné pendant trois jours, ils se rendirent sur les lieux, la nuit, sans qu'aucun habitant de Rome les eût aperçus ; puis ils entrèrent dans la basilique de Saint-Tiburce où ils cherchèrent d'abord à ouvrir l'autel sous lequel ils supposaient le corps du saint martyr placé ; mais ils eurent peu de succès dans le commencement de leur entreprise, car le tombeau construit en marbre très-dur résista d'autant plus facilement à leurs efforts qu'ils n'avaient d'autres instruments que leurs mains. Abandonnant donc la sépulture du martyr, ils descendirent au tombeau des bienheureux Marcellin et Pierre ; et là, après avoir invoqué Notre-Seigneur Jésus-Christ et adoré les saints Martyrs, ils essayèrent de déplacer la pierre qui recouvrait le sommet du monument. Après l'avoir enlevée, ils virent le très-saint corps de saint Marcellin qui reposait dans la partie supérieure du tombeau, et près de sa tête une table de marbre sur laquelle une inscription indiquait d'une manière positive à quel martyr

sindone involutum diacono ferendum atque servandum tradunt. Ac ne ulla sublati corporis indicia remanerent, lapidem loco suo reponentes, in urbem ad hospitia sua revertuntur. Diaconus autem corpus beatissimi Martyris, quod acceperat, juxta basilicam B. Petri apostoli, quæ vocatur Ad Vincula, ubi et ipse domum habebat, se servare velle ac posse affirmans, fratri suo nomine Lunisoni ad custodiendum commisit; arbitratusque notario meo hoc satisfactum esse, cœpit illum hortari ut, accepto corpore beati Marcellini, rediret in patriam.

9. Sed ille longe aliud meditabatur ac mente volvebat. Nam, ut mihi postea retulit, videbatur illi nequaquam sibi licere cum solo beati Marcellini corpore in patriam regredi; quasi nefas esset, ut corpus beati Petri martyris, qui ei socius in passione fuerat, et per quingentos et eo amplius annos in eodem sepulcro una cum illo requieverat, illo inde transeunte, ibi remaneret. Atque hac cogitatione mente concepta, tanta animi sui parturitione simul ac perturbatione laborabat, ut nec cibum capere, nec somno acquiescere dulce sibi videretur atque jucundum, nisi Martyrum corpora, sicut in passione ac monumento conjuncta fuerant, sic etiam peregre profectura jungerentur. Sed de hoc qualiter fieri posset, vehementer ambigebat: noverat enim neminem a se Romanum inveniri posse, qui sibi ad hoc ullum ferret auxilium, sed ne talem quidem, cui hæc animi sui secreta auderet ostendere. In hac cordis anxietate constitutus, reperit quemdam

appartenaient les restes qui étaient là gisant. Ils les soulevèrent avec la plus grande vénération, comme il était convenable, et après les avoir enveloppés dans un riche linceul ils les donnèrent au diacre pour les emporter et les placer en lieu sûr. Puis remettant la pierre à sa place pour qu'il ne restât aucune trace de la soustraction qu'ils venaient de faire, ils retournèrent dans la ville à leur logement. Quant au diacre, affirmant qu'il voulait et pouvait conserver dans sa maison, située près de la basilique de l'apôtre Saint-Pierre-aux-Liens, le corps du saint Martyr qui lui avait été confié, il en remit la garde à son frère nommé Lunison, et, persuadé que mon notaire se tiendrait pour satisfait, il se mit à le presser de recevoir le corps de saint Marcellin et de retourner avec ces reliques dans son pays.

9. Mais Ratleig avait conçu un tout autre projet, et le roulait sans cesse dans son esprit. En effet, comme il me l'a depuis rapporté, il pensait qu'il ne lui était pas possible de revenir dans son pays avec le corps de saint Marcellin tout seul. C'eût été un crime à ses yeux d'emporter les reliques de saint Marcellin, et d'abandonner celles de saint Pierre qui avait été le compagnon de son martyre, et qui depuis cinq cents ans et plus reposait avec lui dans le même sépulcre. Du moment que cette pensée lui fut venue, le travail et le trouble de son imagination ne lui laissèrent plus de repos; il lui sembla qu'il n'y aurait plus pour lui ni douceur ni plaisir à se livrer au sommeil ou à prendre de la nourriture avant d'être parvenu à réunir, pour les emporter ensemble, les corps des deux Martyrs qui ne s'étaient jamais quittés ni dans le supplice ni dans le tombeau; mais il ne savait comment s'y prendre pour en venir à bout. Il ne fallait pas songer à trouver un Romain pour l'aider dans cette

monachum peregrinum, nomine Basilium, qui ante biennium de Constantinopoli Romam venerat, atque ibi in monte Palatino apud alios Græcos, qui ejusdem professionis erant, cum quatuor discipulis suis hospitium habebat. Hunc adiit, atque ei quam patiebatur sollicitudinem aperuit. Tum consiliis ejus animatus, et orationibus fretus, tantam accepit in corde suo constantiam, ut statueret rem, quamvis cum periculo capitis sui, celerrime experiri. Vocatoque ad se comite suo, Hildoini presbytero, cœpit cum eo tractare ut iterum ad basilicam B. Tiburtii, sicut prius fecerant, clanculo pergerent, ac tumbam, qua Martyris corpus reconditum credebatur, aperire denuo molirentur.

10. Placuit consilium; assumptisque, quos secum adduxerant, pueris, hospite eorum penitus ignorante quo irent, clam noctu profecti sunt. Cumque ad locum ventum esset, votis pro re prosperanda ante ædis januam factis, ingrediuntur; divisisque sociis inter se, presbyter ad corpus beati Tiburtii quærendum in ipsius basilica cum aliquibus remansit; Ratleicus cum reliquis in adhærentem eidem ecclesiæ cryptam, ad beati Petri corpus accessit: apertoque sine ulla difficultate sepulcro, sacra sancti Martyris membra, nullo prohibente, sustulit, et serico pulvino, quem ad hoc paraverat, recepta diligenter inclusit. Interea presbyter, qui corpus beati Tiburtii quærebat, magno labore frustra consumpto, postquam se vidit nihil posse proficere, relicto opere, in cryptam ad Ratleicum descendit, et quid sibi faciendum esset, ab eo quærere cœpit. Cui cum ille arbitrari se diceret quod sancti Tiburtii [reliquiæ] essent inventæ,

entreprise; il n'en était même pas un à qui il eût osé révéler son projet. Dans cette perplexité, il rencontra un moine étranger nommé Basile, qui depuis plus de deux ans était venu de Constantinople à Rome, et demeurait avec quatre de ses disciples sur le mont Palatin, chez d'autres moines grecs du même ordre que lui. Il alla le trouver et lui découvrit le sujet de ses inquiétudes. Animé par les conseils de ce moine, fort de ses encouragements, il en prit tant de confiance qu'il résolut de tenter au plus tôt l'aventure, quoiqu'il y allât de sa tête (6). Ayant donc fait venir son compagnon, le prêtre de l'abbé Hilduin, il lui proposa de se rendre de nouveau secrètement, comme ils l'avaient déjà fait, à la basilique de Saint-Tiburce, et d'essayer une seconde fois d'ouvrir la tombe dans laquelle devait reposer le corps du Martyr.

10. Sa proposition fut acceptée. Prenant donc avec eux les serviteurs qu'ils avaient amenés, ils partirent secrètement pendant la nuit, sans que leur hôte se doutât le moins du monde de l'endroit où ils allaient. Lorsqu'ils furent arrivés, ils commencèrent par faire leurs prières devant les portes de l'église pour la réussite de leur entreprise, et entrèrent ensuite dans l'édifice : là ils se partagèrent en deux troupes; les uns, avec le prêtre, restèrent dans l'église pour y chercher le corps de saint Tiburce; Ratleig avec les autres se dirigea dans la crypte contiguë à l'église vers les reliques de saint Pierre. Ce tombeau ayant été ouvert avec la plus grande facilité, il enleva, sans rencontrer aucun obstacle, les restes sacrés du saint Martyr, et après les avoir recueillis, il les renferma avec soin dans un sac de soie qu'il avait fait préparer exprès. Cependant, le prêtre qui cherchait le corps de saint Tiburce, après s'être épuisé en vains efforts, voyant

eique id de quo dicebat ostenderet — nam, paulo ante quam idem presbyter ad eum in cryptam venisset, reperit in eodem sepulcro, in quo sanctorum Marcellini et Petri sacra corpora jacuerunt, foramen quoddam rotundi schematis, trium ferme pedum longitudine introrsus excavatum, pedali amplitudine patens, et in eo minuti pulveris non modicam portionem repositam —, visum est ambobus, quod hic pulvis de corpore beati Tiburtii, ossibus inde sublatis, remanere potuisset : et ob hoc, ut difficilius inveniretur, medio loco inter beatos Marcellinum et Petrum, in eadem tumba, fuisset repositus : convenitque inter eos ut eum presbyter sumeret, et pro reliquiis beati Tiburtii secum deferret.

11. His ita transactis atque dispositis, cum rebus, quas repererunt, ad hospitia sua reversi sunt. Post haec Ratleicus, cum hospite suo locutus, rogat ut sibi sacros beati Marcellini cineres, quos ei ad servandum commendaverat, reddat, seque in patriam redire volentem nulla non necessaria dilatione detineat. Cui ille non solum quod repetebat sine mora restituit, verum etiam de sanctorum reliquiis, in una ligatura collectis, haud parvam portionem mihi deferendam obtulit : et requisitus de nominibus eorum, mihi se illa dicturum, quando ad me venisset, respondit. Monuit tamen ut eadem veneratione, qua ceterae sanctorum Martyrum reliquiae colerentur, eo quod non minoris apud Deum

qu'il ne pouvait obtenir aucun résultat, abandonna ses recherches pour aller retrouver Ratleig dans la crypte, et vint lui demander ce qu'il devait faire. Celui-ci lui répondit qu'il croyait que les reliques de saint Tiburce étaient trouvées, et lui montra ce qui le déterminait à parler ainsi. En effet, peu d'instants avant l'arrivée du prêtre dans la crypte, il venait de découvrir, dans le sépulcre même où avaient été renfermées les reliques sacrées de saint Marcellin et de saint Pierre, une ouverture de forme ronde, creusée dans l'intérieur du tombeau, sur une longueur de trois pieds environ et sur un pied de largeur, et dans laquelle reposait une assez grande quantité de poussière très-fine. Ils pensèrent l'un et l'autre que cette poussière pouvait bien provenir du corps de saint Tiburce, dont les os auraient été enlevés, et qu'on l'avait sans doute placée dans ce tombeau, entre les corps de saint Marcellin et de saint Pierre, pour qu'elle fût plus difficile à trouver. Il fut convenu entre eux que le prêtre la prendrait et l'emporterait comme reliques de saint Tiburce.

11. Cela fait et arrangé de la sorte, ils regagnèrent leurs logements avec ce qu'ils avaient trouvé. Ratleig s'étant ensuite adressé à son hôte, lui redemanda les saintes reliques du bienheureux Marcellin, dont il lui avait confié la garde, le priant de ne pas retarder son retour par d'inutiles délais. Non-seulement celui-ci satisfit sur-le-champ à sa réclamation, mais il lui offrit même pour me les apporter quelques reliques de saints, réunies dans un sachet : interrogé sur leurs noms, il répondit qu'il me les ferait savoir lorsqu'il se rendrait auprès de moi. Toutefois il recommanda qu'on eût pour ces reliques le même respect que pour celles des saints Martyrs, parce que ceux dont elles provenaient n'avaient pas moins de mérite auprès de Dieu

essent meriti, quam beati Marcellinus et Petrus : et hoc me esse crediturum, cum primum ad me nominum illorum notitia pervenisset. Suscepit ille munus oblatum, atque id, ut sibi persuasum erat, sanctorum Martyrum corporibus sociavit.

CAPUT II.

Sacræ reliquiæ per diversa loca delatæ in Michilinstadt, et post varias visiones in Mulinheim, postea Seligenstadt dictam.

12. Inito consilio cum hospite suo, sacrum illum ac desiderabilem thesaurum, in scriniis reconditum atque signatum, per Lunisonem fratrem ejus, cujus superius fecimus mentionem, necnon et presbyterum Hildoini, qui secum venerat, Papiam usque deportari fecit. Ipse cum eodem hospite suo Romæ substitit, opperiens atque auscultans per continuos septem dies, si de sublatis sanctorum corporibus aliquid ad notitiam civium pervenisset. Cumque vidisset nullam a quolibet extraneo de hoc facto fieri mentionem, latere illud existimans, post eos, quos præmiserat, sumpto secum hospite suo, profectus est. Quos cum Ticini, apud basilicam B. Johannis Baptistæ, quæ vulgo Domnanæ vocatur, ac tunc ex beneficio regum ad meam pertinuit potestatem, adventum eorum præstolantes invenissent, statuerunt etiam ut et ipsi aliquot diebus ibi morarentur, et propter jumentorum, in quibus venerant, refectionem, et propter seipsos ad longiorem viam præparandos.

13. In hoc morarum suarum articulo fama exiit legatos sanctæ Romanæ Ecclesiæ a pontifice ad impera-

que saint Marcellin et saint Pierre ; affirmant que j'en serais persuadé aussitôt que la connaissance de leurs noms me serait parvenue. Ratleig accepta le présent qui lui était offert, et, d'après le conseil qu'on lui donnait, le réunit au corps des saints Martyrs.

CHAPITRE II.

Les saintes reliques sont transportées, à travers divers pays, jusqu'à Michilenstadt, et de là, après plusieurs révélations, à Mulinheim, nommée depuis Séligenstadt.

12. Ayant donc pris l'avis de son hôte, il renferma dans des coffrets, qu'il scella avec soin, ce saint et précieux trésor, et le fit transporter jusqu'à Pavie par le frère de son hôte, Lunison, dont nous avons déjà parlé, et par son compagnon de voyage, le prêtre de l'abbé Hilduin. Lui-même, restant à Rome avec son hôte, y demeura sept jours entiers à attendre, à écouter, pour savoir si les habitants de la ville découvriraient quelque chose de la soustraction des saintes reliques. Lorsqu'il vit qu'aucune personne étrangère ne parlait de leur entreprise, persuadé que le fait était complétement ignoré, il partit avec son hôte pour aller rejoindre ceux qu'il avait envoyés devant. Ils les rencontrèrent à Pavie dans la basilique de Saint-Jean-Baptiste. Cette église, appelée vulgairement l'Église-aux-Dames m'appartenait alors à titre de bénéfice royal (7), c'était là que ceux-ci les attendaient. Ils prirent le parti d'y demeurer tous ensemble quelques jours pour reposer leurs montures, et pour se préparer eux-mêmes à un plus long voyage.

13. Pendant qu'ils s'étaient ainsi arrêtés à Pavie, le bruit se répandit que des députés de la sainte Église Romaine,

torem directos, illo brevi esse venturos. Itaque veriti de adventu illorum aliquid sibi incommodi, vel etiam impedimenti accidere posse, si se ibi deprehenderent, decreverunt ut quidam ex eis abeundo, adventum eorum festinando praevenirent; alii in loco remanerent, et re de qua solliciti erant diligenter investigata, post eorumdem legatorum abscessum socios suos, quos praemiserant, sequi properarent. Cum ita inter eos de hac re constitisset, Deusdona cum presbytero Hildoini legatos Roma venientes praecessit, et Augustam Suessionum (*a*), ubi Hildoinum esse rebatur, quanta potuit festinatione contendit; Ratleicus vero cum thesauro, quem secum habebat, Papiae remansit, exspectans donec legati Sedis Apostolicae praeterirent, ut, illis Alpes transgressis, viam suam securius carpere potuisset. Veritus itaque ne presbyter Hildoini, qui cum Deusdona praecesserat, quique omnium, quae apud eos gesta vel tractata fuerant, plenariam atque integram notitiam habebat, quia vafer ac lubricae fidei videbatur, aliquid impedimenti sibi in via, qua ire dispositum habebat, machinari debuisset, altera sibi eundum judicavit; missoque ad me procuratoris nostri Ascolfi puero cum litteris quibus me et de reversione sua, et de allatione thesauri, quem divinitus adjutus invenerat, certum efficeret, ipse, postquam Romanos ex conjectura mansionum quae cis parabantur, Alpes superasse putavit, Papia relicta, sexta die ad S. Mauritium venit. Ibique, comparatis quae ad hoc necessaria videbantur, sacra illa corpora, loculo inclusa, feretro imposuit; atque inde promovens, palam

---

(*a*) Edit. *Augusta Suessiorum*; et supra *Aug. Suessionis*.

envoyés vers l'empereur par le souverain pontife (8),
allaient bientôt y arriver. Craignant la présence de ces
députés qui pouvaient, en les surprenant dans cette
ville, leur susciter quelque désagrément, et même des
obstacles, il fut résolu qu'une partie des leurs préviendrait, en hâtant leur départ, l'arrivée de ceux-ci; que
les autres demeureraient pour prendre d'exactes informations sur tout ce qui pouvait les intéresser, et qu'aussitôt
après le départ de cette ambassade, ils s'empresseraient de
suivre ceux de leurs compagnons qui les auraient devancés.
Après avoir ainsi pris entre eux tous leurs arrangements,
Deusdona et l'envoyé de l'abbé Hilduin partirent avant
l'arrivée des députés romains, et se dirigèrent en toute
hâte vers Soissons, où ils pensaient le rencontrer. Quant à
Ratleig, il resta à Pavie avec son trésor, attendant que
les députés du Saint-Siége fussent passés, afin de pouvoir se remettre en route avec sécurité dès qu'ils auraient
traversé les Alpes. Mais comme l'envoyé d'Hilduin, ce
prêtre qui était parti devant avec Deusdona, et qui avait
une connaissance pleine et entière de tout ce qu'ils avaient
fait et de tous leurs arrangements, lui paraissait un homme
rusé et d'une foi suspecte, craignant de sa part quelque
empêchement s'il suivait la route dont ils étaient convenus, il crut devoir en prendre un autre. M'ayant donc dépêché le serviteur de notre procureur Ascolf, avec des
lettres qui m'annonçaient son retour et l'arrivée du trésor que le secours du Seigneur lui avait mis entre les
mains, il quitta lui-même Pavie dès qu'il put croire, en
calculant les stations préparées aux ambassadeurs, que
ceux-ci avaient passé les Alpes, et arriva en six jours
à Saint-Maurice (9). Là, il se procura ce qui lui
était nécessaire pour renfermer les saintes reliques dans

et aperte, cum adjutorio populi occurrentis, portare coepit.

14. Ubi autem locum, qui Caput-Laci vocatur, prætergressus, bivium, quo itinera in Franciam ducentia dirimuntur, attigit; dexteriorem viam ingressus, per Alamannorum fines usque ad Solodorum, Burgundionum oppidum, venit. Ibi obvios habuit, quos ego, post indicium adventus illius mihi factum, de Trajecto ei occurrere jussi. Nam ego tunc temporis juxta Scaldim fluvium in monasterio S. Bavonis eram, quando litteræ notarii mei per puerum procuratoris nostri, cujus superius mentionem fecimus, mihi redditæ sunt. Ex quarum lectione de adventu Sanctorum certior factus, illico unum ex familiaribus nostris Trajectum ire, ibique presbyteros atque alios clericos, necnon et laicos secum sumere, ac Sanctis venientibus, ubicumque primum potuisset, obviam festinare præcepi. Et is nihil moratus, cum his quos secum duxerat in loco memorato, post paucos dies his, qui Sanctos adferebant, obviavit : junctique simul, comitantibus jam atque hinc inde concurrentibus hymnidicis populorum turmis, cum ingenti omnium lætitia, Argentoratum urbem, quæ nunc Strasburg appellatur, celeriter veniunt. Inde per Hrenum secunda aqua navigantes, cum ad locum, qui Portus vocatur, venissent, orientalem fluminis ripam egressi, quinta mansione ad locum Michilinstadt nuncupatum, cum immodica hominum in Dei laudibus exultantium multitudine, perveniunt. Is locus est in eo saltu Germaniæ, qui tempore moderno Odanwald appellatur, et distat a Mæno flumine

une châsse qu'il plaça sur un brancard ; puis, se remettant en route, il commença à les transporter en présence de tout le monde, ouvertement, et avec l'aide du peuple qui se pressait sur son passage.

14. Dès qu'après avoir dépassé le lieu que l'on nomme la Tête du Lac, il eut atteint l'endroit où se séparent les deux routes qui conduisent en France, il prit à droite, et il arriva, par les confins de l'Alémannie, à Soleure, dans le pays des Bourguignons (10). Ce fut là qu'il rencontra ceux que, sur la nouvelle de son arrivée, j'avais envoyés de Maestricht au-devant de lui. En effet, je me trouvais au monastère de Saint-Bavon, sur l'Escaut, lorsque la lettre de mon notaire me fut rendue par le serviteur de mon procureur, dont j'ai fait mention ci-dessus. Dès que j'eus été informé, en la lisant, de l'arrivée des saintes reliques, j'envoyai à Maestricht un homme de confiance, en le chargeant de rassembler dans cette ville des prêtres, des clercs et des laïcs, et d'aller au-devant des saintes reliques partout où il espérerait pouvoir les rencontrer. Celui-ci s'étant mis en route sans perdre de temps, rejoignit, peu de jours après, avec tous ses compagnons, dans ladite ville de Soleure, ceux qui apportaient les reliques. Les deux troupes se réunirent, et, grossies sans cesse par une foule de peuple qui accourait de toute part en chantant des cantiques, elles arrivèrent promptement, au milieu de l'allégresse générale, dans la ville d'Argentoratum, que l'on appelle maintenant Strasbourg. S'étant ensuite embarqués sur le Rhin, ils descendirent le cours de ce fleuve jusqu'au lieu qu'on nomme le Port ; là, ils débarquèrent sur la rive orientale, et à la cinquième station, ils arrivèrent à Michilenstadt, accompagnés d'une immense multitude qui exaltait les louanges de Dieu (11). Ce lieu, situé dans cette

circiter leugas sex. In quo cum basilicam noviter a me constructam, sed nondum dedicatam invenissent, in hanc illos sacros cineres intulerunt, et velut ibi perpetuo permansuros deposuerunt.

15. Cumque id mihi fuisset allatum, confestim illuc, quanta potui celeritate venire festinavi. Ubi, cum, triduo post adventum nostrum exacto, quidam puer Ratleici, jubente eo, officio vesperarum completo, cæteris exeuntibus, solus in ecclesia remansisset, et, clausis januis, juxta illa sacra corpora in parva cellula quasi vigilaturus consedisset, subitaneo somno depressus, vidit quasi duas columbas per dexteriorem absidæ fenestram volando intrare, et in culmine lecti super ipsa Sanctorum corpora considere: quarum altera tota alba, altera cani et albi coloris mixturæ variæ videbatur. Cumque in eodem culmine diutius deambularent, et consuetum columbis gemitum vicissim velut colloquentes ederent, rursus per eamdem fenestram egressæ, non comparuerunt. Secutaque vox supra caput pueri sonuit : « Vade, inquit, et dic Ratleico ut indicet domino suo, quia isti sancti Martyres nolunt ut eorum corpora in hoc loco requiescant : alium enim elegerunt, ad quem celeriter migrare dispositum habent. » Hujus vocis auctor ab eo videri non potuit ; qua tamen finita, evigilavit, somnoque excitus, reverso ad basilicam Ratleico, quid vidisset indicavit. At ille in crastinum, ubi me primum convenire potuit, quid sibi puer suus retulisset, mihi nuntiare curavit. Ego autem, licet hujusce visionis arcanum spernere non auderem, statui tamen operiendum ali-

forêt de la Germanie, que l'on nomme aujourd'hui Odenwald, est à peu près à six lieues du Mein. C'est là qu'ils trouvèrent la basilique que je venais de faire construire, mais que je n'avais pas encore dédiée. Ils y firent entrer les saintes reliques, et les y déposèrent comme si elles dussent y rester perpétuellement.

15. Dès que tout cela m'eut été rapporté, je me hâtai aussitôt de me rendre à Michilenstadt, en faisant toute la diligence possible (12). Trois jours après notre arrivée, lorsque l'office des vêpres fut achevé, et que tout le monde fut sorti, un serviteur de Ratleig, suivant l'ordre de son maître, demeura seul dans l'église. Fermant alors les portes, il s'assit dans une petite cellule, et se prépara à veiller près des saintes reliques. Mais ayant été tout d'un coup surpris par le sommeil, il vit comme deux colombes entrer en volant par la fenêtre droite de l'abside, et se poser sur le faîte de la châsse au-dessus des saintes reliques : l'une de ces colombes était toute blanche, l'autre d'une couleur blanche nuancée. Après s'être longtemps promenées sur le faîte de cette châsse et avoir fait entendre tour à tour le gémissement particulier aux colombes, comme si elles se fussent parlé, elles sortirent par la même fenêtre et disparurent. Aussitôt une voix résonnant au-dessus de la tête du serviteur, prononça ces mots : « Va, et dis à Ratleig d'avertir son maître que ces saints Martyrs ne veulent pas que leurs reliques reposent ici, et qu'ils ont choisi un autre lieu dans lequel ils désirent qu'elles soient promptement transportées. » Il ne put apercevoir celui dont la voix lui parlait ainsi ; mais lorsqu'elle eut cessé de se faire entendre, son sommeil se dissipa, et s'étant tout à fait éveillé, il raconta à Ratleig, lorsque celui-ci revint dans l'église, tout ce qu'il avait vu.

cujus signi certioris indicium; atque interim illos sacros cineres, de linteis in quibus ligati venerant sublatos, sericis ac novis pulvinis insuere feci. Cumque in eorum inspectione reliquias beati Marcellini minoris quantitatis quam sancti Petri esse cernerem, arbitratus sum eum in statura corporis sui minoris fuisse mensuræ quam sanctum Petrum. Sed hoc aliter se habere furtum postea patefactum approbavit : quod ubi, vel quando, vel a quo, vel qualiter admissum ac proditum sit, suo loco dicturus sum : nunc ordo narrationis inchoatæ texendus atque tenendus est.

16. Igitur postquam illum magnum atque mirabilem, omnique auro pretiosiorem, inspexi thesaurum, loculus, in quo idem continebatur, propter vilitatem materiæ, de qua compactus erat, cœpit mihi oppido displicere. Quem emendare cupiens, quadam die, post completum vespertinum officium, præcepi uni ex ædituis, ut mensuram loculi virga collectam mihi afferret. Cum ille hoc facturus cereum accenderet, et circumpendentia pallia, quibus idem loculus tegebatur, sublevaret, animadvertit loculum mirum in modum humore sanguineo uudique distillantem ; et rei novitate perterritus, hoc quod viderat propere mihi nuntiare curavit. Tum ego, cum his qui aderant sacerdotibus accessi, et illud stupendum atque omni admiratione dignum miraculum aspexi. Nam ut columnæ atque

Ratleig, le lendemain même, aussitôt qu'il put se trouver avec moi, eut soin de me redire tout ce que son serviteur lui avait rapporté. Quant à moi, sans oser mépriser le mystère de cette vision, je pensai qu'il fallait attendre l'indice de quelque signe plus certain ; et cependant je fis enlever ces cendres sacrées des linges dont elles étaient enveloppées, et je les fis coudre dans des sacs de soie préparés exprès. Comme en les considérant je m'aperçus que les reliques de saint Marcellin étaient en plus petite quantité que celles de saint Pierre, j'attribuai cela à ce que saint Marcellin était sans doute d'une taille moins élevée que son compagnon ; mais le vol que l'on découvrit plus tard prouva qu'il en était autrement. Nous dirons en son lieu, où, quand, par qui et comment ce vol fut commis et découvert. Maintenant il nous faut poursuivre, sans l'interrompre, le récit que nous avons commencé.

16. Mais en contemplant ce grand et admirable trésor, plus précieux à mes yeux que toutes les richesses, je trouvai la châsse dans laquelle il était contenu trop indigne de lui; cette châsse était faite du bois le plus commun. Désirant la remplacer par une meilleure, un jour, après avoir accompli l'office du soir, j'ordonnai à l'un des sacristains d'en prendre les dimensions avec une baguette et de me les donner. Celui-ci, après avoir allumé un cierge, pour faire ce que je lui avais dit, ayant soulevé le poêle qui couvrait la châsse et retombait tout autour, remarqua avec surprise que du coffre s'échappait un liquide semblable à du sang. Effrayé d'un tel prodige, il s'empressa de venir m'annoncer ce qu'il avait vu. Je me transportai aussitôt sur les lieux avec les prêtres qui se trouvaient là, et je contemplai ce miracle, bien fait pour nous remplir d'étonnement

abaci vel signa marmorea, pluvia instante, sudare ac circumfluere solent; sic loculus ille, qui sacratissima corpora continebat, vero cruore madens, et ex omni parte perfusus inventus est. Irruit nos insolita et nunquam prius audita miraculi species. Quapropter, inito consilio, triduanum jejunium cum supplicationibus facere decrevimus, ut ex revelatione divina scire mereremur, quid sibi vellet, quidve faciendum moneret magnum illud et ineffabile prodigium. Itaque peracto illo triduano jejunio, cum jam advesperasceret, humor ille cruoris horrendi subito coepit arescere; ac mirum in modum, qui per continuos septem dies more perennis aquae sine intermissione distillabat, sic intra paucissimas horas exsiccatus est, ut eo noctis tempore— nam Dominica erat— quo signo dato ad antelucanum officium celebrandum ecclesiam intravimus, nullum jam in loculo vestigium illius posset inveniri. Lintea vero, quae circa loculum pendebant, ut eodem fuerunt humore respersa, ita ut erant sanguineis maculis infecta, servare jussi : in quibus adhuc magnum illius inauditi portenti paret indicium. Constat enim humorem illum saporis fuisse subsalsi, ad lacrymarum videlicet qualitatem, et tenuitatem quidem aquae, colorem autem veri sanguinis habuisse.

17. Eadem nocte cuidam ex pueris nostris, nomine Ruodlando, per quietem duo juvenes visi sunt adstitisse, qui ei, ut ipse testatus est, de transferendis Sanctorum corporibus multa mihi dicenda mandave-

et de stupeur. Lorsque la pluie menace, on voit les colonnes, les tables et les statues de marbre suinter et se couvrir d'humidité ; de même nous trouvâmes que le coffre qui contenait les très-saintes reliques était vraiment mouillé de sang, et qu'il en était trempé de toutes parts. Un miracle d'une nature si extraordinaire, si inouïe nous épouvanta. C'est pourquoi après nous être consultés, nous résolûmes de passer trois jours dans le jeûne et la prière, pour que la révélation divine daignât nous apprendre ce que c'était que ce grand et ineffable prodige, et quel avertissement il renfermait pour nous. Au bout de trois jours de jeûne, comme déjà le soir approchait, le sang qui coulait d'une manière si horrible à voir, commença tout à coup à sécher; et, chose admirable, ce liquide qui depuis sept jours entiers dégouttait continuellement comme d'une source inépuisable, tarit entièrement en quelques heures, au point qu'au moment où, pendant la nuit — c'était un dimanche — la cloche nous appela dans l'église pour célébrer l'office qui précède le jour, il n'était plus possible d'en trouver dans le coffre aucun vestige. Mais les linges qui pendaient autour et qui avaient été imprégnés par le liquide, restèrent couverts de taches de sang. Je recommandai qu'on les conservât comme ils étaient, et l'on peut y voir encore à présent les traces de ce prodige inouï. Il est constant que le liquide était un peu salé, comme le sont les larmes; qu'il avait la fluidité de l'eau et la couleur du sang.

17. Dans la même nuit, un de nos serviteurs nommé Roland vit, pendant son sommeil, deux jeunes gens debout devant lui, qui le chargèrent, comme il me l'attesta, de me répéter les longs discours qu'ils lui tinrent

runt; et ad quem locum, vel qualiter id fieri deberet, ostenderunt : et ut hoc mihi sine mora fuisset nuntiatum, terribiliter comminando præceperunt. Qui mox ut me adire potuit, omnia quæ jussus fuerat mihi intimare curavit. Quibus auditis, curis ingentibus æstuare, et quid mihi esset agendum animo tractare cœpi : utrum iterum jejunia et supplicationes celebrandæ, ac Deus rursus pro nostra curiositate sollicitandus; an aliquis, Deo devote ac perfecte serviens, esset quærendus, cui anxietatem cordis nostri et curarum nostrarum querimonias indicare, quemque rogare potuissemus, ut orationibus suis a Deo nobis hujus rei manifestationem impetraret? Sed ubi vel quando ille talis Christi famulus a nobis posset inveniri, præsertim in illa regione, in qua tametsi quædam cœnobia ab eo loco, in quo eramus, haud longe posita esse constabat, tamen, propter rudem in his locis ejus conversationis institutionem, aut rarus aut nullus erat, de cujus sanctitate tale aliquid vel tenuis fama loqueretur. Interea dum his anxiatus curis sanctorum Martyrum suffragium implorassem, atque omnes qui una nobiscum erant, ut idem facerent, sedulo commonuissem, factum est ut per continuos dies nulla nox præteriret, in qua vel uni vel duobus, vel etiam tribus sociorum nostrorum, in somnis revelatum non fuisset, quod illa sanctorum corpora de eo loco in alium essent transferenda. Ad extremum autem cuidam presbytero de his qui ibi nobiscum erant, nomine Hildfrido, apparuit in visione, ut ipse fatebatur, vir quidam habitu sacerdotali, canitie veneranda conspicuus, candida veste indutus, qui eum talibus verbis compellavit : « Cur, inquit, Einhardus tam duri

sur la nécessité de transférer ailleurs les corps des saints
Martyrs, et qui lui indiquèrent dans quel lieu et de
quelle manière cela devait être exécuté, le sommant,
sous les plus terribles menaces, de tout me rapporter
sans délai. Dès que Roland put arriver jusqu'à moi, il
ne manqua pas de me faire part des ordres qu'il avait
reçus. Après l'avoir entendu, je fus en proie à l'anxiété
la plus vive, et je me mis à réfléchir en moi-même sur
ce que j'avais à faire. Fallait-il recourir de nouveau aux
jeûnes et aux prières, et renouveler nos sollicitations
pour que Dieu voulût bien éclairer notre ignorance ; ou
fallait-il chercher quelque parfait et dévoué serviteur
de Dieu pour lui confier l'anxiété de notre cœur et
l'amertume de nos soucis, en lui demandant d'obtenir du
Seigneur par ses prières, de nous manifester le sens de
cette vision ? Mais en quel lieu et quand pouvions-nous
rencontrer un tel serviteur du Christ, surtout en ce pays ?
Car bien qu'il existât quelques monastères assez voisins
de l'endroit où nous étions, la grossièreté de leur institu-
tion était telle, qu'il était bien difficile, sinon impossible, d'y trouver personne dont la sainteté eût quelque
réputation. Cependant, tandis que tourmenté par ces
inquiétudes, j'implorais le suffrage des saints Martyrs,
et que je recommandais attentivement à ceux qui
étaient avec nous d'en faire autant, il ne se passa
pas une seule nuit sans qu'un ou deux, ou même trois
de nos compagnons, n'eussent pendant leur sommeil
des révélations qui ordonnaient de transporter les saintes
reliques du lieu où elles étaient dans un autre. Enfin,
l'un des prêtres qui étaient avec nous, nommé Hild-
frid, vit en songe, comme il le déclarait lui-même,
un homme qui avait l'air d'un évêque, dont les che-

cordis tantæque obstinationis est, ut tot revelationibus non credat, ac tot monita, ad se divinitus missa, arbitretur esse contemnenda? Vade et dic ei, quia hoc, quod beati Martyres de suis corporibus fieri desiderant, infectum remanere non poterit. Quamvis ille hactenus voluntatem eorum in hac re facere distulisset, etiam nunc, si non velit ut hujus facti meritum ad alium transeat, festinet eorum adimplere jussionem; et ad locum, quem ipsi elegerunt, corpora illorum deportare non negligat. »

18. Post has aliasque multimodas ad me perlatas admonitiones, visum est mihi illam sacrorum cinerum translationem non esse diutius differendam; ac proinde, inito concilio, decrevimus, ut id, quanto celerius fieri potuisset, perficere certaremus. Igitur omnibus, quæ ad hanc devectionem necessaria videbantur, raptim et cum summo studio præparatis, prima luce, post completum matutinum officium, sacrum illum et inæstimabilem thesaurum, cum ingenti luctu ac mœrore illorum qui in loco erant remansuri, sustulimus, atque iter ingressi portare cœpimus, comitante nos pauperum turba, quæ illo per eos dies ob eleemosynam accipiendam undecumque confluxerat : nam circa manentes populi, quid apud nos ageretur, penitus ignorabant. Erat cœlum grave sordidis nubibus, et quæ in ingentem pluviam cito resolvi possent, nisi id divina virtus fieri prohiberet : nam tota nocte illa in tantum, sine intermissione, pluebat, ut nobis iter illud

veux blancs inspiraient le respect, et qui portait un vêtement d'une blancheur éclatante. Ce vieillard lui adressa la parole en ces termes : « Comment donc Éginhard a-t-il le cœur assez dur, est-il assez obstiné, pour ne pas croire à tant de révélations, et pour regarder comme méprisables tant d'avertissements que Dieu lui envoie ? Va et dis-lui que les dispositions des bienheureux Martyrs relativement à leurs corps seront nécessairement exécutées. Quand bien même jusqu'ici il aurait différé d'accomplir leur volonté à cet égard, il en est temps encore, s'il ne veut pas voir passer à un autre le mérite de cette action, qu'il se hâte d'obéir à leurs ordres, et qu'il ne néglige pas davantage de transporter leurs corps dans le lieu qu'ils ont eux-mêmes choisi. »

18. Après cet avertissement et bien d'autres encore qui me furent rapportés, je jugeai qu'il ne fallait pas différer plus longtemps la translation des saintes reliques. En conséquence nous tînmes conseil et nous décidâmes que nous devions réunir nos efforts pour opérer cette translation le plus tôt possible. Alors nous nous hâtâmes de faire, avec le plus grand soin, tous les préparatifs qui nous semblaient nécessaires à ce déplacement, et, dès la pointe du jour, après l'office du matin, au milieu du deuil et de la douleur générale de ceux qui devaient rester en ce lieu, nous enlevâmes ce trésor sacré et inestimable, et nous nous mîmes en route l'emportant avec nous, suivis seulement de la foule des pauvres qui, durant ces derniers jours, étaient accourus de toute part pour recevoir l'aumône; car les populations d'alentour ignoraient complétement ce que nous avions résolu de faire. Cependant, le ciel était chargé de nuages tout noirs, qui menaçaient de se fondre bientôt en torrents de pluie, si Dieu ne venait à notre

ea die inchoari posse minime videretur. Sed illam nostram dubitationem, ex infirmitate fidei venientem, superna gratia per suorum merita sanctorum, longe aliter atque existimavimus, habere se fecit; quando viam, per quam incessimus, in aliam quam sperabatur qualitatem vidimus fuisse commutatam : nam et luti parum invenimus, et rivos, qui in tam grandi ac jugi pluvia, ut ea nocte erat, crescere solebant, pene nihil crevisse reperimus. Ubi vero de saltu egressi, proximas villas accessimus, frequentibus obviorum ac Deo laudes dicentium turbis excipimur : qui nos per octo fere leugarum spatium comitati, nobis ac nostris et in sacro onere ferendo devoti adjutores, et in divinis laudibus dicendis impigri fuere concentores.

19. At ubi vidimus, quod ea die ad locum destinatum pervenire non poteramus, divertimus ad villam Ostheim appellatam, quæ viæ nostræ contigua cernebatur ; et inclinante jam vespera, in basilicam B. Martini, quæ in eadem villa est, sancta illa corpora intulimus : et sociis nostris ad excubias ducendas ibi dimissis, ego cum paucis, ad locum quo tendebamus, festinando præcessi; et ea, quæ ad receptionem sanctorum corporum usus postulabat, per noctem præparavi. Ad basilicam vero, in qua illorum sacrosanctum thesaurum dimisimus, sanctimonialis quædam paralytica, nomine Ruodlang, de monasterio Makesbah, quod ab eadem ecclesia unius leugæ spatio disparatum erat,

secours. Car, toute la nuit, la pluie n'avait cessé de tomber, et avec tant de force, qu'il nous semblait impossible de commencer notre voyage ce jour-là. Mais cette hésitation qui provenait de la faiblesse de notre foi, ne tarda pas à changer. Par la grâce de Dieu et par e mérite de ses Saints, il en arriva tout autrement que nous l'avions cru d'abord : en effet, la route où nous passâmes n'était pas en aussi mauvais état que nous nous l'imaginions. Il y avait peu de boue, et les ruisseaux qui, après une pluie aussi forte et aussi longue que celle qui était tombée toute la nuit, grossissaient beaucoup habituellement, étaient à peine augmentés. Mais aussitôt que nous fûmes sortis de la forêt et que nous approchâmes des villages voisins, les fidèles vinrent par troupes nombreuses à notre rencontre, en chantant les louanges du Seigneur. Ils nous accompagnèrent pendant huit lieues environ, nous aidèrent avec empressement, nous et les nôtres, à porter la châsse, et ne cessèrent de célébrer avec nous les louanges divines.

19. Mais quand nous vîmes que nous ne pouvions arriver ce jour-là au lieu de notre destination, nous nous détournâmes un peu pour gagner le village d'Ostheim (13), que nous apercevions sur le côté, non loin de notre route ; et, vers le soir, nous déposâmes les saintes reliques dans l'église de Saint-Martin, qui est dans ce même village. J'y laissai nos compagnons pour veiller auprès d'elles, et j'en pris seulement quelques-uns avec moi pour me rendre promptement au terme de notre voyage. Là j'employai la nuit à faire tous les préparatifs nécessaires pour la réception de ces restes sacrés. Cependant, une religieuse paralytique nommée Ruodlang, du monastère de Machesbach (14), qui est à une lieue de l'église où nous avions

ab amicis suis ac propinquis in carro adducta, cum juxta feretrum sanctorum inter cæteros vigilans atque orans pernoctaret, recepta omnium membrorum sanitate, propriis pedibus, nullo sustentante, vel quolibet modo adminiculante, ad locum unde venerat, in crastinum regressa est.

20. At nos albescente cœlo surgentes, sociis nostris venientibus obviam ire perreximus; habentes nobiscum immodicam vicinorum nostrorum multitudinem, qui fama adventus sanctorum exciti, ad hoc primo diluculo pro foribus nostris constiterunt, ut una nobiscum sanctis obviam procederent. Et occurrimus eis in eo loco, ubi Gaspentia fluviolus Mæno miscetur. Inde pariter incedentes, ac domini nostri Jesu Christi misericordiam collaudantes, sacras illas beatissimorum Martyrum exuvias ad Mulinheim superiorem — sic enim moderno tempore locus ille vocatur — cum magna omnium qui ibi adesse potuerunt lætitia et exultatione, detulimus : sed præ nimia populi multitudine, quæ præcedens cuncta compleverat, neque ecclesiam adire, neque feretrum in eam inferre valuimus : idcirco in campo adjacente, atque in loco editiore, altare sub divo ereximus; ac feretro pone altare deposito, missarum solemnia celebravimus. Quibus expletis, ac multitudine ad sua recedente, in ecclesiam a beatis Martyribus jussam, eorum sacratissima corpora intulimus; ac, feretro propter altare locato, iterum missam celebrare curavimus. Ibique inter celebrandum, puer quidam, annorum circiter quindecim, nomine Daniel, de pago Portiano, qui illuc inter alios pauperes mendicando venerat, atque ita curvus erat, ut nisi supi-

déposé ce précieux trésor, y fut amenée en chariot par ses amis et ses parents. Elle y passa la nuit en prières au milieu de ceux qui veillaient auprès de la châsse. Durant cette veille, ses membres reprirent toute leur force, et le lendemain elle revint au lieu d'où elle était partie, sur ses pieds, sans que personne la soutînt, sans qu'elle eût besoin d'aucun appui.

20. Quant à nous, nous nous levâmes à l'aube du jour et nous nous mîmes en route pour aller au devant de nos compagnons. Nous étions suivis d'une foule de gens du voisinage, qui, attirés par la nouvelle de l'arrivée des reliques, s'étaient rassemblés dès le petit jour devant notre porte, dans l'intention d'aller avec nous à leur rencontre. Nous les joignîmes à l'endroit où le ruisseau nommé Gernsprinz se jette dans le Mein (15); puis nous repartîmes tous ensemble, célébrant dans nos cantiques la miséricorde de Notre Seigneur Jésus-Christ, et nous allâmes déposer les saintes dépouilles des bienheureux Martyrs dans le Haut-Mulinheim — c'est le nom que cet endroit a reçu vers ces derniers temps—; et cela, au milieu des transports d'allégresse de tous ceux qui purent assister à cette cérémonie. Mais comme la foule était innombrable, et que le peuple avait tout envahi avant notre arrivée, il nous fut impossible d'approcher de l'église et d'y entrer la châsse; alors nous élevâmes dans un champ voisin, sur une petite éminence, un autel en plein air; la châsse fut déposée derrière l'autel, et nous y célébrâmes l'office divin. Après cette cérémonie, et comme les fidèles se retiraient chez eux, nous portâmes les restes sacrés des bienheureux Martyrs dans l'église qu'ils avaient désignée, et plaçant la châsse auprès de l'autel, nous fîmes célébrer la messe une seconde fois. Pendant l'office, un enfant

nus atque jacens coelum aspicere nequivisset, ad feretrum accessit; ac subito, velut ab aliquo impulsus, corruit. Cumque diu velut dormienti similis jacuisset, correctis omnibus membris, et recepta firmitate nervorum, coram oculis nostris surrexit incolumis. Facta sunt hæc decimo sexto kalendas februarias, et erat ejus diei tanta et tam clara serenitas, ut æstivi splendorem solis adæquaret; atque ipsius aeris tam mitis atque jucunda tranquillitas, ut veris temperiem apricitate blanda præcederet.

21. Postridie vero sacra beatorum Martyrum corpora novo loculo recondita, in absida basilicæ locavimus; et, sicut in Francia mos est, superposito ligneo culmine, linteis ac sericis palliis ornandi gratia conteximus, apponentes altare; ac duo vexilla dominicæ passionis, quæ in via feretrum præcedere solebant, hinc atque inde erigentes, locum illum divinis officiis celebrandis, pro modulo paupertatis nostræ, idoneum atque aptum facere curavimus; ordinatisque clericis, qui inibi assidue et excubias ducerent, ac divinis laudibus dicendis curam solerter impenderent. Ipsi non solum nostra sponte, sed etiam regali diplomate, quod nobis in via obviam venerat, evocati, Domino iter nostrum prosperante, ad palatium sumus cum magna exultatione regressi.

âgé d'environ quinze ans, nommé Daniel, natif du pays Porcien (16), venu en ces lieux avec d'autres pauvres mendiants, et si voûté qu'il n'aurait pu regarder le ciel sans se coucher sur le dos, s'approcha de la châsse, puis tomba tout d'un coup comme si on l'eût poussé. Il demeura longtemps étendu, on eût dit qu'il dormait, et cependant tous ses membres se redressèrent, ses muscles reprirent de la fermeté, et il se releva devant nous parfaitement guéri. Cela se passait le xvi des kalendes de février (17). Il faisait ce jour-là un temps si clair et si beau qu'il égalait l'éclat d'un soleil d'été; l'air était si doux, d'un calme si délicieux, que cette journée semblait anticiper sur les belles journées du printemps.

21. Le lendemain, après avoir renfermé les saintes reliques des bienheureux Martyrs dans une autre châsse, nous les plaçâmes dans l'abside de la basilique, et, suivant la coutume des Francs, nous élevâmes au-dessus un chapiteau de bois; puis, pour l'orner, nous l'entourâmes de draperies et de voiles de soie; nous fîmes dresser auprès un autel, et des deux côtés nous mîmes debout les deux croix, étendards de la passion de Notre Seigneur, qu'on avait portées devant la châsse durant le voyage. Enfin, suivant nos faibles moyens, nous disposâmes ce lieu de la manière la plus convenable et la plus décente pour y célébrer l'office divin. Des clercs furent désignés pour y veiller assidûment et pour chanter, avec une constante piété, les louanges du Seigneur. Pour nous, de notre propre volonté, et aussi pour obéir à une lettre du roi, qui nous était parvenue en route, nous partîmes, et le Seigneur ayant béni notre voyage, nous revînmes au palais (18), le cœur plein d'allégresse.

CAPUT III.

Aliquæ reliquiæ sancti Marcellini, olim ablatæ, impetrantur, et ad alia loca transferuntur. — Miracula facta.

22. (*a*) Transactis admodum paucis, postquam ad comitatum veneram, diebus, ego, secundum consuetudinem aulicorum maturius surgens, primo mane palatium petii. Ibi cum ingressus, Hildoinum, cujus libro superiore mentionem feci, ante fores regii cubiculi sedentem, atque egressum principis operientem, invenissem, ex more salutatum surgere, atque ad quamdam fenestram, de qua in inferiora palatii conspectus erat, mecum accedere rogavi. Ad quam pariter stando incumbentes, de translatione sanctorum martyrum, Marcellini et Petri, nec non et de miraculo, quod in fluxu cruoris, quo loculum eorum septem diebus sudasse commemoravi, ostensum est, mirando multa sumus locuti. Cumque ad id loci sermocinando venissemus, ut etiam de vestimentis, quæ cum corporibus eorum inventa sunt, mentio fieret; atque ego miræ subtilitatis vestem beati Marcellini fuisse dicerem; ille, velut qui rem æque ut ego notam haberet, vera me de vestibus dixisse respondit. Hic ego stupefactus atque admirans, percontari cœpi, unde illi hæc vestimentorum, quæ nunquam viderat, notitia contingere potuisset. At ille me intuitus, paululum siluit, ac deinde : « Satius, inquit, esse arbitror, ut per me cognoscas,

---

(*a*) Hic incipit Liber II in edit. Suriana; quam in libros descriptionem genuinam auctoris esse produnt verba *cujus libro superiore mentionem feci.*

CHAPITRE III.

Quelques reliques de saint Marcellin, qu'on avait dérobées, sont recouvrées : on les transporte en d'autres lieux. — Miracles.

22. Déjà quelques jours s'étaient écoulés depuis mon arrivée à la résidence impériale; un matin, levé de bonne heure, comme le font ordinairement les gens de la cour, je me rendis aussitôt au palais. A peine entré, je trouvai l'abbé Hilduin, dont j'ai parlé plus haut, assis à la porte de la chambre à coucher du roi, et attendant que le prince sortît. Après lui avoir donné le salut d'usage, je le priai de se lever et de venir avec moi près d'une fenêtre, d'où l'on avait vue sur les parties inférieures du palais. Puis nous tenant tous deux debout appuyés contre cette fenêtre, nous causâmes longtemps de la translation des saints martyrs Marcellin et Pierre, et nous nous arrêtâmes avec admiration sur ce prodige que j'ai déjà raconté, sur le sang qu'on avait vu pendant sept jours entiers dégoutter de la châsse. Cependant, nous vînmes à parler, dans la conversation, des vêtements qu'on avait trouvés avec les restes des saints Martyrs; je me mis à dire que celui de saint Marcellin était d'une finesse admirable; et lui, comme s'il était là-dessus aussi bien informé que moi, me répondit que c'était la vérité. Fort surpris, tout stupéfait de cette réponse, je lui demandai d'où avaient pu lui venir des renseignements aussi précis sur des vêtements qu'il n'avait jamais vus. Il me regarda fixement, puis, après quelques moments de silence, il me dit : « Au fait, il vaut mieux, je pense, vous apprendre moi-même une chose qui, si je me taisais, ne manquerait pas de vous être rapportée par d'au-

quod, me tacente, tamen per alios celeriter es cogniturus, et ego illius rei sim proditor simplex, quam fortasse alter si prodiderit, non simpliciter enuntiabit, neque enim potest, quia sic natura comparatum est, ut hoc quisquam veraciter dicere nequeat, cujus notitiam non per se ipsum, sed aliorum relatione fuerit assecutus. Tuæ tantum fidei committo, qualiter inde mecum acturus sis, postquam meo relatu omnem rei gestæ veritatem agnoveris.»

23. Cui cum me non aliud acturum, quam quod inter nos conveniret, brevi sermone respondissem : « Presbyter, inquit, ille, qui ad deferendas beati Tiburtii reliquias Romam meo jussu profectus est, cum id, propter quod illo venerat, ita ut volebat perficere nequivisset, jamque notarius tuus, acceptis, de quibus loquimur, sanctorum Martyrum reliquiis, domum redire statuisset, iniit cum illo consilium, ut illo Romæ paululum moras faciente, ipse, cum Lunisone fratre Deusdonæ et cum hominibus ejus, qui illos sacros cineres ferre debebant, Papiam usque præcederet, ibique illius ac Deusdonæ præstolaretur adventum. Placuit ambobus ista conventio, illisque Romæ substantibus, presbyter, cum Lunisone ac pueris reliquias ferentibus, Papiam proficiscitur. Quo cum esset perventum, scrinia sacros cineres continentia in ecclesia tua pone altare sunt posita, atque ab excubantibus in eadem basilica, clericis ac laicis, diligenti solertia custodita. Quadam vero nocte, cum et ipse inter cæteros ad easdem excubias in ecclesia vigilaret, contigit, ut ipse asserit, circa mediam fere noctem, ut, obripiente paulatim somno, universi qui intra eadem basilicam vigilandi gratia convenerant, præter se solum, obdor-

tres. Au moins, je vous raconterai le fait tout simplement, ce que ne ferait peut-être pas une autre personne qui vous en parlerait : c'est qu'en effet il est impossible, et cela est tout naturel, qu'on puisse dire avec exactitude une chose dont on n'a pas pris connaissance par soi-même, mais qui vous a été rapportée par d'autres. Seulement, je compte sur votre amitié, et j'espère que vos dispositions à mon égard ne seront pas changées, quand mon récit vous aura fait connaître la vérité tout entière. »

23. Je lui répondis en peu de mots que je me conduirais comme il convenait entre nous. « Eh bien ! dit-il, le prêtre qui, par mon ordre, se rendit à Rome pour me rapporter les reliques de saint Tiburce, n'ayant pu s'acquitter, aussi bien qu'il le voulait, de sa mission, et voyant que votre notaire, après avoir reçu les reliques des saints Martyrs, dont nous parlions tout à l'heure, s'apprêtait à revenir auprès de vous, prit avec lui cet arrangement. Pendant que Ratleig demeurerait encore quelques jours à Rome, il devait lui et Lunison, frère de Deusdona, avec les serviteurs chargés de porter les cendres sacrées, prendre les devants jusqu'à Pavie, et y attendre Ratleig et Deusdona. L'arrangement leur convint à tous deux; Ratleig et Deusdona restèrent à Rome, et le prêtre, avec Lunison et les serviteurs qui portaient les reliques, partit pour Pavie. Lorsqu'ils y furent arrivés, ils placèrent dans votre église, derrière l'autel, les coffres qui contenaient ces restes sacrés. Clercs et laïcs, tous restèrent dans l'intérieur de la basilique à les veiller avec le plus grand soin. Mais une nuit qu'avec tous les autres il assistait dans l'église à cette veillée, il arriva, comme il l'affirme, qu'à peu près vers le milieu de la nuit, le sommeil les gagna peu à peu, et que tous ceux

mirent. Tum sibi in mentem venisse, visumque fuisse non sine magna quadam causa factum ut tot hominibus tam subitaneus sopor obrepserit: ratusque sibi oblata occasione utendum, surrexit, atque accenso lumine, ad scrinia silenter accessit. Tum filis sigillorum admota cerei flamma crematis, scrinia sine clave celeriter aperuit; ac de utroque corpore portionem, quæ ei videbatur, accipiens, sigilla, ut erant integra, filorum crematorum summitatibus annectit; nulloque id factum sentiente, in loco suo resedit. Post hæc sublatas tali furto sanctorum reliquias, cum ad me fuisset reversus, detulit: primoque illas non sancti Marcellini vel Petri, sed sancti Tiburtii esse asseveravit. Deinde cum nescio quid vereretur, secrete mecum locutus, quorum sanctorum essent reliquiæ, quoque modo eas fuisset adeptus, patenter aperuit. Habemus illas apud S. Medardum in loco celebri honorifice collocatas, ubi ab omni populo cum magna veneratione coluntur; sed utrum eas nobis habere liceat, in tuo manet arbitrio.»

24. His auditis, recordatus sum quid in itinere, quo proxime ad palatium proficiscebar, a quodam hospite meo audierim. Qui inter cætera, quæ mecum loquebatur: «Numquid nosti, ait, qualis de sanctis martyribus, Marcellino et Petro, per hanc regionem fama dispersa sit?» Cumque id me nescire responderem, tum ille : « Dicunt, inquit, qui de sancto Sebastiano veniunt,

qui s'étaient réunis dans la même basilique, pour veiller sur ce trésor, lui seul excepté, finirent par s'endormir. Alors il lui vint dans l'esprit, en voyant tant d'hommes s'endormir à la fois si soudainement, qu'il devait y avoir à cela une grande cause; persuadé que le ciel lui envoyait une occasion propice, dont il fallait profiter, il se leva, et, ayant allumé un flambeau, il s'avança tout doucement près des coffres. Il approcha la lumière, brûla les fils des sceaux, ouvrit promptement les coffres, quoiqu'il n'eût pas de clef, et prenant de chaque corps ce qu'il crut pouvoir en prendre, il rattacha le bout des fils brûlés aux sceaux qui étaient restés intacts, puis il revint s'asseoir à sa place, sans que personne se fût aperçu de ce qu'il avait fait. Plus tard, de retour auprès de moi, il me remit les reliques qu'il avait ainsi dérobées, sans me dire d'abord que c'étaient des reliques de saint Marcellin et de saint Pierre, mais en m'affirmant au contraire que c'étaient celles de saint Tiburce. Par la suite, je ne sais quel sentiment de crainte fit que, dans un entretien secret qu'il eut avec moi, il me découvrit à quels saints appartenaient ces reliques, et de quelle manière il se les était procurées. Nous les avons placées en grande pompe et en évidence dans l'église de Saint-Médard, où elles sont, parmi tout le peuple, l'objet d'une grande vénération. Maintenant, c'est à vous de voir si nous pouvons les conserver. »

24. Après avoir entendu cet aveu, il me revint à l'esprit quelques paroles d'un homme de qui j'avais reçu l'hospitalité, lors de mon dernier voyage pour regagner la résidence impériale. Cet homme, entre autres choses, m'avait dit dans la conversation : « N'avez-vous pas entendu parler des bruits qui se sont répandus parmi nous à l'occasion des saints martyrs Marcellin et Pierre? » Je lui

quod presbyter quidam Hildoini abbatis, qui una cum notario tuo Romam profectus est, cum inde reverterentur, et, in quodam loco, communi diversorio uterentur, tuis omnibus ebrietate ac somno depressis, et id quod agebatur penitus ignorantibus, scrinia, quibus sanctorum corpora continebantur, aperuisset, eaque inde sustulisset, atque abiens Hildoino detulisset, et modo apud S. Medardum sint : in scriniis vero tuis parum quiddam sacri pulveris remansisse, quod ad te per notarium tuum perlatum sit. » Horum reminiscens, eaque cum his quæ ab Hildoino dicebantur conferens, non modica mentis perturbatione commotus sum; ob hoc præcipue, quia nondum inventum habebam consilium quo illam execrabilem atque astutia diaboli ubique divulgatam famam extinguere ac de cordibus deceptæ multitudinis depellere potuissem. Illud tamen optimum judicavi ut Hildoinum rogarem idipsum mihi reddere, quod de meis scriniis sublatum, et ad se delatum atque a se receptum, post illam spontaneam confessionem, negare non poterat. Quod etiam quanta potui instantia facere curavi ; et licet ille paulo durior ac difficilior, quam optaveram, in assensione fuisset, victus tamen est sedulitate precum mearum, cessitque improbitati meæ, qui se paulo ante nullius jussioni, in hac præsertim causa, cessurum pronuntiaverat.

25. Interea missis ad Ratleicum et Lunisonem litteris — erant enim in eo loco, ubi Martyrum corpora

répondis que je n'en savais rien. « Eh bien! reprit-il, voici ce que rapportent les gens qui reviennent de visiter les reliques de saint Sébastien : Un prêtre de l'abbé Hildoin, qui accompagnait votre notaire à Rome, aurait, pendant le retour, profité de ce que tous vos gens s'étaient arrêtés ensemble dans une même hôtellerie, puis s'y étaient enivrés et endormis, pour ouvrir, sans qu'aucun d'eux s'en aperçût le moins du monde, les coffres où étaient renfermées les saintes reliques, les aurait dérobées et serait allé ensuite les porter à l'abbé Hildoin. On prétend donc qu'elles sont maintenant à Saint-Médard, et qu'il ne reste plus dans vos coffres qu'un peu de poussière que vous a rapportée votre notaire. » Cette réminiscence, que je rapprochai du récit que venait de me faire Hildoin, me jeta dans un trouble extrême, d'autant plus que je ne voyais pas comment je pourrais parvenir à étouffer, à chasser de l'esprit d'une multitude abusée, ce maudit bruit que le diable, dans sa malice, s'était plu à répandre en tous lieux. Je jugeai alors que ce qu'il y avait de mieux à faire, était de prier Hildoin, maintenant qu'il ne pouvait plus nier le fait après cet aveu volontaire, de me restituer le trésor qu'on avait enlevé de mes coffres pour lui être apporté, et qu'il avait reçu lui-même. Je le pressai avec toutes les instances imaginables de me le rendre, mais je le trouvai plus insensible et plus obstiné que je n'aurais voulu. Cependant, à force de sollicitations, je lui en arrachai la promesse, et il finit par céder à mon opiniâtreté, bien que peu de temps auparavant il eût déclaré qu'il ne céderait, à cet égard surtout, aux sommations de personne.

25. Cependant, j'écrivis à Ratleig et à Lunison — ils étaient alors dans l'endroit où j'ai placé les reliques des

collocavi—qualis per totam pene Galliam de iisdem sanctis Martyribus fama esset, eis indicare curavi: commonefaciens eos ut cogitarent si aliquid tale vel simile his, quæ Hildoinus de facto presbyteri sui asserebat, in via eorum factum advertere vel reminisci potuissent. Qui statim ad me in palatium venientes, valde disparem his, quæ Hildoinus dicebat, fabulam detulerunt. Nam in primis omnia, quæ presbyter ille Hildoino retulerat, falsa esse testati sunt; neque ullam postea quam Roma exierunt, vel illi presbytero vel cuilibet alteri datam fuisse occasionem, per quam ad ejusmodi facinus perpetrandum aditum habere potuisset. Sed hoc ipsum quod de sacris Martyrum cineribus aliter atque debuerat accidisse constabat, Romæ, in domo Deusdonæ, per avaritiam Lunisonis et vafritiam memorati presbyteri contigisse, eo videlicet tempore quo corpus beati Marcellini, de tumba sua sublatum, in domo Deusdonæ servabatur, modumque facti talem fuisse dixerunt. Memoratus ille Hildoini presbyter, spe, quam de sancti Tiburtii corpore adipiscendo conceperat, frustratus, ne omnino vacuus ad dominum suum reverteretur, quod fide non poterat, fraude assequi molitus est. Nam Lunisonem aggressus, quia pauperem ac proinde cupidum esse cognoverat, oblatis ei quatuor aureis nummis, quinisque argenti solidis, ad proditionem faciendam illexit. Accipiens enim oblatam pecuniam, arcam, in qua corpus beati Marcellini erat a Deusdona depositum atque inclusum, aperuit, et illi nequissimo nebuloni auferendi ex ea quod vellet, qualem ipse optaverat, potestatem fecit. Nec ille in ea rapina parcus fuit : nam tantum de sacris beati Martyris cineribus sustulit, quantum vas

Martyrs,—et j'eus soin de leur apprendre quel bruit courait presque par toute la Gaule au sujet de ces saints Martyrs : je leur recommandai de bien chercher dans leurs souvenirs s'ils n'avaient pas remarqué dans le voyage quelque incident semblable ou du moins quelque peu conforme à ce que Hildoin avançait au sujet du vol commis par son prêtre. Ils vinrent aussitôt me trouver à la cour, et me firent un récit tout différent de ce que Hildoin m'avait rapporté. D'abord ils attestèrent que tout ce que le prêtre avait dit à Hildoin était faux ; qu'après leur départ de Rome, ce prêtre, pas plus que tout autre, n'avait pu trouver une occasion pareille d'exécuter cette méchante action. Mais il était constant que cette tentative coupable sur les restes sacrés des Martyrs avait été faite à Rome, dans la maison de Deusdona par la cupidité de Lunison et la perfidie du susdit prêtre. En effet, à cette époque, les reliques du bienheureux Marcellin, qui venaient d'être enlevées de son tombeau, étaient gardées dans la maison de Deusdona; et voici, à les entendre, comment s'était passée la chose. Ce prêtre de l'abbé Hildoin, déçu de l'espérance qu'il avait conçue de se procurer les reliques de saint Tiburce, ne voulut pas retourner auprès de son abbé les mains entièrement vides, et il résolut d'avoir par la ruse ce qu'il ne pouvait se procurer par des voies honnêtes. Il entreprit Lunison, qu'il savait pauvre, et par suite cupide, et l'ayant séduit par l'offre de quatre sous d'or et de cinq sous d'argent, il reçut de lui la promesse qu'il lui livrerait entre les mains ce qu'il demandait. En effet, après avoir été payé de la somme convenue, Lunison ouvrit le coffre où les restes de saint Marcellin avaient été déposés et enfermés par Deusdona, et laissa la liberté à ce mauvais drôle d'y

sextarii mensuram habens, capere posse videbatur. Hoc eo modo factum esse, ipse qui id cum memorato presbytero machinatus est Luniso, pedibus meis provolutus, flendo testatus est.

26. Tum ego, rei veritate comperta, Ratleicum ac Lunisonem eo unde venerant redire præcepi. Ac deinde cum Hildoino locutus, conventione inter nos facta, quando sacræ mihi reliquiæ redderentur, duos clericos de domo nostra, Hiltfridum videlicet ac Filimarum — alter presbyter, alter subdiaconus erat — ad recipiendas eas Augustam Suessionum pergere jussi: mittens per eosdem ad locum, de quo eædem reliquiæ auferendæ erant, benedictionis gratia, nummos aureos numero centum. Qui ubi ad monasterium S. Medardi in die Palmarum venissent, per triduum ibi morati sunt: et recepto illo, propter quem missi fuerant, incomparabili thesauro, comitantibus secum duobus ex eodem monasterio fratribus, quanta potuerunt celeritate, ad palatium reversi sunt; reliquias tamen non mihi, sed Hildoino detulerunt. Quas ille recipiens, in oratorio domus suæ fecit custodiri, usque dum, transactis Paschalis festi occupationibus, vacuum tempus haberet, quo mihi id, quod reddendum erat, priusquam redderet, ostendere potuisset. Completisque post sanctum Pascha octo vel eo amplius diebus, cum rex venandi gratia de palatio fuisset egressus, Hildoinus, secundum quod inter nos convenerat, memoratis reliquiis de oratorio suo, ubi servabantur, sublatis atque basilicæ S. Dei Genitricis illatis,

prendre ce qu'il voudrait; c'était ce que l'autre désirait.
Il ne se fit pas faute d'user largement de la permission. Il
enleva des cendres sacrées du bienheureux Martyr jusqu'à
en remplir tout un vase de la mesure d'un setier. La
chose se fit ainsi, et ce fut Lunison lui-même, le complice de ce méchant prêtre, qui, prosterné à mes pieds,
m'en fit l'aveu en pleurant.

26. Connaissant alors la vérité, je renvoyai Ratleig et
Lunison au lieu d'où ils étaient venus. Puis j'eus un entretien avec Hildoin, et nous convînmes du jour où il
devait me rendre les saintes reliques. Je choisis deux
clercs de ma maison, Hiltfrid et Filimar, — l'un était
prêtre et l'autre sous-diacre — et je les envoyai à
Soissons pour recevoir les reliques, en leur remettant cent
sous d'or, présent que je destinais à l'église d'où ces reliques allaient être emportées. Ils arrivèrent au monastère
de Saint-Médard le dimanche des Rameaux (19), y demeurèrent trois jours, et après avoir reçu cet incomparable
trésor qu'ils étaient chargés de rapporter, ils repartirent
pour la résidence impériale, accompagnés de deux
frères du même monastère, et firent toute la diligence
possible. Cependant, ce ne fut pas à moi, mais à Hildoin qu'ils remirent ces reliques. Dès qu'il les eut reçues,
il les fit garder dans l'oratoire de sa maison, attendant
que les fêtes de Pâques fussent passées, et qu'étant alors
moins occupé, il eût du temps à lui pour pouvoir me
montrer, avant de me les rendre, ces reliques qui devaient
m'être restituées. Plus de huit jours s'étaient passés depuis Pâques, lorsque le roi quitta le palais pour aller à
la chasse; alors Hildoin, suivant nos conventions, retira
les reliques de son oratoire où elles étaient gardées, et les
fit porter dans la basilique de la S. Mère de Dieu;

altarique superpositis, me ut eas susciperem fecit acciri. Tum capsam, in qua reliquiæ continebantur, aperiens, ostendit mihi ut viderem quid esset, quod et ille redderet, et quod ego reciperem.

27. Exin sublatam de altari eamdem capsam manibus meis imposuit, dataque oratione competenti, præcentoris etiam officio functus, antiphonam laudi Martyrum convenientem clericis ad psallendum paratis imposuit; nosque cum illo inæstimabili thesauro recedentes, usque ad ostium basilicæ concinendo prosecutus est. Processimus inde paulatim cum crucibus et cereis, laudantes Domini misericordiam, usque ad oratorium, quod erat in domo nostra, vili opere constructum; eique, quia aliud ibi non habebatur, illas sacras reliquias intulimus. In illa vero processione nostra, quam de basilica usque ad oratorium nostrum nos fecisse dixi, quid miraculi acciderit, censeo non esse tacendum. Egredientibus enim nobis de ecclesia, laudemque Domino Deo nostro excelsa voce canentibus, tanta vis suavissimi odoris eam partem vici Aquensis, quæ ab ecclesia ad occidentem respicit, totam implevit, ut illa fragantia pene omnes ejusdem partis habitatores, itemque universi, qui pro quibuslibet causis atque negotiis eadem in parte fuerant constituti, ita divinitus commoverentur, ut omissis, quæ in manibus habebantur operibus, cuncti cursu rapidissimo primo ad ecclesiam, deinde quasi per vestigium ad oratorium nostrum, in quod illas reliquias illatas esse audierant, summopere festinarent. Fit immodicus intra septa nostra exultantis simul atque admirantis populi concursus; et cum magna pars eorum, qui confluxerant, id quod agebatur quid esset ignoraret,

puis les ayant placées sur l'autel, il m'envoya chercher pour que j'eusse à les reprendre. Quand je fus arrivé, il ouvrit la châsse où elles étaient renfermées, pour me montrer ce qu'il me rendait, et ce que je recevais de lui.

27. Après cela, il enleva le coffre de l'autel et me le mit entre les mains; puis ayant prononcé une prière qui convenait à la circonstance, il entonna lui-même, pour célébrer les louanges des saints Martyrs, une antienne que les chantres répétèrent après lui; et pendant que nous nous retirions avec ce trésor inestimable, il nous suivit en chantant jusqu'à la porte de la basilique. Nous nous mîmes alors, avec croix et cierges, en célébrant la miséricorde du Seigneur, à marcher processionnellement jusqu'au modeste oratoire qui était en notre maison; et, faute de mieux, nous y déposâmes les saintes reliques. Mais dans cette procession, dont je viens de parler, depuis la basilique jusqu'à notre oratoire, il arriva un miracle qu'il est bon, je pense, de raconter. Nous sortions de l'église en chantant à haute voix les louanges de Dieu notre Seigneur, tout à coup un parfum délicieux se répandit sur tout le quartier d'Aix-la-Chapelle qui touche à l'église et regarde le couchant : presque tous les habitants de ce quartier, et en même temps tous ceux qui s'y trouvaient pour affaire ou pour tout autre motif, furent si vivement frappés de ce parfum, sorte d'émanation divine, que, laissant aussitôt tomber de leurs mains ce qui les occupait, ils s'empressèrent d'accourir vers l'église; et guidés, pour ainsi dire, par les traces du parfum, ils arrivèrent en toute hâte jusqu'à notre oratoire où ils savaient que ces reliques avaient été portées, et une foule innombrable de peuple, dans l'extase et l'admiration, envahit notre enceinte. La plupart de ceux qui étaient accourus ignoraient

gaudio tamen et exultatione repleti, Dei omnipotentis misericordiam collaudabant.

28. Postquam autem, fama crebrescente, divulgatum est reliquias sancti Marcellini martyris in eum locum esse delatas, non solum de eodem vico Aquensi, et vicinis atque adjacentibus villis, verum etiam de longinquioribus locis ac pagis adeo frequens atque immanis multitudo congregata est, ut nobis ad officium in eodem oratorio celebrandum, præter vespertinas horas atque nocturnas, haud facilis pateret introitus. Adducebantur undique debiles, et variis affecti languoribus, circa oratorii parietes, a propinquis suis atque amicis collocabantur. Videres ibi pene omnia infirmitatum genera, per virtutem Christi Domini, et per meritum beatissimi Martyris, in omni sexu et ætate curari. Cæcis visus, claudis incessus, surdis auditus, mutis sermo redditur; paralytici etiam, et qui totius corporis viribus destituti, alienis manibus apportati sunt, sanitate recepta, propriis pedibus ad sua revertebantur.

29. Hæc ubi ad regias aures relatione Hildoini perlata sunt, statuit primo ut ad palatium regressus, oratorium nostrum, in quo hæc fiebant, Martyrem venerabundus accederet : sed ne id faceret, eodem Hildoino suggerente, prohibitus, ad majorem basilicam reliquias deferri præcepit, ibique delatas, humili supplicatione veneratus est, celebratisque missarum solemniis, obtulit beatis martyribus, Marcellino et Petro, quoddam prædiolum, situm juxta fluvium Aram, vocabulo Ludovesdorf, habens mansos quindecim, et

entièrement ce dont il s'agissait ; et cependant, remplis d'une pieuse allégresse, ils célébraient tous ensemble la miséricorde du Dieu tout-puissant.

28. Mais lorsque le bruit se fut répandu que les reliques du martyr saint Marcellin étaient déposées en ce lieu, il nous vint, sans compter les habitants d'Aix-la-Chapelle, une si grande quantité de visiteurs des villages voisins et adjacents, et même d'endroits et de pays éloignés, que nous avions peine à pénétrer dans l'oratoire pour y célébrer les offices divins, si ce n'est pour les vêpres et pour les nocturnes. On amenait de toute part des gens infirmes ou atteints de différentes affections, que leurs parents ou leurs amis venaient placer le long des murs de l'oratoire. Vous auriez pu voir tous les genres d'infirmités parfaitement guéris sur des personnes des deux sexes et de tout âge, par la main puissante de Jésus-Christ et les mérites du bienheureux Martyr. Les aveugles recouvrent la vue, les boiteux marchent, les sourds entendent, les muets parlent ; les paralytiques eux-mêmes et des malades tombés dans un tel état de faiblesse, qu'ils avaient dû se faire apporter par des mains étrangères, sont rendus à la santé, et regagnent à pied leurs demeures.

29. Dès que ces faits furent parvenus jusqu'aux oreilles du roi, par l'entremise de l'abbé Hildoin, ce prince résolut d'abord que, de retour au palais, il se rendrait dans notre oratoire, où tout cela se passait, pour y adorer le saint Martyr ; mais il en fut détourné par Hildoin, qui le détermina à faire porter les reliques dans la grande basilique. Une fois qu'elles y furent déposées, il vint se prosterner devant elles en grande humilité, et après que la messe eut été célébrée avec pompe, il fit aux bienheureux martyrs, Marcellin et Pierre, l'offrande d'un petit do-

vinearum aripennes novem. Obtulit et regina cingulum suum, ex auro et gemmis factum, pensans libras tres. Quibus expletis, relatæ sunt reliquiæ ad locum suum, in oratorium videlicet nostrum, fueruntque ibi diebus quadraginta vel eo amplius, usque dum imperator palatio egrediens, venandi gratia, solemni more silvas peteret. Quo facto, et nos comparatis, quæ ad profectionem nostram necessaria videbantur, cum eisdem reliquiis de vico Aquensi promovimus. In ipso autem nostræ egressionis articulo, cum missarum solemnia celebrarentur, anus quædam in palatio notissima, annorum circiter octoginta, nervorum contractione laborans, in conspectu nostro curata est. Quæ, ut ipsa narrante didicimus, per quinquaginta annos hoc morbo detenta, more quadrupedum, genibus manibusque nitendo, officium ambulandi reptando impleverat.

30. Inde iter ingressi, suffragantibus sanctorum meritis, sextodecimo die Mulinheim vicum, in quo sacros beatorum Martyrum cineres ad comitatum profecturi dimisimus, Domino adjuvante pervenimus. In quo itinere quantum gaudii, quantumque lætitiæ, de illarum adventu reliquiarum, populis in eadem via consistentibus accesserit, neque mihi silendum est, nec tamen ita ut fuit, plene dici atque enuntiari potest. Dicendum tamen est, ne res ad Dei laudem maxime pertinens, quasi per desidiam, silentio suppressa videatur. Ac primum quidem gestit animus id referre, quod, palatio egressi, in multorum præsentia nos vidisse reminiscimur. Vurmius dicitur fluviolus, duobus fere passuum millibus ab Aquensi palatio di-

maine nommé Ludovesdorf(20), situé sur la rivière d'Ahr, et comprenant quinze manses et neuf arpents de vignes. La reine, de son côté, leur offrit sa ceinture, tissue d'or et de pierres précieuses, et qui pesait trois livres. Cela fait, les reliques furent reportées à leur place, dans notre oratoire, et y restèrent pendant quarante jours et plus, jusqu'à l'époque où l'empereur avait coutume de quitter la cour pour aller chasser dans les forêts; puis après nous être procuré tout ce qui nous parut nécessaire pour notre voyage, nous sortîmes avec les reliques d'Aix-la-Chapelle. Mais comme nous étions sur notre départ, et que l'on disait la messe, une vieille femme, très-connue dans le palais, âgée de quatre-vingts ans environ, et malade d'une contraction des muscles, fut guérie sous nos yeux. Nous apprîmes d'elle-même que, depuis cinquante ans, elle souffrait de cette infirmité, et ne pouvait marcher qu'en se traînant comme un animal à quatre pattes, à l'aide de ses genoux et de ses mains.

30. Ensuite nous nous mîmes en route, et grâce à l'intercession des saints Martyrs, avec l'aide du Seigneur nous arrivâmes en seize jours au village de Mulinheim, où nous avions laissé, en partant pour la résidence impériale, les restes sacrés des bienheureux Martyrs. Je ne saurais passer sous silence toute la joie, toute l'allégresse que firent éclater, à l'approche des saintes reliques, les populations rassemblées sur notre passage; et cependant je ne saurais l'exprimer et la rendre dans tous ses transports. Toutefois, je vais essayer de le faire, pour qu'on ne m'accuse pas d'avoir, par négligence, laissé dans l'oubli un fait qui parle si haut à la louange du Seigneur. Et d'abord je veux rapporter ici ce qui s'accomplit à nos yeux et en présence d'une grande multitude lors-

stantem habens pontem. Ad quem venientes, propter multitudinem, quæ nos eousque de palatio prosequebatur, jamque redire volebat, ut orandi locum haberet, parumper constitimus. Ibi quidam de orantibus cum alio ad reliquias accedens, sociumque respiciens : « Propter amorem, inquit, atque honorem hujus sancti, ære alieno, propter quod te mihi obnoxium esse non ignoras, absolvo. » Debebat enim ei, ut ipse fatebatur, dimidiam argenti libram. Itemque alter socium suum manu comprehensum ad reliquias trahens : « Patrem, ait, meum occidisti, ac proinde inimici eramus ad invicem ; nunc autem, propter amorem atque honorem Dei, et hujus sancti, deposita simultate, fœdus tecum jungere atque inire volo, ut abhinc in futurum perpetua inter nos amicitia permaneat : sitque hic Sanctus condictæ in invicem caritatis testis, et ultor in eum, qui hanc pacem prior irrumpere tentaverit! »

31. Hic illa turba, quæ nobiscum de palatio fuerat egressa, adoratis atque osculatis sacris reliquiis, cum multis lacrymis, quas præ nimio gaudio continere non poterat, domum revertitur : alia multitudine, quæ ibi nobis obviavit, nos comitante, atque *Kyrie eleison* sine intermissione cantante, usque ad eum locum, in quo simili modo ab aliis occurrentibus excipiebamur; quæ tunc similiter, ut prior, supplicatione facta, ad sua reversa est. Hoc modo per singulos dies, a prima luce usque ad vesperam, comitantibus

que nous sortîmes du palais. Il y a sur une petite rivière nommée Worm (21), un pont éloigné de deux milles environ du palais d'Aix-la-Chapelle. Arrivés là, nous nous arrêtâmes quelques instants pour donner à la foule qui nous avait suivis depuis le palais, et qui voulait s'en retourner, le temps de faire ses dévotions. Nous vîmes alors un des assistants s'approcher des reliques avec une autre personne, puis dire à son compagnon en se tournant de son côté : « Par amour pour le saint Martyr, et en « son honneur, je te tiens quitte de tout ce que tu me « dois. » L'autre lui devait, en effet, comme il le reconnaissait lui-même, une demi-livre d'argent. Nous en vîmes encore un autre prendre un de ses compagnons par la main, et l'entraîner vers les reliques : « Tu as tué mon père, lui dit-il, nous étions donc ennemis jurés ; mais aujourd'hui, pour l'amour de Dieu, et en l'honneur du saint Martyr, je dépose ma haine, je veux faire alliance avec toi ; je veux, qu'à partir de ce moment, une amitié éternelle nous unisse. Et toi, saint Martyr, sois le témoin de cette amitié que nous nous promettons ici l'un à l'autre, et que ta vengeance retombe sur la tête de celui d'entre nous qui, le premier, tentera de rompre la paix ! »

31. Puis toute cette foule, qui était sortie avec nous du palais, se mit à adorer en ce lieu et à couvrir de baisers les saintes reliques, et tous s'en retournèrent en versant des larmes abondantes, que dans leurs transports de joie ils ne pouvaient retenir. Une autre troupe de fidèles vint alors à notre rencontre, et nous accompagna, en chantant sans interruption le *Kyrie eleison* jusqu'à la seconde station, où nous attendait une nouvelle troupe qui les remplaça, car, avant de nous quitter, ils firent comme les premiers leurs dévotions, et s'en allèrent. Et chaque

ac Domino Christo laudem dicentibus populorum turbis, ab Aquensi palatio usque ad memoratum Mulinheim vicum, Domino iter nostrum prosperante, pervenimus. Atque ibi illas reliquias super altari, pone quod loculus sacros Martyrum cineres continens positus erat, gemmata capsa reconditas collocavimus; fueruntque ibi sic positæ, usque dum nos mense novembrio ad palatium ire parantes, per revelationem admoniti sumus, ne prius de illo loco proficisceremur, quam eas corpori, de quo sumptæ erant, conjungeremus. Qualiter autem revelatum fuerit, ut hoc fieri deberet, non est silentio transeundum; quia non solum somnio, ut fieri solet, sed etiam signis quibusdam ac terroribus, ad vigilantium curam pertinentibus, ostensum est, beatos Martyres omnimodis voluisse ut in hac re jussio illorum fuisset adimpleta.

32. Erat unus de clericis, qui ad excubias basilicæ deputati fuerunt, nomine Landolphus, cui tunc signi tangendi cura commissa fuerat, habens stratum suum juxta australem basilicæ januam. Qui cum, secundum consuetudinem nocturni ac matutinalis officii, solemni more surgeret, signumque moveret, completoque ante lucem eodem officio, rursum dormire vellet, clausis ecclesiæ foribus, coram sanctis Martyrum cineribus supplicandi gratia se prostravit. Ibi cum psalmum quinquagesimum, ut ipse asserit, dicere inciperet, audivit juxta se in pavimento veluc sonitum pedum hominis, huc atque illuc ibidem deambulantis. Conster-

jour, depuis l'aube jusqu'à la nuit, les fidèles se succédant sans cesse nous accompagnèrent en chantant les louanges du Christ, notre Seigneur, et nous arrivâmes ainsi, Dieu ayant béni notre voyage, du palais d'Aix au bourg de Mulinheim. Une fois en ce lieu, nous plaçâmes sur l'autel les reliques enfermées dans une châsse tout ornée de pierres précieuses. C'était derrière ce même autel qu'on avait placé le coffre qui contenait les cendres sacrées des Martyrs. Les reliques que nous venions d'apporter restèrent ainsi sur l'autel jusqu'au mois de novembre; alors, comme nous nous préparions à nous rendre au palais, nous fûmes avertis par une révélation de ne pas nous éloigner avant d'avoir réuni les cendres aux restes dont on les avait séparées. Mais je ne peux passer sous silence la manière dont cette volonté suprême nous fut révélée; car ce ne fut pas seulement par un songe, comme cela arrive ordinairement, mais ce fut par des signes, des miracles effrayants, adressés à ceux qui veillaient sur ce trésor, que les bienheureux Martyrs nous montrèrent qu'ils voulaient dans cette circonstance une obéissance entière à leurs ordres.

32. Il y avait, parmi les clercs désignés pour garder l'église un certain Landolph; il était chargé de sonner la cloche, et son lit se trouvait placé près de la porte méridionale de la basilique. Il s'était levé à l'heure ordinaire pour sonner, comme cela est d'usage, l'office de nuit et l'office du matin. L'office ayant été terminé avant le jour, comme il voulait dormir encore, il ferma les portes de l'église, et d'abord il s'agenouilla pour prier devant les cendres sacrées des Martyrs. Il en était, à ce qu'il raconte, au commencement du cinquantième psaume, lorsqu'il entendit près de lui résonner sur les dalles les pas d'un

natusque pavore non minimo, erexit se paululum in genua, et in omnem partem circumspicere cœpit, æstimans aliquem de pauperibus, clausis ecclesiæ januis, in quolibet angulo delituisse. Cumque nullum alium quam se solum intra parietes basilicæ esse cerneret, iterum se ad orationem inclinavit, ac psalmum, quem prius inchoaverat, repetivit; sed, antequam unum ejus versum complere potuisset, capsa quæ altari imposita sacras beati Marcellini reliquias continebat, repentino crepitu tam vehementer insonuit, ut quasi malleo percussa dissiluisse putaretur. Duo quoque ostia basilicæ, quæ jam clausa erant, occidentale videlicet atque australe, velut aliquo pulsante atque impellente, simili modo sonuerunt.

33. Quibus exterritus ac stupefactus, cum quid sibi agendum esset penitus ignoraret, surgit ab altari, et in lectum suum se pavitando projecit; subitoque sopore depressus, vidit sibi quemdam ignoti vultus virum assistere, qui se talibus verbis compellaret : « Certum ne est, ait, Einhardum sic ad palatium properare velle, ut reliquias sancti Marcellini, quas huc detulit, prius in locum, de quo sublatæ fuerant, non reponat? » — Cum ille se hujus rei ignarum esse respondisset, — « Surge, inquit, primo diluculo, eique ex auctoritate Martyrum præcipe, ne hinc abire vel alicubi pergere præsumat, antequam reliquias illas loco suo restituat. » Expergefactus surrexit, et ubi me primum convenire potuit, hoc quod sibi fuerat imperatum, mihi intimare curavit. Sed neque ego segniter in hujusce modi negotio aliquid agendum arbitratus, imo

homme qui se promenait de côté et d'autre dans l'église. Saisi d'une vive frayeur, il se releva un peu sur les genoux, et se mit à regarder tout autour de lui, pensant que c'était sans doute un mendiant qui, pendant qu'on fermait les portes, était resté caché dans quelque coin. Puis, voyant qu'il n'y avait personne autre que lui dans l'enceinte de la basilique, il s'inclina de nouveau pour achever sa prière, et reprit le psaume qu'il avait commencé. Mais avant d'avoir pu en dire un seul verset, il entendit tout à coup la châsse, placée sur l'autel, et qui contenait les saintes reliques de Marcellin, craquer violemment comme si on l'eût frappée à coups de maillet et fait voler en éclats. Et en même temps, deux portes de l'église qu'il venait de fermer, celle de l'ouest et celle du sud, résonnèrent également comme si on les eût poussées et secouées avec force.

33. Saisi de crainte et d'épouvante, ne sachant que faire, il se lève, s'éloigne de l'autel, et va se jeter tout tremblant sur son lit, où le sommeil s'empara de lui tout aussitôt. Il vit alors un homme, dont le visage lui était inconnu, s'arrêter devant lui, pour l'apostropher en ces termes : « Est-il vrai qu'Éginhard pense à se rendre au palais avec tant de précipitation, qu'il ne prendrait pas le temps de replacer auparavant dans l'endroit d'où elles ont été enlevées, les reliques de saint Marcellin qu'il a rapportées dans cette église?» — Landolph ayant répondu qu'il n'en savait rien, — « Eh bien, lève-toi dès la pointe du jour, et va lui recommander, par ordre des Martyrs, de bien se garder de s'éloigner ni de partir pour quelque endroit que ce soit, avant d'avoir rendu ces saintes reliques à leur première demeure. » Alors Landolph s'étant réveillé, se leva, et dès qu'il put arriver jusqu'à moi, il me fit part de ce qu'on lui avait commandé. Or il

id quod jubebatur sine ulla morarum interpositione adimplendum esse judicans, ipsa quidem die ea quæ ad hoc necessaria videbantur præparare jussi; sequenti vero sacras illas reliquias corpori, de quo sumptæ fuerant, cum summa diligentia sociare curavi. Quod factum quam gratum beatissimis Martyribus foret, attestatione miraculi subsequentis liquido comprobatur. Nam proxima nocte, cum ad matutinum officium in basilica solemniter sederemus, senex quidam gressuum officio destitutus, genibusque ac manibus nitens, reptando ad orationem intravit. Is coram omnibus nobis, per virtutem Dei et merita beatissimorum Martyrum, eadem qua ingressus est hora, ita perfecte curatus est, ut ad incedendum ne baculi quidem sustentatione ulterius indigeret. Qui etiam et surdum se per continuum quinquennium fuisse, simulque cum officio pedum auditum sibi redditum affirmabat. His ita peractis, ad comitatum, sicut superius me facere voluisse retuli, ibidem hiematurus, multa mecum reputando profectus sum.

CAPUT IV.

Miracula in surdis et mutis, contractis et aliis ægris, Mulinheim patrata. — Cervisia in vinum mutata. — Cereus ultro accensus.

34. (a) Scripturus virtutes atque miracula, quæ beatissimi martyres Christi, Marcellinus et Petrus, post-

---

(a) Hic incipit liber III in editione Suriana.

me sembla que je ne devais pas traiter cette affaire avec négligence ; bien plus, je résolus d'exécuter, sans le moindre retard, l'ordre qui m'était donné. Ce jour-là même, je fis préparer tout ce que je crus nécessaire, et le lendemain, je m'empressai de réunir, avec tout le soin possible, ces saintes reliques au corps dont elles avaient été séparées. Cela fut très-agréable aux bienheureux Martyrs, comme le miracle que je vais raconter l'atteste et le prouve clairement. La nuit suivante, nous assistions, comme d'habitude, dans l'église à l'office du matin, lorsque nous vîmes un vieillard qui venait pour y prier, et qui, privé de l'usage de ses jambes, entrait en rampant sur les genoux et sur les mains. Cet homme, en présence de nous tous, fut guéri par la puissance de Dieu et les mérites des bienheureux Martyrs, à l'instant où il entra, et si bien guéri, que depuis lors il n'eut même plus besoin, pour marcher, de s'appuyer sur un bâton. Il affirma en outre que depuis cinq ans entiers il était complétement sourd, et que cette infirmité avait cessé en même temps que la paralysie. Après ces divers événements, conformément à l'intention que j'ai déjà manifestée plus haut, je partis, l'esprit préoccupé de mille pensées, pour la résidence impériale où je devais passer l'hiver.

CHAPITRE IV.

Miracles opérés à Mulinheim sur des sourds, des muets, des paralytiques, et d'autres gens infirmes. — Bière changée en vin — Cierge allumé de lui même.

34. Voulant écrire les signes et les miracles que les bienheureux martyrs du Christ, Marcellin et Pierre, après la translation de leurs restes sacrés de Rome en France,

quam corum sacratissima corpora de Roma in Franciam delata sunt, per diversa loca fecerunt, imo quæ, per illorum beata merita et pias orationes, ipse rex martyrum Deus et Dominus noster Jesus Christus, ad salutem hominum, operari dignatus est, necessarium judicavi brevi præfatione perstringere quod ex his, quæ scribere disposui, major pars ad notitiam meam aliorum relatione perlata est; quibus tamen ut fidem haberem, ex his quæ ipse vidi et coram positus agnovi, tam firmiter mihi persuasum est, ut sine ullo dubitationis scrupulo vera esse crederem, quæ ab his dicebantur, qui se illa vidisse testati sunt, tametsi personarum, a quibus hæc audieram, aut parvam aut nullam eatenus notitiam haberem. Cæterum de his omnibus ea primum scribenda videntur quæ in eo loco gesta, et a meipso visa sunt, ad quem suos sacratissimos cineres iidem beatissimi Martyres transferri præceperunt. Deinde illa, quæ in Aquensi palatio, sub ipsis aulicorum obtutibus facta memorantur. Tum ea quæ per diversa loca, ad quæ, religiosis viris petentibus ac me tribuente, sacræ illorum reliquiæ delatæ sunt, gesta referuntur, censui esse ponenda; ut, hoc ordine in relatione servato, nihil remaneat ex omnibus signis atque miraculis, quæ ad nostræ parvitatis notitiam pervenire potuerunt. Sed jam, nunc præfatione completa, ipsa quæ dicenda sunt, miracula proferamus.

35. Postquam sacra beatissimorum Martyrum corpora, sicut jam in superioribus demonstratum est, ipsis jubentibus et nobis morem gerentibus, ad locum,

ont manifestés en divers lieux, et voulant y joindre en outre le récit de tout ce que le roi des martyrs, notre Seigneur et Dieu Jésus-Christ, cédant à leurs saints mérites et à leurs prières ferventes, a daigné opérer pour le salut des hommes, j'ai cru nécessaire de prévenir mes lecteurs, dans une courte préface, que la majeure partie de ce que je me suis proposé d'écrire n'est venue à ma connaissance que par la relation de personnes étrangères. Toutefois ce que j'ai vu de mes propres yeux, ce qui s'est accompli en ma présence, m'a donné la conviction intime que je pouvais ajouter foi à leur récit; aussi est-ce sans le moindre scrupule, sans le moindre doute, que j'ai cru à la véracité de ce qu'ils avançaient, de ce qu'ils assuraient avoir vu eux-mêmes, quoique les personnes qui me parlaient ainsi me fussent à peine connues, ou même tout à fait étrangères. Au reste, de tous ces miracles, je dois, je pense, raconter d'abord ceux qui se sont opérés sous mes yeux, dans l'endroit même où les bienheureux Martyrs ont voulu que leurs cendres sacrées fussent transportées. Puis je parlerai de ceux qui se sont manifestés dans le palais d'Aix, en présence de tous les gens de la cour. Enfin, je parlerai de tout ce qu'on m'a dit s'être passé dans les différents endroits où, sur la demande de pieux personnages, je fis porter les saintes reliques. J'ai suivi cet ordre dans ma relation, afin de n'omettre aucun des prodiges ni des miracles qui ont pu venir à la connaissance de mon humble personne. J'ai fini ma préface; passons maintenant à ces miracles que je dois raconter.

35. Après que les saintes reliques des bienheureux Martyrs eurent été, comme nous l'avons dit plus haut, conformément à leurs ordres, et par notre empressement à leur

in quo nunc requiescunt, cum ingenti fidelium populorum exultatione perlata, et, celebratis in campo missarum solemniis, manibus sacerdotum, quorum ibi tunc non parvus numerus erat congregatus, in basilicam deportata sunt, feretrumque quo vehebantur juxta altare positum est, et iterum aliud officium ibidem celebrari cœptum, subito quidam adolescens, renum dissolutione affectus atque ideo curvus ac baculis innitens, de media circumstantis populi multitudine prorupit, seque ad adorandum inclinare cupiens, in genua procubuit; sed mirum in modum, velut aliquo se revellente vel potius retrahente, supinus cecidit, similisque dormienti diutissime jacuit. Tum quasi evigilans, in sessum se erexit; ac deinde post paululum, nullo adminiculante, surrexit, stansque in medio circumfusæ multitudinis, una cum cæteris de recepta sanitate gratias agendo, Dei misericordiam collaudavit. Hic se de pago Portiano cum aliis pauperibus ac peregrinis illuc venisse, Danielemque vocari, nobis percontantibus indicavit. Eadem fere hora, eodemque ut ita dicam momento, quo is de quo nunc diximus, intra ecclesiam et coram ipso altari, per virtutem Christi et intercessionem Martyrum, sanitatem est consecutus, mulier quædam paralytica, et pene omnium membrorum officio destituta, pro foribus ecclesiæ jacens, in auxilium sui sanctos Martyres invocavit; et mox, cunctis cernentibus qui circa steterant, cœpit commotis visceribus velut nauseabunda concuti, ac deinde magnam vim phlegmatis ac bilis vomendo projicere. Quo facto, paululum aquæ frigidæ sumens, de loco in quo jacebat se levari rogavit, et baculo nitens basilicam introivit, adoratis-

obéir, au milieu de la joie et de l'allégresse de tous les fidèles, transportées dans le lieu où elles reposent maintenant, le service divin fut célébré en plein air. Puis les prêtres qui étaient là rassemblés en assez grand nombre portèrent eux-mêmes les saintes reliques dans l'église, et la châsse où elles étaient renfermées fut placée près de l'autel : alors on se mit à dire en ce lieu une seconde messe. Tout à coup un jeune homme, perclus des reins, et qui pour cela était tout voûté et s'appuyait sur des béquilles, sortit brusquement du milieu de la foule qui l'environnait, et voulant s'incliner pour adorer les reliques, il se mit à genoux, la face contre terre; mais ce qui est étrange, on le vit alors, comme si quelqu'un l'eût arraché de sa place, ou plutôt violemment tiré en arrière, tomber à la renverse, et rester longtemps étendu, semblable à un homme endormi. Ensuite il se réveilla comme en sursaut, se dressa sur son séant, et bientôt après se leva tout droit. Il se tint alors debout au milieu de la foule répandue autour de lui, et remercia le ciel de sa guérison en chantant, avec tous les assistants, les louanges du Dieu de miséricorde. Cet homme, que nous interrogeâmes, nous apprit qu'il était venu du pays Porcien avec d'autres mendiants et quelques pèlerins, et qu'il s'appelait Daniel. Presque à la même heure, presque au même moment, je peux dire, pendant que nous voyions ce jeune homme, dont je viens de parler, dans l'enceinte de l'église et devant l'autel, rendu à la santé par un miracle de Jésus-Christ et par l'intercession des saints Martyrs, une femme paralytique et privée de l'usage de presque tous ses membres, qui était étendue devant les portes de l'église, se mit à implorer leur assistance. Bientôt tous ceux qui l'entouraient la virent, saisie de violentes tranchées et de soulèvements de cœur, rejeter,

que Martyribus ac recepto membrorum vigore, ad propria repedavit.

36. Interea quidam homo, Vuillibertus nomine, haud longe a basilica, in qua nunc beatorum Martyrum corpora requiescunt, domum habens, inter cæteros, qui ad venerationem sanctis exhibendam convenerant, ad feretrum accessit, et quasi pro dono quadraginta denarios obtulit. Qui, cum a nobis fuisset interrogatus quis esset, quidque sibi vellet hujusce muneris oblatio, retulit se ante paucos dies gravissimo languore correptum, ad extrema fuisse perductum, adeo ut ab omnibus, qui se viderant, desperatus, admoneretur ut omnes facultates suas pro remedio animæ suæ celeriter erogaret: seque ita fecisse. Jamque omnibus quæ habebat, ad quæ pia loca danda forent dispositis, unum ex servis suis cum ingenti gemitu fuisse conquestum, quod perperam ac valde negligenter ab eis factum esset in eo quod nihil de bonis ejus sanctis nuper de Roma venientibus datum esset. Tum se circumstantes interrogasse, si aliquid de rebus suis superesse scirent, quod ad Martyres mitti potuisset. — Erant enim adhuc in Michilinstadt, et nondum aliquibus signis inclaruerat, quod inde migrare deberent. — Tum quemdam respondisse, quoniam de omnibus rebus ejus unus tantum porcus remansisset, et non esse deputatum quo dari deberet, tunc sibi complacuisse, seque præcepisse, ut venundaretur, et post obitum suum pretium illud ad Martyrum lumi-

par d'affreux vomissements, une masse de glaires et de bile. Elle but ensuite un peu d'eau fraîche, et demanda qu'on voulût bien la lever de la place où elle était couchée; puis, appuyée sur son bâton, elle entra dans l'église, et pendant qu'elle adorait les Martyrs ses membres reprirent leur vigueur, et elle put revenir chez elle à pied.

36. Cependant un homme, nommé Guillebert, qui demeurait dans le voisinage de l'église, où reposent maintenant les reliques des bienheureux Martyrs, se mêlant à la foule qui venait leur rendre hommage, s'approcha de la châsse, et fit une offrande de quarante deniers. Nous lui demandâmes qui il était, et quel était le motif de cette offrande. Il nous répondit que quelques jours auparavant il avait été pris d'une maladie fort grave qui l'avait mis à l'extrémité, au point que tous ceux qui l'avaient vu le regardaient comme un homme désespéré; on l'avait alors vivement engagé à distribuer tout son bien pour le repos de son âme : ce qu'il avait fait. Il avait déjà, en faveur de tous les lieux saints qu'on avait pu lui désigner, disposé de tout ce qu'il possédait, lorsqu'un de ses serfs se plaignit amèrement de ce que cette répartition était faite autrement qu'il ne fallait et avec une excessive négligence, puisque dans ces donations on avait complétement oublié les saints Martyrs arrivés de Rome tout récemment. Alors il avait demandé à ceux qui l'entouraient s'ils lui savaient encore quelque chose qu'il pût envoyer aux Martyrs. — Les reliques étaient encore à Michilenstadt, et aucun signe miraculeux n'était encore venu annoncer qu'elles dussent être transportées ailleurs. — Quelqu'un lui répondit que de tous ses biens, il ne lui restait plus qu'un seul porc, et qu'il n'avait pas décidé en faveur de qui il voulait en disposer; alors il se détermina à le faire vendre, et recom-

naria mitteretur. Quibus verbis expletis, tam subitam se asserit sensisse medelam, ut protinus, omni dolore fugato, etiam edendi desiderium habuerit, ciboque sumpto, in tantum brevi confortatus sit ut in crastinum ad omne opus, quod rei familiaris necessitas postulasset, procurandum vel faciendum percommode ire potuisset. Post hoc porcum illum fuisse venditum, et hoc esse pretium ejus, quod ex voto beatis Martyribus offerebat.

37. Reliquas virtutes atque miracula, quæ per eos Dominus ad salutem hominum operatus est, quoniam quo ordine dicantur nihil referre video, ita ut memoriæ occurrerint censui describenda; quia in earum relatione magis quid et quare, quam quando aliquid gestum sit, considerandum est.

Collocatis igitur in eadem basilica more solemni beatorum Martyrum reliquiis, cum secundum ecclesiasticæ institutionis consuetudinem sacra missarum solemnia quotidie celebrarentur, contigit ut quadam die, cum divina res ageretur, et nos in superioribus ejusdem ecclesiæ locis constituti, super subjectum atque in inferioribus constitutum populum intenderemus, clericus quidam seminudus, qui inter cæteros ad idem officium venerat, atque in media multitudine consistebat, tam gravi ruina subito collapsus est, ut mortuo similis in pavimento diutissime jacuisset. Quem cum stertentem aliqui ex circumstantibus levare atque erigere conarentur, tanta vis sanguinis ex ore et naribus erupit, ut tota anterior pars corporis, id est,

manda qu'après sa mort le prix en fût consacré à faire brûler des cierges aux saints Martyrs. Mais à peine avait-il achevé ces paroles, qu'il sentit tout à coup, à ce qu'il nous assura, un grand soulagement. A l'instant il cessa de souffrir, et l'appétit même lui étant revenu, il prit quelque nourriture, et bientôt sa guérison fut si complète qu'il put dès le lendemain, sans ressentir le moindre malaise, sortir pour aller chercher ou pour faire tout ce que les besoins de son ménage exigeaient. Après cela, il vendit son porc, et c'était le prix de cette vente qu'il offrait alors, d'après son vœu, aux bienheureux Martyrs.

37. Quant aux autres bienfaits et miracles que le Seigneur opéra par l'entremise des saints Martyrs pour le salut des hommes, comme je vois qu'il importe peu dans quel ordre on les raconte, je crois pouvoir les décrire à mesure qu'ils se présenteront à ma mémoire. Car dans le récit de ces miracles, c'est plutôt l'événement et la cause que la date précise qu'il faut considérer.

Nous avions placé dans la basilique, avec toute la pompe accoutumée, les reliques des bienheureux Martyrs; et, conformément aux institutions de l'Église, on y célébrait chaque jour le saint sacrifice de la messe. Un certain jour, il arriva que pendant le service divin, comme nous étions placés dans les parties supérieures de l'église, et que nous avions les yeux fixés sur la foule rassemblée au-dessous de nous, nous aperçûmes un clerc, à demi nu, qui était venu avec tous les autres pour assister à cet office, et qui se tenait au milieu de la foule, tomber à terre tout à coup, et si rudement, qu'il resta longtemps étendu sur les dalles comme un homme mort. Puis on l'entendit ronfler avec force; alors quelques-uns de ceux qui l'entouraient s'efforcèrent de le soulever et de le remettre debout, mais aussitôt le sang

pectus et venter, et usque ad vestem qua inguina tegebantur, hac esset exuberatione perfusa. Qui cum allata aqua fuisset refocillatus, resumptis viribus clare locutus est. Nam postmodum a nobis interrogatus, testatus est se ab infantia sua usque in præsens neque audire aliquid, nec loqui potuisse. Patriam sibi esse Britanniam, se natione Anglum; matrem suam visitandi gratia, quæ Romæ peregrinaretur, iter arripuisse, atque ita inter cæteros peregrinos, qui una Romam ire volebant, in illum locum pervenisse, sed, sociis suis abeuntibus, se substitisse; ipsumque diem, quo sanus factus est, septimum esse ex quo in locum illum venerat. Cumque ab eo nomen ejus quæreremus, respondit se nomen suum penitus ignorare, pro eo quod ex tempore, quo obsurduit, nunquam nomen suum audierit.

38. Exin post aliquot dies, cum more solemni ad vespertinum officium in ecclesia fuissemus congregati, puella quædam surda et muta, quam de pago Biturigum pater ejus ac frater, salutem quærendi gratia, per multa sanctorum loca trahentes, tandem illuc perductam inter cæteros in eadem ecclesia stare fecerunt, subito velut insania quadam excitata, tabulas quarum crepitu ad eleemosynam petendam utebatur, quanta potuit virtute concussit, atque in populum ante se constitutum furibunda projecit. Tum ad sinistrum ecclesiæ parietem accurrens, velut in eumdem ascensura, trium vel eo amplius pedum saltu in altum dato, supina corruit; et, cum ibi paululum mortuo potius quam dormienti similior jacuisset, atque eruptione

lui sortit avec tant de force par le nez et la bouche, que tout le devant de son corps, c'est-à-dire la poitrine et l'estomac, et jusqu'au vêtement qui lui couvrait le bas-ventre fut inondé de cette hémorragie. On lui apporta de l'eau, il revint à lui peu à peu, reprit ses forces, et put nous parler distinctement. Nous lui adressâmes alors quelques questions, et il nous apprit que dès sa plus tendre enfance jusqu'au moment présent il n'avait pu ni entendre ni parler; qu'il était né en Bretagne, et que sa famille était anglaise; que voulant rejoindre sa mère alors en pèlerinage à Rome, il s'était mis en route avec d'autres pèlerins qui s'étaient réunis pour se rendre dans cette ville; mais qu'étant arrivé à Mulinheim, il avait laissé partir sans lui ses compagnons, et s'y était arrêté; qu'il y avait aujourd'hui, jour de sa guérison, sept jours qu'il se trouvait en ce lieu. Et comme nous lui demandions son nom, il nous répondit qu'il l'ignorait complétement, parce qu'il n'avait jamais pu l'entendre depuis qu'il était devenu sourd.

38. Quelques jours après, nous étions, comme d'habitude, rassemblés dans l'église pour l'office du soir, lorsqu'une jeune fille du Berry, sourde et muette, que son père et son frère promenaient d'église en église pour obtenir sa guérison, fut amenée à Mulinheim, et placée debout dans la basilique avec les autres malades; tout à coup, comme si elle était saisie d'un accès de folie, elle se mit à agiter de toutes ses forces les tablettes qu'elle avait coutume de frapper l'une contre l'autre pour demander l'aumône, et les jeta avec fureur sur ceux qui se tenaient devant elle. Puis elle courut vers la muraille du côté gauche de l'église, comme pour la gravir, sauta en l'air à une hauteur de plus de trois pieds, et retomba à terre sur le dos. Elle y resta quelque temps étendue, plutôt semblable à

sanguinis, qui ex ore ac naribus nimius profluebat, esset pene tota respersa, a circumstantibus sublata, atque in medium basilicæ deportata est. Cumque et ibi aliquandiu jacuisset, velut de gravi somno experrecta resedit : ac deinde manus his qui astiterant porrigens, ut in pedes erigeretur, quibus poterat nutibus oravit. Erecta ad altare deducitur : ubi cum Ratleicum inter alios clericos, qui juxta altare constiterant, stantem ac se respicientem cerneret, protinus in hæc verba prorupit : « Tu es, inquit, Ratleicus; tu, ait, hoc nomine vocitaris, tu es servus horum sanctorum. » Quam cum ille percontaretur unde hoc scisset, vel quis ei nomen suum indicasset : « Sancti, inquit, isti, qui hic requiescunt, quando velut dormiens jacui, accesserunt ad me, et miserunt digitos suos in auriculas meas dixeruntque mihi : Cum surrexeris, et ad altare accesseris, clericus ille juvenis, quem coram te assistere ac te intendere videris, scito quod ille Ratleicus vocatur, et ille servus noster est : nam ipse est, qui ad hunc locum corpora nostra detulit. » Et revera ita erat. Si quidem ipse erat, quem, propter sanctorum reliquias a quodam diacono recipiendas, nobisque deferendas, Romam nos misisse in primo libro memoravimus. Et hæc quidem hoc modo coram nobis, per virtutem beatissimorum Martyrum, depulso infirmitatis spiritu, integerrimam corporis sui sanitatem est consecuta; quam pater ac frater, qui eam illo deduxerunt, a tempore nativitatis suæ surdam et mutam semper fuisse testati sunt.

39. Miraculum autem, quod nunc narraturus sum,

un cadavre qu'à une femme endormie ; et, comme elle était toute couverte du sang qui lui sortait avec une force extrême par le nez et la bouche, ceux qui l'entouraient la relevèrent et la portèrent au milieu de la basilique. Elle y resta encore quelque temps étendue ; enfin, comme si elle se réveillait en sursaut après un lourd sommeil, elle se dressa sur son séant, puis elle tendit les bras vers les assistants et les supplia par tous les gestes possibles de la remettre sur ses pieds. Après l'avoir relevée, on la conduisit près de l'autel. Là voyant Ratleig qui se tenait dans le chœur avec d'autres clercs et qui la regardait, elle s'écria aussitôt : « Toi, tu es Ratleig ; c'est là ton nom ; tu es le serviteur de ces Martyrs. » Ratleig lui ayant demandé d'où elle savait cela, et qui avait pu lui dire son nom : « Ce sont, dit-elle, les saints qui reposent ici. Pendant que j'étais étendue, et comme endormie, ils se sont approchés de moi, m'ont mis les doigts dans les oreilles, et m'ont dit : Une fois debout, lorsque tu te seras approchée de l'autel, tu verras devant toi un jeune clerc qui te regardera ; apprends qu'il se nomme Ratleig, et qu'il est notre serviteur : car c'est lui qui a transporté nos corps en ces lieux. » Elle ne se trompait pas ; c'était bien lui, comme nous l'avons dit dans le premier livre, que nous avions envoyé à Rome pour y recevoir des mains du diacre les reliques des saints, et pour nous les rapporter. C'est ainsi que cette femme en notre présence, par la vertu des bienheureux Martyrs, fut délivrée du mauvais esprit qui la faisait souffrir, et rendue à la santé la plus parfaite. Son père et son frère, qui l'avaient amenée, nous assurèrent que depuis sa naissance elle avait toujours été sourde et muette.

39. Quant au miracle que je vais rapporter, je ne l'ai

ego ipse non vidi, sed verbis eorum, quorum hoc relatione mihi compertum est, non minus quam propriis oculis credere possum ; ideoque non ut auditum, sed potius ut a me ipso visum, incunctanter ac sine ulla dubitatione proferre decrevi.

Mercatores quidam de civitate Moguntiaca, qui frumentum in superioribus Germaniæ partibus emere, ac per fluvium Mœnum ad urbem devehere solebant, cæcum quemdam natione Aquitanum, nomine Albricum, mercedis a Deo promerendæ gratia navi suæ impositum, sicut ipse petiverat, ad basilicam beatorum Martyrum deduxerunt. Qui cum ibi egressus, atque in domo custodis ecclesiæ esset hospitio receptus, septem vel eo amplius dies ibidem moratus est. Habebat enim præter cæcitatem — quæ ei propterea quod oculis carebat, naturalis jam esse videbatur — horribilem ac fœdam totius corporis infirmitatem. Erat enim omnium membrorum ingens tremor, qui eumdem tam gravi quatiebat incommodo, ut propriis manibus cibum ori suo porrigere penitus non valeret. Is cum die quadam, horis antemeridianis in hospitio jacens, obdormisset, vidit per soporem quemdam sibi assistentem, seque monentem ut cito surgeret, atque ad ecclesiam festinaret; tempus dicens advenisse, quo de illa miserabili passione per virtutem Sanctorum liberari deberet. Expergefactus, atque ad ecclesiam ductus, pro foribus in quodam lapide consedit. Agebatur tunc in ecclesia, more solemni, divinum officium, et expletis orationibus, quæ sacram Evangelii lectionem præcedere solent, ipsum legi cœptum est. Cujus cum vix duo versus fuissent legendo completi, ecce repente, velut vim patiens, tremulosus ille voci-

pas vu ; mais je puis croire aux paroles de ceux qui me l'ont raconté, comme au témoignage même de mes propres yeux ; aussi ai-je résolu, sans hésiter, sans concevoir le moindre doute de le publier, non comme un ouï-dire, mais plutôt comme un fait dont j'aurais été témoin oculaire.

Des marchands de Mayence qui avaient coutume d'aller acheter, dans la haute Germanie, du blé qu'ils rapportaient dans leur ville en descendant le cours du Mein, reçurent dans leur bateau, afin de mériter la bénédiction du Seigneur, un aveugle, Aquitain de nation, nommé Aubri, et le conduisirent, à sa demande, jusqu'à la basilique des bienheureux Martyrs. Là on le mit à terre, et il reçut l'hospitalité dans la maison du gardien de l'église, chez lequel il demeura sept jours ou peut-être plus. Cet homme n'était pas seulement aveugle et aveugle de naissance, car il était privé des organes mêmes de la vue, mais tout son corps était affecté d'une horrible et repoussante infirmité. Tous ses membres étaient agités d'un violent tremblement, qui l'incommodait au point qu'il ne pouvait lui-même approcher ses aliments de sa bouche. Or, un jour, avant l'heure de midi, comme il s'était couché dans la maison de son hôte et s'était endormi, il vit en songe quelqu'un s'approcher de lui, et l'avertir de se lever au plus vite pour se rendre sur-le-champ à l'église, parce que le jour était venu où, grâce à la vertu des Saints, il devait être délivré de cette malheureuse infirmité. Il s'éveilla, se fit conduire à l'église, et vint s'asseoir sur une pierre devant la porte. On célébrait alors dans l'église, comme d'habitude, le service divin. Après avoir terminé les prières qui précèdent ordinairement le saint Évangile, on en commença la lecture ; mais à peine en avait-on achevé deux versets, qu'on entendit tout à

feratus est, dicens : « Adjuva me, sancte Marcelline! » Quo clamore tametsi omnes, qui in ecclesia erant, haud parva forent perturbatione commoti, majore tamen parte propter reverentiam evangelicæ lectionis in loco remanente, plures ad videndum quænam causa hujusce clamoris existeret accurrerunt; et, ut postea testati sunt, invenerunt eumdem, in eo quo consederat loco, extento ac resupinato corpore jacentem, mentumque ac pectus cruore ex naribus profluente inundatum. Qui cum ab eis erectus, et paululum aquæ frigidæ sumens fuisset recreatus, retulit sibi visum fuisse, tunc cum illam vocem emiserat, quod aliquis eum pugno in cervicem percussisset, atque ideo beati Martyris auxilium implorasse. Cæterum hunc ictum tam salutarem ei fuisse constat ut, ex illo temporis momento, nullum illius fœdæ agitationis vestigium in ejus corpore ulterius appareret. Is postea per duos fere annos in eodem loco mansit, et ut ipse testatus est, nulla nox in hoc biennio fuit, in qua per somnium eosdem, qui eum salvum fecerunt, Martyres non vidisset; multa quoque ab eis audisset, quæ aliis dicere jubebatur: ex quibus pleraque nunc implere cernimus, quæ ille tunc futura esse prædixit.

40. Post paucos dies vidimus et alium quemdam, simili morbo implicitum, in eadem basilica, per eorumdem Sanctorum merita, non dissimili modo curatum. Nam quadam nocte, cum ad matutinum officium celebrandum, et divinæ legis lectiones audiendas in ecclesia sederemus, intravit quidam habitu clericali,

coup le malheureux trembleur s'écrier, comme si on l'eût maltraité : « Viens-moi en aide, saint Marcellin ! » Ce cri ne laissa pas que de jeter du trouble dans l'assemblée ; cependant une grande partie des fidèles, par respect pour la lecture de l'Évangile, resta en place, mais un plus grand nombre accourut pour voir quelle était la cause de ce cri ; et, comme ils l'affirmèrent ensuite, ils trouvèrent ce malheureux dans l'endroit où il s'était assis gisant sur le dos, le corps allongé, le menton et la poitrine tout inondés du sang qui lui sortait en abondance par les narines. Après qu'ils l'eurent relevé, et qu'ayant bu un peu d'eau fraîche il fut revenu à lui, il rapporta qu'au moment où il avait poussé ce cri, il avait cru recevoir sur la nuque un violent coup de poing, et que c'était pour cela qu'il avait imploré le secours du bienheureux Martyr. Mais on vit bien que ce coup lui fut très-salutaire ; car, dès ce moment, son horrible frisson disparut pour toujours sans laisser aucune trace. Le même homme demeura encore à Mulinheim pendant deux ans environ ; et, durant ces deux années, il ne se passa pas une seule nuit, comme il l'attesta lui-même, sans qu'il vît en songe ces mêmes Martyrs qui l'avaient guéri, et sans qu'il reçût d'eux de nombreux avertissements, qu'il était chargé de transmettre à d'autres personnes. En effet, nous voyons s'accomplir aujourd'hui la plupart des événements qu'il a prédits comme devant arriver (22).

40. Quelques jours après, nous vîmes encore un autre malheureux attaqué d'une maladie semblable, guéri à peu près de la même manière, dans cette même basilique, et par les mérites de ces mêmes Saints. Une nuit que nous étions assis dans l'église pour célébrer l'office du matin et entendre les lectures de la divine loi, un homme entra ; il

trementibus membris, baculoque nitens, titubantia vestigia ægre gubernabat. Cumque se juxta parietem ad orandum inclinaret, ingenti voce emissa, repentino casu cernuus ruit; ac parva temporis mora interposita, ab eo quo tenebatur incommodo sanus surrexit. Is, cum ab eo quæreremus si aliud aliquid, præter quod nos omnes videre potuimus, sibi visum fuisset ea hora, qua salutem est consecutus, dixit, se paulo ante quam basilicam fuisset ingressus, ad ecclesiam veterem — quæ occidentem versus a nova basilica, in qua Martyres tunc quiescebant, parvo spatio distabat — orandi gratia venisse, et cum eam clausam offendisset, pro foribus orasse. Deinde cum se erexisset, et ad ecclesiam ire cœpisset, vidisse quemdam clericum, veneranda canitie, stola alba indutum, eo quo et ipse ire volebat se præcedentem. Quem, ut ipse asserit, secutus est usque ad ostium basilicæ. Quo cum ambo venissent, is qui præcedebat substitit, sinistro posti se applicans, quasi vellet ut ille prius ingrederetur, quem ipse paulo ante præcesserat : cunctantique ut ante se intraret, annuendo imperavit. Qui cum intrasset et ad orandum se inclinasset, post tergum ejus stetit, et cum pugno in cervicem percussit atque prostravit, et confestim evanuit. Quem tamen nemo alius, nisi solus ille qui sanatus est, videre potuit.

41. Sub idem fere tempus, cum quadam nocte surgentes, ad ecclesiam iremus, invenimus pro foribus ecclesiæ quemdam puerum, in porticu jacentem, adeo

portait un habit declerc, tous ses membres tremblaient, et, appuyé sur un bâton, il avait peine à guider ses pas chancelants. Comme il s'inclinait pour prier près de la muraille, il poussa un grand cri, et tomba tout à coup la face contre terre; puis, quelques moments après, il se releva parfaitement guéri de l'infirmité dont il souffrait. Et comme nous lui demandions s'il avait aperçu dans le moment de sa guérison soudaine quelque autre signe particulier que ce que nous avions pu voir nous-même, il nous dit, qu'un peu avant d'entrer dans la basilique, il avait été, pour y prier, à la vieille église, située un peu plus au couchant, à une petite distance de la nouvelle basilique où les Martyrs reposaient alors; mais que, l'ayant trouvée fermée, il s'était agenouillé devant la porte. Puis s'étant relevé, comme il se dirigeait vers la nouvelle église, il avait aperçu un clerc dont les cheveux blancs inspiraient le respect, vêtu d'une étole blanche, qui marchait devant lui, et allait où il voulait aller lui-même. Il le suivit, à ce qu'il nous assura, jusqu'à la porte de la basilique. Puis, lorsqu'ils y furent tous deux arrivés, ce clerc qui le précédait s'arrêta, et se rangea contre le côté gauche de la porte, comme s'il voulait laisser entrer avant lui l'homme qu'il précédait tout à l'heure. Celui-ci hésita avant de passer le premier, mais obéissant à un signe de tête, il entra, et s'inclina pour prier. Alors le clerc se plaça derrière lui; puis le frappant du poing sur la nuque, il disparut aussitôt. Cependant personne autre que l'homme qui venait d'être rendu à la santé n'avait pu le voir.

41. A peu près vers le même temps, une nuit que nous nous étions levés pour aller à l'église, nous trouvâmes devant la porte un enfant étendu sous le porche et

miserabiliter contractum ut mento genua jungerentur. Qui unum, ex his qui nos sequebantur, rogavit, ut se in ecclesiam deportaret; et ille, misericordia motus, sustulit eum, et in ecclesia juxta cancellos jacere fecit. Qui confestim irruente sopore, ubi jacuit obdormivit; nec prius evigilavit plene, quam de illa miserabili contractione, per suffragia Sanctorum, ita perfecte sanatus est, ut evigilans per se, de loco in quem alio portante delatus est, surgeret, atque ad altare Deo gratias acturus accederet. Is tamen, ubi dies illuxit, et nos cum eo loqui potuimus, retulit se tribus vicibus, priusquam signum ecclesiæ sonuisset, a quodam sibi ignoto clerico excitatum, atque admonitum ut nequaquam prætermitteret quin tempore matutini officii in ecclesiam veniret. Se quoque ita fecisse, ac postea, sicut nos vidimus, in ecclesia dormientem integram sui corporis sanitatem recepisse. Et hic quidem annorum circiter quindecim esse videbatur.

42. Alium itidem vidimus, non puerum, ut hic erat, sed valde senem atque decrepitum, pari morbo affectum, eodem in loco, simili modo, simili in tempore curatum. Quem et ipsum nocte quadam, cum propter matutinum officium celebrandum ad ostium ecclesiæ venissemus, in ipso limine reperimus. Qui genibus nitens, duobus se baculis sustentabat, ac sic illo tardissimo motu ad ingrediendum nos morabatur. Cumque post tergum ejus constituti, illam pigram promotionem præstolaremur, tanta suavissimi odoris fragrantia, de basilica procedens, nares nostras implevit, ut omnium aromatum ac thymiamatum artificiosam compositionem sua præstantia superaret. Intravit tan-

si horriblement rachitique que ses genoux touchaient à son menton. Il pria un de ceux qui nous suivaient de le porter dans l'église, et celui-ci, ému de compassion, l'emporta, et le déposa dans l'église, auprès de la grille du chœur. Aussitôt le sommeil s'empara de lui, il s'endormit à l'endroit où il était étendu, et ne se réveilla qu'après que cette affreuse difformité eut tout à fait disparu par le secours bienveillant des saints Martyrs. La guérison fut si parfaite, qu'à son réveil il put se lever tout seul de la place où il avait fallu le porter, et s'approcher de l'autel pour rendre grâces à Dieu. Cependant cet enfant, dès que le jour parut et que nous pûmes lui parler, nous apprit qu'il avait été, par trois fois, avant qu'on eût sonné la cloche, éveillé par un clerc qui lui était inconnu, et qui venait l'avertir de ne pas oublier de se rendre à l'église pour l'office des matines. C'était ce qu'il avait fait; et, comme nous l'avons vu, pendant qu'il dormait dans l'église, il avait recouvré la santé. Quant à son âge, on pouvait lui donner quinze ans environ.

42. Nous en vîmes encore un autre : cette fois ce n'était pas un enfant, mais un vieillard très-âgé et tout décrépit, qui souffrait de la même infirmité, et qui fut guéri à la même place, de la même manière et à la même heure. Ce fut aussi pendant la nuit, et au moment où nous nous rendions à l'église pour l'office du matin, qu'arrivés à la porte, nous le trouvâmes sur le seuil même : il se traînait sur les genoux, appuyé sur deux béquilles, et s'avançait si lentement, qu'il nous empêchait d'entrer dans l'église. Comme nous nous tenions derrière lui, réglant nos pas sur sa lente démarche, un délicieux parfum, s'élevant de la basilique, arriva jusqu'à nous, et vint nous pénétrer d'une odeur si agréable, qu'aucune composition artificielle d'aromates et

dem, et coram nobis juxta cancellos quasi ad dormiendum procubuit : nos quoque basilicam ingressi, nostris locis constitimus, ac simul cum aliis psalmos, qui dicebantur, solemni more cantavimus. At ubi prima lectio recitari coepta est, audivimus eumdem senem gemere, et, quasi qui vim pateretur, auxilium implorare; ac deinde interjecto parvi temporis spatio, vidimus in sessum se erigere, ac protinus baculis, quibus incessum regere solebat, assumptis, etiam in pedes constitisse. Et nos quidem hæc vidimus. Ipse autem fatebatur sibi visum fuisse, quod se jacentem quasi duo quidam apprehendissent, unus per humeros ad brachia, alter per crura et pedes, ac si trahendo, nervos suos qui contracti erant extendissent. Et quia præter hoc contractionis incommodum etiam surdum se fuisse asserebat, dixit sibi, cum in sessum fuisset erectus, velut ictum pugni validissime ferientis in caput supervenisse; vocemque simul ut in futurum audiret imperantis audisse. Hic senex hoc modo sanatus, de pago Helvetiorum qui nunc Aragowe (a) vocatur, se venisse, et natione Alamannum esse testatus est.

43. Alius, autem simili modo nervorum contractione debilitatus, qui se de vico Leodico, ubi sanctus Lambertus corpore requiescit, venisse dicebat, quadam dominica nocte, post peractum matutinale officium, nobis jam de ecclesia regressis, cum propter eos qui

---

(a) Edit *Aragaovin*.

d'encens n'aurait pu l'égaler. Le vieillard finit par entrer, et s'étendit devant nous près de la balustrade, comme pour dormir; nous entrâmes après lui dans la basilique, et nous étant assis à notre place, nous reprîmes, avec les autres, les psaumes qu'on chantait en ce moment. Mais à peine avait-on commencé la première leçon, que nous entendîmes ce même vieillard pousser des gémissements, et implorer du secours, comme s'il eût souffert quelque violence; puis, bientôt après, nous le vîmes se mettre sur son séant, prendre brusquement les béquilles dont il s'aidait pour marcher, et se relever tout droit. Cela, nous le vîmes de nos propres yeux. Pour lui, à ce qu'il racontait, il avait vu comme deux hommes qui l'avaient saisi, pendant qu'il était étendu, l'un par les épaules et les bras, l'autre par les jambes et les pieds, et s'étant mis à le tirer, avaient ainsi redressé ses muscles qui étaient tout contractés. Comme il affirmait aussi qu'indépendamment de cette infirmité il était sourd, il nous dit qu'au moment où il s'était levé sur son séant, il lui était tombé sur la tête comme un violent coup de poing, et qu'en même temps il avait entendu une voix ordonner qu'il entendît à l'avenir. Ce vieillard, qui venait d'être ainsi guéri, était venu d'un pays de l'Helvétie, appelé aujourd'hui Argovie, et il était Allemand de nation, ainsi qu'il nous l'apprit lui-même.

43. Nous vîmes encore un malheureux affecté d'une semblable contraction des muscles, qui arrivait, disait-il, de la ville de Liége où repose le corps de saint Lambert : c'était dans la nuit du dimanche. Après avoir achevé l'office du matin, nous avions quitté l'église, tandis que, suivant l'usage, en faveur des fidèles qui, venus de loin, étaient impatients de retourner chez eux,

de longe venerant, et ad sua redire festinabant, hostiæ salutaris sacramenta presbyter ex more celebraret, coram omnibus qui aderant, in pavimentum cecidit, ibique parvo temporis spatio velut soporatus jacuit; dein, quasi de somno expergefactus, nemine se sublevante, surrexit. Cumque unus ex circumstantibus baculos, quibus ante uti solebat, et, cum caderet, de manibus ejus elapsi procul jacebant, sumeret, eique porrigeret, renuit, dicens : « Absit a me, ut eos ulterius attingam. » Sed et iste ad hunc modum curatus, in patriam repedavit, de qua, reptando potius quam incedendo, ad Martyrum limina pervenerat.

44. Nec multo post, cum ego mense novembrio, secundum consuetudinem in palatio hiematurus, ad comitatum ire disponerem; jamque iter ingressus, transmisso flumine Hreno, in villam regiam, cui Sinciacus vocabulum est, ad manendum venirem; et post cœnam, quæ aliquam noctis partem occupaverat, in cubiculi secretum, ubi quieturus eram, cum familiaribus meis me recepissem; minister qui potum nobis porrigere solebat, quasi novi aliquid nuntiaturus, festinanter intravit. Quem ego intuitus : «Quid tu, inquam, narrare vis? Nam ut video, habes nescio quid, quod ad nostram vis perferre notitiam. »—Tum ille : « Signa, inquit, duo coram nobis modo facta sunt, quæ vobis indicare veni. » Cumque eum, quidquid vellet, dicere jussissem : « Modo, ait, cum de cœna surgentes hoc cubiculum intrastis, ego cum sociis meis descendi in cellarium, quod huic cœnaculo subjectum est. Ubi cum cervisiam ministris petentibus distribuere cœpissemus,

un prêtre y célébrait le saint sacrifice de l'hostie de salut. Or, cet homme, en présence de tous les assistants, tomba sur le pavé et, pendant quelques moments, y demeura étendu comme endormi. Puis, comme s'il se fût réveillé d'un profond sommeil, il se leva sans le secours de personne. Un de ceux qui l'entouraient ramassa les béquilles à l'aide desquelles il marchait auparavant, et qui, dans sa chute, lui avaient échappé pour aller tomber au loin; il les lui présenta, mais lui les refusa, en disant : « Dieu me préserve d'y toucher désormais! » Et après avoir été guéri de cette manière, il regagna à pied son pays, d'où il était sorti plutôt en rampant qu'en marchant pour arriver jusqu'à l'église des saints Martyrs.

44. Peu de temps après, vers le mois de novembre, je me disposais, suivant ma coutume, à retourner à la cour pour passer l'hiver dans le palais; je m'étais mis en route, et je venais de traverser le Rhin, lorsque j'atteignis un domaine royal, nommé Zinsich (23), où je résolus de m'arrêter. Après le souper, qui s'était prolongé assez avant dans la nuit, je m'étais retiré avec mes familiers dans la chambre où je devais reposer, lorsque le serviteur dont la fonction était de nous verser à boire entra précipitamment, comme pour nous annoncer quelque nouvelle. Je le regardai, puis : « Que veux-tu me dire, lui demandai-je; car je vois bien à ton air que tu as quelque chose à m'apprendre? » — « C'est que, reprit-il, nous venons d'être témoin de deux miracles, et je venais pour vous en informer. » Je l'invitai à nous dire tout ce qu'il voudrait, et il commença : « Tout à l'heure, vous veniez de quitter la table pour passer dans votre chambre; je descendis alors avec mes camarades dans le cellier qui se trouve

supervenit puer missus a quodam conservo nostro, flasconem ferens quem sibi impleri flagitabat. Qui cum esset impletus, petiit ut etiam sibi de eadem cervisia quantulumcumque daretur ad bibendum. Datum est in vase, quod casu vacuum supra cupam, in qua cervisia erat, positum fuerat. Sed ubi hoc hausturus ori admovit, cum ingenti admiratione, vinum hoc, non cervisiam esse, clamavit. Cumque eum is, qui et flasconem impleverat, et idipsum, quod illi datum fuit, de eodem foramine traxerat, mendacii coepisset arguere.—Sume, inquit, et gusta; et tunc me non falsum, sed potius verum dixisse probabis.—Sumpsit ille atque gustavit, sibique similiter vinum hoc, non cervisiam sapere testatus est. Tunc tertius et quartus, caeterique qui aderant, singillatim gustando et mirando, totum quod in vase fuerat ebiberunt. Quotquot autem inde gustaverunt, meri, non cervisiae id saporem habuisse, testati sunt.

45. Interea, cum in hujus signi admiratione attoniti stuperent, contigit ut cereus, cujus lumine ibidem utebantur, et tunc propter cupam parieti affixus ardebat, nemine contingente, in madens humore pavimentum caderet; atque ita esset extinctus, ut ne parvissima quidem in eo scintilla remaneret. Quem unus eorum arripiens, ad ostium cucurrit; sed horrore tenebrarum permotus, priusquam egrederetur, in ipso limine stans: Sancti, inquit, martyres Marcellinus et Petrus nos adjuvent! Ad quam invocationem cereus ille, quem manu tenebat, accensus est. »—Haec ubi

au-dessous de cette salle à manger. Là, je me mis à distribuer de la bière à tous ceux de vos serviteurs qui m'en demandaient, lorsque survint un domestique envoyé par un de nos camarades avec un flacon, qu'il nous pria de lui remplir. Quand on l'eut fait, le domestique demanda pour lui un peu de cette bière. On lui en versa dans un vase qui était vide, et qui se trouvait par hasard placé sur le tonneau où était la bière. Déjà il l'approchait de sa bouche pour boire, lorsqu'il s'écria tout étonné : « Mais ce n'est pas de la bière, c'est du vin. » — Celui qui avait rempli le flacon, et qui venait de tirer du même tonneau la bière donnée au domestique, prétendit qu'il mentait. — « Prenez donc, dit celui-ci, et goûtez vous-même ; vous verrez que bien loin de mentir, je n'ai jamais rien dit de plus vrai. » — L'autre prit la coupe, y goûta, et lui aussi nous assura que ce breuvage avait bien le goût du vin et non pas le goût de la bière. Alors un troisième, un quatrième, bref, tous ceux qui étaient là se mirent à goûter les uns après les autres, et, de surprise en surprise, ils finirent par vider le tonneau, affirmant tous que c'était du vin et non pas de la bière qu'ils avaient bu.

45. Cependant, comme ils restaient tout stupéfaits d'admiration à la vue d'un tel prodige, il arriva que le cierge qui servait à les éclairer dans le cellier, et qui brûlait attaché à la muraille, auprès du tonneau, tomba à terre, sans que personne l'eût touché, au milieu d'une grande quantité de liquide répandu sur le pavé ; il s'y éteignit si complétement qu'il n'en resta pas la plus petite étincelle. L'un d'eux le ramassa précipitamment, et courut vers la porte. Mais, au milieu des ténèbres, la peur le prit, et avant de sortir il s'arrêta sur le seuil, en s'écriant : Que les saints martyrs Marcellin et Pierre nous vien-

audivi, confestim Deo omnipotenti, ut par erat, laudem dixi et gratias egi, qui sanctos suos semper et ubique glorificat, et nos famulos suos, qui sacras eorum reliquias tunc nobiscum habebamus, de tantis virtutibus lætificare dignatus est. Illum autem, qui hæc mihi nuntiavit, expleta narratione, ad mansionem suam secedere jussi. Cæterum cum me ad quiescendum in lectulo collocassem, cœpi mecum multa volvendo tractare atque mirari, quidnam sibi vellet, quidve portendere posset illa cervisia in vinum, id est deterioris potionis in meliorem facta mutatio; aut cur in eo loco, id est, in regia domo, ac non potius in eo, ubi beatorum Martyrum, qui hæc prodigia per virtutem Christi fecerunt, sacratissima corpora recondita sunt, hujusce modi miraculum evenisset? Sed licet ad hujus quæstionis certam indaginem longa ac sollicita cogitatione pervenire nequirem, certum tamen habui et certum semper habebo, illam divinam atque supernam virtutem, per quam hæc atque alia hujus modi miracula fieri creduntur, nihil unquam sine causa vel facere vel fieri sinere in creaturis, quas ad suam providentiam et gubernationem pertinere non dubito.

CAPUT V.

Alia miracula Mulinheim facta, surdis et mutis, paralyticis et amentibus sanatis. — Lumen iter agentibus nocte concessum. — Libellus imperatori oblatus.

46. Igitur inde digressus, sicut superius dixi, ad

nent en aide. Aussitôt après cette invocation, le cierge qu'il tenait à la main se ralluma. » — Dès que j'appris ce qui venait de se passer, je m'empressai, comme c'était mon devoir, de chanter les louanges du Dieu tout-puissant, et de le remercier de ce que, glorifiant ses saints toujours et en tout lieu, il daignait nous réjouir par tant de miracles, nous ses serviteurs, alors possesseurs de leurs saintes reliques. Après que celui qui était venu m'apporter cette nouvelle eut achevé son récit, je le renvoyai dans sa chambre. Quant à moi, je me mis au lit pour reposer, et, au milieu des pensées qui m'agitaient, je cherchai avec étonnement ce que pouvait signifier cette bière changée en vin, c'est-à-dire ce changement d'une boisson de qualité inférieure en une autre bien préférable; et pourquoi un tel prodige s'était accompli en ce lieu, dans une maison royale, plutôt que dans l'endroit où l'on avait déposé les saintes reliques des bienheureux Martyrs, qui, par la vertu de Jésus-Christ, ont opéré tous ces miracles. J'eus beau chercher et réfléchir, je ne pus résoudre cette question d'une manière certaine; mais je demeurai et je demeurerai toujours convaincu que cette vertu divine et supérieure, à qui l'on attribue tous ces miracles et d'autres semblables, ne fait jamais rien, ou ne laisse jamais rien arriver sans motif relativement aux objets de sa création, qui, je n'en doute pas, sont soumis à sa providence et placés sous sa direction.

CHAPITRE V.

Autres miracles arrivés à Mulinheim : guérison de sourds, de muets, de paralytiques et d'aliénés. — Lumière accordée à des voyageurs au milieu de la nuit.—Mémoire présenté à l'empereur.

46. Je quittai donc Mulinheim, comme je l'ai dit plus

comitatum perrexi. Nam imperator Hludowicus eo tempore Aquisgrani palatio consistens, conventum procerum ibi fieri media fere hieme præceperat; ubi et ego inter cæteros adesse jussus, quia de vicinia beatorum Martyrum abesse cogebar, parum jucundas in palatio moras faciebam. Ideoque post unum, ex quo illo veneram, mensem exactum, misi quemdam ex nostris, nomine Ellenhardum, præcipiens ei ut ad limina beatorum Martyrum quanta posset celeritate festinaret, visitatisque fratribus nostris, quos inde digrediens ad divinum servitium faciendum ibi dimiseram, atque omnibus quæ ibidem agerentur diligenter exploratis, ad nos cito recurreret. Qui cum illuc venisset, tribus ibi mansit diebus. Quarto vero cum jam ad nos reverti disponeret, cæcus ille, nomine Albricus, cujus in superioribus fecimus mentionem (*a*), detinuit abire parantem; affirmans eum non prius iter suum ingressurum quam tale signum fieri vidisset, cujus relatione me lætum atque oppido gaudentem efficeret. Addidit etiam, beatissimos Martyres præterita nocte sibi in somnis apparuisse, atque hoc in mandatis dedisse ut perquireret quemdam pauperem, nomine Gisalbertum, immani gibbo depressum, ac proinde curvum et brevibus baculis innitentem; atque inventum in cœnaculo, quod supra porticum basilicæ est, tempore matutini officii, juxta reliquias quæ ibi erant, collocaret : eo quod ibi, per merita et virtutem sanctorum, quorum illæ reliquiæ essent, de illa gibbi deformitate atque curvitatis incommodo liberari deberet. Paruit ille suadenti, atque iter, quod aggredi paraverat, distulit in

---

(*a*) Vid supr. num 39.

haut, pour me rendre à la cour. L'empereur Louis
habitait alors son palais d'Aix-la-Chapelle, et il avait
décidé qu'une assemblée des grands s'y réunirait vers
le milieu de l'hiver (24). J'étais convoqué pour y assister
avec les autres ; mais comme je me trouvais forcé de vivre
loin de mes bienheureux Martyrs, le séjour du palais était
pour moi peu agréable. Aussi, un mois après mon arrivée,
je fis partir un de mes serviteurs, nommé Ellenhard, avec
ordre de se rendre le plus promptement possible à l'église
des saints Martyrs, d'y visiter ceux de nos frères que j'y
avais laissés à mon départ pour y faire le service divin,
et, après avoir examiné avec soin tout ce qui s'y passait,
de revenir auprès de moi en toute hâte. Il s'y rendit, et y
demeura trois jours. Le quatrième, il se disposait à s'en
retourner, lorsque cet aveugle, nommé Aubri, dont j'ai
déjà fait mention plus haut, le retint au moment de
son départ, en lui disant qu'il ne pouvait se mettre
en route avant d'avoir été témoin d'un miracle dont le
récit me ferait grand plaisir, et me causerait même la joie
la plus vive. Il ajouta que la nuit précédente les bienheureux Martyrs lui étaient apparus, et l'avaient chargé
de chercher un pauvre, nommé Gisalbert, affligé d'une
énorme bosse, et qui, tout courbé sous le poids de cette
infirmité, s'appuyait sur de petites béquilles. Après l'avoir
trouvé, il devait le placer pendant l'office du matin dans
la galerie au-dessus du porche, auprès de certaines reliques déposées en cet endroit, afin que par les mérites et la
vertu des saints auxquels ces reliques appartenaient, il
fût délivré de cette bosse qui le rendait difforme et tout
voûté. Ellenhard se laissa persuader et, sur le point
de se mettre en route, il retarda d'un jour son départ.
Cependant notre aveugle chercha le pauvre qui lui avait

crastinum. Ac cæcus ille jussum pauperem perquirens invenit; et, ut sibi præceptum erat, in superioribus ecclesiæ partibus juxta prædictas reliquias, officii matutini tempore, collocavit. Erant autem illæ reliquiæ, quod nondum noveramus, beati Marii martyris, et uxoris ac filiorum ejus, Marthæ videlicet, Audifacis et Habacuc. Quæ utique simul cum sanctorum Marcellini et Petri corporibus, et in eodem loculo ad nos perlatæ sunt. Sed is qui eas detulit, cujus essent reliquiæ nescivit; nam ille, qui eas mihi miserat, promisit se ad me esse venturum, ac nomina sanctorum, quorum hæ reliquiæ forent, per semetipsum mihi indicaturum : quod postea factum est. Pauper vero, qui juxta illas a memorato cæco fuerat collocatus, cum secunda lectio ad nocturnum officium ex more legeretur, edito ingenti clamore, non modicum pavorem audientibus incussit. Ad quem cum nonnulli clericorum, una cum illo qui hoc ibi opperiri jussus fuerat, accurrissent, invenerunt eum pronum atque extentum propter altare jacentem, pavimentumque, quod ori ejus subjectum erat, plurimo sanguine madens. Quem levantes, et allata aqua refocillantes, sanum et rectum, neque ulla camelinæ illius tortitudinis signa retinentem, in inferiores ecclesiæ partes gratulabundi deduxerunt. Quo miraculo in hunc modum peracto, is, quem illuc miseram, ad me cum summa festinatione regressus, cum ea quæ viderat retulisset, magno nos gaudio atque exsultatione replevit.

47. Nec multo post Ratleicus, qui sacros Martyrum cineres, sicut in superioribus demonstravimus,

été désigné, et finit par le rencontrer. Alors, suivant les ordres qu'il avait reçus, il le plaça, pendant l'office du matin, dans la partie supérieure de l'église, près des reliques dont nous venons de parler. Or, ces reliques — ce que nous ne savions pas encore — étaient celles du bienheureux Marius, martyr, celles de sa femme Marthe, et de ses fils Audifax et Habacuc (25). Elles nous avaient été apportées dans la même châsse et en même temps que les restes sacrés de saint Marcellin et de saint Pierre : mais celui qui s'en était chargé ne savait pas de quels saints elles provenaient; car la personne qui me les envoyait avait promis de venir me trouver, et de m'indiquer de vive voix à quels saints elles avaient appartenu. C'est ce qui se fit plus tard. Quant à notre pauvre, il fut donc placé par Aubri auprès de ces reliques. Mais pendant qu'on lisait, selon l'usage, la seconde leçon, pour l'office de nuit, on l'entendit pousser un grand cri, dont tous les assistants furent fort effrayés. Plusieurs clercs, et parmi eux Ellenhard qu'on avait prié d'attendre l'événement, coururent à lui; ils le trouvèrent, la face contre terre, étendu tout de son long, près de l'autel, et le pavé, sur lequel il avait la figure appuyée, était tout mouillé de sang. On le releva; de l'eau fraîche fut apportée, et on le fit revenir. Or il était sain et droit, sa bosse de chameau avait totalement disparu, lorsqu'on le fit descendre de la galerie pour aller rendre grâce à Dieu dans l'église. Après que ce miracle eut été ainsi opéré, le serviteur que j'avais envoyé en ces lieux revint vers moi en toute hâte, et le récit de ce qu'il avait vu nous remplit de joie et d'allégresse.

47. Peu de temps après Ratleig, celui qui avait rapporté de Rome, ainsi que je l'ai raconté plus haut, les

Roma detulit, ut ipse asserebat, jussus venit, deferens libellum, complura capitula continentem; cujus rationem talem esse retulit, dicens : sibi cæcum illum, cujus modo fecimus mentionem, ex autoritate Martyrum præcepisse ut ea capitula describeret, mihique deferret, ac diceret ut ea susciperem, atque imperatori legenda offerrem. Suscepi ab eo libellum atque perlegi, emendatumque ac noviter scriptum imperatori, ut jusserat, obtuli. Et ille quidem suscepit atque perlegit : sed de his, quæ per hunc libellum facere jussus vel admonitus fuerat, perpauca adimplere curavit. Quid autem illa capitula continerent, aut quid ab eo factum, quidve dimissum sit, alio potius in loco, quam in isto, commemorandum est. Illud tamen non solum non prætereundum, quin imo aperte ac dilucide censeo conscribendum, qualiter revelatum et jussum sit ut libellus ille fieri atque regi dari debuerit; quæ Ratleicus hoc modo contigisse retulit.

« Ante paucos, inquit, dies, cum in ecclesiam ad agendum nocturnum officium ex more convenissemus, adiit me cæcus ille, quem nostis, rogans ut in partem aliquam secretiorem cum illo secederem. Feci ut volebat, et cum eo cellulam, in qua quiescere solebam, ingressus sum. Tum ille prior : « Hac, inquit, nocte paulo antequam sono signorum excitati surgeremus, apparuit mihi per visum quidam vir, canitie venerabilis, veste candida indutus, virgam auream manu tenens,

cendres sacrées des Martyrs, vint me trouver : il avait reçu l'ordre de partir, à ce qu'il m'affirma, pour m'apporter un mémoire qui renfermait plusieurs articles. Voulant m'expliquer cette démarche, il m'exposa que l'aveugle dont nous venons de parler lui avait ordonné, au nom des Martyrs, de consigner par écrit ces articles et de me les apporter, en me disant que j'eusse à me charger de ce mémoire pour le donner à lire à l'empereur. Je le pris, je le lus en entier, et après l'avoir corrigé et transcrit de nouveau, je le présentai à l'empereur, comme Ratleig m'avait dit de le faire. L'empereur le reçut et le lut d'un bout à l'autre; mais quant aux ordres ou aux avertissements qu'on lui donnait dans ce mémoire, il n'en suivit qu'un très-petit nombre (26). Du reste, pour ce que contenaient ces articles, pour ce qu'il en prit et ce qu'il en laissa, ce n'est pas ici, mais plutôt ailleurs, qu'il faudra en faire mention. Cependant, il est une chose que je ne saurais passer sous silence, mais que je crois au contraire devoir raconter en détail et avec clarté : c'est la manière dont se fit cette révélation, et comment l'ordre fut donné de faire ce mémoire et de le présenter à l'empereur. Voici comment tout se passa, au dire de Ratleig.

« Il y a quelques jours, me dit-il, nous nous étions rassemblés dans l'église, comme d'habitude, pour y célébrer l'office de nuit, cet aveugle, que vous connaissez, m'aborda, en me priant de le suivre dans quelque endroit solitaire. Je fis ce qu'il demandait, et j'entrai avec lui dans la cellule où j'ai coutume de reposer. Alors prenant le premier la parole : «Cette nuit, me dit-il, peu de temps avant que le son des cloches m'eût réveillé pour me faire lever, je vis comme en songe un homme m'apparaître :

ac talibus me verbis compellavit : « Vide, inquit, Albrice, ut cuncta quæ tibi dixero, bene intelligas, eaque adeo tenaci memoria retineas, ut etiam aliis, qui illa scripturi sunt, exponere valeas. Volo enim ut scribantur, et Hludowico imperatori ad legendum per seniorem vestrum ostendantur : sunt quippe valde necessaria non solum ad cognoscendum, verum etiam ad faciendum principi, in cujus regnum isti Martyres divina jussione venerunt. »

48. « Tunc incipiens, duodena vel eo amplius capitula per ordinem pronuntiavit; mihique præcepit, ut tibi et aliis quatuor, quos tibi dicturus sum, illa enumerem atque exponam ; et post hæc tu libellum facias, eumque seniori tuo, qui nunc in palatio moratur, deferas; eique ex Martyrum auctoritate præcipias, ut eumdem, quanto celerius possit, imperatori offerat. Deinde subjungens : « Nostine, inquit, quis ego sim, qui tibi ista præcipio?—Tum ego nihil hæsitans, sanctum Marcellinum eum esse respondi. — Et ille : Non ita est, inquit, ut opinaris, sed Gabriel archangelus ego sum; personamque ac formam Marcellini idcirco assumpsi, quia Dominus Deus omnium rerum atque causarum ad istos Martyres pertinentium curam mihi commisit; et nunc veni, ut hæc tibi indicarem quæ scribere præcepi, quoniam divinæ voluntatis est ut ea ex auctoritate eorum ad notitiam regis, sine morarum interpositione, perveniant. Tu vero, sicut tibi præcepi, primo diluculo post completum matutinum officium, nuntia quæ audisti his quibus ea nuntiare

ses cheveux blancs lui donnaient un air vénérable; il était vêtu d'une robe blanche et tenait à la main une baguette d'or. Il m'adressa la parole en ces termes : « Fais attention, Aubri, me dit-il, à bien comprendre tout ce que je vais te dire, et à le graver dans ta mémoire, de manière à pouvoir le dicter fidèlement à ceux qui doivent l'écrire; car je veux que tout ce que je te dirai soit consigné par écrit pour être mis par ton seigneur sous les yeux de l'empereur. Il est en effet très-important pour le prince qui gouverne le royaume où ces Martyrs sont venus par ordre de Dieu, non-seulement de prendre connaissance de ces avertissements, mais de les mettre à exécution. »

48. « Il commença alors et me dicta de suite une douzaine d'articles, en me recommandant de vous les rapporter par ordre et de vous les redire à vous et à quatre autres personnes que je vais vous nommer, pour qu'ensuite vous en fassiez un recueil et que vous le portiez à votre seigneur qui séjourne maintenant dans le palais, en lui enjoignant, au nom des Martyrs, de le présenter à l'empereur le plus tôt possible. Puis il ajouta : « Sais-tu qui je suis, moi qui te donne ces ordres? — Je lui répondis sans hésiter qu'il était saint Marcellin. — Non, dit-il, je ne suis pas celui que tu penses. Je suis l'archange Gabriel; mais c'est parce que Dieu notre Seigneur a remis entre mes mains le soin de tout ce qui concerne ces Martyrs, que j'ai pris la figure et l'extérieur de Marcellin; et je viens en ce moment pour te faire connaître ce que j'ai ordonné d'écrire, parce que le Seigneur veut que ce soit sous la garantie des saints Martyrs que ces articles arrivent à la connaissance de l'empereur, et cela, sans le moindre retard. Pour toi, tu iras, comme je te l'ai dit, dès le point du jour, après l'office des matines, annoncer ce que tu as

jussi.—Tum ego : Nemo est, inquam, qui credat, quod angelus mecum locutus sit, aut me ista nuntiare mandaverit.—Non erit, inquit, ita; sed dabo signum, quod facias coram eis : quo viso, nullam ultra dubitationem habebunt de his quæ ad eos ex mea jussione pertuleris. Proinde volo dicas Ratleico ut exhibeat tibi duos cereos novos qui nondum accensi fuissent; et unum ex eis dextra, alterum sinistra tenens, sta coram altari; et cum omnia, quæ tibi præcepi, narrando compleveris, dic eis qui hæc audiunt, ut in hoc credant vera et ab angelo Dei esse mandata, quæ dixisti, si hi cerei in manibus tuis, sine adhibitione ignis visibilis, fuerint videntibus illis illuminati. »

Quo facto, scriptus est libellus, mihique allatus, ac per me regi oblatus, ab illo quoque acceptus atque perlectus est. Idcirco visum est mihi, inter cætera miracula, libelli hujus facere mentionem; quia per occasionem, qua ille scribi jubebatur, contigit illa mirabilis et unisitata cereorum accensio, quam per merita beatorum Martyrum fieri debere ipse, qui eos illuminavit, angelus prænuntiavit.

49. Sub idem fere tempus, cum Ratlcicus a nobis ad basilicam Martyrum regressus est, allatus est nobis inde alter libellus, continens verba et ratiocinationem cujusdam dæmonis, qui se Wiggonem nominavit. Quæ facta est ab eo coram multis testibus ante altare, juxta quod sacri Martyrum cineres repositi

entendu à ceux que je t'ai désignés. — Mais, lui dis-je, personne ne voudra croire qu'un ange ait daigné s'entretenir avec moi, et me charger d'annoncer de telles paroles.— Il n'en sera pas ainsi, reprit-il, car je te donnerai le pouvoir de faire devant eux un miracle; et quand ils l'auront vu, ils n'élèveront plus aucun doute sur ce que tu leur auras appris par mon ordre. Je veux donc que tu dises à Ratleig de te donner deux cierges neufs, qui n'aient pas encore été allumés; puis, debout, devant l'autel, tu en tiendras un de la main droite, l'autre de la main gauche, et lorsque tu auras fini de dire ce que je t'ai chargé de révéler, tu avertiras ceux qui t'écouteront qu'ils aient à ajouter foi à tes paroles comme étant des ordres émanés de l'ange du Seigneur, si les cierges qui sont dans tes mains s'allument à leurs yeux sans le secours visible d'aucune flamme. »

Or, c'est ce qui arriva; le mémoire fut donc écrit; on me l'apporta et je l'offris à l'empereur; ce prince l'accepta et le lut en entier. La raison qui m'a engagé à faire mention de ce mémoire, au milieu de tant d'autres miracles, c'est cette particularité étonnante et extraordinaire des cierges qui, à l'occasion de ce mémoire qu'on avait ordonné d'écrire, s'allumèrent comme d'eux-mêmes; miracle qui fut opéré par le mérite des bienheureux Martyrs, ainsi que l'avait annoncé d'avance l'ange qui alluma les deux cierges.

49. Presque au même moment, comme Ratleig venait de nous quitter pour retourner à l'église des saints Martyrs, on nous apporta un autre mémoire contenant les paroles et les avertissements d'un démon, qui se donnait à lui-même le nom de Wiggon. Cette révélation se fit en présence de nombreux témoins, devant l'autel près duquel

sunt, ad interrogationem presbyteri, qui exorcismum super energumenum legerat : quod hoc modo contigisse narratur. Prædium est in pago Nithagowe (*a*), vocabulo Hecgstat, pertinens ad monasterium S. Nazarii, de quo puella quædam, annorum circiter sedecim, ab eodem erratico spiritu possessa, ad basilicam Martyrum a parentibus suis adducta est. Quæ cum ante tumbam sacra corpora continentem venisset, et presbyter super caput ejus exorcismum, secundum consuetudinem, perlegisset; ac deinde dæmonem, qualiter et quando in eam fuisset ingressus, percontari cœpisset, non barbara lingua, quam solam puella noverat, sed romana locutione presbytero respondit. Cumque presbyter miraretur atque interrogaret, unde illi latinæ linguæ notitia, cum parentes ejus, qui ibi præsentes astabant, hujuscemodi sermonem penitus ignorarent? — « Parentes, inquit, meos nunquam vidisti. » — Tum presbyter : « Tu ergo, inquit, unde es, si isti non sunt parentes tui? »

50. Et dæmon per puellam : « Ego, ait, sum satelles atque discipulus Satanæ, et multo jam tempore apud inferos janitor fui ; sed modo per annos aliquot, cum sociis meis undecim, regnum Francorum vastavi. Frumentum et vinum, et omnes alias fruges, quæ ad usum hominum de terra nascuntur, juxta quod jussi eramus, enecando delevimus ; pecora morbis interfecimus, luem ac pestilentiam in ipsos homines immisimus ; omnes quoque adversitates et cuncta mala, quæ jam diu pro meritis suis patiuntur, nobis facientibus atque ingerentibus, eis acciderunt. » — Hic cum

---

(*a*) Edit. *Nithagonne*, et sic infra.

on avait replacé les cendres sacrées des Martyrs, et en réponse aux demandes du prêtre qui avait lu l'exorcisme sur l'énergumène. Voici comme on raconte le fait. Il y a, dans le pays de Niedgau, une terre nommée Hecgstat (27), qui appartient au monastère de Saint-Nazaire (28). Une jeune fille, âgée de seize ans environ, et possédée de ce malin esprit, fut amenée de cet endroit par ses parents à la basilique des Martyrs. Lorsqu'elle se fut approchée de la tombe qui renfermait les saintes reliques, le prêtre lut, suivant la coutume, l'exorcisme sur sa tête ; puis lui ayant demandé comment le démon était entré en elle, elle se servit, pour lui répondre, non pas de la langue vulgaire, quoiqu'elle n'en connût pas d'autre, mais de la langue des Romains. Le prêtre, tout surpris, lui demanda qui avait pu lui apprendre la langue latine, puisque ses parents, qui étaient là, n'en savaient pas un mot? « Vous n'avez, répondit-elle, jamais vu mes parents. — Qui donc t'a donné le jour, reprit alors le prêtre, si ce ne sont pas là tes parents ? »

50. Le démon répondit par la bouche de la jeune fille : « Je suis satellite et disciple de Satan, et je fus pendant longtemps portier des enfers ; mais voici plusieurs années que je ravage, avec onze de mes compagnons, le royaume des Francs. Le blé et les vignes, tous les fruits de la terre qui naissent à l'usage des hommes ont été, comme nous en avions reçu l'ordre, dévastés et détruits par nos mains; nous avons tué le bétail par les maladies; nous avons déchaîné sur les hommes eux-mêmes la contagion et la peste; enfin, toutes les calamités, tous les malheurs que depuis longtemps ils souffrent pour leurs péchés, c'est nous qui les avons préparés, c'est nous qui les faisons peser sur eux. » — Comme le prêtre lui demandait

presbyter ab eo quaereret, quanam de causa ei fuisset hujusmodi concessa potestas? « Propter malitiam, inquit, populi hujus, et multimodas iniquitates eorum qui super eum constituti sunt. Qui munera et non justitiam diligunt, qui plus hominem quam Deum metuunt, qui pauperes opprimunt, viduas et pupillos ad se vociferantes exaudire nolunt, nulli justitiam nisi mercanti faciunt. Præter hæc sunt et alia multa ac pene innumerabilia, quæ tam ab ipso populo, quam a rectoribus ejus quotidie committuntur; ut sunt perjuria, ebrietates, adulteria, homicidia, furta, rapinæ, quæ nemo fieri prohibet, et, cum facta fuerint, non est qui vindicet. Potentiores quique turpibus lucris inserviunt; et loco superiore, quem propter regendos inferiores acceperunt, ad superbiam et inanem gloriam abutuntur; odium et invidiam, non tam inter extraneos, quam inter propinquos et affinitate conjunctos exercent; amicus amico non credit, frater fratrem odit, pater filium non diligit. Rari sunt, qui fideliter ac devote decimas dent, rariores qui eleemosynas faciant; et hoc ideo, quia quidquid Deo vel pauperibus dare jubentur, id sibi perire arbitrantur. Iniquas mensuras et injusta pondera, contra Dei præceptum, habere non verentur; fraude se alterutrum circumveniunt; falsa testimonia dicere non erubescunt; dies dominicos ac feriatos non custodiunt, sed in his, ac si in cæteris, prout voluntas eorum tulerit, operantur. Propter hæc et alia multa, quæ Deus aut præcepit hominibus ut facerent, aut prohibuit ne facerent, quia populus hic per contumaciam mandatis ejus inobediens effectus est, permissi, immo jussi sumus ea facere in rebus humanis, quæ superius

pour quelle raison on lui avait accordé un tel pouvoir?
« C'est, répondit-il, à cause de la malice de ce peuple et
des iniquités de toute sorte commises par ceux qui le
gouvernent. Ils aiment les présents et n'aiment pas la justice; ils craignent l'homme plus que Dieu; ils oppriment
les pauvres, refusent d'entendre les veuves et les orphe-
lins qui les implorent à grands cris; ils ne rendent la justice qu'à ceux qui la leur achètent. Bien d'autres crimes
encore, si nombreux, qu'il est presque impossible de les
compter, sont commis chaque jour, et par le peuple et
par ses chefs : tels sont le parjure, l'ivrognerie, l'adul-
tère, l'homicide, le vol, le pillage; crimes que personne
ne sait empêcher, et qui, une fois commis, ne sont punis
par personne. Tous les puissants du monde sont comme
les esclaves de leur honteuse cupidité; et ils abusent, pour
satisfaire leur orgueil et leur vaine gloire, de ce haut
rang où ils ont été placés pour gouverner leurs infé-
rieurs. La haine et l'envie s'exercent dans leurs cœurs,
moins contre les étrangers que contre ceux mêmes qui
leur sont unis par les liens du sang ou de la famille.
L'ami ne croit pas en son ami, le frère hait le frère, le
père n'aime pas son fils. Ils sont bien rares ceux qui
paient fidèlement et pieusement la dîme; ils sont bien
plus rares encore ceux qui font l'aumône; et cela parce
qu'ils regardent comme perdu pour eux tout ce qu'on
leur commande de donner à Dieu ou aux pauvres.
Ils ne craignent pas d'avoir, contre l'ordre du Seigneur,
de faux poids et de fausses mesures; ils s'entourent réciproquement de piéges perfides; ils ne rougissent pas de
prêter de faux serments; ils n'observent ni les dimanches
ni les jours fériés; ces jours, comme les autres jours,
ils travaillent au gré de leur caprice. C'est à cause

enumeravi, ut perfidiæ suæ pœnas luant. Sunt enim perfidi atque mendaces, cum hoc servare non curant, quod in baptismo promiserunt. » Hæc omnia dæmon per os barbaræ puellæ latine locutus est.

51. Et cum presbyter imperando urgere cœpisset ut exiret. « Exibo, inquit, non propter tuum imperium, sed propter Sanctorum potestatem, qui me in illa diutius manere non permittunt. » His dictis, puellam in pavimentum projecit; atque ibi aliquantulum, velut dormientem, prono corpore jacere fecit. Post paululum vero illo recedente, quasi de somno evigilans, per virtutem Christi et merita beatorum Martyrum, puella, cunctis qui aderant cernentibus atque mirantibus, sana surrexit, nec post exactum a se dæmonem latine loqui potuit; ut palam posset intelligi, non illam per se, sed dæmonem per os ejus fuisse locutum. Heu! proh dolor! ad quantas miserias tempora nostra sunt devoluta, in quibus non boni homines, sed mali dæmones doctores sunt; et incentores vitiorum ac persuasores criminum de nostra nos correctione commonent.

52. Eodem fere tempore sanctimonialis quædam,

de toutes ces choses et de bien d'autres encore que Dieu prescrit aux hommes ou qu'il leur défend, et c'est parce que ce peuple par son entêtement s'est rendu rebelle aux ordres du Seigneur, que nous avons reçu la permission et même l'ordre de répandre sur les hommes les maux que je viens d'énumérer, afin qu'ils portent la peine de leur parjure; car ils sont parjures et menteurs, puisqu'ils ne prennent aucun souci d'observer ce qu'ils ont promis au baptême. » Voilà ce que le démon dit en latin par la bouche de cette jeune fille qui ne parlait que la langue vulgaire.

51. Et comme le prêtre le pressait impérativement de sortir : « Je sortirai, dit-il, non pas à cause de tes ordres, mais à cause du pouvoir des saints Martyrs, qui ne me permettent pas de rester en elle plus longtemps. » A ces mots, il renversa la jeune fille sur le pavé, et pendant quelques instants il la tint là, comme endormie, étendue la face contre terre. Puis bientôt après, lorsqu'il se fut éloigné, cette jeune fille, sortant comme d'un profond sommeil, grâce à la vertu de Jésus-Christ et aux mérites des bienheureux Martyrs, se releva parfaitement guérie sous les yeux de tous les assistants frappés d'admiration ; mais après l'expulsion du démon, il ne lui fut plus possible de parler latin. C'était pour bien faire comprendre que ce n'était pas elle, mais le démon, qui avait parlé par sa bouche. Hélas! ô douleur! dans quel temps de misères vivons-nous donc aujourd'hui, que ce ne sont plus les gens de bien, mais les méchants démons qui nous prêchent; que ce sont les instigateurs du vice, les conseillers de tous les crimes, qui nous avertissent de penser à nous corriger.

52. Vers la même époque, nous vîmes arriver une re-

nomine Marethrudis, de pago Wetareiba, quæ dira paralysis ægritudine per decem annos tam immaniter tenebatur, ut tanto temporis spatio pene nullo ad humanos usus corporis officio fungeretur; et jam a parentibus suis erat desperata, quoniam ad omnia sanctorum loca, ad quæ ipsi poterant pervenire, eamdem deduxerant. Sed tandem ab eisdem tunc ad basilicam Martyrum adducta, et tempore nocturnalis officii juxta cancellos posita, per merita et intercessionem eorumdem Sanctorum, diu desiderata sanitate sine mora donata est, adeo integre atque perfecte ut, omnium membrorum firmitate recepta, quæ illuc lectica venerat, pedibus ad propria remearet. Sed ubi domum redire cœpit, in ipso itinere eadem, qua liberatam se gaudebat, infirmitate corripitur. Itaque reversionis suæ pœnitentiam agens, iterum se ad Martyrum limen reduci rogavit. Moxque ut reducta est, quam discedendo amiserat sanitatem, sine ulla dilatione recepit. Voto igitur facto, ut sua sponte de Sanctorum obsequio jam amplius discedere non deberet, parvam sibi cellulam haud procul ab ecclesia ad manendum construxit, ac deinceps, religiose conversata in obsequio beatorum Martyrum, cum magna devotione permansit.

53. Aliam quoque feminam constat, non multo post, per eosdem beatissimos Martyres, magno incommodo liberatam. Quæ res hoc modo gesta esse cognoscitur. In pago Nithagowe fundus est, Ursella vocatus, qui a basilica Martyrum sex fere leugarum intervallo dirimitur. In quo mulier quædam, cum

ligieuse nommée Maréthrude, du pays de Wétéravie (29). Depuis dix ans, cette malheureuse souffrait d'une si cruelle paralysie, que c'est à peine si depuis tant d'années elle pouvait se servir de ses membres pour aucun des usages de la vie. Ses parents n'en espéraient plus rien, car ils l'avaient déjà conduite dans tous les lieux de pèlerinage où ils avaient pu se rendre eux-mêmes. Mais ils l'amenèrent enfin à la basilique des saints Martyrs, et on la plaça, pendant l'office de nuit, près de la grille du chœur. Or, les mérites et l'intercession des saints Martyrs lui eurent bientôt rendu la santé qu'elle désirait depuis si longtemps. Sa guérison fut si radicale et si parfaite, tous ses membres reprirent si bien leur vigueur, qu'après être venue en litière, elle put s'en retourner à pied. Mais comme elle regagnait sa demeure, elle fut reprise au milieu du chemin par cette même infirmité dont elle se réjouissait d'être délivrée. Elle se repentit alors de s'en être allée, et demanda qu'on la reconduisît à la basilique des saints Martyrs. On l'y ramena, et elle recouvra tout aussitôt la santé qu'elle avait perdue en s'éloignant de l'église. Elle fit donc vœu de ne plus quitter volontairement le territoire des saints Martyrs, et se construisit, non loin de l'église, une petite cellule pour y demeurer. Depuis lors, elle resta, avec une grande dévotion, religieusement consacrée au service des bienheureux Martyrs.

53. Peu de temps après, une autre femme fut encore, grâce certainement à ces bienheureux Martyrs, délivrée d'une grande infirmité. Voici le fait tel qu'il s'est passé au su de tout le monde. Il y a, dans le pays de Niedgau, un domaine qu'on nomme Urselle (30), et qui est à six lieues

mane facto de somno evigilans in lecto suo resideret, et juxta consuetudinem expergiscentium, protensione brachiorum et assidua oscitatione, ad discutiendum marcorem, se extenderet, os paulo diductius, quam debebat, aperuit, disjunctisque juxta aures maxillarum coagmentis, hians rictus constitit immobilis; nec jam os claudere valens, personæ quam homini similior effecta, gravissimas incautæ oscitationis pœnas luebat. Hoc ubi mulierculis in eodem fundo habitantibus innotuit, accurrunt, herbisque et frivolis incantationibus male habenti succurrere moliuntur. Sed non habuit effectum vana ac superstitiosa præsumptio; vexabatque potius laborantem atque lædebat quidquid imperitæ manus, velut studio medendi, eidem adhibuerunt. Interea frater mariti ejusdem mulieris supervenit, salubrique consilio rogavit ut ad basilicam Martyrum sine mora duceretur; ibi affirmans esse sanandam, si unquam foret receptura sanitatem. Statimque jumento impositam ducere incipiunt; appropinquantes autem basilicæ, de jumento depositam pedibus incedere faciunt. Cumque eo loci ventum esset ut jam turricula, quæ signa basilicæ continebat, ab eis conspici potuisset, eique ut ad eam videndam oculos levaret, hi qui eam ducebant imperarent, aspexit, vidit, ac sine ulla interposita mora sanitatem recepit. Ibi omnes pariter in terram corruunt, divinam misericordiam quibus valent laudibus extollunt, surgentesque ad basilicam properanter pergunt; et, adoratis sanctissimis Martyribus, ac votis pro modo facultatum persolutis, ad propria cum multa exultatione revertuntur. Vidimus nos eamdem feminam, et

environ de la basilique des saints Martyrs. Une femme
de cet endroit était au lit le matin au sortir du sommeil;
selon l'habitude des gens qui s'éveillent, elle s'allongeait
pour se dégourdir, en étendant les bras, avec de longs
bâillements. Mais elle ouvrit la bouche un peu plus qu'elle
ne devait; les articulations des mâchoires auprès de
l'oreille se disloquèrent, et elle resta la bouche béante
et immobile. Ne pouvant plus la fermer, et, dans cet état,
ressemblant plutôt à un masque qu'à une figure humaine, elle payait bien cher ce bâillement imprudent.
Dès que cet accident fut connu des autres femmes qui
demeuraient sur le même domaine, elles accoururent, et
cherchèrent à soulager avec des herbes, et par de frivoles enchantements, les souffrances de cette malheureuse. Mais leur vaine et superstitieuse présomption ne
produisit aucun effet; ou plutôt tout ce que ces mains
inhabiles essayèrent sur la malade, dans le but de
la guérir, ne fit qu'ajouter à ses douleurs et empirer le
mal. Sur ces entrefaites, le beau-frère de cette femme
étant survenu, donna l'avis salutaire de la conduire sans
délai à la basilique des Martyrs, et assura que c'était là
qu'elle serait guérie, si jamais elle devait recouvrer la santé.
Aussitôt ils la placèrent sur un cheval et se mirent en
route avec elle. Quand ils arrivèrent dans le voisinage de l'église, ils la firent descendre pour marcher à
pied. Parvenus à un endroit d'où l'on peut apercevoir
la petite tour qui renferme les cloches de la basilique,
ceux qui accompagnaient cette pauvre femme lui dirent
de lever les yeux pour voir le clocher; elle leva la tête,
le regarda, et fut guérie tout aussitôt. Alors ils se
prosternèrent tous ensemble, célébrèrent la divine miséricorde par toutes les louanges qu'ils purent trouver,

cum illa locuti sumus; et ea, quæ circa illam gesta fuerunt, ipsa narrante didicimus.

54. Nunc illud referre volo, quod ipse in die natalitio beatorum Martyrum contigisse vidi. Puer quidam surdus et mutus, qui ante triennium illuc venerat, et in domo custodis ecclesiæ ostiarius ab eo fuerat constitutus, festo die jam finito et officio vespertino consummato, cum juxta ostium sederet, repente consurgens basilicam intravit, et a dextris altaris pronus corruit. Cumque eum ædituus, qui candelabrum cum cereo ante altare ponebat, ibi jacentem invenisset, continuo mihi hoc indicare curavit. Nos autem, qui tunc una eramus, ecclesiam celeriter ingressi, eumdem, sicut ab ædituo repertus est, jacentem invenimus. Quem cum levari juberemus, velut gravissimo sopore depressus, excitari non potuit. Tandem igitur quasi evigilans erexit se, cernensque nos circumstantes surrexit, atque ad eos qui prope sibi assistebant, latine locutus est. Sunt quidam ex nostris qui dicunt, eumdem puerum fere ante sex menses, cum in cujusdam hominis nostri domo noctu dormisset, duo quædam verba per soporem fuisse locutum, et auditum, quo catenus itidem ut loquela carebat, in illa hora recepisse. Quod ita factum inde conjiciebatur, quia, postquam de illo somno experrectus est, cuncta quæ ei a quolibet imperabantur, ac si intelligeret, facere curavit. Sed hoc videtur in hac virtute præcipuum,

et s'étant relevés, ils coururent avec précipitation vers l'église. Là, après avoir adoré les saints Martyrs, ils firent quelques offrandes proportionnées à leurs moyens, puis ils s'en retournèrent chez eux en grande allégresse. J'ai vu cette femme de mes propres yeux, je lui ai parlé, et je tiens d'elle-même les détails de tout ce qui lui arriva.

54. Maintenant je veux raconter ce qui s'est passé sous mes propres yeux le jour de la nativité des bienheureux Martyrs. Un serf sourd et muet, arrivé à Mulinheim, plus de trois ans auparavant, avait été établi portier dans la maison du gardien de l'église; le jour de cet anniversaire venait de finir, on avait achevé l'office du soir, lorsque ce serf qui était assis auprès de la porte, se leva tout à coup, entra dans l'église, et tomba la face contre terre à la droite de l'autel. Le sacristain, en allant placer devant l'autel un candélabre avec un cierge, le trouva là étendu, et vint sur-le-champ m'en avertir. Aussitôt j'entrai précipitamment dans l'église avec les personnes qui étaient avec moi, et nous trouvâmes cet homme étendu à terre, comme l'avait vu le sacristain. Nous le fîmes relever. Mais, comme s'il eût été enseveli dans le plus profond assoupissement, il fut impossible de le réveiller. Enfin, il parut reprendre ses sens et se leva; puis nous voyant autour de lui, il se tint debout, et adressa la parole en latin à ceux qui étaient près de lui. Il y en a parmi nos gens qui assurent que, six mois auparavant ce même serf, couché la nuit dans la maison d'un de nos hommes, avait déjà prononcé deux certains mots pendant son sommeil, et que dès lors il avait recouvré l'ouïe, dont jusque-là il était privé aussi bien que de la parole. Du moins, on supposa que cela

quod idem, non latine, sed barbarice sibi loquentem intelligebat; curatus autem, non barbaro, sed latino sermone loquebatur. Qui etiam beatos Martyres se vidisse, et multa quæ aliis dicere deberet, ab illis se audisse narravit. Sed cum ea, velut in crastinum dicturus, in præsenti referre distulisset, in tantum illi per oblivionem deleta sunt, ut nihil de his omnino se audisse recoleret. Hunc ego, quia nomen suum ignorabat, propter prosperum virtutis effectum, Prosperum vocari jussi. Qui adhuc superest, et apud custodem ecclesiæ, in eodem, quo prius fuerat, permanet officio.

55. Pridie vero quam hic Prosper loquelam recepisset, hoc est in vigilia ejusdem festivitatis, venit quidam juvenis, similiter surdus et mutus, in basilicam; et, cum supplici gestu opem Sanctorum imploraret, adjuvante Domino, et ipse plenariam de utroque morbo meruit recipere sanitatem. Hunc itidem, ut priorem, quia nomen suum numquam audierat, Godescalcum appellavi. Is tamen, non ut Prosper, sed, ut sibi gentilitium erat, barbaro sermone loquebatur, postquam ei per merita Sanctorum copia fandi concessa est.

56. Cum me quædam necessitas, secundum consuetudinem, comitatum regis adire compelleret mense decembrio, in ipsis, si bene recolo, kalendis, de loco Martyrum promovens, sequenti die ad castrum, quod

s'était fait ainsi; parce que depuis le moment où il se réveilla, il exécuta, comme s'il les eût compris, tous les ordres qui lui furent donnés. Mais ce qu'il y a de plus étonnant dans ce miracle, c'est qu'alors il n'entendait pas le latin, mais seulement la langue barbare, et qu'après sa guérison il ne parla pas dans cette langue, mais en latin. En outre, il raconta qu'il avait vu les bienheureux Martyrs, et qu'ils lui avaient confié plusieurs choses pour les communiquer à d'autres; mais comme il différa de les transmettre au moment même, comptant les dire le lendemain, il en perdit si complétement le souvenir, qu'il ne se rappela même pas avoir rien entendu. Comme il ignorait son nom, je voulus, à cause du résultat prospère de ce miracle, qu'on le nommât Prosper. Il vit encore, et demeure toujours chez le gardien de l'église, où il remplit le même service qu'auparavant.

55. Le jour avant que Prosper recouvrât la parole, c'est-à-dire la veille de cette fête, un jeune homme sourd et muet, comme lui, vint à la basilique. Il implora, par des gestes suppliants, le secours des Martyrs, et mérita aussi de recouvrer, avec l'aide du Seigneur, l'usage des sens dont il était privé. Comme l'autre, il ignorait son nom, je l'appelai donc Godescalk (31). Toutefois, il ne parla pas en latin comme Prosper; mais ce fut dans l'idiome vulgaire, qui était celui de sa famille, qu'il s'exprima, après que, par les mérites des Saints, la faculté de parler lui eut été donnée.

56. Cependant, un devoir impérieux vint me forcer, comme d'habitude, de me rendre, vers le mois de décembre, à la résidence royale; ce fut, si j'ai bonne mémoire, le jour même des kalendes que je quittai le lieu

moderno tempore Wisibada (*a*) vocatur, ibi mansionem habiturus, adveni. Ibi cum, propter saltum, qui eidem loco contiguus est, commodius transeundum, solito maturius surgeremus, profecti sunt pueri, qui nos cum impedimentis præcedere debuerunt. Sed postquam, de vico in quo mansimus egressi, viam carpere coeperunt, tanta eos tetræ noctis caligo circumdedit, ut quo se vertere deberent, omnino scire non possent. Erat præterea frigus ingens; et tecta pruinis terra videndæ viæ copiam denegabat. Ipsa quoque montium juga, per quæ eundum erat, nubibus obsessa, quam longe vel prope essent videri non poterant. Accessit ad hæc etiam vallibus insidens nebula, quæ, sua crassitudine visum impediens, iter moliri cupientes remorabatur. Qui cum tot obstaculis se impedire cernerent, nec quid agerent in promptu haberent, equis desiliunt, et viam, quam videre non poterant, palpando quærere tentant. Sed ubi hoc parum successit, ascensis denuo equis, errori, quem abominabantur, se potius committere, quam moras facere decernunt. Igitur paululum per tenebras procedentes, ad crucem, quæ in via, per quam ituri erant, ob memoriam beati Marcellini erat posita, perveniunt. Causa autem ejusdem crucis ibi ponendæ erat, quod in eo loco habitatores vici, in quo eadem nocte mansimus, mihi ante biennium de palatio revertenti, et reliquias beati martyris Marcellini, quæ tunc mihi redditæ fuerunt, deferenti, occurrerunt; eamque ob recordationem hujus facti, ad venerationem beati Martyris, quasi pro titulo

---

(*a*) Al. *Wisibadum*, id est *Albæ balneæ*. *Aquæ Matriacæ* apud veteres.

où reposent les Martyrs; et le lendemain, pour la couchée, j'arrivai à la ville qu'on nomme aujourd'hui Wisbaden (32). Tout auprès de cette ville, il y a une forêt; pour la traverser plus aisément, nous nous levâmes de meilleure heure que d'habitude, et nos serviteurs partirent en avant avec le bagage. Mais au sortir de la ville où nous nous étions arrêtés, à peine s'étaient-ils mis en route, que la nuit la plus noire les enveloppa de ténèbres si profondes, qu'ils ne pouvaient plus du tout savoir de quel côté tourner leurs pas. En outre, le froid était excessif, et la neige qui couvrait la terre ne permettait pas de distinguer la route. Les sommets des montagnes qu'il fallait traverser étaient aussi comme assiégés par les nuages, et l'on ne pouvait distinguer de combien elles étaient encore éloignées ou rapprochées. Enfin, un brouillard tellement épais s'était amassé dans toutes les vallées, qu'il empêchait de voir, et retardait dans leur marche mes gens impatients d'avancer. Au milieu de tant d'obstacles, et ne sachant trop ce qu'ils devaient faire, ils sautèrent à bas de leurs chevaux, et se mirent à chercher à tâtons la route qu'ils ne pouvaient voir; mais cela leur réussit fort peu. Ils remontèrent donc à cheval, et aimèrent mieux courir le risque de s'égarer, comme ils le craignaient, que de s'arrêter. Alors, s'étant avancés un peu à travers l'obscurité, ils arrivèrent jusqu'à la croix qui avait été élevée en mémoire du bienheureux Marcellin, sur la route qu'ils devaient suivre. On avait placé une croix en cet endroit, parce que c'était là que les habitants du bourg où nous avions passé la nuit s'étaient trouvés à ma rencontre deux ans auparavant, comme je revenais du palais, et que j'en rapportais les reliques du bienheureux martyr Marcellin, qui venaient de m'être res-

vel monumento (*a*) ponere curaverunt. Quo cum prædicti pueri, errando potius quam iter agendo, pervenissent, inierunt consilium ut ibi socios suos qui sequebantur opperiri deberent; eosque, ne aberrarent, sonitu buccinæ ad se congregarent; ac deinde, cum simul essent, beatos Martyres ad opem sibi ferendam invocarent, sublatisque in altum vocibus Kyrie eleison ter decantarent.

57. Quo facto, tantus super eos totidem vicibus cœlitus emissi luminis fulgor emicuit, ut diurnæ claritatis candorem adæquaret. Quæ coruscatio tantum eis commodi ad iter suum agendum attulit, ut, consumpta nebula tenebrisque discussis, via quoque qua ire debebant clare conspecta, iter suum, quamvis per silvas et opacos nemoribus montes, absque erroris impedimento, usque ad ortum auroræ peragerent. In prima siquidem coruscatione tantus calor una cum illo lumine venit, ut eum se velut accensæ fornacis vaporem sentire faterentur. Cujus afflatu non solum nebula, verum etiam illa, quæ tum et montes totamque silvam operuerat, pruina ita consumpta est ut, tertia corruscatione peracta, nullum illius algoris vestigium penitus appareret. Hæc nobis ad vesperam ejusdem diei, postquam ad mansionem venimus, hi qui viderunt atque experti sunt, narraverunt. Quorum verbis fidem adhibentes, Dei omnipotentis misericordiam cum gratiarum actione laudavimus, eo quod nos per merita Sanctorum suorum in omni-

---

(*a*) Edit. *monimento*.

tituées; et c'était en mémoire de cette rencontre, et pour la vénération du saint Martyr, qu'ils avaient élevé cette croix en forme de témoignage ou de monument. Lorsque nos serviteurs furent arrivés en cet endroit, plutôt en marchant à l'aventure qu'en suivant la route, ils prirent la résolution d'y attendre leurs compagnons qui les suivaient, de sonner du cor pour les rallier et les empêcher de s'égarer, puis, une fois réunis, d'implorer le secours des bienheureux Martyrs, en entonnant tous ensemble et par trois fois le *Kyrie eleison*.

57. C'est ce qu'ils firent. Aussitôt, au-dessus de leur tête, des éclairs sillonnèrent le ciel par trois fois en répandant une vive lumière, dont l'éclat égalait celui du jour le plus brillant. Ces éclairs leur furent d'un bien grand secours pour continuer leur route; car après avoir vu les nuages se fondre et les ténèbres se dissiper, ils purent distinguer clairement la route qu'ils devaient suivre, et continuer de marcher jusqu'au lever de l'aurore sans jamais s'égarer, quoiqu'ils eussent à traverser des forêts et des montagnes toutes couvertes de bois. Mais le premier éclair avait été accompagné d'une si grande chaleur, qu'il leur sembla, à ce qu'ils rapportèrent, avoir senti la vapeur d'une fournaise ardente. Non-seulement cette exhalaison dissipa la nuée, mais elle fit fondre la neige qui couvrait les montagnes et toute la forêt; si bien qu'après le troisième éclair, il ne resta plus aucune trace de cette forte gelée. Le soir même, lorsque nous fûmes arrivés à la station, ce prodige nous fut raconté par ceux qui l'avaient vu et en avaient ressenti les effets. Comme nous avions une entière confiance en leurs paroles, nous célébrâmes, par des actions de grâces, la miséricorde du Dieu tout-puissant, qui daignait ainsi,

bus necessitatibus nostris adjuvare et consolari dignatus est.

58. Quamquam omnia magna sint, et ad divinam debeant referri potentiam, quæ propter mortalium salutem ex meritis beatorum Martyrum gesta cognovimus, in eo tamen miraculo, quod nunc memoriæ mandare decrevi, tam patenter Dei omnipotentis virtus clare cognoscitur, ut nulli dubium relinquatur, quin in omni creatura sua quidquid voluerit facillime possit efficere.

Suntiligua dicitur villa in pago Nithagowe, in qua presbyter quidam, nomine Walthertus, tenebat ecclesiam. Is mente captus, magno suorum mœrore, ad basilicam Martyrum adductus est. Ex quibus tres erant fratres ejus, unus presbyter et duo laici; quartus erat monachus, propinquus ipsius, de monasterio Hornbach, in quo et ipse presbyter a parva ætate fuerat educatus. A quibus cum requirerem, si adhuc aliquid medelæ a quolibet medico eidem fuisset impensum? « Statim, inquiunt, cum eum hac passione comperimus fuisse correptum, ad monasterium, in quo nutritus fuit, a nobis adductus est. Ubi cum ei medici secundum artis suæ peritiam multa fecissent, nec morbum ab eo depellere potuissent, suaserunt nobis amici nostri, ut eum ad horum Sanctorum misericordiam duceremus : confidimus enim quod illum salvare possint, sicut alios multos accepimus hic fuisse salvatos. » Post hæc hospitio recepti, quatuor diebus fuere nobiscum, ducentes eum quotidie ad ecclesiam, et coram sacris Martyrum cineribus jacere facientes. Quinta

par les mérites des saints Martyrs, nous venir en aide et nous consoler dans toutes les circonstances embarrassantes.

58. Certes, ce sont là de grandes choses, et nous devons rapporter à la puissance divine tout ce qui s'est fait à notre connaissance par les mérites de ces bienheureux Martyrs pour le salut des mortels; mais dans le miracle dont je vais maintenant consacrer la mémoire, le doigt du Tout-Puissant apparaît d'une manière si manifeste et si claire, qu'on ne saurait plus douter désormais qu'il ne soit toujours facile à Dieu de faire ce qu'il veut sur toutes ses créatures.

Il y a, dans le pays de Niedgau, un village qu'on appelle Suntling (33). Un prêtre, nommé Waltbert, y tenait une église. Cet homme, au grand regret des siens, étant devenu fou, fut amené à la basilique des Martyrs. Sa famille se composait de ses trois frères, dont l'un était prêtre et les deux autres laïcs, et d'un quatrième parent, moine du monastère de Horenbach (34), où lui-même avait été élevé dès sa plus tendre enfance. Je leur demandai si quelque médecin avait déjà essayé de le guérir. « Aussitôt, me répondirent-ils, que nous apprîmes qu'il était devenu fou, nous le conduisîmes au monastère où il avait été élevé. Là, après que les médecins eurent employé toutes les ressources de leur art, sans pouvoir chasser le mal, nos amis nous conseillèrent de le conduire ici et de le recommander à la merci des saints Martyrs. Et, en effet, nous sommes persuadés qu'ils peuvent le guérir, car nous savons qu'ils en ont sauvé bien d'autres. » Nous leur donnâmes ensuite l'hospitalité, et pendant quatre jours ils restèrent avec nous, amenant ce malheureux tous les jours à l'église, où ils le faisaient se prosterner devant

vero die, frater ejus presbyter, et monachus qui cum eo venerat, petierunt ut eum cum duobus fratribus suis laicis reciperem, donec ipsi reverterentur : nam post triduum se dicebant esse reversuros. Feci ut voluerunt, eumque presbytero nostro Hiltfrido commendavi. Is cum a presbytero receptus, et in cellulam, in qua ipse manebat, fuisset inductus, circa vesperam ejusdem diei, commota vehementius qua tenebatur insania, unum e fratribus suis, qui eum custodiebant, arrepto cultro, quod furenti casus obtulerat, voluit occidere; sed ille necem fugiendo declinavit, et nostris hominibus, qui prope erant, de vesania illius indicavit. Tum presbyter, cui cura eum custodiendi a nobis erat injuncta, suggessit mihi, simulque persuasit, ut eum vinciri permitterem. Vinctus igitur catenis ferreis, in lecto collocatur; obserratisque foribus, solus in cubiculo relinquitur. Excubant ante ostium fratres ejus, et velut erumpere valentem pervigili cura custodiunt. Cæterum vincula, quibus tenebatur adstrictus, ejusmodi erant ut, dum in his esset, non in dextrum aut sinistrum latus se convertere, neque aliter nisi supino corpore jacere potuisset.

59. Dormivit itaque, ut ipse testatur, neque ante mediam noctem evigilavit. At ubi galli cantare cœperunt expergefactus, vidit se non solum vinculorum nexibus solutum, verum etiam morbo insaniæ, quo laboraverat, liberatum; statimque ad laudes Deo dicendas tota mente conversus, psalmis et hymnis, quos, præ nimia gratulatione, tametsi solus erat, satis clare decantabat, omnes in vicinia ejusdem cubiculi dor-

les cendres sacrées des **Martyrs**. Le cinquième jour, le prêtre son frère, et le moine qui était venu avec lui, me prièrent de le garder avec ses deux autres frères laïcs, jusqu'à ce qu'ils fussent eux-mêmes de retour, promettant de revenir trois jours après. Je consentis à ce qu'ils désiraient, et je confiai le malade à notre prêtre Hilfrid, qui le reçut et le fit conduire dans sa propre cellule. Ce jour-là même, vers le soir, ce malheureux tomba dans un accès de folie plus violent que de coutume ; et, dans sa fureur, s'étant saisi d'un couteau qui, par hasard, se trouva sous sa main, il voulut tuer un de ses frères qui le gardaient. Celui-ci évita la mort par une prompte fuite, et alla aussitôt avertir de cet accès de rage nos serviteurs qui se trouvaient près de là. Alors le prêtre que j'avais chargé du soin de le garder, me demanda et obtint de moi l'autorisation de l'attacher. Il est donc aussitôt lié avec des chaînes de fer et placé sur un lit ; puis on ferme la porte à la clef, on le laisse seul dans la chambre, et ses frères s'établissent devant la porte pour veiller sur lui avec grand soin, comme s'il eût pu s'échapper. Cependant les liens qui le retenaient étaient faits de telle sorte, qu'ainsi attaché, il ne pouvait se tourner ni sur le côté droit ni sur le côté gauche, et qu'il était forcé de rester couché sur le dos.

59. Dans cet état il s'endormit, comme lui-même l'atteste, et son sommeil dura toute la moitié de la nuit. Mais s'étant réveillé au premier chant du coq, il s'aperçut qu'il était non seulement débarrassé de ses liens, mais encore entièrement délivré de la folie dont il avait souffert. Aussitôt son âme tout entière se tourna vers le Seigneur, et, dans les transports de sa reconnaissance, il se mit à entonner des psaumes et des cantiques, d'une voix si

mientes excitavit. Tum surgens, ad ostium accessit, fratresque suos, qui ibi excubabant, ut se ad requisita naturæ foras exire permitterent, rogavit. Illi autem hunc insanientis dolum rati, nequaquam ei assentire ausi sunt; sed accersito hospite suo, qui eum ibidem incluserat, ut cum eo loquatur exorant. Qui postquam cum eo locutus est, atque ex ratione responsionum suarum sanæ mentis esse intellexit, aperto ostio, quo volebat ire permisit; reversumque recipiens, quid de vinculis, quibus eum oneratum incluserat, factum esset, inquisivit. Et ille : « Catena, inquit, qua me vinxisti, salva est : et si vis scire ubi sit, quære eam et invenies. » Accenso itaque lumine, invenerunt eam ante lectum, in quo ipsum quiescere fecerant, jacentem, eo modo compositam, atque eisdem nodis adstrictam, quibus tunc fuerat, quando eum cum ea in eodem lecto collocarunt, ac solum in eodem cubiculo dimiserunt. Quis hoc fecisse credendus est, nisi ille qui de nihilo creavit omnia; et qui in rebus quas condidit talia potest facere, quæ nec intellectu comprehendi, nec humanis possunt sermonibus explicari? Quis enim aut cogitatione conjicere, aut verbis valeat enarrare, qualiter ille presbyter his vinculis fuerit absolutus; cum nobis certissimum sit neminem esse qui se solus possit ejusmodi nexibus exuere, si eis fuerit simili modo constrictus, sicut idem presbyter fuit, quando solus in illo cubiculo inclusus est? — Hi vero qui eum ibidem dimiserunt, postquam reversi sanum et mentis ac memoriæ suæ compotem invenerunt, læti et laudantes Deum, simul cum eo ad propria regressi sunt. — Hoc ita gestum, non quorumlibet testium relatione didicimus, sed ipsi per nos, quia

forte, que, bien qu'il fût seul, il éveilla tous ceux qui dormaient dans le voisinage de sa chambre. Se levant alors, il s'approcha de la porte et demanda à ses frères, qui y faisaient la garde, de le laisser sortir pour satisfaire quelque besoin. Mais ceux-ci, persuadés que c'était une ruse de folie, n'osèrent lui accorder ce qu'il demandait; ils firent venir leur hôte qui l'avait enfermé lui-même, et le prièrent de vouloir bien lui parler. Hilfrid, après avoir causé avec lui et s'être assuré par ses réponses qu'il avait bien toute sa raison, lui ouvrit la porte et lui permit d'aller où il voulait; puis, à son retour, il lui demanda ce qu'étaient devenues les chaînes dont il était tout chargé au moment où on l'avait renfermé dans la cellule, et il répondit : « La chaîne avec laquelle vous m'avez attaché est en bon état; et si vous voulez savoir où elle est, cherchez et vous la trouverez. » On alluma donc un flambeau, et on la trouva devant le lit sur lequel cet homme avait été couché. Elle était à terre, arrangée de la même manière, serrée avec les mêmes nœuds que lorsque l'on s'en était servi, et qu'après l'avoir disposée sur le lit avec le malade, on avait laissé celui-ci seul dans la cellule. A qui donc faut-il attribuer ce miracle, si ce n'est à celui qui, du néant, a tout créé, et qui, dans ce qu'il a créé, peut faire des choses incompréhensibles pour l'homme, impossibles à expliquer dans aucune langue humaine? Quel est l'homme en effet qui pourrait seulement conjecturer ou expliquer, par des paroles, comment ce prêtre a été délivré de ses liens, lorsque nous avons la conviction qu'il n'est personne au monde qui, enchaîné comme le fut ce prêtre et enfermé seul dans une chambre, puisse se débarrasser seul de pareilles chaînes? Quoi qu'il en soit, lorsque ceux qui l'avaient

ibidem tunc eramus, Deo volente, cognovimus; atque ideo fiducialiter scribimus, quod nos contigit oculata, ut dicunt, fide cognoscere. Verum quia cuncta quæ de Martyrum virtutibus scribenda suscepimus nequaquam possunt præsenti sermone compleri, hic liber iste finem accipiat, ut ea quæ restant ab alio rursus exordio commodius inchoentur.

CAPUT VI.

Miracula in palatio imperatoris ad reliquias horum sanctorum facta. Cæcitas, contractio, paralysis, febris sublata.

60. (*a*). In relatione signorum atque virtutum, quas me in hoc libro scribere velle proposui, illæ in capite ponendæ videntur, quæ in palatio factæ, non solum ad plebis, verum etiam ad ipsius principis ac procerum ejus, omniumque, ut ita dicam, aulicorum pervenere notitiam; et non tantum propter hoc, sed etiam propter illud, quod in oratoriolo nostro, ubi eadem miracula gesta sunt (*b*), non aliæ tunc temporis,

---

(*a*) Hic incipit lib. iv in edit. Suriana
(*b*) Vid. supr. num. 21 et 22.

confié à nos soins furent de retour, ils le trouvèrent tout à fait guéri et jouissant de toutes ses facultés. Ils le ramenèrent donc chez eux en grande allégresse, et chantant tous ensemble les louanges du Seigneur. — Ce fut ainsi que tout se passa; nous ne rapportons rien sur la foi d'autrui, mais nous étions là en personne, et par la volonté de Dieu, nous avons pris connaissance de tout par nous-même. Et si nous écrivons avec tant de confiance, c'est qu'il nous a été donné de nous convaincre, comme on dit, par le témoignage de nos propres yeux. Mais comme ce livre ne peut comprendre tout ce que nous avons entrepris d'écrire sur les mérites des saints Martyrs, nous le terminerons ici, et nous reprendrons plus convenablement ce qui nous reste à dire au commencement du livre suivant.

CHAPITRE VI.

Miracles opérés dans le palais impérial auprès des reliques des saints Martyrs. Cécité, rachitisme, paralysie, fièvre guérie par eux.

60. Dans le récit des signes et des prodiges que je me suis proposé d'écrire en ce livre, je crois devoir commencer par ceux qui ont été opérés dans le palais, et qui sont venus à la connaissance non seulement du peuple, mais encore du prince lui-même, des grands, et en un mot de tous ceux qui fréquentent la cour. Mais ce n'est pas là mon seul motif, c'est aussi parce que, en ce moment, dans notre petit oratoire, où s'accomplirent tous ces miracles, il n'y avait pas d'autres reliques que celles des bienheureux Marcellin et Pierre, en sorte que toutes les guérisons, tous les miracles qui se firent là, comme chacun

quam beatorum Marcellini et Petri reliquiæ fuerunt: ut quidquid ibi sanitatum atque signorum factum esse cognoscitur, singulariter ac proprie ad illos pertinere ac referri debeat, quorum solas constat ibi fuisse reliquias. Fecerunt eidem beatissimi Martyres, sicut in sequentibus demonstrabimus, in aliorum sanctorum locis multas virtutes atque miracula, quæ quibusdam velut communia illis, cum his sanctis in quorum basilicis facta sunt, non immerito videri possunt; ob hoc præcipue, quoniam qui apud Deum æqualis creduntur meriti, non absurde putantur in patrandis miraculis communiter operari. Sed hoc aliter esse ea ratione convincitur, qua liquido demonstratur, nullas in his locis factas fuisse virtutes, antequam in illa memoratæ beatorum Martyrum essent delatæ reliquiæ. Sed jam nunc, ut promisimus, ea quæ in prædicto palatio sunt gesta miracula proferamus.

61. Erat quidam juvenis inter cubicularios regis, natione Græcus, nomine Drogo: qui febre correptus, aut negligentia suorum, aut inscitia medicorum, jam per aliquot menses longa atque adversa valetudine laborabat. Is, posteaquam Hildoinus abbas reliquias beati Marcellini, sicut in secundo libro demonstratum est, nobis reddidit, admonitus in somnis ut ad oratorium nostrum veniret, ibique cereum quatuor denariis emptum accenderet, ac sanctum Marcellinum martyrem, cujus caput ibi esse asserebatur, sibi in adjutorium invocaret, sciretque se si hoc faceret, ea qua jam diu laboraverat infirmitate cito esse cariturum, credidit admonenti, et id quod imperatum fuerat, quanta potuit celeritate complevit. Statimque sanus factus, et receptis

sait, appartiennent en propre et doivent être rapportés exclusivement à ceux-là dont il est constant que les seules reliques se trouvaient dans l'oratoire. Ces bienheureux Martyrs firent aussi, comme nous le montrerons par la suite, un grand nombre de miracles et de prodiges dans des lieux consacrés à d'autres saints, et certaines personnes peuvent avoir raison de croire qu'ils en partagent le mérite avec les saints dans les églises desquels ces miracles se sont opérés; et cela principalement parce qu'il est assez sage de penser que des saints dont on croit le mérite égal devant Dieu, ont pu travailler ensemble à effectuer ces miracles. Mais ce qui prouve qu'il n'en est pas ainsi, c'est qu'il est démontré bien clairement que jamais aucun miracle ne s'était effectué en ces lieux avant qu'on y eût transporté lesdites reliques des bienheureux Martyrs. Mais il est temps de commencer, comme nous l'avons promis, le récit de ces miracles qui ont eu lieu dans le palais impérial.

64. Il y avait parmi les chambriers de l'empereur un jeune Grec nommé Drogon (35) : ce jeune homme fut pris de la fièvre, et, depuis plusieurs mois déjà, soit négligence de ses parents, soit ignorance des médecins, il languissait sans espoir de guérison. Après que l'abbé Hildoin nous eut rendu les reliques du bienheureux Marcellin, comme je l'ai raconté dans le second livre, Drogon fut averti en songe de venir dans notre oratoire, d'y allumer un cierge de quatre deniers, puis d'invoquer le secours de saint Marcellin martyr, dont le chef, on le lui assura, était conservé en ce lieu. S'il le faisait, la maladie dont il souffrait depuis si longtemps devait cesser tout aussitôt. Drogon crut à cet avertissement, et se hâta d'accomplir le plus vite possible tout ce qu'on lui avait

membrorum viribus, propriis pedibus ad sua regressus est.

62. Erat ibidem alter æque juvenis, nomine Gerlacus, de urbe Remorum, inter eos, qui, propter ædificia palatii construenda, jussi de illa civitate venerunt. Is ante dimidium fere annum in eodem vico, tam valida atque immani nervorum contractione correptus est, ut pedes natibus et genua mento cohærerent. Hunc socii atque propinqui in ulnis suis ferentes, ad memoratum oratorium detulerunt; et quia aliter non poterat, pronum jacere fecerunt, sanctumque Martyrem, ut ei sanitas redderetur, cum magna devotione rogaverunt. Dies erat dominica, atque hora diei tertia, quando illuc allatus est : jacuitque ibi usque ad horam nonam. Cumque officium ejusdem horæ a clericis esset solemniter impletum, ecce de capsa, quæ sacras beati martyris reliquias continebat, tanta suavissimi atque insueti odoris fragrantia egrediens sic totam oratorii cellulam implevit ut in admirationem ejus, omnes qui aderant, incunctanter assurgerent, ac se mutuo, an idem omnes æqualiter sentirent, curiosa interrogatione perquirerent. Cum subito vident eum, qui juxta jacebat, velut a quibusdam tenentibus trahi; et membra, quæ morbo erant contracta, extendi : intelligentesque divinam adesse virtutem, tulerunt hominem, et coram altari collocaverunt. Qui cum ibi positus, cum multis lacrymis divinum imploraret auxilium, cunctis cernentibus ita correctus est ut, qui manibus alienis subvectus in oratorium venerat, propriis pedibus de oratorio procederet. Testimonium tamen quam perpessus est passionis, adhuc in suo cor-

ordonné. Aussitôt il recouvra la santé, ses membres reprirent toute leur vigueur, et ce fut à pied qu'il retourna chez lui.

62. Il y avait également à Aix un autre jeune homme nommé Gerlac, de la ville de Reims : c'était un de ceux qu'on avait fait venir de cette ville pour travailler aux constructions du palais. Ce jeune homme, environ six mois auparavant, avait été saisi à Aix d'une violente et cruelle infirmité; tous ses muscles s'étaient contractés au point que ses pieds touchaient à ses fesses et ses genoux à son menton. Ses camarades et ses parents le prirent dans leurs bras pour l'apporter à ce même oratoire, et comme il ne pouvait se tenir autrement, ils le placèrent la face contre terre; puis ils se mirent à prier avec une grande ferveur le saint Martyr de lui rendre la santé. C'était un dimanche : on l'avait apporté vers neuf heures du matin; il resta là par terre jusqu'à trois heures de l'après-midi. Les clercs venaient d'achever, comme d'habitude, l'office de none lorsque, soudain, de la châsse qui contenait les saintes reliques du bienheureux Martyr, s'exhala un parfum inconnu, si doux et si pénétrant que toute l'enceinte de l'oratoire en fut remplie, et que tous les assistants étonnés se levèrent aussitôt, s'interrogeant avec curiosité les uns les autres pour savoir si tous ils avaient éprouvé la même sensation. Cependant ils virent tout à coup ce jeune homme comme tiré par plusieurs personnes qui l'auraient tenu; puis ses membres qui, tout à l'heure étaient contractés par le mal, s'étendre peu à peu. Ils comprirent que c'était là une manifestation de la vertu divine, et soulevant le malade, ils le placèrent devant l'autel. Là, ce jeune homme s'étant mis à implorer, avec des larmes abondantes, l'assistance du

pore circumferre cognoscitur : nam crure ac pede sinistro sic postea claudicavit ut ad regendum incessum baculo semper indiguerit. Hoc cur non sit percuratum, dicant qui velint : ego enim id me video non aliter posse conjicere, nisi ut existimem, interiori ejus saluti competere, ut aliqua in eo exterioris debilitatis vestigia remanerent.

63. Juliacus vocatur antiquum municipium, a vico Aquensi octo leugarum spatio disparatum. De cujus territorio puella quædam, simili morbo, similique modo affecta, a matre atque aliis propinquis suis ad memoratum oratorium adducta, cum præ multitudine hominum, qui tum forte propter missarum audienda solemnia illuc convenerant, introferri non posset, extrinsecus eam ad orientalem oratorii fenestram collocarunt, expectantes opportunitatem, ut, recedente populi frequentia, facilius oratorio inferri potuisset. Sed ubi ad medium fere officium ventum est, et, expleto Evangelio, hostiæ salutaris oblatio peracta est, cernunt eam angustiis affici, et, erumpente per totum corpus sudore, velut in somnum labi. Quibus signis divinam adesse virtutem haud inaniter conjicientes, de illo loco levatam, quadro lapidi, qui propter jacebat, soporatæ similem superponunt. Ibi coram omnibus, qui hujus miraculi conspiciendi gratia concurre-

Seigneur, fut si complétement redressé sous les yeux mêmes de tous les assistants, que lui qui n'était venu dans l'oratoire que porté sur les bras d'autrui, put, sur ses propres pieds, quitter ce même oratoire. Cependant on sait qu'il lui reste encore quelque marque de l'infirmité dont il a souffert ; car depuis lors il est demeuré boiteux du pied et de la jambe gauche, au point qu'il n'a jamais pu marcher sans l'appui d'un bâton. Pourquoi cette guérison est-elle restée imparfaite? je laisse à d'autres le soin de nous l'apprendre. Quant à moi, je ne vois qu'une manière probable de l'expliquer, c'est qu'il importait sans doute au salut de son âme qu'il conservât en lui quelque trace d'infirmité corporelle.

63. On appelle Juliers (36) un ancien municipe éloigné d'Aix-la-Chapelle de huit lieues environ. Une jeune fille qui demeurait sur le territoire de cette ville fut atteinte d'une maladie semblable et qui présentait les mêmes symptômes. Elle fut amenée à notre oratoire par sa mère et quelques-uns de ses autres parents. Mais, comme en ce moment par hasard un grand nombre de personnes s'y trouvaient réunies pour entendre la messe, on ne put l'introduire, et ses parents la placèrent en dehors, auprès de la fenêtre orientale, en attendant le moment où la foule se retirerait et leur permettrait de la transporter dans l'intérieur. Cependant on en était arrivé à peu près au milieu de l'office, l'Évangile avait été lu, et l'on venait de faire l'oblation de l'hostie, gage de notre salut, lorsque tout à coup on voit cette jeune fille se pâmer : une sueur abondante lui couvre tout le corps, elle tombe enfin dans une espèce de léthargie. A de tels signes, supposant avec raison que la vertu divine opérait, ils enlevè-

runt, integerrimam omnium membrorum sanitatem, in unius horæ momento, Domino opitulante recepit. Erant ibi inter cæteros spectatores et Judæi; quorum unus David nomine, post hujus signi expletionem, ad fenestram cubiculi, in quo ego tunc eram, celeriter accurrens, meque compellans, miraculum quod viderat indicavit, gratias agens Deo, qui per Martyres suos tanta miracula ad salutem mortalium operari dignatus est.

64. Erat in eodem vico cæcus quidam provectæ ætatis, qui, ut ipse asserebat, ante triennium subita cæcitate percussus, inter alios pauperes stipem ostiatim mendicare solebat. Is cum in tuguriolo suo dormiret, vidit per soporem quemdam sibi assistentem atque dicentem ut, si videre vellet, ad oratorium nostrum iret; ibi esse medicum, qui ei roganti lumen reddere potuisset. Renuit ille, et lumen quod offerebatur abominatus : « Quid, ait, mihi nunc cum visu, quem jam olim perdidi? Melius mihi est, si eo caruero, quam si habuero. Modo mendicantem omnes exaudiunt, et ea quæ necessaria sunt, præstant : nam videntem mendicare non decet; senex autem et debilis operari non possum. » — Tum ille qui cum eo loquebatur : « Vade, inquit, et noli morari; nam, velis nolis, visum recepturus es. » Paruit ille imperanti, perrexitque ad oratorium, atque in eo pernoctavit; et cum illa nocte nihil esset factum, ad tugurium suum reversus est. Cui denuo is qui prius per soporem appa-

rent la jeune fille de l'endroit où elle était couchée, et la placèrent comme endormie sur une pierre carrée qui se trouvait près de là. Ce fut là qu'en présence de la foule accourue pour contempler ce miracle, elle recouvra intégralement, dans l'espace d'une heure, avec l'aide de Dieu, l'usage de tous ses membres. Au nombre des spectateurs se trouvaient aussi des Juifs; l'un d'eux nommé David, après l'accomplissement de ce miracle, s'empressa d'accourir vers la fenêtre de la chambre où j'étais alors, et m'ayant appelé, me fit part du prodige dont il venait d'être témoin, en rendant à Dieu des actions de grâce de ce qu'il daignait opérer par ses Martyrs de si grands miracles pour le salut des mortels.

64. Dans ce même lieu, à Aix-la-Chapelle, il y avait un vieillard aveugle, qui, subitement frappé de cécité, depuis plus de trois ans, suivant son propre témoignage, était dans l'habitude d'aller, avec la foule des pauvres, mendier de porte en porte quelques pièces de monnaie. Cet homme, une nuit qu'il dormait dans son réduit, vit pendant son sommeil quelqu'un s'approcher et lui dire que s'il voulait revoir la lumière, il devait aller à notre oratoire, et que là il trouverait un médecin qui, s'il l'implorait, pouvait lui faire recouvrer la vue. Mais cet homme s'y refusa, et maudissant la lumière qu'on offrait de lui rendre : « Qu'ai-je maintenant besoin, dit-il, de la vue que j'ai perdue depuis longtemps? Il vaut bien mieux pour moi en être privé que de l'avoir. Aveugle, je mendie, et personne ne me repousse, on s'empresse de subvenir à mes besoins. Mais qu'on me rende la vue, et l'on trouvera mauvais que je demande l'aumône; or je suis vieux et faible et je ne puis travailler. — Qu'importe, reprit alors son interlocuteur; pars sans différer, car, que tu le

ruit, et similiter ut ante imperaverat, ad oratorium pergere praecepit. Fecit ille, ut jussus fuerat, sed ne tunc quidem aliquid actum est. Tertio vero commonitus venit, et ubi coram altari ad orandum se prostravit, visum recepit. Hunc nos, dum adhuc caecus esset, inter alios pauperes ac debiles multoties in domo nostra mendicantem vidimus : ideoque alium illuminationis ejus testem non quaesivimus, quia sufficere nobis credebamus testimonium non fallentis conscientiae nostrae.

65. Cum ex his aliisque compluribus virtutum operationibus, per circumpositos vicos et pagos, salutaris fama crebresceret, mulier quaedam de pago Ribuarensi, multo jam tempore caeca, visum recipiendi et desiderium simul et fiduciam habens, ad memoratum oratorium se rogavit adduci. Cumque illo venisset, tres totos dies, totidemque noctes ibidem orando et jejunando continuavit. Sed cum ad praesens nullum in se exoptatae sanitatis sensisset indicium, domum reducta est; paucisque interpositis diebus, spe recipiendi luminis haud vane concepta, iterum se ad sacras reliquias deduci rogavit. Quo cum ab uno puero duceretur— nam qui prius eam illo deduxerunt, spem ejus velut inanem ac supervacuam judicantes, ulterius cum illa ire noluerunt — ubi ad coemeterium Aquen-

veuilles ou non, tu recouvreras la vue. » Le vieillard obéit à cet ordre et se rendit à l'oratoire où il passa la nuit; mais cette nuit n'ayant produit en lui aucun changement, il revint dans sa masure. Or le même personnage lui apparut de nouveau durant son sommeil, comme la première fois, et lui donnant les mêmes ordres, il lui enjoignit de retourner à l'oratoire. Le vieillard fit ce qui lui était ordonné, mais cette seconde démarche fut encore sans résultat. Cependant il revint, sur un troisième avertissement, et cette fois il ne se fut pas plutôt prosterné devant l'autel pour prier, qu'il recouvra la vue. Comme je l'ai vu bien souvent, pendant qu'il était encore aveugle, venir au milieu d'autres mendiants et de gens infirmes, demander l'aumône devant ma porte, je n'ai pas voulu d'autre témoin de sa guérison que moi-même : ma conviction à cet égard m'a paru un témoignage suffisant et infaillible.

65. Comme le bruit salutaire de ces miracles et de bien d'autres encore se répandait par toutes les villes et les cantons voisins, une femme du pays des Ripuaires (37), aveugle depuis longtemps, qui avait le désir et en même temps la confiance de recouvrer la vue, pria qu'on voulût bien la conduire à notre oratoire. Arrivée là, elle passa trois jours entiers et autant de nuits dans la prière et le jeûne. Mais au bout de ce temps, comme elle n'éprouvait aucun symptôme de cette guérison tant désirée, on la ramena chez elle. Quelques jours se passèrent, et comme elle avait toujours l'espoir bien fondé de recouvrer la vue, elle pria de nouveau qu'on la conduisît vers les saintes reliques. Un seul serviteur l'y accompagna, car tous ceux qui l'avaient amenée d'abord, ne voyant dans cette nouvelle démarche qu'une folle et inutile confiance, avaient

sis palatii, quod in monte, qui eidem vico ab orientali parte imminet, situm est, eodem comitante atque ducente, pervenit, ibi, quasi obviante sibi divina gratia, diu desideratum lumen recepit. Tum mirans atque attonita constitit, pueroque ducenti ut sequeretur imperavit: « Hactenus, inquiens, quo tu præcedens ducebas secuta sum, modo autem tuo ductu non egeo; quia viam, qua ire debemus, video; et hunc vicum in quo sacræ reliquiæ sunt, ad quas venire disposui, Domino adjuvante, conspicio. Tu tantum vide et cura, ut me recta via ad oratorium Martyrum in ipso vico adducas. » His dictis, ad oratorium perrexit, gratias egit, factique in se miraculi nobis indicium fecit, vidensque et gaudens ad propria remeavit.

66. Ascvilarem vocant fundum regium, ab Aquensi palatio quatuor leugarum spatio distantem, in quo quidam homo erat diutina præcordiorum infirmitate detentus atque laborans; jamque a suis eo modo desperatus, ut non aliter nisi cauterio curari posse videretur. Quæritur ad hoc medicus, et ustioni non profuturæ dies constituitur. Interea cuidam feminæ, in eodem fundo habitanti, in somnio revelatum est, non debere illum ad suam curationem ejusmodi medelam admittere, quæ et pro sui molestia vix tolerari posset, et quia supervacua esset, salutem patienti non afferret. Cæterum si sanus fieri vellet, ad Aquense palatium iret, oratorium nostrum inquireret, inque

refusé de la suivre une seconde fois. Or, en compagnie et sous la conduite de ce serviteur, elle arriva jusqu'au cimetière du palais d'Aix-la-Chapelle, situé sur la montagne qui domine la ville du côté de l'est; et là, comme si la grâce divine fût venue à sa rencontre, elle recouvra la lumière qu'elle regrettait depuis si longtemps. S'arrêtant alors, frappée de surprise et d'admiration, elle ordonna au serviteur qui la conduisait de marcher après elle. « Jusqu'à présent, lui dit-elle, tu m'as précédée et je t'ai suivi partout où tu guidais mes pas; mais maintenant je n'ai plus besoin que tu me conduises, car je vois la route par où nous devons aller, et j'aperçois d'ici, avec l'aide du Seigneur, la ville où reposent les saintes reliques que j'ai résolu de visiter. Occupe-toi seulement de me mener là, par le chemin le plus direct, à l'oratoire des Martyrs. » Cela dit, elle se rendit à l'oratoire, offrit à Dieu des actions de grâces, nous fit part du miracle qui venait de s'opérer en sa faveur, et retourna chez elle jouissant de la vue, et pleine de joie.

66. Eschweiler (38) est un domaine royal à quatre lieues du palais d'Aix : il y avait là un homme qui depuis longtemps était attaqué d'une maladie d'intestins qui le faisait beaucoup souffrir. Ses parents en désespéraient au point que l'on ne voyait plus pour lui de guérison possible que dans l'emploi des caustiques. Un médecin fut donc appelé, et l'on prit jour pour une opération qui n'aurait servi à rien. Mais dans l'intervalle, une femme qui demeurait sur le même domaine eut un songe dans lequel il lui fut révélé que ce n'était point là le remède que cet homme devait employer pour sa guérison, parce qu'il lui ferait endurer des souffrances presque intolérables sans produire d'autres résultats et sans lui rendre la santé; et que s'il

eo se collocari faceret, et ante triduum completum inde non recederet : hoc modo plenariam eum consecuturum sanitatem. Quod ubi ei annuntiatum est, convocatis amicis ac proximis, petiit ut erga se illius revelationis jussa complerent. Qui mox jumento impositum, ad oratorium adducunt; atque in eo, ut jussum fuerat, collocantes, abeunt, post triduum reversuri. Ille autem ibidem dimissus, per tres dies et noctes, Domino pro salutis suæ recuperatione haud inaniter supplicans, ita perfecte sanatus est, ut nullum in suis visceribus morbi, quo multo tempore tenebatur, assereret remansisse vestigium. Suis igitur sicut promiserant ad se reversis, ac sanum sicut optaverant invenientibus, non dorso jumenti, ut venerat, sed pedum suorum officio ad propria, cum ingenti et sua et illorum gratulatione atque lætitia, regressus est.

67. Est item fundus regius in pago Mosano, octo circiter leucis ab Aquensi vico disparatus, Gangluden habitatores appellant; in quo mulier quædam, quæ octo fere annorum filiam dira paralysis ægritudine adeo confectam habebat, ut jam ex longo tempore nullum pene membrum ad officium suum movere potuisset. Audita virtutum fama, spem de recuperanda filiæ salute pio corde concepit; protinusque sublatam ulnis propriis, ad memoratum oratorium deportare curavit.

voulait guérir, il lui fallait aller au palais d'Aix-la-Chapelle, demander notre oratoire, et s'y faire placer, pour n'en pas sortir avant la fin du troisième jour; que, de cette manière il était sûr de recouvrer la santé. Dès qu'on lui eut donné cet avertissement, il fit venir ses amis et ses parents, et les pria de vouloir bien accomplir à son égard tout ce que prescrivait cette révélation. Ils le mettent donc aussitôt sur un cheval et l'amènent à l'oratoire; puis après l'y avoir placé, comme cela avait été recommandé, ils se retirèrent pour revenir dans trois jours. Quant à lui, pendant les trois jours et les trois nuits qu'il demeura dans l'oratoire où ils l'avaient laissé, il ne cessa de prier Dieu pour sa guérison, et ses prières furent exaucées, car il fut si complétement guéri que, d'après son propre témoignage, il ne lui resta dans les intestins aucune trace de cette maladie dont il avait souffert pendant si longtemps. Ses amis revinrent comme ils l'avaient promis, et l'ayant trouvé en bonne santé, ainsi qu'ils le désiraient, ils le ramenèrent chez lui non plus à dos de cheval comme il était venu, mais marchant sur ses propres pieds, en rendant tous ensemble des actions de grâces, et au milieu des transports de leur commune allégresse.

67. Il y a dans le pays de Meuse, à huit lieues environ d'Aix-la-Chapelle, un autre domaine royal que les habitants nomment Gangelt (39). Là demeurait une femme, dont la fille, âgée de huit ans environ, était atteinte d'une si terrible paralysie, que depuis longtemps elle se trouvait dans l'impossibilité presque absolue de faire usage d'aucun de ses membres. En entendant parler de tous ces miracles, cette femme conçut, dans la piété de son cœur, l'espérance de voir sa fille rendue à la santé;

Quæ cum illo antemeridiano tempore, hora videlicet prandii, pervenisset, et clericorum neminem ibidem invenisset, — nam reficiendi causa paulo ante discesserant — tamen introgressa, filiam juxta se in pavimento collocavit. Ipsa autem perparvum cereum, quem pro munere detulerat, accendens, ante illam in eodem pavimento posuit, seque ad orandum coram sacris cineribus, cum summa devotione prostravit. Quo facto, sine ulla interposita mora, puella, per supernam gratiam omnium membrorum sanitate ac firmitate recepta, matre non sentiente, surrexit; cereumque qui coram se jacebat sustulit, ac post tergum jacentis constitit. Quæ cum oratione completa, caput de pavimento levasset, et nec cereum, nec filiam in eo quo posuerat loco esse vidisset, surrexit, conversaque, filiam pone se cum cereo stantem, Deum laudans ac lætabunda, conspexit. Igitur cum nullum ibi, cui de virtute quæ gesta fuerat referre posset, adesse videret, — nam præter pauperes, qui ibidem mendicandi gratia excubabant, nemo intra oratorii parietes, excepta se ac filia sua, tunc erat, quando illud miraculum factum est — votis cum gratiarum actione solutis, domum cum filia sana atque incolumi repedavit.

Cujus virtutis indicium qualiter ad nos perlatum sit, paucis expediam. Gerwardus, palatii bibliothecarius, cui tunc temporis etiam palatinorum operum ac structurarum a rege cura commissa erat, de Novio-

elle la prit donc sur-le-champ dans ses bras et la porta vers l'oratoire. Comme elle y arriva dans la matinée, à l'heure du repas, elle n'y trouva aucun de nos clercs, car ils venaient tous de sortir pour aller prendre quelque nourriture. Elle entra cependant et déposa sa fille à côté d'elle sur le pavé. Puis elle alluma un petit cierge qu'elle avait apporté pour offrande, le plaça à terre devant son enfant, et alla se prosterner, en grande dévotion, pour prier devant les cendres sacrées des Martyrs. Cela fait, et dans l'instant même, la jeune fille, par la grâce divine, recouvra complétement la santé; tous ses membres reprirent leur vigueur, et sans que sa mère s'en aperçût elle se leva, prit le cierge qui était à terre devant elle, et se tint debout derrière sa mère pendant qu'elle était prosternée. Mais celle-ci, après avoir achevé sa prière, releva la tête de dessus les dalles, et ne voyant plus ni le cierge, ni sa fille, à l'endroit où elle les avait placés, elle se leva précipitamment, et en se retournant elle aperçut derrière elle sa fille avec le cierge à la main; alors, toute remplie de joie, elle se mit à chanter les louanges du Seigneur. Cependant, n'apercevant là personne à qui elle pût raconter le miracle qui venait de s'accomplir, — car, excepté les pauvres qui passaient le jour et la nuit dans l'oratoire pour y demander l'aumône, il n'y avait, dans l'intérieur, qu'elle et sa fille, quand le miracle arriva — elle acquitta ses vœux, offrit à Dieu des actions de grâces, et regagna à pied sa demeure avec sa fille tout à fait rendue à la santé.

Maintenant je vais dire en peu de mots comment ce miracle est venu à ma connaissance. Gerward, bibliothécaire du palais (40), à qui l'empereur avait aussi confié alors le soin de diriger les travaux et les constructions de la rési-

mago veniens, palatium Aquense petebat. Is cum in memorato fundo quadam nocte mansisset, quaesivit ab hospite suo, si aliquid novi de palatio nuper audisset. Cui ille : « Nihil, inquit, modo apud aulicos tam celebre est, quam signa et virtutes quae fiunt in domo Einhardi per quosdam sanctos, quorum reliquias in oratorio domus suae habere dicitur; ad quarum venerationem omnes vicini nostri quotidie festinant, et quicumque infirmus illo fuerit adductus, illico curatur. » — Cœpitque ei de filia mulieris illius, qualiter ante paucos dies salva facta sit, intimare.— Tum Gerwardus : « Vade, ait, et eamdem mulierem adduc ad me, ut ipsa mihi dicat quod audire desidero. » Venit mulier, et omnia, prout gesta erant, patenter exposuit. Gerwardus vero, cum in crastinum ad regem venisset, ea quae de hoc signo revelatione illius feminae compererat, eidem indicavit. Rex autem, cum ego secundum consuetudinem ingressus coram illo starem, quid sibi Gerwardus de hoc miraculo retulisset, tam mihi, quam caeteris sibi astantibus, divinam misericordiam atque potentiam admirando simul atque laudando, insinuavit. Sic nos contigit signum, quod nobis ignorantibus in domo nostra gestum est, ex hujusmodi relatione cognoscere.

dence impériale, revenait de Nimègue et se rendait au palais d'Aix-la-Chapelle. S'étant arrêté pour passer la nuit dans ce domaine dont j'ai parlé, il demanda à son hôte s'il savait quelque chose de nouveau sur le palais. « Rien en ce moment, répondit l'hôte, n'occupe les gens de la cour autant que les signes et les miracles qui s'opèrent dans la maison d'Éginhard par l'entremise de quelques saints, dont il possède, dit-on, les reliques dans son oratoire. Chaque jour nos voisins s'empressent d'aller les honorer, et tous ceux qu'on y amène malades sont guéris là tout aussitôt. » — Puis il se mit à lui parler de la fille de cette femme et à lui raconter comment elle avait été guérie quelques jours auparavant. — « Va donc, lui dit alors Gerward, et fais-moi venir cette femme pour qu'elle me dise elle-même ce que je désire apprendre. » Elle vint et lui raconta en détail comme tout s'était passé. Or, Gerward étant arrivé le lendemain auprès du roi, lui communiqua tout ce que les révélations de cette femme lui avaient appris au sujet de ce miracle. Le roi à son tour, lorsque j'entrai comme d'habitude et que je me tenais debout devant lui, me fit part à moi et à tous ceux qui l'entouraient de ce que Gerward lui avait rapporté sur ce miracle, et en disant cela, il admirait et il louait tout à la fois la miséricorde et la toute-puissance du Seigneur. C'est ainsi que j'eus le bonheur d'apprendre, de la bouche du roi, le miracle qui avait été opéré, à mon insu, dans ma maison.

CAPUT VII.

Miracula Valencenis in Hannonia patrata ad reliquias horum Sanctorum. Cæci decem illuminati, alii ægri sanati.

68. Hæc de miraculis beatorum Martyrum, quæ in palatio gesta sunt, in præsenti opere commemorasse sufficiat. Nunc ad eas virtutes veniendum est, quæ in locis factæ sunt, ad quæ, religiosis viris petentibus ac me largiente, venerandæ eorumdem Martyrum reliquiæ (*a*) venerunt, et in quibus hactenus cum magna reverentia coluntur. Quas primus omnium Georgius presbyter et rector monasterii S. Salvii martyris, quod in pago Fanomartensi, in vico Valentianis appellato, in ripa Scaldis fluvii situm est, me dante suscepit, et per quemdam diaconum ad memoratum monasterium de Aquensi palatio destinavit. Is unum tantum comitem secum habens, cum in pago Hasbanio ad vicum regium, quem Vuasidium vocant, venisset, atque in prato, quod vico proximum erat, reficiendorum jumentorum gratia descendisset, ecce unus de habitatoribus loci gibbo depressus, maxillis etiam, ex nimio dentium dolore, quem, ut ipse dicebat, diutinum patiebatur, nimio tumore distentis, furcam ferratam in collo ferens, idem pratum furibundus intravit, et cur pratum suum depascerentur, stomachando perconctatur. Cui diaconus, qui reliquias Martyrum ferebat, et eas tunc in summitate virgæ, quam ob hoc in eodem

---

(*a*) Quod quidem non de integris martyrum reliquiis intelligendum est, sed de pignoribus, id est de particulis earumdem, quibusdam ecclesiis ab Einhardo concessis, ut videre est not. 65.

CHAPITRE VII.

Miracles opérés à Valenciennes, en Hainaut, par les saintes reliques. Dix aveugles recouvrent la vue ; d'autres malades sont guéris.

68. Ce que je viens de raconter des miracles opérés dans le palais par les saints Martyrs suffit au plan de cet ouvrage. Il faut parler maintenant des miracles qui se sont accomplis dans les églises auxquelles, sur la demande de vénérables personnages, je voulus bien accorder des reliques de nos Martyrs, et où elles sont encore en ce moment honorées avec une grande ferveur. Georges, prêtre et abbé du monastère de Saint-Sauve le martyr, qui est situé au pays de Famars (41), dans le bourg de Valenciennes, sur la rive de l'Escaut, fut le premier à qui je donnai de ces reliques; il chargea un diacre de les transporter du palais d'Aix audit monastère. Cet homme, n'ayant avec lui qu'un seul compagnon, arriva dans le pays de Hesbaye (42), au bourg royal qu'on appelle Visé (43). Il venait de descendre dans un pré voisin de ce bourg pour y faire rafraîchir ses chevaux, lorsqu'un des habitants de l'endroit qui était bossu, et dont les mâchoires étaient toutes distendues par une énorme tumeur, suite, disait-il, d'un long et violent mal de dents, entra dans le pré comme un furieux, portant une fourche de fer sur son épaule, et leur demanda tout en colère de quel droit ils faisaient paître leurs bêtes dans son pré. Alors, le diacre qui portait les reliques, et qui, dans le moment, s'apprêtait à les suspendre au bout d'une baguette qu'il venait de planter à cet effet : « Tu ferais bien mieux, lui

loco fixerat, suspendere parabat : « Melius, inquit, tibi est, ut coram his Sanctorum reliquiis, quas hic in manibus habeo, prosternaris, Deumque roges ut te, per merita eorumdem Sanctorum, de dolore, quem pateris, liberare dignetur : nam tumor, qui in facie tua videtur, testatur aliquem magnum in ore tuo esse dolorem. » Ad hæc homo, projecta furca quam manu ferebat, ante reliquias pronus corruit, et, ut diaconus ei suasit, pro salute sua Domino supplicavit. Nec longa interposita mora, ita sanus ab oratione surrexit, ut nec tumor in facie, nec dolor in dentibus, nec gibbus quo premebatur, remaneret in dorso. Ac proinde concito gradu vicum ingressus, omnes propinquos ac vicinos suos, in eodem loco constitutos, ad laudem Deo dicendam, et gratias Christo Domino referendas, invitavit. Confluxit in pratum ingens populi multitudo, et pro eo qui sanatus fuerat, gratias actura circumjacentis regionis turba congregata est. Rogant omnes diaconum ut illam noctem ibi moraretur : nec ille eis hoc negare poterat, quia parati erant, nisi assentiret, etiam invitum detinere. Ducunt deinde pervigilem noctem, et in Dei laudibus tota regio resonabat. In crastinum autem, cum diaconus iter suum capere cœpisset, omnis illa congregati populi frequentia abeuntem cum ingenti devotione comitata est; nec ante vel subsistere vel discedere voluit, quam ab aliis, quos miraculi hujus fama commoverat, obviam sibi venientibus fuisset exceptus. Hoc modo sacræ Martyrum reliquiæ, ex hujus occasione miraculi, a populis illarum regionum exceptæ, et ad basilicam S. Salvii, quo eas memoratus Georgius miserat, Domino

dit-il, de te prosterner devant ces saintes reliques que j'ai entre les mains et de prier Dieu qu'il daigne, par l'entremise de ces Martyrs, te délivrer de la douleur que tu endures, car, à la tumeur que je vois sur ta figure, je suis bien sûr que tu souffres beaucoup de la bouche. » A ces mots, notre homme jetant la fourche qu'il tenait à la main, se précipita la face contre terre devant les reliques, et suivant le conseil du diacre, il se mit à implorer le Seigneur pour sa guérison. Quelques moments après, lorsqu'il eut achevé sa prière, il se releva si bien guéri qu'il n'avait plus ni enflure sur la face, ni mal de dents, et que la bosse dont il était affligé avait entièrement disparu de son dos. Il entra donc au bourg à pas précipités, et invita tous ses parents et tous ceux de ses voisins qui se trouvaient là à venir avec lui chanter les louanges de Dieu et rendre des actions de grâces à Jésus-Christ notre Seigneur. Une foule immense de peuple se répandit dans le pré, et toute la population des alentours s'y rassembla pour rendre grâce à Dieu de cette guérison. Tous prièrent le diacre de rester cette nuit au milieu d'eux, et il ne pouvait guère le leur refuser, car, s'il n'y eût pas consenti, ils étaient tout disposés à le retenir malgré lui. Ils veillèrent donc toute la nuit, et firent retentir tout le pays des louanges du Seigneur. Puis, le lendemain, le diacre s'étant remis en route, toute cette foule de peuple rassemblé l'accompagna en grande dévotion, et ne voulut ni s'arrêter ni se retirer que lorsque d'autres fidèles, que le bruit de ce miracle avait attirés à leur rencontre, furent venus les remplacer. Ce fut ainsi qu'à l'occasion de ce miracle, les saintes reliques des Martyrs furent accueillies par les habitants de cette contrée, et que, sous la conduite du Seigneur, elles arrivèrent à la basilique de

ducente, perlatæ sunt. Hoc signum ipsius Georgii relatione constat mihi esse compertum : de cæteris autem, quæ nunc dicenda sunt, ab eo libellum accepi, cujus ordo vel series hunc modum habere cognoscitur.

69. Anno quarto decimo (*a*), Christo propitio, imperii Hludowici Augusti, cum ad corroborandam christiani populi fidem, sicut in initio nascentis ecclesiæ, signa et prodigia in ipso regis palatio, per merita Sanctorum suorum, Dominus dignaretur ostendere, petiit et obtinuit Georgius presbyter, Aquisgrani palatio, ab Einhardo abbate, reliquias beatorum Christi martyrum Marcellini et Petri, quorum corpora ipse de Roma per homines suos allata nuper acceperat : easque in capsa, quam auro et gemmis decenter ornaverat, reconditas per diaconum suum, nomine Theothardum, ad basilicam S. Salvii martyris, quam ipse tunc temporis per beneficium regis tenebat, dirigere curavit. Qui diaconus cum ad villam regiam, quæ Vuasidium vocatur, venisset, occurrit ei homo gibberosus, et ex dentium dolore ita vexatus atque confectus, ut jam per dies quindecim nullum alium victum quam solam aquam posset assumere. Qui cum hortante diacono coram reliquiis, quas ille ferebat, se ad orandum prostrasset, et Dominum Christum, ut sui misereretur, devote ac suppliciter invocasset, per intercessionem sanctorum Marcellini et Petri, cuncta corporis incommoditate depulsa, sanus ab oratione surrexit. Factum est hoc miraculum

---

(*a*) Hic exscriptoris mendam irrepsisse crediderim, et, teste D. Bouq., VI, 273, c, legendum esse *anno quinto decimo imperii Illudowici*; de hoc videsis not. 44 ad calcem hujus historiæ.

Saint-Sauve, où le prêtre Georges les avait envoyées. C'est de la bouche de Georges lui-même que j'ai entendu le récit de ce miracle; quant à ceux que je vais raconter maintenant, je reçus de lui un mémoire où la série des faits est exposée dans l'ordre suivant.

69. La quatorzième année de l'empire de Louis-Auguste (44), régnant par la grâce du Christ, comme le Seigneur daignait, pour raffermir la foi du peuple chrétien, manifester, ainsi qu'aux premiers temps de l'église naissante, des signes et des miracles qu'il accomplissait par les mérites de ses saints, dans le palais même de l'empereur, le prêtre Georges, dans le palais à Aix-la-Chapelle, demanda à l'abbé Éginhard et obtint de lui des reliques des bienheureux Martyrs du Christ Marcellin et Pierre, que cet abbé avait reçues de Rome tout récemment, d'où ses serviteurs les lui avaient apportées. Georges les renferma dans une châsse convenablement ornée d'or et de pierres précieuses, et les envoya par son diacre, nommé Théothard, à la basilique de Saint-Sauve martyr, qu'il tenait alors des bienfaits du roi (45). Ce diacre étant arrivé à un domaine royal, nommé Visé, rencontra un homme qui était bossu, et qui souffrait si fort d'un insupportable mal de dents, que, depuis quinze jours, il ne pouvait prendre, pour se soutenir, rien autre chose que de l'eau. Cet homme, d'après le conseil du diacre, s'étant prosterné en prière devant les reliques que celui-ci portait, se mit à invoquer avec une grande ferveur la miséricorde de notre Seigneur Jésus-Christ, et grâce à l'intercession de saint Marcellin et de saint Pierre, tous les maux qui le faisaient souffrir disparurent, et après sa prière il se releva parfaitement guéri. Ce miracle s'accomplit le XIII des kalendes de juillet. — J'ai raconté

tertio decimo kalendas julii. — Quod a me superius plenius est enarratum, quia ego illud juxta relationem memorati Georgii conscribere curavi.

70. Diaconus autem cum reliquiis tertia die Valentianas veniens, cum eas in basilicam S. Salvii, sicut ei fuerat imperatum, reverenter et honorifice inferret, quidam juvenis de villa regis quæ Listina vocatur, Dominicus nomine, qui eo morbo, quem Græci spasmum appellant, jam per annum integrum sic vexabatur, ut manus ejus dextera penitus contineri non posset, sed agitatione continua, quasi qui molam verteret, moveretur in gyrum, statim in ipso introitu, per merita beatorum Martyrum, coram omni populo ita curatus est, ut post hæc nullum illius horrendæ agitationis pateretur incommodum. Exinde die quarta, in festivitate videlicet beati Joannis Baptistæ, anus quædam, nomine Gerrada, quæ se annum unum cæca fuisse testata est, dum missarum solemnia celebrarentur, invocatis beatis Martyribus, lumen, quod ex fide petierat, cunctis qui aderant videntibus, per illorum merita recepit. Similiter in festivitate sancti Salvii, quæ evenit sexto kalendas julii, quidam homo surdus et mutus, inter solemnia missarum, per suffragia Martyrum, et auditum et loquelam recipere meruit. Eadem die anus quædam de pago Laudunensi, Rodeltrudis nomine, quæ per tres annos lumen cœli non vidit, in eadem celebratione missarum, visum recepit. Quinto kalendas julii, puer quidam annorum circiter septem, Donitianus (a) nomine, qui fuit cæcus a nativitate,

---

(a) Quod nomen exscriptoris mendam, cum Bollandist. Jun., t. I, p. 201, col. 1, not. *f*, crediderim et hic vel *Domitianus* vel *Donatianus* legendum esse.

plus haut ce fait avec plus de détails, parce que j'ai eu soin de consigner par écrit la relation verbale du prêtre Georges.

70. Trois jours après, le diacre étant arrivé à Valenciennes avec les reliques, les porta, comme on le lui avait ordonné, en grande dévotion et avec honneur, dans la basilique de Saint-Sauve. Cependant, un jeune homme, nommé Dominique, du domaine royal qu'on appelle Les Estinnes (46), était tourmenté depuis un an entier de cette maladie que les Grecs désignent sous le nom de spasme; le mal avait fait de tels progrès, que sa main droite était continuellement dans une agitation qu'il ne pouvait modérer, et qu'il faisait sans cesse avec cette main le geste de tourner la meule. Or, ce jeune homme, au moment où il entra dans l'église, fut guéri, par les mérites des bienheureux Martyrs, en présence de tout le peuple, et si complétement, que jamais depuis lors il ne s'est ressenti de cette horrible infirmité. A quatre jours de là, le jour de la fête de saint Jean-Baptiste, une vieille femme, nommée Gerrade, qui, d'après son propre témoignage, était aveugle depuis un an, s'étant mise, pendant qu'on célébrait la messe, à invoquer les bienheureux Martyrs, recouvra, sous les yeux de tous ceux qui étaient là présents, par les mérites des saints Martyrs, la lumière qu'elle leur avait demandée avec confiance. Un fait semblable arriva le jour de la fête de saint Sauve, qui tombe le vi des kalendes de juillet. Comme on célébrait la messe, un homme sourd et muet obtint, par l'intercession des bienheureux Martyrs, de recouvrer l'ouïe et la parole. Le même jour, une vieille femme du pays de Laon, nommée Rodeltrude, qui depuis trois ans était privée de la lu-

dum divinum celebratur officium, per merita beatorum Martyrum illuminatus est.

71. In vigilia vero beatorum apostolorum Petri et Pauli, id est, quarto kalendas julii, puella quædam parva, nomine Theotbalda, habens ætatis annos, ut putabatur, novem, quæ tribus annis nihil viderat, tempore salutaris officii in media populi multitudine constituta, Martyrum suffragantibus meritis, lumen amissum ex divina miseratione recepit. Eadem die quidam homo, nomine Dado, de villa Ponticuli vocata, qui annos sex curvus erat, et ad cœlum se erigere non poterat, ideoque brevibus anticulis, sustentandi se gratia sub axillis positis, cernuus incedebat, is eadem hora, eodemque in loco, per misericordiam Dei et per merita beatorum Martyrum, erectus ac sanus effectus est.

72. Die quarto nonarum juliarum, quædam vidua nomine Adalrada, quæ annis quatuor oculorum lumine privata nihil videbat, audita virtutum fama, spem visus recipiendi non vana fide concepit; arreptoque baculo, sola sine ductore ad Valentianas ire contendit. Cumque vico appropinquare cœpisset, visum est ei quod velut unum solis radium oculo dextro conspiceret; ac proinde divinam clementiam puro corde deprecata est ut per intercessionem Sanctorum suorum ecclesiam S. Salvii se videre permit-

mière du ciel, recouvra pareillement la vue au milieu de la messe; et le v des kalendes de juillet, un enfant, âgé de sept ans environ, appelé Donatien, et aveugle de naissance, fut, pendant qu'on célébrait l'office divin, rendu à la lumière par les mérites des bienheureux Martyrs.

71. A la vigile des bienheureux apôtres saint Pierre et saint Paul, c'est-à-dire le iv des kalendes de juillet, une petite fille nommée Théotbalde, qui paraissait âgée de neuf ans, et qui depuis trois années ne voyait plus, se trouva, pendant qu'on célébrait l'office du salut, placée au milieu de la foule; et là, grâce aux mérites des saints Martyrs, elle recouvra, par la miséricorde divine, la vue dont elle était privée. Le même jour, un homme du village de Petit-Pont (47), le nommé Dado, qui depuis six ans était tout courbé, au point de ne plus pouvoir lever la tête vers le ciel, et qui, par suite de cette infirmité, marchait le corps penché en avant et à l'aide de petites béquilles qu'il plaçait sous ses aisselles pour se soutenir, fut guéri de la même manière. A la même heure, et dans le même endroit, par la miséricorde de Dieu et les mérites des bienheureux Martyrs, sa taille se redressa et il revint à la santé.

72. Le iv des nones de juillet, une veuve nommée Adalrade, qui depuis quatre ans était privée de la lumière et ne pouvait plus rien distinguer, ayant entendu parler de tous ces miracles, conçut l'espoir de recouvrer la vue, et pleine d'une heureuse confiance, elle prit un bâton et se mit en route seule et sans guide pour se rendre à Valenciennes. Elle approchait de ce bourg, lorsqu'il lui sembla apercevoir, de l'œil droit, comme un rayon de soleil. Elle se mit alors à implorer, dans la pureté de son cœur, la clémence divine, et demanda que, par l'intercession

teret. Statimque exaudita est, et quod optaverat, Domino miserante, sine mora est consecuta. Ipsa quoque die, altera quædam femina de pago Noviomensi, nomine Ruoitla, quinquennio cæca, inter missarum solemnia lumen quod amiserat, Christo Domino per merita Sanctorum suorum donante, recepit.

73. In octavis Apostolorum, id est, pridie nonas julii, quidam homo, Gunthardus nomine, de eodem pago, velut parlysi percussus, ad basilicam S. Salvii a suis adductus est : qui, ut dicebant, jam unum annum habebat in eadem infirmitate, et tam vehementer in sinistra parte corporis sui debilitatus est, ut nec manum ad os ducere, nec se vel lavare vel calceare valeret. Hic, per misericordiam Dei meritaque Sanctorum, tempore matutinalis officii, in ipsa solemnitate, sanus effectus est.

74. Similiter et alius homo, nomine Hildebonus, veniens de monasterio quod Ad-duos-Gemellos appellatur, cum ab infantia cæcus esset, ac lumen cœli in tota vita sua non vidisset, in celebratione missarum, eadem die, in eadem basilica, per eosdem Sanctos, eodem Domino miserante atque auxiliante, visum recepit, et omnia quæ prius non vidit, clare videre meruit. Die vero nonarum juliarum, puella quædam parvula, nomine Reginlindis, quæ non amplius quam septennis esse videbatur, cum tribus annis oculorum suorum lumine caruisset, et inter cæteros in basilica ad divinum officium audiendum constitisset, interve-

des bienheureux Martyrs, il lui fût permis de voir l'église de Saint-Sauve. Sa prière fut exaucée à l'instant même, et elle obtint tout aussitôt de la miséricorde du Seigneur ce qu'elle avait souhaité. Le même jour, une autre femme, nommée Ruoitla, du pays de Noyon, aveugle depuis cinq ans, recouvra, au milieu du service divin, par le bienfait de notre Seigneur Jésus-Christ, et grâce aux mérites des saints Martyrs, la lumière qu'elle avait perdue.

73. Le jour de l'octave des Apôtres, c'est-à-dire la veille des nones de juillet, un homme du même pays, nommé Gunthard, fut amené par ses parents à la basilique de Saint-Sauve, comme frappé de paralysie. Il y avait déjà un an, disaient-ils, qu'il souffrait de cette infirmité, et tout le côté gauche de son corps était tellement affaibli, qu'il ne pouvait ni approcher la main de sa bouche, ni se laver, ni se chausser. Cet homme, par la miséricorde de Dieu et les mérites des saints Martyrs, fut, pendant l'office du matin, le jour même de cette solennité, rendu à la santé.

74. De même un autre homme, nommé Hildebon, qui était aveugle depuis sa naissance, et qui n'avait pas vu une seule fois dans sa vie la lumière du ciel, vint du monastère qu'on appelle Saint-Martin-aux-deux-Jumeaux (48); et pendant qu'on célébrait la messe, le même jour, dans la même église, par l'intercession de ces mêmes saints, et par la miséricorde et le secours de Dieu, il recouvra la lumière, et mérita de voir clairement ce qu'auparavant il n'avait jamais aperçu. Le jour des nones de juillet, une petite fille, nommée Reginlindis, qui ne paraissait pas avoir plus de sept ans, et qui depuis trois années était devenue aveugle, s'étant arrêtée avec les

nientibus Sanctorum meritis, coram omni multitudine, illuminata est. Quarto idus julii, cæca quædam, nomine Alagia, quæ duobus fere annis visu carebat, intra sacra missarum solemnia, suffragantibus sibi Sanctorum precibus, a Domino Jesu Christo illuminata est. Eadem die cæcus quidam valde senex, de villa Gauliacas, Ermenwardus vocabulo, qui annis quatuordecim nihil videre potuit, ad vespertinum officium ecclesiam ingressus beatos Martyres invocavit, ac statim cæcitate depulsa, diu desideratam lucem, Domino adjuvante, recepit.

75. Septimo kalendas augusti, puella quædam, quæ ab immundo spiritu vexabatur, in basilicam adducta, dum sacræ oblationis officium celebratur, per virtutem Christi et merita beatorum Martyrum, fugato dæmone, integerrimam mentis et corporis meruit recipere sanitatem. — Hæc sunt miracula atque virtutes quas Dominus noster Jesus Christus, per merita sanctorum martyrum suorum Marcellini et Petri, in vico Valentianas, ad salutem humani generis, operari dignatus est : quæ memoratus Georgius presbyter brevi libello collecta nobis mittere curavit, et nos huic operi nostro censuimus inserenda. Hic est Georgius Veneticus, qui de patria sua ad imperatorem venit, et in Aquensi palatio organum, quod græce hydraulica vocatur, mirifica arte composuit.

autres dans l'église pour entendre l'office divin, recouvra la vue, grâce aux mérites des saints Martyrs, en présence de tout le peuple assemblé. Le iv des ides de juillet, une autre aveugle, nommée Alagia, qui depuis deux ans environ était privée de la lumière, la recouvra soudain au milieu de la messe, par la volonté de notre Seigneur Jésus-Christ, grâce à l'intercession et aux prières des saints Martyrs. Le même jour, un aveugle très-âgé, nommé Ermenward, du village de Gheule (49), qui depuis quatorze ans n'y voyait plus du tout, étant entré dans l'église pour entendre l'office du soir, se mit à invoquer les bienheureux Martyrs; aussitôt sa cécité disparut, et, avec l'aide du Seigneur, il recouvra la vue qu'il regrettait depuis si longtemps.

75. Le vii des kalendes d'août, une jeune fille possédée du malin esprit fut amenée dans l'église, et là au moment où l'on célébrait l'office de la sainte offrande, le démon fut mis en fuite, et elle obtint par la vertu du Christ et les mérites des bienheureux Martyrs de recouvrer intégralement la santé de l'esprit et du corps. — Tels sont les miracles et les prodiges que notre Seigneur Jésus-Christ a daigné opérer dans le bourg de Valenciennes, par les mérites de ses martyrs Marcellin et Pierre, pour le salut du genre humain. Le prêtre Georges, dont j'ai fait mention plus haut, prit soin de les réunir dans un petit mémoire pour m'en envoyer le récit, et moi j'ai jugé à propos de les insérer dans mon ouvrage. Le Georges dont je parle est le prêtre vénitien qui quitta son pays pour venir à la cour de l'empereur, et qui construisit dans le palais d'Aix, avec un art admirable, un de ces orgues que les Grecs appellent hydrauliques.

CAPUT VIII.

Miracula Gandavi, in monasterio S. Bavonis, ad reliquias horum Sanctorum. — Cæci octo illuminati. Alii ægri adjuti.

76. Alter libellus mihi oblatus est de monasterio Sancti Bavonis, quod situm est juxta Scaldim in loco Ganda vocato, ubi idem amnis Legiæ flumini conjungitur, a fratribus ibidem Deo servientibus, quorum rogatu reliquias memoratorum Christi Martyrum ad idem monasterium misi; in quo hæc per ordinem gesta reperta sunt.

Anno ab incarnatione Domini nostri Jesu Christi octingentesimo vicesimo octavo, venerunt reliquiæ sanctorum Christi martyrum Marcellini et Petri ad monasterium S. Bavonis, die quinto nonarum julii, feria sexta, indictione vi. Tertia vero die, id est, dominica proxima, quæ fuit tertio nonas julias, quædam puella cæca, nomine Hartlinda, de villa quæ Fursenum appellatur, quam pater et mater testati sunt octo annis oculorum officio caruisse, cum ante altare, super quod sacræ Martyrum reliquiæ erant positæ, fuisset adducta, coram omnibus qui aderant, visum, Domino miserante, recepit. Inde post dies octo, id est, quarto idus julii, adducta est altera puella similiter cæca, nomine Helmrada, de villa Magle nuncupata : cujus parentes de ea retulerunt, quod octava die postquam baptizata fuit, subita cæcitate percussa sit. Quæ et ipsa statim coram sacris Martyrum cineribus lumen, quod jam dudum perdidit, Domino sibi reddente, recepit. Exin die tertia, quod fuit pridie idus julii, ve-

CHAPITRE VIII.

Miracles opérés à Gand dans le monastère de Saint-Bavon par les reliques des saints Martyrs. — Huit aveugles recouvrent la vue. D'autres malades sont soulagés.

76. Un autre mémoire me fut adressé du monastère de Saint-Bavon, situé dans un endroit qu'on appelle Gand, sur l'Escaut, au confluent de ce fleuve et de la Lys, par les frères qui servent Dieu dans ce monastère. Sur leur prière, je leur envoyai des saintes reliques de nos Martyrs, et voici par ordre ce qui se passa dans leur maison.

L'an 828 de l'incarnation de notre Seigneur Jésus-Christ, sixième année de l'indiction, les reliques des saints martyrs du Christ, Marcellin et Pierre, arrivèrent au monastère de Saint-Bavon, le vendredi, v des nones de juillet. Le troisième jour, c'est-à-dire le dimanche suivant, qui était le trois des nones (50), une jeune fille aveugle, nommée Hartlinde, du village de Furnes (51), qui, au dire de ses père et mère, était privée de la vue depuis huit ans, fut amenée devant l'autel sur lequel étaient placées les saintes reliques des Martyrs; et là, sous les yeux de tous ceux qui étaient présents, elle recouvra la lumière par la miséricorde du Seigneur. A huit jours de là, c'était le quatre des ides de juillet, on amena une autre jeune fille, nommée Helmrade, aveugle comme la première, et qui était du village qu'on appelle Machelen (52). Au dire de ses parents, cette enfant, huit jours après son baptême, était devenue aveugle tout d'un coup. Elle ne se fut pas plus tôt approchée des restes sacrés des Martyrs, que Dieu lui rendit la lumière qu'elle avait perdue

nit illuc puella quædam, curva, nomine Bildrada, de villa Boderetio, quæ pertinet ad monasterium S. Vedasti. Quæ cum ante memoratas Sanctorum reliquias, pro restitutione salutis suæ, Dominum Christum suppliciter invocasset, coram omnibus qui aderant erecta est, et integrum corporis sui statum in momento temporis recipere meruit.

77. Postea vero, duodecimo die kalendarum augustarum, femina quædam, nomine Eddela, ancilla S. Amandi, de villa Baceroda vocata, quæ plurimis annis oculorum lumine caruisse dicebatur, ibidem feliciter orans visum recepit. Eodem die servus quidam S. Bavonis, Eberaldus vocabulo, de villa Millinio, qui et ipse per plures annos lumen cœli non vidit, cunctis qui aderant cernentibus, eodem in loco diu desiderata luce donatus est. Ipsa quoque die duæ viduæ, quæ plurimis annis cæcæ fuerant, ibidem illuminatæ sunt, quarum altera nomine Blidwara, de villa Accinio; altera Ricberta vocata, de villa Vuerminio fuisse narratur.

78. Deinde post dies viginti quinque, id est, in festivitate Assumptionis Sanctæ Mariæ, femina quædam vocabulo Angarihilda, de villa Goiaco, coram sacris Martyrum reliquiis, omni populo cernente, et id quod evenerat admirante, ita incurvata est, ut penitus se ad cœlum videndum erigere non posset. Eademque, sequenti die, id est decimo septimo kalen-

depuis si longtemps. Trois jours après, la veille des ides de juillet, on vit venir une jeune fille nommée Bildrade qui avait la taille toute courbée. Cette jeune fille était du village de Boderet (53), qui appartient au monastère de Saint-Vaast. Elle s'agenouilla devant les reliques de nos saints Martyrs, et là elle se mit à invoquer humblement notre Seigneur Jésus-Christ pour en obtenir sa guérison. Bientôt tous ceux qui étaient présents virent sa taille se redresser, et elle fut assez heureuse pour que dans l'espace d'un moment son corps reprît sa position naturelle.

77. Quelque temps après, le xii des kalendes d'août, une femme, nommée Eddela, serve du monastère de Saint-Amand, et qui était du village de Baesrode (54), aveugle, à ce que l'on disait, depuis plusieurs années, fit dans le même lieu d'heureuses prières, et recouvra la vue. Le même jour, un serf de Saint-Bavon, nommé Eberald, du village de Mullen (55), qui depuis plusieurs années était également privé de la lumière du ciel, recouvra, sous les yeux de tous ceux qui étaient présents, et dans le même lieu, la lumière qu'il regrettait déjà depuis si longtemps. Ce même jour encore, deux veuves qui étaient aveugles depuis nombre d'années, furent guéries de leur cécité dans ce même monastère. L'une de ces femmes se nommait Blidwara, elle était du village d'Éessene (56), l'autre Ricberthe, du village de Wormhout (57).

78. Vingt-cinq jours après, c'est-à-dire le jour de l'Assomption de la Vierge, une femme nommée Angarihilde, du village de Ghoy (58), se présenta devant les restes sacrés des Martyrs; elle était si courbée, qu'elle ne pouvait se dresser pour regarder le ciel, ainsi que le vit tout le peuple, qui admirait ce qui était arrivé. Mais le jour suivant, c'est-à-dire le xvii des kalendes de sep-

das septembris, in eadem ecclesia, cum Evangelium legeretur, eodem populo teste, ita erecta atque in statum pristinum restituta est, ac si nunquam per ullam corporis sui laesionem ad terram fuisset inclinata. Postea vero, secunda et vicesima die mensis septembris, id est decimo kalendas octobris, homo quidam de pago Texandria, ex villa quæ Apennia nominatur, vocabulo Liodoldus, qui propter sinistri cruris ac pedis imbecillitatem duobus se baculis ad incedendum sustentabat, ita ibidem in conspectu populi perfecte curatus est, ut ultra jam in ambulando baculorum adminiculo non egeret.

79. Quarta vero die post patrationem hujus miraculi, id est septimo kalendas octobris, juvenis quidam surdus et mutus, sinistra quoque manu contractus, nomine Hunwaldus, de villa Corvio nuncupata, cum ante sacras Martyrum reliquias venisset, atque ibi suppliciter orasset, statim per virtutem Christi, depulsis universis quibus afficiebatur incommodis, ita sanus effectus est, ac si nunquam aut surdus, aut mutus, aut ex contractione nervorum in manu fuisset aliquo modo debilitatus. Sequentique die, hoc est sexto kalendas octobris, femina quædam, nomine Engilgarda, quæ per multos annos dira paralysis passione tenebatur, eadem in basilica, per merita beatorum Martyrum, coram omni populo, est curata. Erat eadem ancilla pertinens ad episcopium Tornacense, de villa quæ Vuerecundia nominatur. In crastinum vero, id est quinto kalendas octobris, altera quædam femina, nomine Ramburga, de villa Bertingaheim,

tembre, dans la même église, au moment de la lecture de l'Évangile, en présence des mêmes témoins, cette même femme se redressa complétement, et son corps reprit si bien son ancienne attitude, qu'il ne paraissait pas qu'elle eût jamais éprouvé cette affection violente qui l'avait tenue courbée vers la terre. Quelque temps après, le x des kalendes d'octobre, c'est-à-dire le 22 septembre, un homme du village d'Alphen, dans le pays de Taxandrie (59), le nommé Liodold, qui en était réduit, à cause d'une grande faiblesse du pied et de la jambe gauche, à marcher appuyé sur deux béquilles, fut de même, en vue de tout le peuple, guéri si parfaitement, que depuis lors il put se promener sans avoir besoin d'aucun appui.

79. Quatre jours après l'accomplissement de ce miracle, le vii des kalendes d'octobre, un jeune homme sourd-muet, et de plus estropié de la main gauche, nommé Hunwald, du village de Corbehem (60), s'approcha des saintes reliques des Martyrs, et se mit à prier devant elles en suppliant. Aussitôt, par la vertu de Jésus-Christ, toutes les infirmités dont il souffrait disparurent, et il recouvra si parfaitement la santé, qu'on n'eût jamais dit qu'il avait été sourd-muet ni privé en rien de l'usage de sa main par une contraction des muscles. Le jour suivant, c'est-à-dire le vi des kalendes d'octobre, une femme nommée Engilgarde, qui depuis nombre d'années souffrait d'une affreuse paralysie, fut guérie dans cette même église, par les mérites des bienheureux Martyrs, et en présence de tout le peuple. Cette femme était une serve du village de Warcoin (61); elle appartenait à l'évêché de Tournai. Le lendemain, v des kalendes d'octobre, une autre femme nommée Ramburge, du village de Bertin-

simili passione in inferiori corporis sui parte valde debilitata, cunctis qui aderant videntibus, coram eisdem Sanctorum reliquiis, perfectam membrorum suorum firmitatem recepit; atque a morbo, quo per decem annos laborasse ferebatur, Deo volente, in momento temporis liberata est.

80. Eadem die vir quidam cæcus, nomine Germarus, de villa Schaltheim, quæ juxta ostium Scaldis fluminis in maritima Frisonum regione posita est; cum ibi, pro calamitate quam patiebatur, Domini misericordiam et beatos Martyres invocasset, diu negatum lumen cum lætitia recipere meruit. Quarta autem die postquam hoc signum Domino volente contigit, id est, pridie kalendas octobris, quædam ancilla S. Bavonis, vocabulo Gundrada, de villa Aldingaheim, quæ tribus fere annis solem non viderat, ubi se coram altari ad orandum prostravit, lumen quod amiserat, Christo Domino per merita Sanctorum suorum largiente, recepit.

CAPUT IX.

Ad reliquias Trajecti depositas sanati cæci, surdi, muti, contracti, paralytici.

81. Tertium quoque libellum detulerunt mihi fratres de monasterio S. Servatii confessoris, quod situm est in ripa Mosæ fluminis, in vico qui hodieque

ghem (62), qui par suite d'une attaque de paralysie avait une aussi grande faiblesse dans toutes les parties inférieures du corps, recouvra, sous les yeux mêmes de tous ceux qui étaient là présents, devant les reliques des saints Martyrs, l'usage de tous ses membres, et fut ainsi délivrée, dans l'espace d'un moment, par la volonté de Dieu, de cette infirmité dont elle souffrait, disait-on, depuis dix ans.

80. Le même jour, un aveugle nommé Germar, du village de Schaltheim, situé près de l'embouchure de l'Escaut, dans la Frise maritime (63), vint au monastère implorer la miséricorde du Seigneur et les bienheureux Martyrs, afin d'être délivré du mal dont il souffrait. Ses prières furent entendues, et il recouvra avec une joie bien vive la lumière dont il était privé depuis si longtemps. Quatre jours après que ce miracle eut été opéré par la volonté du Seigneur, la veille des kalendes d'octobre, une serve de Saint-Bavon, nommée Gundrade, du village de Audeghem (64), qui depuis près de trois ans n'avait pas vu le soleil, s'étant prosternée devant l'autel pour prier, recouvra à l'instant même, par un bienfait du Christ, grâce à l'intercession des saints Martyrs, la lumière qu'elle avait perdue.

CHAPITRE IX.

Aveugles, sourds, muets, rachitiques, paralytiques, guéris par les reliques déposées à Maëstricht.

81. Un troisième mémoire me fut également envoyé par les frères du monastère de Saint-Servais le confesseur (65). Ce monastère est situé sur la Meuse, dans un bourg qui

Trajectus vocatur, et distat ab Aquensi palatio octo circiter leugas, estque habitantium et præcipue negotiatorum multitudine frequentissimus. Cujus textus, si bene recolo, in hunc modum videtur esse compositus.— Adventus sanctorum Christi martyrum, Marcellini et Petri, ad vicum Trajectum, contigit pridie nonas junii. Nam ipso die venit eis obviam de eodem vico immanis multitudo populi, ad susceptionem illorum congregata, laudans et benedicens Deum super immensa atque inenarrabili misericordia sua, qua per tantos patronos populum in se credentem et confidentem visitare dignatus est. Cumque his laudibus et lætitia spirituali usque ad basilicam B. Servatii perventum esset, celebratisque cum magna omnium gratulatione missarum solemniis, et universis ad sua reversis, feretrum, quo sacri cineres advecti sunt, a dextris altaris juxta cancellos collocatum est; totusque ille dies, cum ingenti eodem in vico consistentis populi exultatione atque jucunditate, consummatus est.

82. Cumque ad vespertinum officium juxta consuetudinem celebrandum, eamdem basilicam fuissemus ingressi, aderat inter cæteros puer quidam, nomine Berngisus, quem propinqui sui de pago Cundensio, ante paucos dies illuc venientes, adduxerunt cæcum a nativitate. Qui subito coram omnibus in pavimentum cecidit, ibique aliquandiu velut sopore depressus jacuit; moxque apertis oculis lucem, quam nunquam ante vidit, Christo Domino per merita Sanctorum suorum donante, conspexit. Exin quinta die, id est, sexto idus junii, homo quidam, cognomento Hildimarus, qui surdus erat et mutus, coram eisdem sacris Sancto-

aujourd'hui même s'appelle Maëstricht, à huit lieues environ du palais d'Aix, et qui renferme une population très-nombreuse, surtout beaucoup de marchands. Le texte de ce mémoire, si je m'en souviens bien, était, je crois, conçu de cette manière. — L'arrivée des saints martyrs du Christ Marcellin et Pierre, dans le bourg de Maëstricht, eut lieu la veille des nones de juin. Car ce fut ce jour-là qu'une foule immense, qui s'était rassemblée pour les recevoir, alla de ce bourg à leur rencontre, louant et bénissant le Seigneur, dont la miséricorde ineffable et infinie daignait visiter, dans la personne de si grands patrons, un peuple plein de foi et de confiance en lui. Ces cantiques et tous les transports d'une sainte joie continuèrent jusqu'à la basilique de Saint-Servais. On célébra l'office divin au milieu de l'allégresse générale; puis, lorsque chacun eut regagné sa demeure, la châsse dans laquelle les cendres sacrées des Martyrs avaient été apportées, fut placée à la droite de l'autel près de la grille du chœur; et tout le jour se passa pour le peuple de ce bourg en allégresse et en réjouissances.

82. Lorsque l'on revint dans l'église pour célébrer selon la coutume l'office du soir, il y avait dans la foule un enfant nommé Berngisus; ses parents venus du Condroz (66) leur pays, quelques jours auparavant, l'avaient amené avec eux. Il était aveugle de naissance. Tout à coup, en présence de tous les assistants, cet enfant tomba sur le pavé et y resta quelque temps étendu comme plongé dans un profond sommeil; mais bientôt il ouvrit les yeux, et par un bienfait du Christ notre Seigneur, grâce aux mérites de ses saints, il vit la lumière qu'il n'avait jamais aperçue auparavant. Cinq jours après, c'est-à-dire le vi des ides de juin, un homme nommé

rum reliquiis, et auditum pariter et loquelam per virtutem Christi recepit.

83. Eodem quoque die puella quædam, de familia S. Lamberti, nomine Adallinda, quæ non solum surda et muta, sed etiam cæca, totoque corpore tam miserabili modo ex nervorum contractione erat complicata, ut genua pectori jungerentur, juxta sacras Martyrum reliquias a suis posita, et visum et auditum, loquelam etiam omniumque membrorum rectitudinem ac salutem, coram omnibus, qui aderant, mirabili celeritate, divino munere, consecuta est. Postridie vero, id est, quinto idus junii, quidam servus regius, nomine Berohadus, de villa Cresciaco, in dextera sui corporis parte per totum ex nervorum contractione debilitatus et inutilis factus, cum ante memoratas Sanctorum reliquias venisset, statim erectus, et sanitati quam desiderabat sine mora est redditus. Similiter et puella quædam de ipso vico Trajecto, vocabulo Theothildis, cujus dextera manus erat simili contractione in tantum complicata atque distorta, ut ad omnem usum esset inutilis, hæc, eadem die, ante easdem Sanctorum reliquias, pari modo curata est.

84. Quibus visis, populus in basilica congregatus, coepit, præ nimia exultatione atque lætitia, in hymnis et litaniis, sublatis in altum vocibus, laudes Domino decantare. Cum subito intravit puer quidam surdus, atque in media plebis multitudine stupefactus et attonito similis constitit. Ac deinde, cum ante altare sancti Salvatoris, quod in media ecclesia positum est, perve-

Hildimar, qui était sourd-muet, recouvra devant les reliques sacrées de ces saints Martyrs, par la vertu de Jésus-Christ, l'usage de l'ouïe et de la parole.

83. Encore ce même jour, une jeune fille nommée Adallinde, serve du monastère de Saint-Lambert (67), qui non-seulement était sourde et muette, mais de plus aveugle, et qui, en outre, par suite d'une contraction des muscles, avait tout le corps ployé d'une si misérable manière que ses genoux touchaient à sa poitrine, fut placée par les siens auprès des saintes reliques des Martyrs, et là, grâce à la miséricorde divine, elle recouvra, avec une admirable promptitude, sous les yeux mêmes de tous les assistants, la lumière, l'ouïe et la parole; tous ses membres se redressèrent, et elle revint à la santé. Le lendemain, c'est-à-dire le v des ides de juin, un serf du roi, nommé Bérohad, du village de Crecy (68), affligé dans tout le côté droit d'une contraction des muscles qui le rendait impotent, se présenta devant les saintes reliques; aussitôt sa taille se redressa et il recouvra sur-le-champ la santé qu'il avait perdue. Pareille chose arriva pour une jeune fille nommée Théotildis, du bourg même de Maëstricht. Sa main droite, par suite d'une semblable contraction des muscles, était ployée et toute tordue, au point qu'elle ne pouvait en faire aucun usage. Cette jeune fille, le même jour, auprès des saintes reliques, fut guérie de la même manière.

84. A la vue de ces miracles, le peuple rassemblé dans la basilique se mit, dans l'exaltation de ses transports d'allégresse, à élever la voix vers le ciel, et à célébrer les louanges du Seigneur par des hymnes et des litanies. Tout à coup survint un enfant qui était sourd; il s'arrêta au milieu de la foule, stupéfait comme s'il eût été frappé de la foudre. Puis lorsqu'il se fut avancé jusque devant l'au-

nisset, erumpente protinus de naribus ejus sanguine, quo diu privatus fuerat, auditus officio donatus est. In crastinum autem, id est quarto idus junii, visum est nobis ut feretrum, quod sacros Martyrum cineres continebat, altius elevari deberet; ad hoc videlicet, ut aliquanto eminentius esset quam altare cui appositum erat, et facilius ab accedentibus cerni potuisset. Idque nobis facientibus, et inter faciendum litanias cum Dei laude canentibus, puella quædam de familia S. Servatii, a nativitate sua pedibus ex contractione distortis, manibus etiam ex nervorum distensione dissolutis, insuper et muta, quam paulo ante in basilicam sui detulerunt, et coram feretro posuerunt, subito sanitati est reddita; ita ut eadem hora et loqui, et incedere, et manibus ad omnia necessaria perfecte uti potuerit.

85. Femina quædam de ipso vico Trajecto, cum haberet ancillam cæcam, nomine Adalgardam, ingressa basilicam tradidit eam sanctis martyribus Marcellino et Petro, ut per eorum suffragia visum recipere mereretur, ibique dimisit. Quæ cum, post peractum vespertinale officium, in eadem ecclesia substitisset, subito, velut ab aliquo impulsa, in pavimentum cecidit; atque ibi diu volutata, tandem, cum ingenti circumstantis populi stupore atque admiratione, clare videns surrexit. Contigit hoc idibus junii ad vesperum, ipso noctis incipiente crepusculo. Homo quidam de provincia Burgundia, ex territorio Gennavensi, nomine Theotgarius, ea passione laborans quam

tel du Saint-Sauveur, qui est placé dans le milieu de
l'église, le sang lui jaillit des narines, et il recouvra l'ouïe
dont il était privé depuis longtemps. Le lendemain,
c'est-à-dire le iv des ides de juin, nous jugeâmes à propos
d'exhausser un peu la châsse qui renfermait les restes sacrés des Martyrs, afin que, se trouvant ainsi plus élevée
que l'autel auprès duquel elle était placée, elle fût ap-
perçue plus facilement par ceux qui s'en approchaient.
Nous étions occupés de ce travail, et nous chantions en
même temps des litanies et des cantiques, lorsqu'une jeune
fille, serve du monastère de Saint-Servais, qui depuis sa
naissance avait les pieds contournés par suite d'une contraction, et les mains toutes disloquées par suite d'un relâchement des muscles, et qui de plus était muette, fut
apportée par les siens dans l'église, et placée devant la
châsse. A l'instant même elle recouvra la santé, et si bien
qu'elle se trouva tout d'un coup en état de parler, de
marcher, et de se servir de ses mains pour tous les usages
de la vie.

85. Une femme du bourg même de Maëstricht avait
une serve aveugle nommée Adalgarde; elle entra dans
l'église, la confia aux saints martyrs Marcellin et Pierre,
afin qu'il lui fût donné par leur intercession de recouvrer la vue, et la laissa auprès de leurs reliques. L'office
du soir venait de finir, lorsque cette femme, qui était
restée dans l'église, tomba tout à coup sur le pavé
comme si quelqu'un l'eût poussée. Elle s'y roula longtemps; puis enfin, au milieu de l'étonnement et de l'admiration du peuple qui l'entourait, elle se releva ayant
complétement recouvré la vue. Cela arriva le jour des
ides de juin vers le soir, comme la nuit commençait
à tomber. Un homme du territoire de Genève, dans le

medici græco vocabulo *spasmon* appellant, latine autem, ab assidua membrorum agitatione, *tremulosa* non incongrue vocari potest, venit in basilicam : atque in media populi turba, quæ ad audienda missarum solemnia, ut in die Dominico moris est, fuerat congregata, constitit. Cumque, post recitatam Evangelii lectionem, christianæ credulitatis symbolum recitaretur, tremulosus ille subito ad terram corruit; et dum divinum officium peragitur, pene immobilis ac mortuo quam viventi similior jacuit; multoque ex naribus ejus sanguine manente, post completum sacrum officium, cum magna inspectantis populi admiratione, sanus ac sine ulla trepidatione surrexit. Factum est hoc miraculum decimo octavo kalendas julii, die dominico, sicut superius comprehensum est.

86. Quarta autem feria, id est, decimo quinto kalendas julii, puer quidam, nomine Folchardus, de monasterio quod Meldradium vocatur, qui erat cruribus ac pedibus miserabili contractione distortus, eodem in loco, coram omni populo, curatus est. Undecimo kalendas julii venit quidam homo ad ecclesiam, et inter cæteros intravit, cujus dextra manus simul cum brachio modo mirabili movebatur in gyrum, ac si molam vertere deberet, idque incessanter agebat. Is dicebat, ob hoc sibi hanc inquietudinem accidisse, quia die Dominica contra vetitum moleret; et jam annum integrum evolutum esse, ex quo hujusmodi pœna mulctatus est. Qui cum ad sacras Martyrum reliquias appropiasset, ibique fideliter eos invocasset,

pays des Bourguignons, le nommé Theotgaire, atteint de cette maladie que les médecins désignent sous le nom grec de σπασμός, spasme, et que l'on pourrait nommer en latin avec assez de justesse *tremulosa*, tremblement, à cause de cette agitation continuelle de tous les membres qui en est le symptôme, cet homme vint à notre église, et se mêla à la foule qui s'y était rassemblée pour entendre la messe, comme cela se fait le dimanche. Après la lecture de l'Évangile, comme on récitait le *Credo*, symbole de la foi chrétienne, ce malheureux tomba à terre tout d'un coup, et pendant qu'on achevait l'office divin il y resta étendu presque immobile, et semblable à un mort plutôt qu'à un vivant. Le sang coulait en abondance de ses narines. Mais après que la messe eut été achevée, la foule qui le regardait le vit avec admiration se relever parfaitement guéri, et complétement débarrassé de son tremblement. Ce miracle s'opéra le xviii des kalendes de juillet, c'était un dimanche, comme je l'ai dit plus haut.

86. La quatrième férie, xv des kalendes de juillet (le mercredi, 17 juin), un serf du monastère de Meldert (69), nommé Folchard, dont les jambes et les pieds étaient tout difformes par suite d'une affreuse contraction des muscles, fut dans ce même lieu, en présence de tout le peuple, parfaitement guéri. Le xi des kalendes du même mois vint un homme qui entra dans l'église avec le reste des fidèles. Sa main et son bras droits étaient agités d'un mouvement circulaire des plus étranges; on eût dit qu'il était obligé de tourner la meule, et cela sans s'arrêter un moment. Il avouait que c'était pour avoir enfreint le commandement de Dieu, en travaillant à la meule un dimanche, que cette infirmité lui était survenue, et que ce châtiment, qui lui avait été infligé, datait

molaris illa commotio subitanea quiete sopita est. Hic homo de monasterio Scotorum, quod Fossæ vocatur, se venisse, Dothiumque appellari dicebat.

87. In vigilia S. Joannis Baptistæ, quæ est die nono kalendarum juliarum, venit quidam vir Trajectum ad basilicam S. Servatii, qui se de civitate Tornaco esse fatebatur. Is, ut ipse aiebat, fuit ab infantia surdus et mutus : ductusque a suis ad S. Sebastianum, cœpit ibi et audire et loqui, sed inefficaciter, quoniam verba ejus vix intelligebantur; ipse quoque, cum alii ad eum loquerentur, tenuitatem auditus sui dissimulare non poterat. Qui ubi ad matutinum officium venit, coram sacris reliquiis procumbens, obdormivit. Nec multo post, velut aliquo excitante evigilans, qui os suum pugno percussisset, a circumstantibus perquisivit. Cui cum omnes, neminem hoc fecisse, respondissent, surrexit : eademque hora sanus factus, perfecte, sine ullo impedimento, et audivit et locutus est.

88. Eadem die, dum sacra missarum solemnia celebrantur, femina quædam, nomine Adallinda, duos cereos ad lumen in ecclesia faciendum detulit : quorum unum dextra manu cuidam ex custodibus, ut accenderetur, porrexit; alium autem interim, quasi de illo postea illuminandum, manu sinistra retinuit.

déjà d'une année tout entière. Il s'approcha donc des restes sacrés des Martyrs, et après qu'il les eut invoqués avec ferveur, ce mouvement d'un homme qui tourne la meule se calma tout d'un coup, et son bras se tint en repos. Cet homme nous apprit qu'il venait du monastère écossais qu'on nomme les Fosses (70), et qu'il s'appelait Dothius.

87. La veille de la Saint-Jean-Baptiste, c'est-à-dire le ix des kalendes de juillet, un homme, qui se disait habitant de la cité de Tournay, vint à Maëstricht dans l'église de Saint-Servais. Il avait été, comme lui-même nous l'apprit, sourd et muet de naissance. Mais conduit par ses amis à l'église de Saint-Sébastien, il avait commencé là à entendre et à parler, très-imparfaitement toutefois, car on pouvait à peine comprendre ses paroles, et lorsque les autres lui parlaient il ne pouvait dissimuler combien le sens de l'ouïe était chez lui peu développé. Cet homme s'étant rendu à l'église pour l'office du matin, se prosterna devant les saintes reliques et s'endormit. Bientôt après il se réveilla comme si quelqu'un l'eût touché, et demanda à ceux qui l'entouraient qui est-ce qui lui avait donné un coup de poing sur le visage. Tous lui répondirent que personne ne l'avait frappé; il se releva, et au même moment il se trouva si bien guéri qu'il put dès lors entendre et parler parfaitement, sans éprouver aucune gêne.

88. Le même jour, pendant qu'on célébrait la sainte messe, une femme nommée Adallinde apporta avec elle deux cierges pour les brûler dans l'église; elle en tendit un de la main droite à l'un des gardiens afin qu'il l'allumât, et conserva l'autre dans la main gauche, pour l'allumer ensuite au premier. Mais, ô miracle! pendant que

Sed mirum in modum, dum custos sibi datum accendit, ille qui in manu feminæ remansit, cunctis cernentibus divinitus accensus est.

89. Monasterium sanctimonialium, Eike vocabulo, situm super Mosam fluvium est. In quo quædam Deo sacrata, nomine Saliga, toto corpore, excepto dextro brachio, diro paralysis morbo dissoluta jacebat. Huic per quietem quidam ex vicinis suis astitisse, ac tali sermone eam compellasse visus est, ut diceret : « Quid agis? » Cui cum illa, non aliud quam se in lecto suo quiescere, respondisset, « Audistine, inquit, aliquid de Sanctis, qui in Trajecto ad S. Servatium venerunt? » Cui cum nihil de his se audisse respondisset, « Surge, ait, velociter, atque illuc properanter venire contende; nam ibi es omnium membrorum tuorum receptura sanitatem. » Sed cum expergefacta nihil de his facere curasset, iterum sequenti nocte ab eodem, simili modo, est admonita ut Trajectum pergeret. Illa tamen, ut prius, spreta monentis voce, quo jubebatur distulit proficisci. Tertia vero nocte vidit eumdem sibi astare, et cum quadam severitate, cur monita sua contempsisset, interrogare; baculoque, quem tunc manu tenere videbatur, latus ejus percutere, atque ut Trajectum velociter pergeret, imperare. Nec illa jam ausa trinæ visionis auctoritati resistere, accitis ad se propinquis et amicis, Trajectum, ut sibi jussum erat, deducitur, et in basilica B. Servatii juxta sacros Martyrum cineres collocatur. Cumque ibi promissæ sanitatis præstolaretur eventum, quinto demum die postquam illuc venerat, cum magna omnium admira-

le gardien allumait le cierge qui lui avait été donné, celui
que cette femme tenait encore à la main s'enflamma tout
à coup, par un effet de la volonté divine, sous les yeux
de tous ceux qui étaient là présents.

89. Le monastère d'Eike est un couvent de femmes
situé sur la Meuse (71). Il y avait là une religieuse nommée
Saliga, gisante, toute perclue par une affreuse paralysie
qui lui tenait tout le corps, excepté le bras droit. Pendant qu'elle dormait, il lui sembla voir un de ses voisins
s'approcher d'elle et l'interpeller en ces termes : « Que
faites-vous là ? » Elle répondit tout simplement qu'elle
reposait sur son lit. « Mais vous n'avez donc pas entendu
parler des saints qui sont venus à Maëstricht, dans l'église
de Saint-Servais ? » Et comme elle affirmait qu'on ne lui
en avait jamais rien dit, « Alors levez-vous bien vite,
s'écria le personnage, et rendez-vous en toute hâte à
cette église, car c'est là que vous recouvrerez l'usage de
tous vos membres. » Mais comme à son réveil elle ne tint
pas compte de ce qu'on lui avait dit, elle reçut la nuit
suivante, encore de la même manière, un semblable avertissement, pour qu'elle se rendît à Maëstricht. Cependant elle méprisa cet avis aussi bien que le premier, et
différa de nouveau le voyage qu'on lui ordonnait. Mais
la troisième nuit, elle vit encore le même homme
devant elle. Il lui demanda d'un ton sévère pourquoi
elle faisait si peu de cas de ses avertissements; puis lui
frappant le côté du bâton qu'il tenait à la main, il lui ordonna de se rendre sans plus tarder à Maëstricht. Elle
n'osa pas refuser d'obéir à l'autorité de cette troisième
vision; elle appela donc ses proches et ses amis, et s'étant
fait conduire à Maëstricht, ainsi qu'on le lui avait or-

tione, perfectam totius corporis sui meruit recipere sanitatem.

CAPUT X.

Duo miracula, intercessione SS. Proti et Hyacinthi atque S. Hermetis, in ecclesia SS. Marcellini et Petri patrata.

90. Restant adhuc duo valde præclara miracula, quæ non solum tegenda silentio non censeo, quin potius illorum conscriptione convenientissimum quarto volumini, quod in manibus habetur, finem me facturum esse confido. Et licet eadem signa beatis martyribus Marcellino et Petro cum aliis sanctis possint videri communia, ex eo quod unum ex his in adventu reliquiarum sanctorum Proti et Hyacinthi, et juxta ipsas reliquias gestum est; alterumque in die natalitio sancti Hermetis, suis ipsius reliquiis contigisse certum est; ideo tamen ipsis præcipue adscribenda videntur, quoniam in ea basilica facta sunt, in qua eorum sacratissima corpora requiescunt. Gestorum autem fides ad nos pertinet, qui præsentes fuimus, et quibus ea divina pietas videre concessit. Ac proinde, omissa præfatione, ad ipsa quæ dicenda sunt miracula veniamus.

donné, elle se fit placer dans l'église de Saint-Servais auprès des cendres sacrées des Martyrs. Ce fut là qu'elle y attendit la guérison qui lui avait été promise, et que, cinq jours après son arrivée, à la grande admiration de tous les assistants, elle fut assez heureuse pour recouvrer toute sa santé et l'usage de tous ses membres.

CHAPITRE X.

Deux miracles sont opérés par l'intercession de saint Protus et de saint Hyacinthe, et par celle de saint Hermès dans l'église de Saint-Marcellin et de Saint-Pierre.

90. Il reste encore deux miracles des plus remarquables, que non-seulement je ne crois pas pouvoir passer sous silence, mais dont je regarde même la relation comme devant terminer de la manière la plus convenable ce quatrième livre que j'ai maintenant entre les mains. Sans doute on peut croire que les bienheureux martyrs saint Marcellin et saint Pierre partagent avec d'autres saints le mérite de ces miracles, puisque l'un a été opéré devant ces reliques, à l'arrivée de celles de saint Protus et de saint Hyacinthe (72), et que l'autre s'est accompli le jour de la nativité de saint Hermès, et, sans aucun doute, par la vertu de ses propres reliques; cependant je crois que c'est à saint Marcellin et à saint Pierre qu'il faut principalement les attribuer, puisque ces miracles ont eu lieu dans l'église même où reposent les cendres sacrées des deux Martyrs. Nous sommes garant de tout ce qui s'est fait en cette circonstance, car il nous a été donné par la miséricorde divine d'en être témoin oculaire. Mais terminons ce préambule, et passons aux miracles que je dois raconter.

91. Gregorius, Romanæ urbis episcopus, qui Eugenio simulque Valentino in pontificatus honore successit, cum titulum S. Marci evangelistæ, in quo presbyter fuerat, ampliare, et in eo monasterium vellet extruere, quæsivit per cœmeteria et ecclesias longius ab urbe constitutas, sicubi sanctorum martyrum corpora posset invenire : inventaque titulo, quem opere magnifico extruxerat, curavit inferre. Casu igitur factum est, ut eo tempore, quo sepulchrum beatissimi Hermetis erat aperturus, et sacrum illius corpus inde fuerat sublaturus, unus ex nostris, qui eodem anno supplicandi gratia, ut moris est pœnitentibus, Romam venerat, congregatæ ad basilicam Martyris multitudini cum cæteris peregrinis interesset. Is negotio, quod agebatur, diligenter inspecto, spem adipiscendarum memorati Martyris reliquiarum, licet corde simplici, non tamen sine causa concepit, et Deusdonam diaconum, cujus in primo libro crebram fecimus mentionem adiens, obnixe rogavit ut ex his quantulumcumque a custodibus loci acciperet, mihique deferendum sibi præstaret. Qui confestim precibus ejus annuens, id se sine mora facturum pollicetur; datoque custodibus pretio, non solum sancti Hermetis, sed etiam sanctorum Proti atque Hyacinthi, quorum in eadem basilica corpora erant posita, reliquias accepit. Et illas quidem per quemdam familiarem suum, cui Sabbatino cognomen erat, simulque et nostrum, qui ei ut hoc faceret persuasit, mittere curavit : quod autem de corpore beati Hermetis potuit adipisci, ipse ad nos veniens, pro ingenti munere, detulit. Cum autem de adventu reliquiarum sanctorum Proti et Hyacinthi nobis esset indicatum,

91. Grégoire, évêque de Rome, qui fut successeur d'Eugène, et en même temps de Valentin, sur le trône pontifical (73), voulant agrandir l'église de Saint-Marc l'évangéliste, dont il avait été curé, et y construire un monastère, fit chercher dans les cimetières et dans les églises situées loin de la ville, pour tâcher de trouver des reliques de saints martyrs : et celles qu'on découvrit, il les fit rapporter dans l'église qu'il venait d'élever avec magnificence. Or, le hasard voulut que dans le temps où il allait faire ouvrir le tombeau du bienheureux Hermès pour en retirer les restes sacrés, un des nôtres, qui cette année était venu à Rome pour y faire ses dévotions suivant l'usage des pénitents, se mêlât avec les autres pèlerins à la foule rassemblée devant l'église du Martyr. Cet homme, après avoir examiné avec attention ce qu'on faisait, conçut, dans la simplicité de son cœur, et cependant avec quelque fondement, l'espoir de se procurer des reliques du bienheureux martyr. Il alla touver le diacre Deusdona dont j'ai souvent parlé dans le premier livre, et le pria avec instance de se faire livrer par les gardiens de l'église quelque peu de ces reliques, et de le lui remettre pour me l'apporter. Le diacre se rendit aussitôt à ses prières, et promit de faire immédiatement ce qu'on lui demandait. Il donna donc aux gardiens une somme d'argent, et reçut en retour, non-seulement des reliques de saint Hermès, mais aussi des reliques de saint Protus et de saint Hyacinthe, dont les corps étaient déposés dans la même église. Il s'arrangea pour me faire parvenir ces dernières reliques par un de ses amis nommé Sabbatin, qu'il m'envoya avec celui des nôtres qui lui avait persuadé de faire tout cela. Quant à ce qu'il put se procurer des restes de saint Hermès, il me l'apporta lui-même comme un présent

obviam illis processimus; easque, ut par erat, honorifice suscipientes, atque basilicae cum hymnis et orationibus inferentes, propter corpora beatorum Marcellini et Petri, cum feretro quo venerant, collocavimus. Ubi cum in crastinum mulier quaedam de proximo praediolo, quod Baldradestat nuncupatur, daemone possessa cum caetero populo fuisset ingressa, coepit nequam spiritus fremere, ac prostratam in pavimento collidere, suamque malitiam coram omnibus confitendo publicare. Cumque a presbytero se exorcizante fuisset interrogatus, quis esset, unde venisset, quando et cur in eam intrasset; ad singula respondit, seque non solum daemonem, sed etiam omnium viventium pessimum esse testatus est. Et cum presbyter ab eo causam tantae nequitiae requisisset, malam voluntatem hanc sibi tribuisse fatebatur. Rursus cum ab eo quaereret, si unquam in coelo fuisset; in coelo se fuisse, et inde propter superbiam dejectum esse, confessus est. Eidem percontanti, utrum Christum Dominum necne vidisset; ait, in inferno eum a se visum tempore quo pro humani generis salvatione mori, atque illuc descendere dignatus est.

92. Ubi vero ad id ventum est, ut eum interrogaret, si nomina Martyrum nosset, quorum reliquiae pridie eidem ecclesiae illatae sunt? «Notissima, inquit, mihi sunt eorum nomina : quia quando passi sunt, praesens astabam, ac de eorum sempiterna gloria in-

d'une grande valeur. Cependant ayant été averti de l'arrivée des reliques de saint Protus et de saint Hyacinthe, nous allâmes processionnellement à leur rencontre; et après les avoir reçues avec honneur, comme il était convenable, nous les fîmes transporter, en chantant des hymnes et des prières, dans l'église, où elles furent placées, avec la châsse qui les renfermait, auprès des reliques des bienheureux martyrs saint Marcellin et saint Pierre. Le lendemain, une femme du petit domaine de Baldradestadt (74), situé dans le voisinage, entra dans l'église avec toute la foule : cette femme était possédée du démon. Bientôt le méchant esprit entra en fureur, il la renversa, la brisa contre le pavé, puis il se mit à faire devant tous un aveu public de sa malice. Et comme le prêtre en l'exorcisant lui demandait qui il était, d'où il venait, quand et pourquoi il était entré en cette femme, il répondit à chaque question, disant qu'il n'était pas simplement un démon, mais que c'était lui le plus méchant de tous les êtres vivants. Et comme le prêtre lui demandait la cause d'une si grande perversité, il avoua qu'il ne devait qu'à lui ce penchant décidé pour le mal. Le prêtre s'informa ensuite s'il avait jamais été au ciel, il répondit affirmativement et confessa qu'il en avait été chassé à cause de son orgueil. Et comme le prêtre lui demandait encore s'il avait vu le Christ notre seigneur, il répondit qu'il avait vu le Christ dans l'enfer, lorsque, pour le salut du genre humain, il daigna mourir et y descendre.

92. Mais quand le prêtre vint à lui demander s'il connaissait les noms des Martyrs dont les reliques avaient été apportées la veille dans notre église? « Leurs noms, dit-il, me sont bien connus, car j'assistais en personne à leur martyre, et en songeant à la gloire éternelle qui les

genti torquebar invidia; quos etiam hic modo patior infestissimos : cruciant enim me tormento incredibili, atque invitum de hoc vase, in quo diu latitabam, exire compellunt. » Cui presbyter : « Cum exieris, inquit, quo perrecturus es? — Ego, ait, in viam pessimam perrecturus, et longinquas desertasque regiones petiturus sum. » Post hæc cum et occasionem et modum ingressionis suæ jubente presbytero exposuisset, conversus ad feminam : « Ego, inquit, infelix mulier, antequam exeam, ossa tua collidam atque confringam, teque debilem ac nostræ societatis memorem relinquam. » Et cum illa, velut infirmitatis suæ conscia, cœpisset voce supplici atque submissa Sanctorum auxilium implorare, ille statim, per os ipsius cum ingenti austeritate fremens et increpitans, loqui volenti silentium imperavit. Erat enim nobis, qui præsentes eramus, ad videndum valde mirabile, quod ille spiritus immundus per os ejusdem mulierculæ tam diverso modo loquebatur; et nunc masculinæ, nunc femininæ vocis qualitatem sic ad purum exprimebat, ut non una sed duæ in ea acriter altercantes, seque ad invicem conviciis lacessentes personæ, esse viderentur. Et revera duæ erant, diversa inter se voluntate dissidentes : dæmonis una, possessum a se corpus collidere cupientis, mulieris altera, hoste quo tenebatur liberari desiderantis; quæ diversitas voluntatum, ex disparitate vocum ac dissimilitudine verborum, quæ inter se jactabant, satis clare atque aperte poterat intelligi. Completo igitur juxta consuetudinem mysterii cœlestis officio, nobisque ad curanda corpora de basilica egredientibus, jussimus feminam cum custodibus ibidem, donec reverteremur, opperiri, fiduciam habentes

attendait, j'endurais tous les tourments de la jalousie. Et voici que je trouve en eux maintenant des ennemis acharnés, car ils me font souffrir mille tortures incroyables, et, malgré ma résistance, ils me forcent à sortir de ce vase où je restais caché depuis si longtemps. — Mais lorsque tu seras sorti, continua le prêtre, où iras-tu? — J'irai, répondit le démon, dans la plus mauvaise route, et je me rendrai dans des contrées lointaines et désertes. » Puis, après qu'il eut, sur les ordres du prêtre, raconté à quelle occasion et de quelle manière il était entré en cette femme, il se tourna vers elle et lui dit : « Apprends, malheureuse créature, qu'avant de sortir je vais rompre et briser tes os, et que je te laisserai toute mutilée pour que tu te souviennes du temps où nous avons vécu ensemble. » Alors cette femme, comme si elle eût eu la conscience de sa faiblesse, se mit à implorer à voix basse et d'un ton suppliant l'aide des saints Martyrs. Mais aussitôt le démon, frémissant de colère et exhalant sa rage furieuse par la bouche même de l'infortunée, lui coupa la parole, et lui imposa silence. C'était un spectacle bien extraordinaire pour nous autres qui étions là présents, que de voir ce méchant esprit s'exprimer si différemment par la bouche de cette pauvre femme, et d'entendre tantôt le son d'une voix mâle, tantôt le son d'une voix féminine, mais si distincts l'un de l'autre, qu'on ne pouvait croire qu'elle parlât seule, et qu'on s'imaginait entendre deux personnes se disputer vivement et s'accabler réciproquement d'injures. Et en effet, il y avait deux personnes, il y avait deux volontés différentes; d'un côté le démon qui voulait briser le corps dont il était en possession, et de l'autre, la femme qui désirait se voir délivrer de l'ennemi qui l'obsédait. Cette opposition des deux vo-

quod per virtutem Christi et merita martyrum suorum, perfidus possessor ejus cito foret exiturus. Neque nos spes nostra fefellit. Nam post refectionem ad ecclesiam regressi, exacto dæmonio, sanam illam et incolumem, ac per omnia mentis suæ compotem, atque in Dei laudibus exultantem invenimus. Et hoc quidem signum in adventu reliquiarum beatorum Christi martyrum Proti et Hyacinthi, juxta modum a nobis comprehensum, constat esse completum: illud autem, quod sancto Hermeti adscribitur, quo sit ordine gestum, præsenti narratione clarebit.

93. Colonia metropolis est in finibus Ribuariorum, super Hrenum posita. Ex qua femina quædam erat, a renibus deorsum diutina nervorum distensione in tantum debilitata, ut, negato sibi crurum ac pedum officio, non aliter quam sedens, porrectis in anteriora pedibus, ac manibus in terram positis innitens, seque hoc modo promovens, vicem ambulandi explere potuisset. Hæc, auditis miraculis atque virtutibus, quas Dominus per sanctos martyres suos, Marcellinum et Petrum, in curatione infirmorum atque debilium, operatus est, ad basilicam eorum venire gestivit: et

lontés se manifestait d'une manière assez claire, assez évidente par la différence des voix et par cette diversité des paroles qu'ils se renvoyaient l'un à l'autre. Après que l'office du divin mystère eut été achevé, comme d'habitude, nous sortîmes de l'église pour aller prendre quelque soin de notre corps. En partant nous ordonnâmes à cette femme d'attendre là avec les gardiens le moment de notre retour, bien convaincus que par la puissance de Jésus-Christ et les mérites de ses martyrs, le perfide démon dont elle était possédée ne tarderait pas à sortir. Et en effet nous ne fûmes pas déçus dans notre espoir. Car, lorsqu'après avoir achevé notre repas, nous revînmes à l'église, le démon avait été mis en fuite et nous trouvâmes sa victime saine et sauve, maîtresse de toute sa raison, et louant le Seigneur dans des transports de joie. Personne ne peut nier que le miracle qui fut opéré à l'arrivée des bienheureux martyrs du Christ, saint Protus et saint Hyacinthe, ne se soit passé de la manière dont nous venons de le raconter ; quant à celui que nous attribuons à saint Hermès, nous allons maintenant en exposer clairement tous les détails.

93. Cologne est une métropole située sur le Rhin dans le pays des Ripuaires. Une femme de cette ville souffrait depuis longtemps d'un relâchement des muscles dans toute la partie inférieure du corps à partir des reins. Son infirmité était si grave que, privée de l'usage de ses jambes et de ses pieds, elle ne pouvait se déplacer qu'assise, les pieds étendus en avant, et en s'appuyant sur ses mains pour se traîner à terre. Cette femme, ayant entendu parler des miracles et des prodiges que le Seigneur avait opérés par l'intermédiaire de ses saints martyrs, Marcellin et Pierre, pour la guérison de malades et de gens infir-

quoniam aliter commode nequiverat, in nave mercatorum, qui illo ad festivitatem corumdem Sanctorum ibant, advecta est: venitque illuc ad diem natalitium, atque ibi spe recuperandæ salutis aliquandiu morata est. Sed ubi vidit curationem suam esse dilatam—et revera dilata erat, non negata; quia non alibi, sed ibi; neque tunc, sed alio tempore fieri debuit—statuit Moguntiacum proficisci. Erat enim in proximo festivitas sancti Albani martyris, cujus apud eamdem urbem et basilica et percelebre monasterium est. Quo cum venisset, et apud memoriam Martyris (*a*), pro restitutione salutis suæ, Domino supplicasset, vidit per soporem quemdam juvenem clericum sibi assistentem, ac novos calceos manu ferentem, atque ut eos acciperet pedibusque indueret imperantem : se quoque ita fecisse. Illum deinde præcepisse, ut his calceata ad locum, unde illo venerat, reverteretur, ibique adventum medici præstolaretur, qui eam esset procul dubio sanaturus. Quæ ubi evigilavit, visioni fidem accomodans, quanta potuit celeritate ad sanctorum Martyrum salutifera limina reversa est; ac per duos menses in eodem loco inter alios pauperes conversata, pollicitationem visionis opperiebatur. Cum interim, circa medium fere mensem augustum, Deusdona diaconus, cujus in primo

---

(*a*) *Apud memoriam* id est apud tumulum vel reliquias. Hoc enim sensu vox *memoria* apud SS. Patres et scriptores medii ævi sæpius usurpatur.—S. Albanus, Magnæ Britanniæ protomartyr, die vigesima prima Junii Moguntiæ colitur. Ipso loco ubi ab Arianis trucidatus fuerat, sacellum quoddam pia mens fidelium edificavit. In cujus locum nobilissimam et amplissam ecclesiam erexit, anno Christi 805, Riculfus, Moguntinensis archiepiscopus, et huic, favente Karolo magno, monasterium ordinis S. Benedicti adjunxit. De quo videsis *nov. Gall. Christ.*, V. 373.

mes, conçut un vif désir de se rendre à leur église; et comme elle ne pouvait y aller commodément que par eau, elle se fit amener en bateau par des marchands qui venaient là pour la fête des saints Martyrs. Ce fut le jour de leur nativité qu'elle arriva, et elle y demeura pendant quelque temps, dans l'espoir de recouvrer la santé. Mais voyant que sa guérison était différée — en effet on la différait, on ne la refusait pas; ce n'était pas ailleurs, c'était bien là, mais ce n'était pas en ce moment, c'était à une autre époque, que cette guérison devait avoir lieu — elle résolut de partir pour Mayence. La fête de saint Alban approchait, et c'est dans cette ville que se trouvent l'église et le célèbre monastère placés sous l'invocation de ce martyr. Arrivée là, elle se mit auprès du tombeau du Martyr à supplier le Seigneur pour obtenir sa guérison. Cependant elle vit en songe un jeune clerc s'approcher d'elle; il portait à la main des chaussures neuves qu'il lui ordonna de prendre et de se mettre aux pieds. C'est ce qu'elle fit. Puis le clerc lui ordonna de retourner, chaussée de la sorte, au lieu d'où elle venait, et d'attendre là l'arrivée du médecin qui sans aucun doute devait la guérir. A son réveil, pleine de confiance dans cette vision, elle fit toute la diligence possible pour revenir à l'église des saints Martyrs, où elle devait recouvrer la santé; et là pendant deux mois, mêlée à la foule des pauvres, elle attendit l'accomplissement de la promesse que lui avait faite la vision. Sur ces entrefaites, à peu près vers le milieu du mois d'août, le diacre Déusdona, dont j'ai si souvent parlé dans le premier livre de cet ouvrage, arriva de Rome et m'apporta, comme un grand présent, une articulation du doigt de saint Hermès le martyr. Après avoir reçu cette relique, nous l'enfermâmes

operis hujus libro crebram fecimus mentionem, Roma veniens, unum articulum digiti beati Hermetis martyris pro magno nobis munere detulit (a). Quem accipientes, capsula reconditum, in superiori parte basilicæ, supra ipsum occidentalem ecclesiæ introitum collocavimus. At femina quæ, ut dixi, visione divinitus admonita illuc venerat, et duobus jam exactis mensibus, nihil promissæ opis sibi advenisse cernebat, delusam se vano somnio existimans, reditum in patriam meditari cœpit. Statuitque cum negotiatoribus, qui se reducerent, ut proxima dominica, quæ quinto kalendarum septembrium die simul cum anniversaria sancti Hermetis solemnitate erat futura, navem eorum, in regionem suam reversura, conscenderet. Jamque instante nocte, quæ diem profectioni condictum erat sine dubio præcessura, cum nos secundum consuetudinem, completo nocturnali officio, ad quiescendum fuissemus egressi, cæteris exeuntibus, femina illa introire volens, in ipso limine consedit. Ibique coram omnibus stupore quodam oppressa, parumper obticuit; ac deinde erumpente ex omnibus pedum unguibus aliquanto sanguine, ad se reversa, manum circumstantibus porrexit, erectaque in pedes, ad sepulchrum Martyrum ambulare cœpit. Quo cum pervenisset, ad orationem coram altari prosternitur, ibique tamdiu jacuit, quoadusque hymnus, quem exultantium simul atque mirantium multitudo Deum laudans devotissime cantabat, compleretur. Quo finito, sana surrexit, sed in patriam ulterius redire noluit. Merito igitur miraculum istud beato Hermeti adscribi-

---

(a) Vid supr., n° 91, pag. 564.

dans une châsse, et nous la fîmes placer dans la partie supérieure de la basilique, précisément au-dessus de la porte occidentale de l'église. Cependant cette femme qui était venue, comme je l'ai déjà dit, sur la foi de la vision que Dieu lui avait envoyée, et qui restait là depuis plus de deux mois sans rien éprouver du secours qui lui avait été promis, se figura qu'elle s'était laissé prendre à une vaine illusion et se mit à songer à retourner dans son pays. Elle s'arrangea avec des marchands pour qu'ils la ramenassent chez elle; et elle devait, le dimanche suivant, qui tombait le cinq des calendes de septembre, jour de la Saint-Hermès (le 28 août) s'embarquer avec eux pour revenir à Cologne. Mais la veille du jour fixé sans remise pour son départ, aux approches de la nuit, comme nous venions de terminer, suivant l'usage, l'office du soir, et que nous nous retirions pour aller prendre quelque repos, cette femme voulant entrer dans l'église au moment où tout le monde en sortait, s'arrêta sur le seuil. Là, en présence de tous, elle fut saisie d'une sorte de stupeur, et elle resta quelques instants muette et immobile, puis après que du sang eut jailli de tous les ongles de ses pieds, elle revint à elle, tendit la main à ceux qui l'entouraient, et s'étant mise debout, elle se dirigea vers le tombeau des Martyrs. Lorsqu'elle s'en fut approchée, elle se prosterna pour prier devant l'autel, et elle y resta la face contre terre jusqu'à la fin de l'hymne que dans sa fervente piété, la foule, remplie à la fois d'allégresse et d'admiration, avait entonnée à la louange du Seigneur. Alors elle se leva et elle était parfaitement guérie, mais elle ne voulut plus retourner dans sa ville natale. C'est donc avec raison qu'on attribue ce miracle à saint Hermès, puisqu'il a été accompli le jour même de sa nativité et sous ses reli-

tur, cujus die natalitio, et sub cujus reliquiis gestum esse constat. Sed nequaquam sanctissimi martyres Marcellinus et Petrus ejusdem operis exortes esse possunt, in quorum basilica patratum est; et quos ipsa, quæ curata est femina, toto peregrinationis suæ tempore, ut se adjuvarent, semper invocavit.

94. Hæc sunt, quæ de innumeris Sanctorum virtutibus, aut a nobis visa, aut fidelium veraci relatione comperta, litteris ac memoriæ mandare decrevimus; quæ Christi amatoribus ac martyrum ejus veneratoribus ad legendum grata fore non ambigo : quoniam nihil eis videtur impossibile, quod ut fiat Deo omnipotenti placuerit. Incredulis autem ac sanctorum gloriæ derogantibus, quia fastidiosa esse non dubito, ne omnino legere velint, suadendum censeo : ne forte vilitate nostri sermonis offensi, blasphemiam et invidentiam devitare non valeant; ac sic Deum et proximum, quos amare jubentur, se odisse declarent.

ques. Mais les bienheureux martyrs Marcellin et Pierre n'ont pas pu rester étrangers à cette œuvre, car c'est leur église qui en a été le théâtre, c'est leur aide que cette femme, qui fut guérie, implora sans cesse pendant tout le temps de son pèlerinage.

94. Tels sont, parmi les innombrables miracles opérés par les saints Martyrs, ceux que j'ai résolu de confier à la mémoire des lettres, d'après ce que j'ai vu par moi-même, ou ce que j'ai appris par la relation fidèle de témoins véridiques. Pour les adorateurs du Christ et pour les serviteurs respectueux des martyrs, je ne doute pas que ce ne soit là une lecture agréable; car ils pensent, je le sais, que rien de ce que Dieu a résolu de faire ne lui est impossible. Quant aux incrédules, quant à ces hommes qui déprécient la gloire des saints, comme je suis sûr d'avance que ce serait là pour eux une cause d'ennui et de dégoût, je crois devoir leur conseiller de n'y point du tout jeter les yeux, car je craindrais que choqués de la faiblesse de mon style, ils ne pussent retenir leurs blasphèmes et leurs sentiments envieux, et qu'ils n'en vinssent ainsi à déclarer tout haut qu'ils haïssent Dieu et leur prochain qu'on leur ordonne d'aimer.

NOTES.

NOTE 1, PAGE 179, N° 1.

La forêt nommée Odenwald (*Odanwald saltus*; *Hodannhuald*, dans Surius; *Odonowald*, dans le manuscrit de Metz), s'étendait du Bergstrasse à la Tauber et du Mein jusqu'au Necker. Défrichée en partie, elle n'existe plus que dans les régions montagneuses. Le pays qu'elle occupait est compris aujourd'hui dans le grand duché de Hesse-Darmstadt, province de Starkenbourg, et dans le nord du grand duché de Bade, cercle du Necker. Sur cette antique forêt de la Germanie, voyez Marquard. Freherus, *Origin. Palatin.*, part. II, cap. VI, et Math. Merianus, *Topograph. Franconiæ*, p. 34.

NOTE 2, PAGE 181, N° 2.

La translation des reliques de saint Sébastien, de Rome à Saint-Médard de Soissons, eut lieu en 826. Les reliques arrivèrent dans cette église le dimanche 9 décembre de la même année. Voy. *nov. Gall. Christ.*, IX, 411, et les Bollandistes, tom. II, *Januar.*, p. 285.

NOTE 3, PAGE 183, N° 3.

Les envoyés d'Éginhard se rendirent à Soissons quelque temps après la translation des reliques de saint Sébastien dans cette ville; très-probablement vers la fin du printemps de l'année 827, et non pas antérieurement à cette translation, comme le prétendent les Bollandistes, tom. I, *Junii*, p. 179, *Commentar. præv.*, §. II, n° 11, qui contrairement au texte même des Annales (voy. tom. I, p. 392), reportent à l'année 826 la translation des reliques de saint Pierre et saint Marcellin qui eut lieu en 827, et avancent par conséquent d'une année entière toutes les dates données par Éginhard dans l'histoire de cette translation. Voyez les Prolégomènes en tête du premier volume.

NOTE 4, PAGE 183, N° 3.

Hilduin ou Hildoin, *Hilduinus, Hildoinus,* archichapelain du sacré palais sous Louis-le-Débonnaire, abbé de Saint-Denis, de Saint-Germain-des-Prés et de Saint-Médard de Soissons, accompagna Lothaire en Italie en 824. Il profita de son séjour à Rome pour solliciter du pape Eugène II les reliques de saint Sébastien, et parvint enfin à les obtenir en 826. En 830 il prit parti pour Louis-le-Débonnaire à l'assemblée de Compiègne et fut exilé à Corbie. Rappelé bientôt après par les soins du moine Hincmar, il fut rétabli dans ses diverses abbayes et mourut le 22 novembre (x des calendes de décembre) 840, suivant le *nov. Gall. Christ.*, IX, 412; en 842 suivant les Bolland., *Junii,* I, 184, note *d.* Sur Hilduin, voyez encore *nov. Gall. Christ.,* VII, 351 et 428, et l'Hist. littéraire de la France, IV, 607.

NOTE 5, PAGE 189, N° 7.

La voie Labicane, *via Labicana,* conduisait de la porte Esquiline à Labicum, ville du Latium entre Tusculum et Preneste. C'est sur la droite, entre cette route et l'aqueduc Claudien, à une lieue E.-S.-E. de Rome, qu'était située l'église de Saint-Marcellin et Saint-Pierre, qui paraît être la même que celle qui fut placée depuis sous l'invocation de sainte Hélène, et qui avait été construite par Constantin pour servir de mausolée à sainte Hélène sa mère. L'édifice est de forme circulaire. Ses ruines, retrouvées par Bosio en 1594, étaient connues dans le pays sous le nom de *Torre pignattara.* L'église de Saint-Tiburce, qui était bâtie tout auprès, a complétement disparu. Au-dessous de ces deux églises s'étendait la crypte dont parle Éginhard et que l'on nommait cimetière d'entre les deux lauriers, *cœmeterium inter duas lauros,* ou cimetière de saint Marcellin, saint Pierre, saint Tiburce martyrs et de sainte Hélène. Voy. Bosio, *Roma subterranea,* II, lib. IV, cap. IX, p. 31 et suiv. et cap. XIV, p. 47. (Ed. d'Aringhi, Rome, 1651.)

NOTE 6, PAGE 195, N° 9.

C'était la loi Romaine en vigueur à Rome au temps d'Éginhard qui prononçait la peine de mort contre les violateurs des tombeaux. Cette peine, qui existait dans l'ancienne législation Romaine, avait été rétablie dans toute sa rigueur par les constitutions 3 et 4 de Julien et Constant, *De sepulchris violatis*, lib. ix, tit. xvii du code Théodosien, ou tit. xix du code Justinien. (Voy. Ritter, *Cod. Theodos.*, III, 153 *et seq.*; et compar. l'art. cxcii, du liv. vii des Capitul. de Charlemagne, dans Baluze, I, 1066, et les dispositions des diverses lois barbares citées par Ducange au mot *Violatores sepulchrorum*.)

NOTE 7, PAGE 199, N° 12.

L'église Saint-Jean-Baptiste des Dames à Pavie, *ecclesia S. Joh. Bapt. Domnanæ, Donnarum seu Dominarum,* avait été construite au commencement du viie siècle, par Gundeberge, reine des Lombards. Bern. Scaccus, *Hist. Ticinensis*, lib. ix, cap. ix, nous apprend que ce surnom d'Église des Dames avait été choisi par la fondatrice elle-même, *in honorem sui sexus Donnarum nuncupavit.* Les Bollandistes se trompent lorsqu'ils disent, tom. I, *Junii*, p. 186, not. *a*, qu'il y avait encore à Pavie une autre église de Saint-Jean-Baptiste fondée par la reine Théodelinde. Ils ont voulu parler de la célèbre église de Saint-Jean-Baptiste, bâtie par cette princesse, mère de Gundeberge, à Monza (*Modicia, Modoetia*, à 3 l. au N. de Milan), et où l'on conserve la couronne de fer. Voy. Paul Diacre, *De gestis Langobard.*, lib. iv, cap. xlix, dans Muratori, *Scriptores*, I, 472.

NOTE 8, PAGE 201, N° 13.

Suivant les Bollandistes, tom. I, *Junii*, p. 187, note *b*, cette ambassade serait celle qui fut envoyée en 826 par le pape Eugène II à Louis-le-Débonnaire, et qui arriva à Ingelheim au commencement de juin. Mais comme les envoyés d'Éginhard ne vinrent en Italie qu'en 827, ainsi que nous l'avons déjà dit plus haut, il faut supposer qu'il s'agit ici d'une autre ambassade, probablement de l'ambassade que le successeur d'Eugène II, Valentin ou peut-être Grégoire IV (voy. la note 73), envoya à l'empereur pour lui faire connaître son élection.

NOTES 9 ET 10, PAGES 201 ET 203, N°⁵ 13 ET 14.

Saint-Maurice en Valais, *S. Mauritius, Agaunum*, sur la rive gauche et à cinq lieues de l'embouchure du Rhône dans le lac de Genève. Ce fut là sans doute que les envoyés d'Éginhard traversèrent le Rhône. Le lieu désigné ensuite sous le nom de *Caput laci* (*sic*), la tête du lac, doit être l'endroit que l'on appelle aujourd'hui Villeneuve. Laissant à gauche la route qui côtoie les bords du lac et se dirige vers la France par Vevay et Lausanne, ils prirent à droite celle qui remonte vers Soleure par Fribourg en suivant le cours de la Saane. Les mots *per Alamannorum fines*, qui indiquent leur passage par le territoire des Allemands (car nous aurions dû traduire ainsi, le mot *fines* étant presque toujours employé dans le sens de *territorium*), nous semblent prouver que les limites de l'Alémannie descendaient plus bas au sud et s'étendaient un peu plus à l'ouest qu'elles ne sont ordinairement marquées sur les cartes et notamment sur celle de Kruse (*Atlas des États européens,* carte de l'Europe au ix⁰ siècle) qui donne trop d'étendue à la Bourgogne transjurane.

NOTES 11 ET 12, PAGE 203, N° 14, ET PAGE 305, N° 15.

Ce lieu (le Port, *Portus*), devait être situé un peu au-dessous du confluent du Necker avec le Rhin. Ceux qui amenaient les reliques ne purent débarquer auparavant, car ils auraient eu le Necker à traverser. C'est probablement l'endroit que l'on nomme aujourd'hui Sandhofer-fahrt, à $\frac{1}{4}$ de lieue environ au N.-O. de l'embouchure du Necker, où il existe encore un bac et un lieu de débarquement. (Voy. la carte du grand duché de Hesse-Darmstadt, en 25 feuilles, par Haas, feuil. 22, Darmstadt, 1807.) De ce point de la rive droite du Rhin jusqu'à Michilenstadt (aujourd'hui Michelstadt, petite ville du grand duché de Hesse-Darmstadt à dix lieues N.-E. de Heidelberg), terme de leur voyage, on compte dix de nos lieues en ligne droite; distance qui s'accorde assez bien avec le nombre des stations ou repos, *Rast* en allemand, indiqué par Éginhard. (Voy. Ducange au mot *Rasta*.)

NOTE 13, PAGE 215, N° 19.

Ostheim au sortir de l'Odenwald sur la droite, à quatre lieues environ avant d'arriver à Séligenstadt, aujourd'hui village de la Bavière, cercle du Mein inférieur, sur la frontière du grand duché de Hesse-Darmstadt à deux lieues S. d'Aschaffenbourg.

NOTE 14, PAGE 215, N° 19.

Le monastère de Machesbach (*Makesbah; Machesbach*, dans le manuscrit de Metz), abbaye de femmes, déjà nommée par Éginhard, p. 25, dans sa lettre xv à l'abbesse Blidthrut. Il était situé très-probablement dans l'endroit nommé aujourd'hui *Mosbach*, à une lieue S. d'Ostheim (voy. la carte de Haas). Ce monastère n'est pas indiqué dans le *nov. Gall. Christ.*, tome V, dioc. de Mayence.

NOTE 15, PAGE 217, N° 20.

Gernsprinz ou plutôt Gersprinz, *Gaspentia fluviolus*, petite rivière qui prend sa source un peu au-dessous de Michelstadt et va se jeter dans le Mein en face d'Aschaffenbourg.

NOTE 16, PAGE 219, N° 20.

Le pays Porcien, pays ou comté de Porcéan, *Pagus Portianus, Porcensis*, pays assez étendu de la Champagne, comprenait le territoire qui forme aujourd'hui l'arrondissement de Réthel et une partie de l'arrondissement de Mézières (Ardennes); ses principales villes se nomment encore Château-Porcien, Ecly en Porcien et Chaumont en Porcien.

NOTE 17, PAGE 219, N° 20.

Le xvi des kalendes de février. — Le 17 janvier 828, comme cela résulte du calcul établi plus haut. Voy. la note 3.

NOTE 18, PAGE 219, N° 21.

Au Palais, c'est-à-dire à Aix-la-Chapelle où se tint en février l'assemblée dans laquelle on traita principalement des affaires d'Espagne. (Voy. les *Annales* à l'année 828, tome I, p. 392.)

NOTE 19, PAGE 231, N° 26.

Les envoyés d'Éginhard arrivèrent au monastère de Saint-Médard le dimanche des Rameaux, c'est-à-dire le 29 mars 828, et non pas le 14 avril 827 comme le disent les Bollandistes, par suite de l'erreur que nous avons indiquée.

NOTE 20, PAGE 237, N° 29.

Ludovesdorf sur l'Ahr; *Ludovesdorf prædiolum juxta Aram* (*Ludovestropf*, dans Surius; *Hludovesthorp*, dans le manuscrit de Metz). Cette position indiquée sur la carte de Besselius, E, h, sous le nom de *Ludomescorp*, est placée près de la source de l'Ahr, petite rivière qui va se jeter dans le Rhin, entre Cologne et Coblentz, près de Sinzig (*Zunichium*).

NOTE 21, PAGE 239, N° 30.

Le Worm, ou plutôt le Wurm, *Vurmius*, ruisseau qui coule au nord d'Aix-la-Chapelle, et qui va se jeter dans la Roer.

NOTE 22, PAGE 261, N° 39.

Éginhard dans sa lettre XLI (voy. ci-dessus p. 74), écrite en 830, au moment des dissensions politiques qui amenèrent la déposition de Louis-le-Débonnaire, fait allusion à ces prétendues prophéties d'Aubri. En rapprochant le post-scriptum de cette lettre, *omnia quæ* NUNC *in hoc regno geruntur*, de ce passage, *ex quibus pleraque* NUNC *impleri cernimus*, il nous semble qu'on peut en induire que l'histoire de la translation a été écrite par Éginhard, vers la même époque, aussitôt après sa retraite des affaires, en 830.

NOTE 23, PAGE 269, N° 44.

Zinsich ou Sinzig, *Sinciacus*, *Zunichium*, aujourd'hui bourg des États prussiens, province Rhénane, à 7 lieues N.-O. de Coblentz, près de l'embouchure de l'Ahr, dans le Rhin.

NOTE 24, PAGE 275, N° 46.

Voy. les *Annales* à l'année 828 (tom. I, p. 396). L'empereur revint à Aix-la-Chapelle en novembre.

NOTES.

NOTE 25, PAGE 277, N° 46.

Saint Marius ou Maris, sainte Marthe sa femme, saint Audifax et saint Habacuc ou Abachum leurs enfants, furent martyrisés sous les dernières années d'Aurélien, à la fin du IIIe siècle. Leur fête se célébrait dans l'origine le 20 janvier, jour de leur mort; elle fut reportée au 19, postérieurement au IXe siècle, après qu'on eut réuni dans un même office la commémoration de saint Sébastien et celle de saint Fabien, saints du 20 janvier. (Voy. Baillet, *Vie des Saints*; Janv. 498 et 513.)

NOTE 26, PAGE 279, N° 47.

En 874 Louis-le-Germanique vint passer quelque temps à Séligenstadt, et se rendit ensuite à Francfort, où il tint une assemblée vers le commencement de février. Après avoir terminé les affaires de l'État, il s'occupait de ses dévotions, lorsqu'il eut un songe que l'auteur des Annales de Fulde raconte en ces termes : —Vidit quadam nocte in somnis genitorem suum Hludowicum imperatorem, in angustiis constitutum, qui eum hoc modo latino affatus est sermone : « Adjuro te per Dominum nostrum Jesum Christum ut me eripias ab his tormentis in quibus detineor, ut tandem aliquando vitam possim habere æternam. » Hac ergo visione perterritus, epistolas per cuncta regni sui monasteria destinavit, obnixe postulans ut animæ in tormentis positæ, suis apud Deum precibus intervenirent. Unde datur intelligi quod, quamvis memoratus imperator multa laudabilia et Deo placita fecisset, plurima tamen legi Dei contraria in regno suo fieri permisit. Si enim, ut cætera omittam, hæresi Nicolaitarum firmiter et viriliter restitisset et *monita Gabrielis Archangeli, quæ Einhardus abbas duodecim capitulis comprehensa ei obtulit legenda et facienda, observare curasset*, forsitan talia non pateretur. (*Annales Fuldenses*, ad ann. DCCCLXXIV, dans Bouq. VII, 179.)

NOTE 27, PAGE 285, N° 49.

Le Niedgau (*Pagus Nitensis, Nitehe, Nithagewe, Nitigowe*, etc. *Nitahgaowe*, dans le manuscrit de Metz), pays situé au nord de

Francfort, aux alentours de la Nied, *Nidda*, rivière qui prend sa source au Vogelsberg, montagne de la Hesse, et va se jeter dans le Mein, près Höchst-Achsenhuisen (Voy. Besselius, 709, lib. iv, n° cccxxiii, et sur la carte E, k.) Hadrien de Valois, qui cite, p. 376, ce passage même d'Eginhard, s'est trompé en confondant la Nied hessoise avec une autre rivière du même nom qui coule en Lorraine à l'est de Metz, et va se jeter dans la Sarre près de Siersberg, *Castrum Sigiberti* Le pays que cette rivière arrose ne renferme aucun des trois lieux, Hecgstat, Urselle et Suntling, nommés par Éginhard, tandis qu'on les trouve tous trois dans le Niedgau, au N.-O. de Francfort. Voy. la note suivante, et les notes 30 et 33.

NOTE 28, PAGE 285, N° 49.

Le monastère de Saint-Nazaire, auquel appartenait le domaine d'Hecgstat (*Hecgistat*, dans le Ms. de Metz), aujourd'hui le Haut et Bas-Hochstadt, village des États prussiens, près de Kronberg, à 4 l. ⅓ N.-O. de Francfort, est le monastère de Lorsch ou Laurisheim, placé sous l'invocation de saint Nazaire, et situé à 2 l. E.-N.-E de Worms; aujourd'hui dans le grand-duché de Hesse-Darmstadt.

NOTE 29, PAGE 291, N° 52.

'Wétéravie, *Wetareiba*, *Weterabensis pagus*, *Wedrevi*, etc., etc., pays de la France orientale, qui tire de la rivière appelée *Weteraha* ou *Wettereiba*, *die Vetter* ou *Vedder*, le nom qu'il porte encore aujourd'hui. Situé entre Francfort et Hungen, il est partagé maintenant entre le grand-duché de Hesse-Darmstadt et le landgraviat de Hesse-Hombourg. (Voy. Besselius, p. 850, lib. iv, n° dxvi.)

NOTE 30, PAGE 291, N° 53.

Urselle, *Ursella*, dans le Niedgau, aujourd'hui Oder et Nider Ursel, à une lieue O. de Hombourg, dans le grand-duché de Hesse-Darmstadt.

NOTE 31, PAGE 297, N° 55.

Godescalk, serviteur de Dieu; *got*, *god*, Dieu; *skalh* ou *scalk*, serviteur. (Voy. Graff, *Althochdeutsch. Sprachschatz*, t. IV, col. 152.)

NOTES.

NOTE 32, PAGE 299, N° 56.

Wisbaden, *Wisibada*, les bains blancs; dans l'antiquité *Aquæ Mattiacæ*, ville renommée par ses eaux thermales, à 2 lieues ½ N.-O. de Mayence, aujourd'hui capitale du duché de Nassau.

NOTE 33, PAGE 303, N° 58.

Suntling, dans le Niedgau, *Suntiligua, Scuntilingen, Suntilingen*, et quelquefois *Gunterateshusen* suivant Besselius, p. 711, lib. IV, n° CCCXXIII, aujourd'hui Singling, près de Hochst sur le Mein, dans le duché de Nassau.

NOTE 34, PAGE 303, N° 58.

Le monastère d'Horenbach ou plutôt d'Hornbach était une abbaye de bénédictins, située dans la ville et sur la rivière du même nom. Cette abbaye a été détruite au XVIe siècle pendant la réforme. La ville d'Hornbach, à 2 lieues ½ S. de Deux-Ponts, fait aujourd'hui partie de la Bavière, cercle du Rhin.

NOTE 35, PAGE 311, N° 61.

Comme Drogon, *Drogo*, n'est pas un nom grec, mais un nom d'origine germanique, les Bollandistes, tom. I, *Junii*, 199, not. *b*, en concluent qu'on doit lire *Græcius* ou *Græciensis*, au lieu de *Græcus*. Il faudrait donc traduire : Un jeune homme, nommé Drogon, de Gratz, en Styrie. Mais nous devons faire observer que le nom d'un individu n'est pas toujours un indice certain de la nation ou de la race à laquelle il appartient. Un nom grec pouvait être donné à un Germain et réciproquement. En établissant la règle contraire d'une manière absolue, on s'expose à tomber dans de graves erreurs.

NOTE 36, PAGE 315, N° 63.

Juliers, *Juliacum*, sur la Roer, à 6 lieues N.-E. d'Aix-la-Chapelle (Prusse, régence d'Aix-la-Chapelle).

NOTE 37, PAGE 319, N° 65.

Dans le principe, le pays des Ripuaires, *pagus Ribuarensis*

Ripuaria, occupait tout le grand triangle dont la Moselle forme la base, la Meuse et le Rhin les deux côtés. (Voy. Broverus, *Annal. Trevir.*, tom. I, lib. VII, p. 362.) On peut croire que ce pays tire son nom des peuples Germains, Francs, Sicambres, Bructères, Attuariens, qui vinrent s'y établir sous la domination romaine, et qui furent appelés *Ripuarii* parce qu'ils habitaient sur les rives du Rhin, de la Meuse et autres rivières voisines. Sous les Mérovingiens, le pays des Ripuaires forma la principale partie du royaume d'Austrasie; il fut érigé en duché sous les Carlovingiens, et divisé en cinq comtés. Il fit ensuite partie du royaume de Lorraine. Les principales villes qu'il renfermait étaient Aix-la-Chapelle, Bonn, Duren, Cologne, Juliers et Andernach. Au reste, les savants ne sont pas bien d'accord entre eux sur les limites et l'étendue de ce pays. (Voy. Besselius, lib. IV, n° CCCLXXXI, p. 79; Hadr. de Valois, *Notit. Gall.*, 478; Broverus, *Ann. Trevir.*, loc. cit.; Funckerus, *Introductio ad Geograph. medii œvi*, p. 273 et 391; Spener, *Notit. Germaniæ*, p. 422, not. z; Eccardus, *Leges Franc.*, p. 207, not. etc.)

NOTE 38, PAGE 321, N° 66.

Eschweiler, *Ascwillaris*, aujourd'hui petite ville de Prusse, de la régence d'Aix-la-Chapelle., et à 3 lieues N.-E. de cette ville.

NOTE 39, PAGE 323, N° 67.

Gangelt, *Gangluden*, aujourd'hui bourg de la régence d'Aix-la-Chapelle, Prusse, à 5 lieues S. de Ruremonde. Sur le pays de Meuse, *Pagus Mosanus*, voy. Hadr. de Valois, p. 361; et Besselius, p. 692, lib. IV, n° CCCIII.

NOTE 40, PAGE 325, N° 67.

Gerward, bibliothécaire du palais, était lié d'amitié avec Éginhard. (Voy. ci-dessus p. 22, 23, et 50, 51, les lettres XIV et XXXII qui lui sont adressées.)

NOTE 41, PAGE 329, N° 68.

Famars, *Fanum Martis*, qui n'est plus aujourd'hui qu'un petit village sans importance de l'arrondissement de Valenciennes, était dans l'antiquité un lieu célèbre par un temple de Mars qui lui a donné son nom. Famars est mentionné dans la notice des dignités et des provinces de l'empire romain comme faisant partie de la seconde Belgique. Le pays de Famars comprenait la plus grande partie du Hainaut. (V. Hadr. de Valois, *Notitia Gall.* 192 ; et Besselius, p. 592, lib. IV, n° CXXXXIX.)

NOTES 42 ET 43, PAGE 329, N° 68.

Le pays de Hesbaye ou la Hesbaye, *pagus Hasbanius, Hasbania, Haspingow*, dont le nom s'est conservé et qui sert encore aujourd'hui à désigner une partie de la province de Liége, est indiqué dans le partage du royaume de Louis-le-Débonnaire, comme situé entre les Ardennes et le Brabant. Plus tard, il fit partie de la Basse-Lorraine. Il était divisé en quatre comtés, et comprenait, suivant Le Mire, *Diplomat. belgica*, I, 32, not. 57, et 264, not. 1, le pays compris entre Tirlemont, Saint-Tron, Tongres, et Maestricht. (Voy. Hadr. de Valois, p. 242 ; et Besselius, p. 623, l. IV, n° CLXXXIX.) — Si, comme je le pense, le bourg royal nommé par Éginhard *Vuasidium*, est bien Visé ou Viset, ville ancienne de la province de Liége, située à 3 lieues et demie N.-N.-E. de cette ville, sur la rive droite de la Meuse, possédant, dès le IX° siècle, un pont sur cette rivière, et placée dans la direction d'Aix-la-Chapelle à Valenciennes, il s'ensuivrait que du temps d'Éginhard la Hesbaye s'étendait sur la rive droite de la Meuse.

NOTE 44, PAGE 333, N° 69.

La quatorzième année du règne de Louis-le-Débonnaire s'étend du 28 janvier 827 au 28 janvier 828. Or, tous les événements racontés dans ce mémoire, par l'abbé Georges, sont postérieurs à la restitution des reliques de saint Marcellin faite par l'abbé Hildoin à Éginhard, laquelle eut lieu à la fin de mars 828 (voy. ci-dessus la note 19), et à la translation de ces reliques dans le palais d'Aix-la-Chapelle. Il faut donc reconnaître, avec D. Bouquet, VI, 273, qu'il y a ici une erreur, ou bien une faute de copiste, et lire *anno quintodecimo*, la quinzième année du règne de Louis-le-Débonnaire, au lieu de la quatorzième année, *anno quartodecimo*, qui nous reporterait à l'année 827, date inconciliable avec celle du mois d'octobre 827 donnée par Éginhard lui-même dans ses Annales (voy. tom. I, p. 392) comme l'époque de la translation des reliques, de Rome en France.

NOTE 45, PAGE 333, N° 69.

Ce fut en 826, comme Éginhard nous l'apprend lui-même dans ses Annales (voy. tom. I, p. 383), que le prêtre Georges se rendit de Venise à Aix-la-Chapelle, où il fabriqua pour l'empereur un orgue hydraulique, et ce fut probablement l'année suivante qu'il reçut, à titre de bénéfice, comme récompense de son œuvre, le monastère de Saint-Sauve.

NOTE 46, PAGE 335, N° 70.

Les Estinnes, *Listina*, *Liftina* dans le manuscrit de Metz, ou mieux *Listinæ*, *Leptinæ* et *Liphtinæ*, ancien château des rois d'Austrasie, célèbre dans l'histoire de l'Église par le synode que saint Boniface y tint en 743. Les Estinnes forment aujourd'hui deux villages : l'un, Estinnes-au-Mont compris dans l'arrondissement de Charleroi ; l'autre, Estinnes-au-Val, dans l'arrondissement de Mons, province de Hainaut (Belgique.)

NOTE 47, PAGE 337, N° 71.

Petit-Pont, *Ponticulus*, peut-être Pont-à-Raches ou Pont-à-Marq, non loin de Valenciennes, entre Douay et Tournay. J'ai vainement cherché à placer cette position d'une manière précise.

NOTE 48, PAGE 339, N° 74.

Saint-Martin-aux-Jumeaux, *monasterium Ad-duos-Gemellos*, fondé du temps de Grégoire de Tours, à l'une des portes d'Amiens. « In porta Ambianensi in qua S. Martinus pauperem algentem, « adhuc catechumenus, chlamyde decisa contexit, oratorium a fide- « libus est ædificatum in quo puellæ religiosæ deserviebant. » (Greg. Turon., *De miracul. S. Martini*, lib. 1, cap. 17.) Cette abbaye ayant été détruite, Gui, évêque d'Amiens, la rétablit en 1073, et y plaça des religieux. Voy. *nov. Gall. Christ.*, X, 1226.

NOTE 49, PAGE 341, N° 74.

Gheule, *Gauliacas*, près de Rœulx, ou peut-être Goëgnies, à 3 lieues ½ S. de Mons; mais cette dernière interprétation me semble moins probable.

NOTE 50, PAGE 343, N° 76.

Toutes ces dates du jour de la semaine et de l'indiction s'accordent parfaitement avec la date de l'année. En 828, lettre dominicale ED, Pâques 5 avril, le 3 juillet (sixième férie, v des nones) est bien un vendredi, et le 5 juillet (III des nones) un dimanche. L'indiction est comptée suivant le mode le plus ordinaire, à partir de 313.

NOTE 51, PAGE 343, N° 76.

Suivant les Bollandistes, tom. I, *Junii*, p. 202, not. *c*, le nom latin de Furnes, *Furnæ*, qu'on ne trouve guère qu'au XII° siècle, pourrait être une contraction du mot *Fursenum* (*Fursetium* dans le manuscrit de Metz), employé par Éginhard. Cette conjecture me paraît d'autant plus probable qu'il n'existe pas en Flandre d'autre lieu auquel on puisse appliquer le nom de *Fursenum*. Furnes est situé à 9 lieues et demie O.-S.-O. de Bruges (Flandre occidentale, Belgique.)

NOTE 52, PAGE 343, N° 76.

Machelen, *Magle*, entre Courtray et Gand, à 4 lieues ½ S.-O. de cette dernière ville.

NOTE 53, PAGE 345, N° 76.

Boderet, *Boderetium*, *Bodericia villa* dans le manuscrit de Metz, peut-être Baudour, à 2 lieues O. de Mons, ou mieux encore Bouret sur Canche (Pas-de-Calais).

NOTE 54, PAGE 345, N° 77.

Le monastère de Saint-Amand-en-Puelle, *S. Amandus in Pabula*, dans le diocèse de Tournay, à 2 lieues ½ S. de cette ville. — Baesrode, *Baceroda*, est situé à 1 lieue E. de Termonde, sur la rive droite de l'Escaut. Les Bollandistes, tom. I, *Junii*, p. 202, col. 2, note *f*, traduisent *Baceroda* par Baeffroy, nom que j'ai vainement cherché sur les cartes et dans les dictionnaires, et qui d'ailleurs a peu d'analogie avec le nom latin.

NOTE 55, PAGE 345, N° 77.

Mullen, *Millinium*, à 4 lieues $\frac{1}{2}$ S.-O. de Gand et 1 lieue N. d'Audenarde, dans la Flandre orientale (Belgique.)

NOTE 56, PAGE 345, N° 77.

Eessene, *Accinium, Actinium*, dans le canton de Dixmude, et à $\frac{1}{4}$ de lieue E. de cette ville, Fland. occident. (Belgique).

NOTE 57, PAGE 345, N° 77.

Wormhoudt, *Vuerminium*, aujourd'hui petite ville de la Flandre française, à 4 lieues S.-E. de Dunkerque (Nord, arrondissement de Dunkerque.)

NOTE 58, PAGE 345, N° 78.

Ghoy, *Goiacum*, à 3 quarts de lieue de Lestines, ou Ghoy sur Sambre, à 2 lieues de Beaumont, ou Goé, à une demi-lieue de Limbourg, ou Gouy sur Piéton, à 2 lieues $\frac{1}{4}$ de Charleroi, ou peut-être encore Goyck, à 2 lieues de Halle. De ces divers noms de lieux, nous préférons le premier comme désignant la position la plus rapprochée de Gand. Quant au nom de Coycgem, à 2 l. S.-E. de Courtrai, donné par les Bollandistes, p. 202, not. *k*, il me semble une traduction fort hasardée du mot latin *Goiacum*.

NOTE 59, PAGE 347, N° 78.

Le pays de Taxandrie, *Taxandria, Toxandria, Debsandara, Campania* et *Campinia*, était situé entre l'Escaut et la Meuse; il doit son nom à ses anciens habitants les *Toxandri*, peuple germanique mentionné par Pline et par Ammien Marcellin. Leur ville principale était *Toxandria*, aujourd'hui Tessenderloo, qui n'est plus qu'un bourg de la Belgique, dans la province de Limbourg, à 10 lieues N.-O. de Tongres. Ce pays est encore désigné, au moyen âge, dès le viie siècle (*Vita S. Trudonis*, lib. ii, cap. 10) sous le nom de *Campania* et *Campinia*, qui s'est conservé dans celui de Campine, *der Kempen* en flamand. Suivant Alting, *Notitia German. inferior.*, part. ii, p. 35, la Campine, divisée en Campine brabançonne et Campine liégeoise, comprend tout le pays des anciens Toxandri, et à plus forte raison le pays de Taxandrie dont parle Éginhard. Wendelin, *Leges salicæ illustratæ, seu illarum natale solum demonstrat.*, cap. viii, p. 79, donne à la Campine ou Taxandrie 24 lieues de long sur 17 de large. Il est donc probable que l'*Apennia villa* d'Éginhard est bien le lieu nommé aujourd'hui Alphen, à ¼ de lieue S.-E. de Bréda, et situé alors à l'extrémité N. du pays de Taxandrie. Voyez sur ce pays, Besselius, 795, lib. iv, n° ccccxxxii; Hadr. de Valois, p. 558; Hertius, *Notitia veter. Germaniæ populor.*, part. ii, ch. i, §. 12, p. 80, et Grammaye, *De Toxandria*, p. 23.

NOTE 60, PAGE 347, N° 79.

Corbehem, village à 1 lieue S.-O. de Douai, canton de Vitry, Pas-de-Calais, dont le nom m'a paru pouvoir être la traduction flamande du nom latin *Corvium*. J'ai vainement cherché, dans les environs de Gand et le reste de la Flandre, un nom qui s'en rapprochât davantage.

NOTE 61, PAGE 347, N° 79.

Warcoin, ou Warcoing, *Vuerecundia,* aujourd'hui bourg de la province de Hainaut, de l'arrondissement et à 3 lieues N. de Tournay (Belgique).

NOTE 62, PAGE 349, N° 79.

Bertinghem dans le Boulonnais, ou peut-être Berthen dans la Flandre française (arrondissement d'Hazebrouck, Nord). — Bernem, à 3 lieues S.-E. de Bruges, nom proposé par les Bollandistes, p. 202, not. *a*, me semble présenter bien peu d'analogie avec celui de *Bertingaheim*, donné par Éginhard.

NOTE 63, PAGE 349, N° 80.

Schalteim, dans la Frise maritime, à l'embouchure de l'Escaut.

J'ai vainement cherché sur les meilleures cartes ce lieu dont la position est indiquée par Éginhard d'une manière précise. On peut croire, avec les Bollandistes, que l'Escaut, dans un de ses fréquents envahissements, l'aura fait disparaître.

NOTE 64, PAGE 349, N° 80.

Audeghem, *Aldingaheim*, à 5 lieues E. de Gand, Flandre orientale (Belgique.)

NOTE 65, PAGE 349, N° 81.

Les reliques données par Éginhard au monastère de Saint-Servais, furent retrouvées intactes en 1623. Voyez dans les Bollandistes, tom. I, *Junii*, p. 204, not. *a*, le procès-verbal de leur invention.

NOTE 66, PAGE 351, N° 82.

Le Condroz, *Pagus Cundensius, Cundrusius* dans le Ms. de Metz, pays qui tire son nom des *Condrusi*, peuple germanique nommé par César, *De Bello Gallico*, lib. II, c. 4, et lib. VI, c. 32, et qui dès lors habitait aux environs de l'Ourte Le Condroz est mentionné dans les Annales de Saint-Bertin en 839, et dans le partage des États de Lothaire en 870. Ce pays, dont le nom subsiste encore, fait aujourd'hui partie de la province de Liége. Il comprend la région située sur la rive droite de la Meuse, entre ce fleuve et l'Ourte, une partie de l'ancien duché de Limbourg et le N.-O. de l'ancien marquisat de Franchimont. Voyez Hadr. de Valois, p. 154, au mot *Condrusi* et Besselius, lib. IV, n° CVIII, p. 573, au mot *Condiestrium*.

NOTE 67, PAGE 353, N° 83.

Sainte-Marie et Saint-Lambert de Liége. Voyez *nov. Gall. Christ.*, III, 936.

NOTE 68, PAGE 353, N° 83.

Crecy, *Cresciacum*, arrondissement d'Abbeville, Somme; ou peut-être, dans le même département, Cressy, arrondissement de Montdidier (Picardie).

NOTE 69, PAGE 357, N° 86.

Le monastère de Meldert, *Meldradium*, était une abbaye de femmes, fondée au viie siècle sous l'invocation de sainte Ermelinde par saint Pépin de Landen. Cette abbaye ayant été détruite, ses biens passèrent au chapitre de Saint-Barthélemy de Liége. (Voy. les Bollandistes, tom. I, *Junii*, p. 204, col. 2, not. *f*). Cependant elle n'est mentionnée ni dans le tom. III, diocèse de Liége, ni dans le tom. V, diocèse de Malines du *nov. Gall. Christ.* Meldert est aujourd'hui un village du Brabant Belge à 1 lieue $\frac{1}{2}$ O. de Tirlemont.

NOTE 70, PAGE 359, N° 86.

Les Fosses, ou Fosse, *Fossæ*, ou *Fossense Scotorum monasterium*, ancienne abbaye du diocèse de Liége, fondée vers 650 par saint Foillan et saint Ultan, fils de Fyltan, roi de Momonie, en Irlande. Ce monastère était appellé *monasterium Scotorum*, parce que du temps d'Eginhard on donnait encore à l'Irlande le nom de *Scotia major*. L'abbaye de Fosse, mentionnée dans le partage du royaume de Lothaire en 870, commença à décliner dans les premières années du xe siècle, et cessa d'exister bientôt après. Voyez *nov. Gall. Christ.*, III, 932. Fosse est aujourd'hui un village du canton et à 2 lieues O.-S.-O. de Stavelot, dans la province de Liége (Belgique).

NOTE 71, PAGE 361, N° 89.

Eike, *Eike*, ou *Eicka monasterium*, abbaye de femmes située sur la Meuse à une lieue E. de Maaseyk ou Maseyk, entre Maestricht et Ruremonde, dans la province de Limbourg. Fondé vers 730 par Adalhart et Gruniara, pour leurs filles, sainte Herlinde et sainte Renilde, ce monastère fit partie du lot de Charles-le-Chauve lors du partage des états de Lothaire en 870; il fut détruit par les Normands en 881, et relevé environ cinquante ans après par Richier, évêque de Liége, qui le plaça sous l'invocation de Sainte-Marie, et y établit des religieux. Voyez *nov. Gall. Christ.*, III, 936, et les Bollandistes, tom. III, *Martii*, p. 387.

NOTE 72, PAGE 363, N° 90.

Saint Prothus et saint Hyacinthe, eunuques de sainte Eugénie, furent martyrisés avec leur maîtresse, sous l'empereur Valérien vers 257, ou plutôt sous Dioclétien vers 304. On n'a rien de bien positif sur leur histoire ; on sait seulement qu'ils étaient honorés dès le ive siècle dans l'Église romaine. Leur fête est marquée au 11 septembre dans le calendrier du pape Libère. Voyez Baillet, *Vies des Saints, Septemb.*, p. 223 ; et Bosio, *Roma subterranea*, II, 234, lib. iv, cap. 34. — Saint Hermès est l'un des saints les plus célèbres et les plus anciennement honorés dans l'Église romaine. Préfet de la ville de Rome, converti au christianisme par le pape Alexandre Ier, il fut martyrisé sous l'empereur Adrien ; son nom est marqué au 28 août, dans le calendrier dressé sous le pape Libère au ive siècle. On le retrouve dans le sacramentaire du pape Gélase, dans celui de saint Grégoire-le-Grand où la messe de son office a une préface propre, dans le calendrier romain du viie siècle, dans presque tous les Martyrologes depuis ceux qui portent le nom de saint Jérôme et de Bède jusqu'au Martyrologe romain moderne. Cette célébrité du culte de saint Hermès explique pourquoi Éginhard attachait un si grand prix à ses reliques. (Voy. Baillet, *Août,* p. 931.)

NOTE 73, PAGE 365, N° 91.

Grégoire IV, prêtre de l'Église romaine, du titre de Saint-Marc, fut élu après la mort de Valentin vers le mois de septembre 827. Eugène II, prédécesseur de Valentin, était mort dans le mois d'août de la même année (le 27, suivant Fleury). Valentin occupa donc pendant un mois à peine le trône pontifical. Voyez les Annales *ad ann.* 827, tom. I, p. 390.

NOTE 74, PAGE 367, N° 91.

Baldradestadt. J'ai vainement cherché sur les meilleures cartes et dans les répertoires géographiques ce nom de lieu situé près de Seligenstadt.

RHYTHMUS

EINHARDI ERUDITISSIMI VIRI

DE PASSIONE CHRISTI MARTYRUM

MARCELLINI ET PETRI. (1)

1. Erat quidam exorcista Romæ (2), Petrus nomine,
Qui doctrinam magni Petri secutus apostoli,
Veram fidem Jesu Christi prædicavit (3) gentibus.
Malignorum adjurator iste fuit dæmonum,
Atque atros verbo potens effugabat spiritus,
Perque signum sanctæ crucis ægros sanos fecerat.

---

(1) Tel est, suivant D Mabillon, *Acta SS. Benedict.*, sæcul. IV, pars 1, 416, le titre de cette pièce dans un ancien manuscrit de la Bibliothèque de Fleury ou Saint-Benoît-sur-Loire. Nous croyons donc pouvoir attribuer à Éginhard ce petit poëme dont le rhythme est une corruption de l'ancien mètre trochaïque, tout à fait analogue à ce que les Grecs du bas-empire ont appelé *vers politique*. Ce poëme a été imprimé pour la première fois par Surius, *De probatis SS. vitis. Junius*, p. 36-38, et reproduit par les Bollandistes, t. I, *Junii*, p. 174 et suiv. Nous le réimprimons d'après un manuscrit de la Bibliothèque de Metz, coté E. 99. Ce manuscrit, qui contient aussi l'Histoire de la Translation, nous paraît être du x⁰ siècle. Voy. nos Prolégomènes.

(2) Edit. *sanctus*.

(3) Cod. Metensis *praedicavit*, et sic constanter diphthongum *ae* disjunctam habet.

Quem pagani comprehensum (1) duris nectunt vinculis,
Ac per multa laniatum tormentorum genera,
Ad extremum tenebroso manciparunt carceri.
Imprudentes arbitrati quod per artus corporis
Pœna inflicta prævaleret Christi fidem tollere,
Sed cor, cœlo (2) fixum manens, nescit flagris cedere.
Cui custos deputatus præfuit Arthemius (3),
Qui reorum turbam diris constringebat vinculis,
Atque claustra caligosi servabat ergastuli.
Erat cui cara valde nata, Virgo nomine,
Quæ invasa præferoci vexabatur dæmone,
Et paterna sæva pœna cruciabat pectora.

2. Quod cum Petrus comperisset, compellat Arthemium,
Monens simul et exhortans, Christi miles inclitus,
Mercaretur sancta fide ut salutem filiæ :
« Deum, dixit, crede Christum, qui creavit omnia,
Qui cœlum terramque sua continet in dextera,
Et qui miti potentatu protegit quod possidet. »
—Hæc beato proferente Petro Christi famulo,
Custos ille tenebrosi carceris Arthemius
Plura dicta contra refert, sed eadem frivola :
« Non est, inquit, verum, Petre, neque verisimile,
Meam tuus possit Christus ut salvare filiam,
Qui nullum exhibet suis solamen cultoribus.
Ferret, puto, si valeret, opem suis famulis,
Sed hoc illum non valere produnt illa verbera,
Quæ tu dudum propter ipsum tolerando deficis. »

---

(1) Cod. Metens. *conprehensum.... inprudentes* et sic semper litteram *m* ante litteras *p, b* et *m* legit.

(2) Cod. *caelo* et sic deinceps.

(3) Cod. *Artemius* et sic deinceps.

—Ad hæc Petrus vultu læto pauca verba referens :
« Christum, inquit, confitemur, et in ipsum credimus,
Qui est solus seculorum (1) Salvator et Dominus.
Ipse valet, quidquid sibi placuerit, facere,
Tam cœlo terraque potens, quam et ponti fluctibus,
Cui servit totum suis cœlum cum sideribus.
Ille potest, quandocumque sibi placet, solvere
Duros nexus catenarum, quibus vinctus teneor,
Et de cunctis tormentorum pœnis tutum reddere.
Sed meum credo quod nolit impedire bravium,
Quin peccatis depurgatum pervenire faciat,
Per tormenta passionis, ad perennem gloriam.
Vellem tamen, o Arthemi, faceres periculum,
Verum siet, anne falsum, quod de Christo credimus,
Quodque illum tam potentem omnes esse dicimus. »

3. — Ad hæc antri carceralis custos, nondum credulus :
« Fiat, ait, quod hortaris, hodieque clareat,
Valeat quid Christus tuus, quem me rogas credere.
En ego nunc tuis vinclis superaddam vincula,
Teque ipsum tenebroso clausum linquam (2) carcere,
Atque antri postes seris stringam firmioribus.
Si te tantis innodatum liberarit nexibus
Christus vester, ac solutum sospitem reddiderit,
Credam illum, atque Deum colam sine dubio;
Ea tamen ratione, si redemptam videro,
Ipso Christo faciente, meam caram filiam,
Ab illius dominatu, quo vexatur, dæmonis. »
—Tunc subridens fortis ille Petrus Christi famulus :
« Fides (3), ait, imbecilla confirmari poterit,

---

(1) Cod. *saeculorum, saecula* constanter.
(2) Cod. *linquo.*
(3) Cod. *fedes.*

Si, quæ verbis promisisti, factis adimpleveris;
Meque, humana sine ope atque amminiculo,
Isto tetro (1) quo includor liberatum carcere,
Domus tuæ limen pede penetrasse videris :
Et non tantum contemplatu, sed palmarum tactibus,
Explorando comprobabis ipsum tibi assistere (2),
Quem inclusum dimisisti tenebroso in carcere. »
— Ad hæc verba crebro caput agitans Arthemius,
Et non credens Deum posse tanta bona facere,
Tali Petro servo Christi respondet affamine :
« Homo, inquit, mente captus, aliena loqueris,
Quod ex multis accidisse reor passionibus,
Quas tu diu propter sectam christianam sustines (3). »
 4. Ita dixit, et abcessit, seque domum contulit,
Conjugique cuncta suæ, cognomento Candidæ,
Valde stupens atque mirans dicta Petri retulit (4).
Cui conjux dubitanti corde fatur credulo,
Se mirari quod insanum voluisset dicere,
Quem audisset sospitatem filiæ (5) promittere;
Nec hoc diu differendum esse quod promiserat,
Sed præsenti se facturum fateretur tempore,
Et quod dixit ac spopondit, hodie clarescere.
Ille vero contra nitens, uxorem increpitat,
Cur his verbis fidem daret, et appellat fatuam,
Quia Christum Deum Petri tam potentem crederet.
— « Non est, ait, numen ullum, sed nec ipse Jupiter,

---

(1) Cod. *taetro* et sic deinceps.
(2) Cod. *adsistere*.
(3) Cod. *sustinens*.
(4) Cod. *rettulit*.
(5) Sic Bolland. Codex Metensis *sibi nunc*; quam lectionem apud Surium reperies.

Quod eundem sic conclusum possit vinclis solvere,
Vel ex antri tetro lacu liberum dimittere. »
—Illa Petri verbis credens, quibus se promiserat,
Per virtutem Jesu Christi mira posse facere,
Tali sibi resistentem repulit elogio :
« Hoc est, inquit, quod augebit Dei sui gloriam,
Cum per illum erit factum, quod patrare nequeunt
Illa magna, quæ a nobis nunc coluntur, numina. »

5. Hæc dum simul ac vicissim alternando conferunt,
Atque, solis orbe merso, stellæ noctem proferunt,
Ecce Petrus, ut promisit, adest admirantibus,
Signum crucis manu gestans, veste fulgens candida;
Seque verum Christi servum, et non falsum aliquid (1)
Esse monstrat, dum multorum contrectatur manibus.
Hæc cernentem stupor ingens arripit Arthemium;
Atque Petri sine mora pedibus advolvitur,
Deum solum verum Christum magnis clamans vocibus.
Hoc et conjux, hoc et cuncta consonat familia
Esse nullum nisi Christum, rerum potentissimum,
Quem beatus prædicasset Petrus atque coleret.
In adventu cujus ipsum, quod eorum filiam
Diu male possidendo vexabat, dæmonium
Fugit statim, et invitus (2) Dei virum prædicat,
Ut in alto palam (3) atrox audiretur aere :
« Virtus, dicens, Christi, Petre, in te manens pepulit
Me de illa, quam tenebam usque modo, virgine. »

6. Hæc tum Petro faciente per virtutem spiritus,

---

(1) Cod. *aliquod.*

(2) Sic codex et edit. Etenim vox *invitus* hic ab auctore, pro amphibologia vitanda, adhibita videtur, perinde ac si *dæmon*, non *dæmonium*, in versu præcedenti dixisset.

(3) Sic cod. Editi *malum.*

Fama velox, per vicina statim loca volitans,
Multos valde congregavit viros atque feminas.
Nam non minus quam trecenti convenere masculi,
Mulierum quoque major numerus confluxerat,
Simul omnes admirantes sanctam Christi gloriam.
Etenim cernebant cuncti, quod in Christi nomine
Omnes morbi sanarentur per supernam gratiam,
Perque sacra Petri jussa pellerentur dæmones.
Et videntes, corde puro capere desiderant
Fidem Christi salutarem, simul atque flagitant
Ut in sacri mererentur unda fontis ablui.
Huc statim, vocante Petro, venit Christi famulus,
Magnus martyr et confessor, Marcellinus presbyter,
Ut novellum confirmaret baptismate populum.
Quæ dum essent adimpleta competenti ordine,
Nutu Dei quaterdeni dies evoluti sunt,
Per quos Sancti novæ gentis nationem roborant
Ut, in Christo permanentes, creaturas colere
Nolint, vitam neque istam velut magni quippiam
Amplectantur; immo velint propter ipsum perdere.

7. His exactis, adest sævi missus lictor judicis,
Jubens omnes qui fuissent tetro clausi carcere,
Ad conspectum nocte prima arbitri assistere (1).
Quod extemplo cum audisset atri custos carceris,
Blandis vinctos, qui aderant, vocibus alloquitur,
Irent cuncti, quoquo versum vellet quisque pergere.
« Qui ad palmam, inquit, regni pervenire cogitat,
Ille mecum ad Sereni judicis præsentiam,
Pœnas ibi subiturus, pergere non dubitet (2).

---

(1) Cod. *arbitris adsistier*.
(2) Edit. *hæsitet*.

Si quis vero nondum vitam mundialem spernere
Valet, atque tormentorum est pavore territus,
Eat liber, quo voluntas illum sua tulerit. »
Ecce autem judex, primo noctis gallicinio,
Surgit vigil, ac furenti voce jubet noxios
Suis omnes alligatos exhiberi visibus.
— Huic præsto tenebrosi custos astans carceris:
« Petrus, ait, exorcista, quem puniri jusseras,
Per virtutem sui Christi cunctos vinctos solverat;
Et catenis absolutos, ire jussit liberos.
Ipse tamen, Marcellinum quemdam secum retinens,
In qua semel missus erat permanet custodia. »
Hæc dicentem furibundus imperat vicarius
Plumbo cæsum, atque vinctum, carceris (1) Arthemium
In obscuram atque arctam (2) recipi custodiam.

8. Sanctos vero Marcellinum atque Petrum martyres,
Quæstionem habiturus de illorum actibus,
Suo jubet sævus judex tribunali assistere (3).
Quos ut torvis coram stantes conspicatur vultibus,
Blandis primo compellandos arbitratus vocibus,
Ut eorum permutaret mentium propositum:
« Pœna, dixit, vos minore plecti posse dicerem,
Nisi cunctos criminosos, qui vobiscum carceris
Antro clausi tenebantur, effugisse cernerem,
Et hoc factum vestro nossem Christiano dogmate,
Per quod male miserorum mentibus illuditis
Fascinantes ac fallentes magicis versutiis. »
— Cui magnus Christi martyr Marcellinus presbyter,

---

(1) Sic cod. prima manu; sed posterior, litteris *r c r* expunctis, et litteris *t n* interpositis, vocem *catenis* effinxit.

(2) Cod. *ai tam.*

(3) Cod. *adsistere.*

Forti pectus pietatis plenum gerens spiritu,
Pauca quidem, sed non parva, verba contra reddidit:
« Non est, inquit, criminosus nec dicendus noxius,
Qui, omisso paganismo, Christo cœpit credere,
Atque illi sana mente serviendum judicat.
Hoc qui facit, Dei summi filius vocabitur,
Et a cunctis peccatorum absolutus sordibus,
Vere esse quod vocatur, Deo dante, visitur. »
Hæc dicentem Marcellinum imperat minaciter
Sævus judex, sub duorum pugnis cæsum subigi;
Et in locum, omni luce qui careret, projici (1);
In quo vitrum super humum fecit fractum spargier,
Ac desuper assertorem (2) veri nudum sternere (3),
Atque vinctum volutari illis in fragminibus;
Omni victu abstineri Christi jubens famulum,
Ut, his pœnis enecatus, interiret propere,
Cui fidem extorquere se non posse viderat.

9. Tum deinde Petrum videns, talibus alloquitur:
« Nolo, inquit, arbitreris, iterum eculeo
Te torquendum, vel ignitis exurendum faculis.
Immo noris, quod nectendus nodis fortioribus,
Stipitique applicatus luce stabis crastina,
Ac ferarum laniatu vitam brevi finies. »
— Tum beatus respondendo Petrus forti pectore,
Iram volens contumacis concitare judicis,
Tali voce sævientem provocat insaniam:
« Cum Serenus vociteris, miror validissime,
Cur tam tetro vultum geras obfuscatum nubilo,

---

(1) Cod. *coici* pro *conjici*.
(2) Cod. *adsertorem*
(3) Sic cod. Editi *sternier*.

Ut mensuram pervidere propriam non valeas.
Esse namque te mortalem universi novimus;
Et tu, velut quiddam magnum in te vigens maneat (1),
Grandes pœnas comminaris (2) Christiano populo;
Stulta nimis ac feroci confidens audacia,
Immortalem Christi fidem, de credentum cordibus,
Exturbari unquam posse pœnis temporalibus.
Sacerdotem quidem Christi, quem rogare poteras,
Ut pro tuis exoraret plurimis excessibus,
Pugnis cæsum atque vinctum mancipasti carceri.
De quo tamen tristi facto, vero lætus gaudio,
Magnus ille martyr Christi modo nihil queritur;
Immo rerum conditori dignas refert gratias. »
His auditis, efferatus tormentorum arbiter,
Petrum jubet catenarum comprehensum pondere
Oneratum, in obscuram recipi custodiam :
Et in cippo furibundus præcipit arctissimo,
Plantas simul atque crura pretiosi martyris,
Ne abire prævaleret, includendo comprimi.

10. Sed cum essent isto modo separati martyres,
Celso missus visitator cœli venit culmine,
Ad beatum Christi testem consolandum, angelus.
Qui dum sanctum invenisset vitro superpositum
Marcellinum, sine veste nudo vinctum corpore,
Christo Deo supplicantem, sicut erat solitus,
Solvit statim, et opertum indumentis propriis,
Quoquoversus (3) præcedentem se sequendum imperat,
Eo dicens perducendum, ubi Petrus fuerat.

---

(1) Edit. *lateat.*
(2) Edit *minitaris.*
(3) Edit. *quoquoversum.*

Cumque esset illo ventum, verus Dei nuntius,
Petro statim absoluto, Marcellino præcipit,
Ut se ambo præcedentem sequerentur pariter.
Quem sequentes intraverunt domum quamdam subito,
In qua erat congregatus Christianus populus,
Qui per ipsos ad divinam doctrinam pervenerat.
Tum præcepit ille magnis angelus martyribus,
Ut catervam congregatam confirmare studeant,
Per septena proximorum dierum volumina :
Ac tum demum sævienti se tyranno proferant,
Ostendantque parum posse illius potentiam,
Contra Dei continentis cuncta providentiam.

11. Tum sequenti luce jussit judex crudelissimus,
Ut ministri visitarent loca, quibus martyres
Clausos simul et ligatos custodiri jusserat.
Cumque ibi non repertos referentes dicerent,
Ire jussit, et adduci, una cum Arthemio,
Ejus quoque mulierem, cognomento Candidam,
Atque natam eorumdem, nuncupatam Virginem,
De qua Petrus exorcista dæmonem expulerat,
Et purgatam, regi Christo credulam reddiderat.
Hos adductos ille truci intuitus oculo,
Diis jussit, immo tetris ut litarent larvulis,
Atque sacram Christi fidem abnegando linquerent.
Et cum nolle pervidisset imperata facere,
Jussit sævus ut (1) ingenti ruderum congerie,
More pressi noxiorum, necarentur pariter.
Qui cum vincti ducerentur viam per Aureliam,
Vident simul Marcellinum atque Petrum martyres,
Et cum eis multam valde populi frequentiam.

---

(1) Edit. *in ingenti.*

Quibus visis, profugisse tremefactos asserunt,
Qui beatos confessores, catenarum pondere
Præ gravatos ac depressos, puniendos traxerant.
Quos ut pii fugientes turba vidit populi,
Præcurrendo festinavit prævenire pavidos,
Ac mulcere cor furentum verbis cœpit mitibus.
Sed non valens quod volebat pia plebs perficere,
Loco fixos retentavit, donec Christi famulus
Marcellinus obtulisset salutarem hostiam.
Nam in specu, quo futura sperabatur passio,
Martyr Christi celebravit missarum solemnia,
Quîs completis, abscesserunt quos abire jusserat.

12. Tum conversi Marcellinus atque Petrus martyres,
Ambo simul perfidorum alloquuntur populum,
Atque tali furibundos compellabant famine :
« En vidistis, quod in nostra ditione fuerat,
Ut vos modo, quo vellemus, valeremus lædere,
Et quos vinctos tenebatis, vi ereptos tollere.
Sed hoc nolle Christiana fecit patientia,
Quam suorum inserendo (1) famulorum sensibus,
Suo mites ac modestos Christus facit munere.
Et nunc quidem nos, superna suffragante gratia,
Hinc abire poteramus, si hoc ferret animus.
Vos econtra (2) quid possitis, tandem palam dicite? »
Tum frendentes ac frementes Satanæ satellites,
Primo ipsum, quem trahebant, trucidant Arthemium,
Ense duro ferientes effecerunt martyrem.
Cujus neci conjunxerunt conjugem ac filiam;
Quas, per cryptæ liminare præceps datas, obruunt

---

(1) Edit. *inferendo*.
(2) Sic codex; editi *Vos contra*, sed, omissa syllaba *e*, versus clau dicat.

Saxis simul atque magnis arenarum (1) molibus.

13. Tum beatos assertores veritatis alligant
Marcellinum atque Petrum, avidos martyrii;
Annectuntque catenatos arborum stipitibus,
Donec tetro nuntiarent tormentorum arbitro (2),
Atque ipso comperirent, decernente judice,
Quali morte magni forent consumendi martyres.
Qui dum cuncta cognovisset gesta quæque jusserat,
Nigram jubet intra silvam sanctos duci martyres,
Et inibi capitalem capere sententiam.
Quo cum eos deduxissent dæmonum satellites,
Illi læti et alacres laudantesque Dominum,
Locum suæ passioni largiorem faciunt.
Nam et spinas atque vepres evellebant manibus
Ipsi suis, ut purgando terram puram redderent,
Sacrum erat quæ illorum exceptura sanguinem.
Tunc orantes, atque pacis sibi dantes osculum,
Genu flexo, percussorem patienter perferunt,
Ac projecta gravi petunt cœlum carnis sarcina.
Quorum ipse, qui eosdem magnos Christi martyres
Ferro jussus jugulavit, se vidisse fassus est,
Carnis vinclis absolutos evolasse spiritus,
Forma quasi virginali, tectos veste fulgida,
Auro quoque radiantes ac gemmarum lumine,
Angelorum coruscantum circumdatos agmine,
Lætabundos cum immensa lucis affluentia,
Supra cuncta penetrando celsa mundi sidera,
Sublevatos ad æterna cœli regna scandere.

14. Duæ quædam referuntur Romæ natæ feminæ,

---

(1) Cod. *harenarum*.
(2) Cod. *arbitri*.

Una dicta est Lucilla, Firminaque altera,
Veram puris retinentes Christi fidem cordibus;
Quæ propinquæ ter beati martyris Tiburtii,
Ad illius sacrosanctum assidentes tumulum,
Deo gratas vigilando ducebant excubias.
Quibus ipse, cum beatis semet comitantibus,
Marcellino atque Petro, manifeste retulit
Per soporem, ubi sacra jacuissent corpora
Eorundem electorum, atque simul admonet
Ut euntes absque mora, illa statim auferant.
Et in crypta suum prope curent corpus ponere.
Quæ præceptis obsequentes, Nigram silvam adeunt,
Sublatosque beatorum inde portant cineres;
Et in specu deponentes, jusso loco tumulant.
Quas ad ista peragenda adjuvisse (1) referunt
Duos quosdam de sacratæ sedis apostolicæ
Clericis, quos ordo sacer nominat acolythos (2).

15. Hæc ut gesta referuntur, retulisse asserunt
Illum ipsum, qui eosdem interemit martyres,
Et ab illo didicisse Damasum pontificem,
Cum, ætate puerili, per eadem tempora,
Sub magistro ministraret, et ad magnum cresceret
Rerum culmen, tunc Romana lector in ecclesia;
Post hæc cuncta memorasse, ac mandasse litteris,
Cum illius almæ sedis obtineret (3) apicem,
Et in tota principatu polleret ecclesia.
Ille autem, qui beatos martyres percusserat,
Dorotheus cognomento, per divinam gratiam

---

(1) Cod. *adjuvasse*.
(2) Cod. *acolitos*.
(3) Cod. *optineret*.

Ad baptismi sacramentum pervenisse dicitur,
Sacram sedem tunc regente Julio pontifice,
Publicam simul puramque gessit pœnitentiam,
Atque morum probitate consequi promeruit
Sempiterni salvatoris salutarem gratiam,
Per illorum, quos percussit, beatorum martyrum
Nunc et semper memorandam miram patientiam.
Qui de mundi triumphantes principe diabolo,
In supernis collocati semper gaudent sedibus,
Coram Christo, per æterna seculorum secula.

EINHARDI CHARTÆ.

CHARTA PRÆVIA.

Præceptum Hludowici pii imperatoris, quo Einhardo fideli suo et Immæ ejusdem uxori locum dictum Michelstadt, et villam Mulinheim, tum superiorem cum inferiorem, concedit (1).

Anno Christi 815, 11 januarii.

In nomine Domini Dei et Salvatoris nostri Jesu Christi, Hludowicus, Divina ordinante providentia, Imperator Augustus.— Imperatoriæ celsitudinis moris est, fideliter sibi famulantes donis multiplicibus honorare atque honoribus ingentibus sublimare. Proinde nos, morem parentum nostrorum, regum videlicet prædecessorum nostrorum, sequentes, libuit

---

(1) Ce diplôme, dont l'authenticité est incontestable, a été publié, pour la première fois, par Freher, *Chronic. Laurishaimense* inter *Rerum Germanicarum script.*, t. I, p. 63 Il a été réimprimé par G. Helwich, *Antiquitat. Laurishaim.*, p. 40; Tolnerus, *Codex dipl. Palatinus*, p. 6; Just. Reuber, *Vet. script.* dans les Prolégom.; Le Cointe, *Annal. eccles. franc.*, VIII, 109; Lunig, *Teutsch reichs Archiv.*, part. special. continuat. 11, abtheilung 6, abzatz 30, p 569; par Dumont, *Corps diplomatique*, t. I, part. 1, p. 6; et par les Bollandistes, t. I, *Junii*, p. 177. D. Bouquet, VI, 473, n'en donne qu'un fragment. Nous le réimprimons, ainsi que les deux chartes suivantes, d'après la Chronique (ou plutôt le Cartulaire) de Lorsch, publié intégralement par l'Académie Theodoro-Palatine, sous ce titre *Codex Laurishamensis diplomaticus* (Mannheim, 1768, in-4°, 3 vol.).

celsitudini nostræ, fidelem quemdam nostrum, nomine Einhardum, de quibusdam rebus proprietatis nostræ honorare, atque in sui juris potestatem liberalitatis nostræ gratia conferre. Nec immerito: quippe cum et fidelitatis obsequio et obedientiæ devotione hoc apud serenitatem nostram digne mereatur adipisci, qui totis nisibus, usquequaque, nostro servitio et nostris jussionibus fideliter parere studet. Inde noverit experientia atque utilitas omnium fidelium nostrorum, tam præsentium quam et futurorum, quia concessimus eidem fideli nostro Einhardo, nec non et conjugi suæ Immæ, in partibus Germaniæ, locum qui vocatur Michlinstat (1) in silva quæ vocatur Odonewalt (2) : in cujus medio est basilica lignea modica constructa, de qua in omnem partem, quaquaversus, pertinent ad eundem locum inter campum et silvam leugæ duæ, id est rasta una (3). Intra cujus mensuræ circumplexum, manent, præsenti tempore, servi nostri proprii quatuordecim, cum uxoribus suis et filiis. Præter hos sunt in eodem loco, inter masculos et feminas, mancipia quadraginta. Hunc locum cum terminis suis, sub integritate, et mancipiis suis, nec non et villam quæ dicitur Mulinheim (4), quæ est in pago Moynecgowe (5), sita super ripam fluminis

---

(1) Michelstadt. Voy. ci-dessus, p. 382, notes 11 et 12.

(2) L'Odenwald. Voy. p. 379, note 1.

(3) Cette mesure équivalait à trois milles. Voy. Du Cange au mot *Rasta*.

(4) Depuis, Seligenstadt. Voyez ci-dessus, p. 65, note 1.

(5) Le pays du Mein, grand pays, *pagus major*, de la France orientale, s'étendait depuis Francfort, sur la rive gauche du Mein, jusqu'à la Tauber. Il est aujourd'hui compris dans le grand duché de

Moyni, quæ quondam Drogonis comitis possessio fuit,
et habet basilicam parvam muro factam. In qua villa
sunt mansi novemdecim, et servi præsenti tempore
manentes cum uxoribus et liberis numero tredecim;
seu et in altera villa eodem vocabulo, supra eundem
fluvium, quæ vocatur inferior Mulinheim, in qua
sunt mansi quatuor, et servi manentes totidem, cum
uxoribus et parvulis, qui pertinent ad superius dictam
villam. Hanc villam, id est superiorem Mulinheim,
cum appendiciis suis et mancipiis propriis ad eam pertinentibus, et hæc omnia supra scripta, cum ecclesiis,
villaribus, domibus, mancipiis, silvis, terris, pratis,
pascuis, aquis, aquarumve decursibus, cultis et incultis, cum omnibus adjacentiis et appendiciis, totum et ad integrum, prædicto fideli nostro Einhardo,
et conjugi ejus Immæ, in proprium per hanc nostræ
donationis auctoritatem concessimus. Ita videlicet, ut
quidquid ab hodierna die in futurum, de prædictis
rebus et locis, vel de his quæ ad eas pertinent, jure he-
reditario facere voluerint, in omnibus potiantur arbitrio faciendi; et nullus quislibet ex fidelibus Sanctæ Dei
Ecclesiæ et nostris, de præscriptis rebus, memorato
fideli nostro et conjugi suæ a nobis concessis, aliquid
abstrahere aut minuere temptet : sed liceat eis ipsas res
quiete habere et possidere, et cui voluerint jure here-
ditario relinquere. Et ut hæc auctoritas largitionis
nostræ, per curricula annorum, inviolabilem atque
inconvulsam perpetuo obtineat firmitatem, et a fidelibus nostris tam præsentibus quam et futuris, seu

---

Hesse Darmstadt. Voyez Besselius au mot *Moingowe*, lib. iv, p. 686,
n° ccxcvii.

etiam a successoribus nostris, a nobis facta verius certiusque credatur, eam manu propria subterfirmavimus, et annuli nostri impressione signari jussimus.

Signum   Hludowici

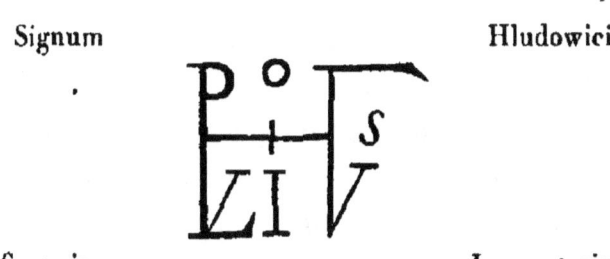

Sereniss.   Imperatoris.

Helisachar recognovi. Datum iii Idus Januarii, anno, Christo propitio, primo imperii domini Hludowici piissimi Imperatoris Augusti, Indict. vii (1). Actum Aquisgrani palatio regio. In Dei nomine feliciter. Amen.

I. CHARTA EINHARDI

Qua, annuente Imma uxore sua, cellam Michelstadt cum appenditiis, retento ejusdem usufructu, monasterio Lauresbamensi concedit (2).

Ann. 819, 12 septembr.

Dominus ac Redemptor noster corporaliter in terris conversatus, homines, variis sordibus peccatorum in-

---

(1) La première année du règne de Louis-le-Débonnaire s'étend du 28 janvier 814 au 28 janvier 815. Le 11 janvier (iii des ides), de cette première année est donc le 11 janvier 815. En 815 le chiffre de l'indiction, comptée à partir de septembre 313, suivant le mode le plus ordinaire, est viii et non pas vii. Mais on sait qu'on a quelquefois compté l'indiction à partir de 312, et que d'ailleurs on rencontre fréquemment des erreurs dans le calcul de l'indiction, même dans les diplômes de la plus grande authenticité.

(2) Cette charte a été imprimée par Freher, *Rerum german. script.*, I, 64; Georg. Helwich, *Antiquitates Laurishaimenses*, p. 41;

quinatos, admonere dignatus est, dicens : Date eleemosynam, et ecce omnia munda sunt vobis; et iterum : Facite vobis amicos de mammona iniquitatis, qui vos recipiant in æterna tabernacula. Idcirco nos, in ipsius Dei Omnipotentis et ista jubentis nomine, Einhardus et Imma, simul de salute animarum nostrarum cogitantes, et de abolendis peccatis nostris, beatæque ac perpetuæ vitæ præmiis consequendis pari devotione tractantes, hoc testamentum facere decrevimus. Per quod spontanea et integra voluntate donamus, quod ab hodierna die donatum esse volumus, id est, cellam nostri juris vocabulo Michlenstat, sitam in pago Plumgowe (1), in silva quæ dicitur Odenewalt super fluvium Mimilingum, quam nobis gloriosissimus princeps domnus Hludowicus Imperator largissima liberalitate concessit, et de jure suo in nostrum jus solemni donatione transtulit, ac præcepti sui auctoritate in proprietatem nobis confirmavit. Hanc, ut diximus, cellam sub integritate cum omnibus appendiciis et terminis suis, et cum omnibus ad se pertinentibus, id est, basilicis, domibus, cæterisque ædi-

---

par Tolnerus, *Cod. diplom. Palatin.*, pag. 6 et 7, et par Weinckens, dans son *Eginhartus illustratus*, p. 106. Le Cointe, qui la regarde comme fausse, *Annal. eccles. Franc.*, VIII, 110, et Eckard, *Franc. orient.*, II, 153, en ont donné des fragments. Nous la réimprimons d'après le *Codex Lauresham.*, tom. I, p. 46, n° xx.

(1) Le pays de Phlumheim, petit pays, *pagus minor*, situé dans la partie occidentale de l'Odenwald, aux environs de la rivière de Mümling, *Mimilingum, Miminingahe*, faisait partie du pays du Mein. Voyez ci dessus, p 410, note 5. Le lieu nommé Phlumheim, qui lui donnait son nom, s'appelle aujourd'hui Flaumheim, à une lieue S. d'Ostheim, dans le grand duché de Hesse Darmstadt. Voyez Besselius, pag. 730, n° ccclvi.

ficiis, terris, pratis, silvis, campis, pascuis, aquis, aquarumve decursibus, cultis locis et incultis, mobilibus rebus et immobilibus, ac seipsas moventibus, mancipiis diversi sexus et ætatis, numero centum, donamus et tradimus ad basilicam sive monasterium venerandi martyris Christi Nazarii, quod vocatur Lauresham, et est constructum in pago Rhenense (1), in ripa fluminis quod dicitur Wisgoz (2), ubi tempore præsenti vir venerabilis Adalungus abba (3) Deo deservientis congregationis pastor et rector esse cognoscitur. Ea videlicet ratione memoratam donationem atque traditionem facientes, ut, quamdiu in hac mortalitate divina jussione vixerimus, habeamus prædictam cellam in nostra potestate, et sub nostra ordinatione, absque ullius personæ aut potestatis contradictione vel impedimento, tam simul, quam singillatim per successionem, si, uno superstite, alter e nobis ante decesserit. Filios quoque si nos habere contigerit, unus ex eis in eadem possessione nobis jure precario succedat. Post obitum vero nostrum, memorata cella cum omni integritate ad prænominatum venerabile monasterium absque ullius contradictione recipiatur, et in ejus potestate atque dominio perpetuo permaneat. Et si aliquis

---

(1) Le pays du Rhin, situé entre le pays du Mein et le Lobdengau, s'étendait sur la rive droite du Rhin depuis le Mein jusqu'au Necker, et comprenait une partie de l'Odenwald, le Bergstrasse, et la terre de Geraver, *terra Geraha, das Geraver Landlein* Voy. Bessel., lib. IV, 743, n° CCCLXXIII.

(2) Aujourd'hui le Weschnitz, petite rivière qui, après avoir passé au nord de Lorsch, va se jeter dans le Rhin.

(3) Adalungus, cinquième abbé de Lorsch. Il mourut, suivant G. Helwich, le IX des calendes de septembre 838. Voy. *nov. Gall. Christ.*, V, 698.

contra hoc nostræ donationis testamentum resultare
voluerit, aut illud convellere atque evacuare tempta-
verit, primitus Christum et sanctum martyrem ejus
Nazarium nefandis ausibus suis contrarium sentiat, et
insuper, fisco distringente, mulctam de rebus propriis
parti prædicti venerabilis monasterii coactus exsolvat,
auri videlicet libram unam, argenti pondo xii. Et hoc
testamentum, atque hæc donatio nostra firma et invio-
lata permaneat. Et si, quocunque tempore, a quolibet
homine aliud instrumentum in nostro nomine prola-
tum fuerit, quod huic nostro testamento contrarium
sit, indicium datorum anterius vel posterius habens,
etiamsi manu nostra videatur vel dicatur esse firma-
tum, vacuum et inane remaneat, et nullum effectum
obtineat; sed, ut prædiximus, hæc donatio nostra pe-
renni stabilitate firma et inviolabilis perseveret, stipu-
latione subnixa. Et ut hoc testamentum, juxta legis
consuetudinem, integram firmitatem accipiat, propriæ
manus subscriptione illud firmare decrevimus, et ido-
neorum testium, qui ipsam donationem viderunt, signa-
culis roborari fecimus.—Facta donatio in Laureshamo
monasterio, ii idus septembris, anno vi regni domini
nostri Hludowici gloriosissimi Imperatoris in Dei nomine feliciter.

Ego Einhardus peccator et donator recognovi et
manu propria subscripsi. Ego Imma consensi et subscripsi. † Signum Rabangarii. † Signum Warbotonis.
† Signum Wolfberti et aliorum.

Ego Hirmimarus diaconus et notarius imperialis,
rogante Einhardo, hoc testamentum scripsi et subscripsi.

II. DESCRIPTIO

Locorum, terminorumque villæ Michelstadt ab ipso Einhardo facta (1).

Quoniam sunt quidam, qui fastu seculari turgentes et semetipsos amantes, a Christi fidelibus sacris ecclesiis seu monasteriis contradita invadunt, aut ut sibi hæreditario jure retineant, aut mundiali baltheo in beneficio dividant : ego Einhardus, ne in his, quæ de regia manu Hludowici imperatoris in loco Michlenstat contraxi, manus iniquorum prævaleat, advertat, obsecro, fidelium tam sequentium quam præsentium memoria, qualiter in unum sint collecta, quibusve expressa vocabulis. Postquam eum locum prænominatum Laureshamensium dominationi subjugare disposui, adscitis quibus notum fuerat, terminum et vocabula locorum diligenter investigavi, et recenti memoria notarium meum Lutherum exprimere litteris jussi : ea videlicet circumspectione, quia multorum monasteriorum eis prædia conjunguntur, et diversorum dominorum beneficia circumquaque terminantur. Hæc igitur terminorum loca et locorum vocabula designantur hoc modo : Dum a monte Mamenhart (2) incipiunt, et totum eundem montem usque ad plateam comprehendunt; a platea usque ad duplicem quercum; inde

---

(1) Imprimé par Freher, *Rer. germ. Script.*, I, 65; Helwich, *Antiquit. Laurish.*, p. 43; Tolnerus, *Cod. diplomat. Palatin.*, p. 7; Weinckens, *Eginh. illustrat.*, p. 107; et tom. I, p. 48, n° xxi, dans le *Codex Lauresham.*

(2) Aujourd'hui Momart, à ½ lieue N. de Michelstadt.

inter Ulenbuch et Rumpheshusen ad quercum; de quercu ad fluvium Bramaha; per hujus descensum in Willinebach, per hujus ascensum usque ad lapideum rivulum; inde ad Willineburch, per unam portam intro, per alteram foras. Inde in ripam Euterun, per hujus descensum ad Langenvirst, ubi Langenvirst scinditur. Super Langenvirst ad Breitensol; inde per Eichendal ad flumen Urtella. Per hujus ascensum in Vinsterbuch; inde ad Phaphenstein Einhardi. A Phaphensteine supra Richgeressneitten; inde ad verticem Clophendales ad Clophenberk; inde in Cuningesbrunnen. Per hujus descensum in Mimelingen (1); per hujus ascensum ad Manegoldescellam; ab hac in fluvium Mosaha. Per hujus ascensum in Geroldesbrunnen; inde ad Ellenbogen in flumen Branbach. Per ejus descensum in Mimelingen; ex qua ad quercum inter Grascapht et Munitat; inde iterum ad montem Mamenhart.

III. CHARTA EINHARDI,

Monasterii S. Servatii confessoris abbatis, qua Meginfridum ejusdem monasterii servum, ad sacros ordines electum, solemnier manumittit (2).

(Ann. 819 vel 821.)

Auctoritas ecclesiastica patenter admonet; insuper et majestas regia canonicis decretis religione constan-

---

(1) Le village de Mumlingen, ou plutôt la rivière de Mümling.
(2) Cette charte, écrite presque tout entière en notes tironiennes, se trouve avec les diplômes de Louis-le-Débonnaire, dans le manuscrit de la Bibliothèque du Roi, fonds de Colb., n° 4593, aujourd'hui 2718. D. Carpentier en donne le fac-simile et le déchiffrement dans

tissima concordat, ut quemcumque sacros ad ordines, ex familia propria, promovendum ecclesia quæque delegerit, hunc in præsentia sacerdotum, cæterorumque clericorum canonice degentium, simulque et nobilium laicorum, is, qui, tunc temporis ejusdem ecclesiæ rector fuerit, manumissione solemni a jugo servitutis absolvat, ejusque libertatem datam illi, coram testibus, ingenuitatis charta confirmet. Idcirco ego in Dei nomine Einhardus abbas venerabilis monasterii Sancti Servacii confessoris Christi, hunc famulum ecclesiæ nostræ, nomine Meginfridum, ad sacrum ordinem ab unanimitate venerandæ congregationis nostræ concorditer electum, ad altaris cornu, in præsentia sacerdotum et nobilium virorum, per ecclesiastici atque imperialis decreti, sicut superius conscriptum est, auctoritatem, civem romanum statuo; et per hujus paginæ, quæ ob confirmandam ejus ingenuitatem a me conscripta est, traditionem, a vinculo servitutis absolvo : ita ut ab hodierno die vel tempore bene ingenuus, atque ab omni servitutis vinculo securus permaneat, tanquam si ab ingenuis fuisset parentibus procreatus vel natus. Eam denique pergat

---

son *Alphabetum tironianum*, p. 76 et 77, chart. XLVII. Elle a été réimprimée par D. Bouquet, VI, 657. Rien ne saurait faire suspecter l'authenticité de cet acte, qui est en tout conforme aux formules usitées du temps d'Éginhard pour les actes d'affranchissement. (Voy. la note de Carpentier, p. 104, et Ducange au mot *Manumissio*.) Il y a cependant une erreur dans la date, car la VIe année du règne de Louis-le-Débonnaire, qui tombe en l'an 819, concourt avec la douzième et non pas la quatorzième année de l'indiction, il faut donc lire, soit, *anno imperii* VI, *indict.* XII, soit, *anno imperii* VIII, *indict.* XIIII; mais c'est là une erreur qu'on peut facilement attribuer à une faute de copiste.

partem, quam ei canonicæ liberationis honor concesserit, habens ad hoc portas apertas, sicut cæteri cives romani. Ita ut deinceps neque nobis, neque successoribus nostris ullum debeat noxiæ, vel servilis conditionis servitium, neque aliquod libertinitatis obsequium; sed omnibus diebus vitæ suæ sub certa plenissimaque ingenuitate, sicut alii cives romani, per hunc manumissionis atque ingenuitatis titulum, semper bene ingenuus atque securus existat; et de peculiare quod habet, aut quod abhinc assequi potuerit, faciat secundum canonum auctoritatem libere quidquid voluerit. Et ut hæc manumissionis et libertatis auctoritas inconvulsam atque inviolabilem obtineat firmitatem, manu propria subter firmavi, sacerdotes quoque et clerum ecclesiæ nostræ, necnon et laicos nobiles, qui huic absolutioni præsentes fuerunt, similiter subter firmare rogavi. Actum Trajecto citra Hrenum in monasterio Sancti Servasii, anno, Christo propitio, imperii domni [*Hludowici*] VI, indictione xiiii. — Ego Einhardus abbas, manu propria subscribendo firmavi.

CHARTA EJUSDEM ARGUMENTI

E codice Laudunensi nunc primum deprompta (1).

Auctoritas ecclesiastica patenter admonet, insuper et regia [*majestas*] canonicæ religioni assensum præbet

---

(1) Il n'y a aucun motif d'attribuer cette charte à Éginhard, si ce n'est qu'elle se trouve dans le manuscrit de Laon. Cependant, comme elle présente beaucoup d'analogie avec la charte précédente, et que, de plus, comme formule, elle n'est pas sans intérêt, nous avons cru

ut quem [*cumque ex*] familia propria vel ecclesiastica ad sacros ordines [*promovere*] voluerit, in præsentia sacerdotum ac monachorum, canonicorum, nobiliumque virorum, civis romanus (1), [*sub testam*]ento libertatis, manumissione firmiter roboretur. [*Id circo*] ego in Dei nomine Ill. gratia Dei abbas ex monasterio eximii præsulis Ill. quendam vernaculum nomine Ill., de ipsa sancti Ill. familia exortum, ut credimus, sacri ordinis dignum, ad cornu altaris promovere volumus atque ob hoc a vinculo totius noxiæ servitutis ad præsens absolvimus et pleniter ingenuum esse censemus. Ita ut ab hodierno die ingenuus sit et ingenuus permaneat, tanquam si de parentibus bene nobilibus fuisset procreatus vel natus. Peculiare quidem suum sive collaboratum, cum omnibus facultatibus suis, absque ullius senioris retractatione, sibi habeat concessum atque indultum. Civis romanus habens portas apertas, eandemque pergat partem, quamcumque delegerit, ubi Christo domino canonice, religione perpetua, servire possit. Et ut haec auctoritas omni tempore firma et stabilis atque inconvulsa permaneat, manu propria eam subter firmavimus, atque fideles nostros, sacerdotes videlicet ac monachos, pariterque canonicos (2) seu nobiles viros similiter firmare decrevimus. Actum ill. monasterio Sancti Ill. sub die kalendarum ill. anno Ill. regnante [*Christo propitio*] rege Ill. sub præsen-

---

devoir la publier. Les mots imprimés en italique, entre crochets, sont des mots enlevés par l'humidité dans le manuscrit, et que nous avons restitués.

(1) Cod. *civem romanum*
(2) Cod. *cannicos*.

tia horum testium quorum [*nomina et*] signacula subter tenentur inserta. Ego in Dei [*nomine Ill. abbas*] hoc testamentum ingenuitatis fieri jussi et manu propria subter firmavi. Ego in Christi nomine Ill. abbas recognovi et similiter subter firmavi.

IV. COMMUTATIO MANCIPIORUM

Inter Einhardum abbatem et Theodradam monasterii S. Mariæ Argentogilensis abbatissam (1).

(Ann. 824.)

Oppitulante Domino Jesu Christo, placuit atque convenit inter Theodredane nobilissima abbatissa de monasterio Sanctæ Mariæ Argentogileuse (2), nec non et inter venerabilem Einhardum abbatem, una cum consensu et voluntate ancillas Dei ibidem consistentium, et bonis hominibus consentientes, ut mancipia inter se commutare vel excamiare deberent. Quod ita et fecerunt. Dedit igitur præcellentissima Theodrada abbatissa de ratione Sanctæ Mariæ partibus Einhardi

---

(1) Cette charte d'échange a été imprimée pour la première fois, d'après l'original, par D. Mabillon, *De re diplomat.*, lib. vi, p. 515, et reproduite par Weinckens, p. 105. D. Mabillon semble croire que cet acte d'échange a été conclu par Éginhard comme abbé de Fontenelle, mais c'est plutôt comme abbé de Blandigny; car la première signature de l'acte est celle du vidame de Blandigny que nous retrouvons dans la charte suivante, et d'ailleurs, en 824, Éginhard n'etait déjà plus abbé de Fontenelle. Il avait cédé ce monastère à Anségise dès l'année précédente

(2) Le monastère de Notre-Dame d'Argenteuil près Paris, fondé vers 665, sous Clotaire III. (Voy. le *nov. Gall. Christ.*, VII, 507.) L'abbesse Théoderade était fille de Charlemagne et de la reine Fastrade, troisième femme de ce prince.

abbatis, homine aliquo, nomine Gulfoco presbytero (1). Similiter pro hujus rei compensatione dedit econtra domnus Einhardus venerabilis abbas partibus Sanctæ Mariæ mancipia duo his nominibus, Imboldo et Vulframno, ita ut ab hodierna die quicquid de hoc quod unusquisque ex nobis accepit, pro oportunitate sua facere elegerit, liberum in omnibus perfruatur arbitrio. Et illud pro firmitatis studium inter nos successoribusque nostris inserere pactum, ut duas epistolas de hac re uno tenore conscriptas facere seu conscribere deberemus. Quod ita et fecimus. Nec nobis, neque successoribus nostris, contra pare

---

(1) D. Mabillon, p. 516, note, signale ce passage comme remarquable en ce qu'on y voit un prêtre, *Gulfolcus presbyter*, figurer parmi les serfs échangés; tandis que les serfs étaient toujours affranchis avant leur ordination, ainsi que cela résulte des canons et des termes mêmes des deux chartes précédentes, n° III. Ducange, qui cite ce même passage au mot *Presbyter*, en conclut que les esclaves pouvaient être revêtus du caractère sacerdotal sans changer de condition. On pourrait en effet citer des exemples de serfs consacrés prêtres, et les canons mêmes qui défendent cet abus en constatent l'existence. Mais il est peu vraisemblable qu'une telle irrégularité eût été tolérée si près de la cour. Nous ferons donc observer que *Gulfocus* est nommé dans la charte *presbyter* et non *mancipium*. On peut en induire qu'il avait été affranchi avant de recevoir les ordres, mais sans le consentement, et au préjudice de l'abbesse d'Argenteuil, à laquelle il appartenait, et qu'il fallait nécessairement indemniser. C'est ce qu'on fait en donnant à cette abbesse deux serfs à la place de Gulfolcus. Le cas est prévu par la loi salique revisée (*Lex salic. emendata*, tit. 28, §. 2) : « Si quelqu'un affranchit le serf d'un autre, il lui en paiera le prix, et en outre une amende de 35 sous Les biens du serf seront restitués au premier maître. » Ici l'on donne un second serf en place de l'amende et l'on ne parle pas des biens, probablement parce que l'affranchi n'en possédait pas

suo de hoc quod accepit a pare suo ullo umquam tempore calumniam aliquam vel repetitione generare præsumat. Quod qui fecerit, rem quam accepit amittat, et insuper pari suo, cogente fisco, auri libra una, argenti pondua sex coactus exsolvat, et repetitio sua nullum obtineat effectum, sed præsentes commutationes has firmas et stabiles valeant perdurare. — Actum Argentogelo ante basilica Sanctæ Mariæ, anno undecimo regnante domino Hludowico piissimo imperatore.

† Signum Egishario vicedomino. † Signum Theotboldo. † Signum Derulfo. † Signum Berhario. † Signum Aneloni. † Signum Anseluco.

V. CHARTA EINHARDI

S. Blandinii Gandensis abbatis qua Nordberto præstarie concedit quasdam res ad monasterium Blandiniense ab eodem delegatas (1).

(Ann. 830, 21 jan.)

Venerabile in Christo Einhardus abbas. Dum non est incognitum qualiter res tuas quod tu comparasti et ad monasterium nostrum tradidisti et ad opus fratrum

---

(1) Nous imprimons cette charte dont l'original est conservé dans les Archives de la Flandre Orientale à Gand, d'après le fac-simile qu'en a donné M. Warnkœnig dans son *Histoire de la Flandre et de ses institutions,* à la fin du tome Ier de l'édition allemande. Le texte est imprimé, p. 101 de cette édition, et tome Ier, p. 324, de l'édition française. Diericx l'avait déjà publiée dans son *Appendice aux Mémoires sur la ville de Gand,* p. 85. Au latin barbare de cette charte, il est facile de reconnaître qu'elle n'émane point d'Éginhard personnellement, et qu'elle a été rédigée dans le monastère comme acte d'administration. Cette observation peut s'appliquer à la charte précédente et à celle qui suit. Elles proviennent toutes trois de la même source.

nostrorum delegasti atque firmasti, sed postea tua fuit petitio, et nostra non denegavit voluntas, ut ipsam rem et illa terra, quod Thiodsumda habuit, per beneficium nostrum tibi Nordberto hoc prestitissemus. Quod ita et fecimus; et ad onorem tuum quando aliquantis temporibus ad monasterium nostrum venires, tibi provendam dare faciamus, et pro usu fructuario de ipsas res nobis censum levasti ut annis singulis, ad festivitatem Sancti Martini, dare debeas denarios II, et ipsum censum debent fratres accipere. Et sic nobis conplacuit atque convenit ut ipsas res nec venderis, nec donaris, nec alienaris, nec concambiaris, nec in nullo naufragio mittere licentiam non habeas; nisi tantum, dum diu advixeris, usitare et emeliorare facias. Et, post obitum tuum, quod tu comparasti et in beneficio nostro habuisti, et illa alode quod antea tradidisti, ab illo die has res fratres hoc habere debeant ad mensam et ad opus corum. Et Odbertus liceat percensire hoc clero vel d. II, et ipsum censum debent fratres accipere, qui infra monasterio sunt, in anniversaria tui pro anima tua. Facta prestaria in monasterio Blandinio publico sub die XII kal. Febr. anno XVI regnante domno nostro Hludowico gloriosissimo imperatore.

† Ego Einhardus abbas recognovi et subscripsi. — Sign. Egeshario vicedomino. — Sign. Badurico custus (*sic*) presbytero. — Sign. Winegario decano presbytero. — Sign. Fletuualdo presbytero. — Sign. Ermenlando presbytero. — Sign. Regenmundo presbytero. — Sign. Thegenlando presbytero. — — Sign. Hrodgario diacono. — Sign. Johannus (*sic*) subdiacono. — Sign. Odric subdiacono. — Sign. Teutmundo clerico. — Sign. Folcuuinzo clerico. — Sign. Sigeberto clerico. — Sign. Brunhardo clerico. — Sign. Adalgario diacono. — Sign. Egelmundo presbytero. — Sign. Erchenmaro presbytero. — Ego Rinhadus presbyt. scripsi.

VI. CHARTA

Ejusdem argumenti pro Engelhardo (1).

(Ann. 830 vel 839, 7 sept.)

Venerabile in Christo Einhardo abbate de monasterio Blandinio, dilecto amico nostro Engelhardo. Dum

---

. (1) Cette charte a été publiée par M. Warnkœnig, t. Ier, Preuves, p. 13, dans son édition allemande, et t. Ier, p. 326, dans l'édition française, d'après l'original conservé aux Archives de la Flandre orientale. Comme il n'a pas donné le fac-simile de cette pièce, nous ne pouvions guère que reproduire le texte tel qu'il l'a imprimé; cependant nous avons essayé d'y introduire quelques corrections en indiquant en notes les leçons primitives. De plus nous ferons remarquer que M. Warnkœnig s'est trompé en assignant à cette charte la date du 7 septembre 840. En effet, si l'on compte les années du règne de Louis-le-Débonnaire à partir de la mort de Charlemagne, 28 janvier 814, la xxviie année de son règne, qui concourt avec l'an 840, ne peut comprendre le mois de septembre, puisque ce prince mourut le 20 juin de cette même année. La seconde manière de calculer les années de Louis-le-Débonnaire, à partir du 15 avril 781, jour de son sacre, à Rome, comme roi d'Aquitaine, ne conviendrait pas mieux. Car en comptant ainsi on arriverait pour la xxviie année du règne à l'an 808, époque à laquelle Éginhard n'était pas encore abbé de Blandigny. Pour conserver ce chiffre, xxvii, il faudrait donc recourir à la manière la moins usitée de compter les années de Louis-le-Débonnaire, en partant de son association à l'empire au mois d'août 813, et même il faudrait encore supposer que les cinq derniers mois de 813 ont ete comptés pour une année complète. De cette manière, on pourrait assigner à notre charte la date du 7 septembre 839. Quoique cette double hypothèse ne soit pas absolument inadmissible, je croirais plus volontiers qu'une erreur s'est glissée dans la transcription de la date, et je proposerai de lire au lieu de *anno* xxvii, soit *anno* xvii, soit *anno* xxvi, dates qui, en prenant pour point de départ la fin de janvier 814, nous reporteraient, la première au mois de septembre 830, la seconde au mois de septembre 839.

non est incognitum, qualiter aliquam alodem tuum ad monasterium nostrum tradidisti atque firmasti, hoc est in pago Rodaninse (1) in loco qui vocatur Facum propé fluviola Absentia, id est ibidem casa cum curtile, tum aliis tectis et watriscapud (2), et de terra arabile et in Vacheria accrum et ad seminandum mod. xv et ibi e pratello ad fenum colligendum carrad. IIII et in Wielingahem (3) prato ad fenum collegendum carrad. XII. Hec omnia, quicquid ad ipsa casa aspicit, ad monasterium nostrum tradidisti atque firmasti; sed postea tua fuit petitio, et nostra non denegavit voluntas, ut ipsam alodem per beneficium nostrum tibi Engelhardum et uxorem tuam Heletradanem (4) prestitissimus. Quod ita et fecimus et Heletradanem et filiis vestris laxavimus, securi[*que sitis abs*]que servitio et censum (5) et econtra hereditatem tuam per beneficium

---

(1) Le pays, plus tard marquisat de Rhodes, suivant M. Warnkœnig, tom. I, p. 125.

(2) Kilian Dufflaens, dans son *Etymologicum teutonicæ linguæ*, explique *Waëter-schap* par *Aquagium, aquæductus*, et en effet, *waëter* signifie eau, et *schap* étant une terminaison dérivative, le mot entier rend assez exactement le mot latin *aquagium*, mais Hasselt cite quelques passages de coutumes des Pays-Bas ou *Waëter-schap* signifie quelque chose de plus, puisqu'on y parle de personnes établies et ayant leurs possessions dans le *Waëter-schap* de Sparendam. *Watriscapud* est donc probablement un canal, un courant d'eau, avec le territoire qui en dépend sur les deux rives, ou peut-être un petit polder, un de ces héritages entourés d'eau et protégés par des digues comme on en trouve souvent dans les Pays-Bas. Voy. le Glossaire de Ducange, édit. d'Henschel, au mot *Aquagium*.

(3) Warnk. *Uui. elingahem* et sic infra. — C'est aujourd'hui le petit village de Wieleghem ou Wyleghem entre Audenarde et Sotteghem.

(4) Hiltrude. — Warnk. *Helet Radanem* et sic infra.

(5) Warnk. *laxavimus; securi........ que servitio et c..nsum*.

nostrum illam rem, quam Engelramnus ad monasterium Blandinio donavit et firmavit, hoc est in ipso pago Rodininse, et in ipsa villa qui vocatur Facum prope fluviola Absencia, id est ibidem casa cum curtile, cum aliis tectis, et in agro qui vocatur Facheria accrum, ubi potest mod. sem. xi, et pratello ad segandum fenum carrad. iii et in Wielingahem ad fenum colligendum, carrad. xii. Hæc omnia, quicquid ad ipsa casa aspicit, vobis Engelhardus et Heletradane præstamus ad husitandam et per ambas res censum levastis ut annis singulis ad festivitatem Sancti Martini dare debetis denarios iiii; et qui pare suo supervixerit ambas res licet habere et ipsum censum donare; et post obitos eorum, filii res licent hoc percensire cum denariis vi; et post obitum filiorum eorum, proximi eorum licent hoc percensire. — Facta præstaria sub die vii idibus septembris, anno xxvii regnante domino nostro Hludowico gloriosissimo imper.

  † Ego Einhardus, abbas recognovi et suscripsi.
    …….hardus [*notarius*] vocatus [*scripsi.*]

INDEX GENERALIS.

A.

A. frater M. II, 126.
A. missus dominicus, II, 32.
AARON, Persarum rex, (*Harun-al-Raschid*) sacratissimum Salvatoris sepulchrum Karolo magno concedit, I, 52; eidem legatos mittit, 250. De elephante quem præfato regi dederat, 52 et 288.
ABBIO Saxonum dux, I, 194.
ABDELLA Sarracenus, filius regis Ibin Mauge, apud Aquasgrani Karolum magnum visitat, I, 232, 234.
ABDELLA legatus Aaron, Persarum regis, I, 270.
ABDIRHAMAN vel ABDIRACHMAN (*Abd-alrahman*), filius Abulaz Hispaniæ regis, I, 290, 320; Sarracenorum in Hispania rex, Aizoni auxiliatur, 384, 388; Emeritanos opprimit, II, 66, 68.
ABO comes, I, 294.
ABODRITI a Karolo m. subacti, I, 50; Francorum clientes efficiuntur et Saxonum terras recipiunt, 27 not., 258; de regione quam incolebant, 39 not.; a Sclavis vexantur, 38, 242, 276; invaduntur a Godefrido, 46, 274; Saxones Transalbianos apud Suentana profligant, 236, 238; a Godefrido apud imperatorem ut fœdifragi accusantur, 280; Harioldo auxiliantur, 312, 336; ad Hludowicum legatos mittunt, 320, 330, 356; a Francis deficiunt, 324, 326. — Abodriti Prædenecenti, 370. — Abodritorum dux Godelaibus, 274, Thrasco, 274, 282, 284; princeps, Ceadragus, 350, 358, 364, 380, 384; rex, Sclaomir, 332, Witzinus, 228; primores, 380.

ABRAHAM amiratus in Fossato (*émir du Casrcadym*), I, 252.
Absentia fluviolus in pago Rodaninsi, II, 428.
ABULABAS (i e. *pater devastationis*), nomen elephantis ab Aaron Karolo magno dati, I, 53, 254.
ABULAZ vel ABOLAZ (*Aboulassy*), rex Hispaniæ, I, 320; pacem cum Karolo m. componit, 290, 300; quæ a Hludowico, velut inutilis, rumpitur, 314, 340; injustis tributis Emeritanos vexat, II, 66.
ABUMARVAN (*Obeyd-Allah*), I, 388.
ABUTHAUR Sarracenus dux, I, 172.
Accinium, *Actinium* villa (Eessene dans le canton de Dixmude), II, 344, 392.
ACHITOPHEL, II, 154.
ADALGARDA ancilla, II, 354.
ADALGARIUS, unus e primoribus Aquitaniæ, I, 138.
ADALGARIUS diaconus, II, 426.
ADALGISUS filius Desiderii Longobardorum regis, a Karolo m. Italia expulsus, ad imperatorem Græcorum confugit, I, 20.
ADALGISUS Karoli magni camerarius, I, 51; in Saxones, cum Geilone et Worado, missus, 182, apud montem Suntal interficitur, 186.
ADALHARDIS, Pippini, regis Italiæ, filia, I, 64.
ADALHARDUS, ad Karolum, cum plurimis Karlomanni magnatibus, convenit, I, 154; Corbeiensis abbas, Romam mittitur, 282; ab exilio evocatur, 348, 352; 354.
ADALHARDUS comes palatii, I, 360; ducatum Spoletinum accipit, 372; II, 18.

ADALLINDA monasterii S. Lamberti ancilla, II, 352, 358.
ADALLINDIS Karoli magni concubina, I, 62.
ADALRADA, visum recuperat, II, 336.
ADALTRUD, Karoli magni et Gersuindæ filia, I, 62.
ADALUNG, abbas S. Vedasti, testamento Karoli m. suscribit, I, 112; Romam, cum Humfrido comite Curiensi, mittitur, 362.
ADALUNGUS Laureshamensis abbas, II, 415.
ADHAM matricolarius, II, 145.
Aderna fluvius (l'Adern, dans la Hesse), I, 174.
ADIMMO, episcopus, II, 144, vid. Immo.
ADRIANUS, summus pontifex, I, 76, 198, 218; Stephano papa defuncto, pontificatum suscipit, 156; Karolum m. ad Langobardos invadendos sollicitat, 18, 158; ejus filios, Pippinum et Hludowicum, Romæ, sacro oleo inungit, 178; ad Tassilonem legatos mittit, 180; ab hoc duce ut mediator pacis inter eum et Karolum componendæ eligitur, 200; ad concilium, apud Franconovurd pro Feliciana heresi condemnanda, convocatum, legatos mittit, 224; moritur, 228; ex ejus morte Karolus m. summum dolorem accipit, 66.
ÆBLUS comes, I, 372.
Ægidora flumen (l'Eyder), I, 276, 292, 312.
Ægyptus (l'Égypte), I, 84.
Æresburgum castrum (auj. Stadtberg, reg. d'Arnsberg, Prusse), I, 156, 162, 166, 168, 176, 192.
ÆRICUS, dux Forojulanus, juxta Tharsaticam interficitur, I, 42, 242.
AFRI a Bonifacio comite profligantur, I, 396.
Africa, I, 84, 254, 298, 396.
Agitatoris signum (*le Sagittaire*), I, 322.
AIO longobardus, dux Forojulii, I, 292.

AISTI (*les Aistes*), I, 40; de regione quam incolebant, 41, not. gall.
AIZO, cum Sarracenis in Hispania perfide junctus, Rotam civitatem destruit, I, 384, 388.
ALAGIA, cæca illuminatur, II, 340.
ALAHFRIDUS Einhardi homo, II, 18.
ALAMANNI vel ALEMANNI (*les Allemands*), Bajoariis, interfluente Lecho, contermini, I, 36, 204; ad regnum Francorum pertinent, 48; contra Saxones mittuntur, 174. — Alamannorum fines, 11, 202, 382; lex, I, 89.
Alamannia, I, 266, 340, 356.
Alara fluvius (l'Aller), I, 186, 288.
S. ALBANUS magnæ Britanniæ protomartyr, II, 372.
S. Albani Moguntiacensis monasterium (S. Alban de Mayence); ibi Regina Fastrada sepelitur, I, 224; Harioldus rex Danorum, cum uxore sua, baptizatur, 382.
Albiensis pagus (l'Albigeois), I, 144.
ALBIGARIUS Unrochi nepos, I, 320.
ALBINUS Leonis papæ cubicularius, I, 240.
ALBINUS diaconus, Karoli magni magister, I, 82. Vid. Alcoinus.
Albis vel *Albia* flumen (l'Elbe), I, 26, 178, 182, 190, 192, 210, 212, 228, 232, 236, 240, 258, 266, 274, 278, 280, 282, 284, 288, 294, 302, 312, 314, 326, 332, 350, 354.
ALBRICUS, natione Aquitanus, a morbo quo laborabat apud SS. Martyres sanus efficitur, II, 258; futura prædicit, 260, 274; a Gabriele archangelo quædam articula accipit imperatori transmittenda, 280 et seq.
ALBUINNUS, II, 24
ALCOINUS, Albini diaconi, viri undecumque doctissimi, cognomen, I, 67, not. gall., in disciplinis Karoli magni magister, 82, 414.
Aldingaheim villa (Audeghem, dans la Flandre orient.), II, 348, 394.
ALDRICUS Senonensis archiepiscopus, II, 157, 174 not.
Alexandria (Alexandrie en Égypte), I, 86.

INDEX GENERALIS. 433

Alomona fluvius (l'Altmuhl), I, 222.

Alpes (les Alpes), I, 22, 158, 166, 252, 254, 340; II, 200. — Alpium transitus Francis Italiam intrantibus perdifficilis, I, 22. — Alpinæ imbres, 316. — Alpes Noricæ, 338.

AM..... Einhardi familiaris, II, 88.

AMALHARIUS, Treverensis episcopus, a Karolo M. pro pace cum Michaele confirmanda, Constantinopolim mittitur, I, 300, 308.

AMALHARIUS, Metensis presbyter. Epistola ad eum ab Einhardo scripta, II, 6; ad Gregorium papam legatur, 7, not. 1.

AMALWINUS, unus ex aulicis Karoli Magni, apud Saxones legatus, I, 196.

S. AMANDI in Pabula monasterium (*Saint-Amand en Puelle*), II, 344, 391.

Ambianum (Amiens), I, 330. — Ambianensis episcopus, Jesse, 254.

Ambra fluvius (l'Emmer), I, 192.

AMOROZ, Cæsaraugustæ et Oscæ præfectus, I, 284, 286, 290.

Ancona (Ancône), I, 246.

Andegavum (Angers), I, 320.

ANELO, II, 425.

Anesus fluvius (l'Ems), I, 214.

ANGANDEO, unus e primoribus Danorum, pro fœdere cum Francis ineundo deputatus, I, 294.

ANGARIHILDA coram sacris reliquiis sanatur, II, 344.

ANGILBERTUS, abbas S. Richarii, I, 67; testamento Karoli M. suscribit, 112; Romam mittitur, 230.

ANGLUS (homo quidam natione), II, 254.

ANGRARII (*les Angrariens*), Karolo M. dant obsides et fidelitatem promittunt, I, 164, 176.

ANSELMUS, comes palatii, apud Roscidam Vallem prælio interficitur, I, 32.

ANSELUGUS, II, 425.

ANSFRIDUS, abbas monasterii Nonantulæ, I, 392.

ANSGISUS, abbas Fontanellensis. Epistola ad eum ab Einhardo scripta, II, 2, 3 not.

ANSHELMUS, episcopus Mediolanensis, I, 328.

ANULO, nepos Herioldi regis, I, 296.

AOWIN, unus e legatis Hemmingi, Danorum regis, ad fœdus cum Karolo M. ineundum, I, 294, 296.

Apennia villa in pago Toxandria (Alphen, près de Bréda), II, 346, 393.

Aquarii signum (*le Verseau*), I, 268.

Aquæ, Aquisgranum, Aquasgranum (Aix-la-Chapelle), I, 46, 94, 232, 246, 258, 266, 274, 286, 290, 298, 310, 326, 328, 348, 380, 382, 394, 398; II, 20, 22, 34, 70, 72, 74. — In hac urbe, teste Sangallensi monacho, Karolus M. natus est, I, 15 not.—Ibidem natalem Domini celebrat, 148, 254, 256, 262, 268; natalem Domini et S. Pascha, 208, 226, 228, 230, 238, 272, 278; hiemat, 242, 296, 300; concilium de processione Spiritus Sancti, 282, placitum generale habet, 294, 392. — In eadem urbe Hludowicus S. Pascha, 374; natalem Domini celebrat, 40; hiemat, 320, 330, 338, 344, 370, 378, 384, 396, 400; placitum generale habet, 310, 324, 332, 344, 376; II, 274. — Aquensis vicus, II, 232, 234, 236, 314, 322. — Regia a Karolo M. ædificata, I, 74, 94. — Basilica a Karolo M. constructa, 54, et ornata, 82.— Aquense cœmeterium, II, 318. — Palatium, appropinquante Karoli M. morte, crebro tremore agitatur, I, 100, 366. Miracula ibidem perpetrata, II, 236, 240, 246, 320, 326, 340, 350, 414.

Aquitania (l'Aquitaine), I, 98, 234, 280, 308, 310, 316, 348, 354, 380, 894; — a Karlomanno et a Pippino invasa, 136, 138, vastata est, 140, 144. — Defuncto

II. 28

Pippino, in sortem Karoli M. cedit et, ab eodem subacta, regno Francorum adjungitur, 16, 48, 150. — In Aquitania rex constituitur Hludowicus, 178, Pippinus, 324. — Aquitanicum bellum a Pippino gestum, 12, 142, 144, 148; a Karolo M. confectum, 16, 150.— Aquitaniæ urbes vel castra : Argentomagum, 144; Biturica, 140, 146; Burbonis, 138; Cantilla, *ib.*; Clarmontis, *ib.*; Egolisena, 150; Luccæ, 120; Santones, 146, 316; Tedoadum vel Tedoad, 136, 308; Toarcis, 140; Vetus Pictavum, 120. — Aquitaniæ dux Waifaıius, 126, 136; Rex Hludowicus, 92, 178; Pippinus, 324, 388.

AQUITANUS (Albricus natione), II, 258.

Ara fluvius (l'Ahr), II, 234.

Aragowe, Helvetiorum pagus (le canton d'Argovie), II, 266.

ARAGISUS, dux Beneventanorum, in potestatem Karoli se subjicit, I, 34, 198.

Aranmanoth (*mois des moissons*, *Août*), I, 92, 415.

Arduenna (l'Ardenne), I, 120; in hoc saltu Karolus venatibus indulget, 254, 258, 282, 302; Hludowicus, 338, 344, 354, 362.

ARDULFUS diaconus, I, 278, 280.

ARDULFUS, rex Nordanhumbrorum, I, 280.

Arelas (Arles), I, 106, 302.

Argentogelum monasterium (Sainte-Marie d'Argenteuil, près Paris), II, 425.

Argentomagum castrum (Argenton), I, 144.

Argentoratum (Strasbourg), II, 202.

ARIANI, II, 372.

ARNO vel ARNUS, archiepiscopus Saltzburgensis, testamento Karoli M. subscribit, I, 110; a Tassilone ad Adrianum papam mittitur, 200.

Arnseus lacus (le lac Arendsée), I, 352.

Arrabo fluvius (le Raab), I, 216.

ARSAFIUS, spatharius, Nicifori imperatoris legatus, I, 292; Michaelis, 298.

ARTHEMIUS, custos carceris in quo S. Petrus inclusus fuit, II, 398, 399, 400; ab eodem ad fidem christianam deductus, 401, 402, martyrium, cum uxore et filia, patitur, 406.

Arvernus (l'Auvergne), I, 332. — Arvernorum castella, 138. — Arverni comes, Warinus, 332.

ASCOLFUS, Einhardi procurator, II, 200.

Ascvilaris, fundus regius (Eschweiler), II, 320, 388.

Asgbah, locus in pago Dubargawe, II, 10.

ASINARIUS comes, a montanis in ipso Pyrinæi jugo debellatus et captus, I, 372.

Asturiæ rex Hadefonsus, I, 234.

Attiniacum villa (Attigny); ibi Karolus natalem Domini celebrat, I, 156; Widokindus et Abbio baptizantur, 196; Hludowicus conventum generalem habet, 352, 354.

ATTO vel HATTO comes, II, 112.

ATULA, Pippini, regis Italiæ, filia, I, 64.

S. *Audemari* abbas, Nantharius, I, 278.

S. AUDIFAX, II, 276, 385.

Audriaca villa (Orville), II, 98.

AUDULFUS, Karoli M. senescallus, præpositus mensæ regiæ, Britannos rebelles ad ditionem compellit, I, 35, 198.

Augusta civitas (Augsbourg), I, 204.

Augusta Prætoria (Aost), I, 48.

Augusta Suessionum (Soissons), II, 200, 230. Vid. Suessona civit.

S. AUGUSTINUS. Ejus opera, II, 136; a Lupo citat., 167, 170.

Augustodunense territorium (territoire d'Autun), I, 374.

AULI GELLII Noctes Atticæ a Lupo citat., II, 159, 173.

Aureliana via (la Voie Aurélienne), II, 405.

Aurelianum (Orléans), I, 144, 246; II, 34. — Aurelianensis episcopus, Theodulphus, I, 328.

Ausona (Ossona), I, 384.
Autissiodorum (Auxerre), I, 174.

AVARES, I, 356, vid. Huni. — Avaricus limes, 380.

B.

B., Einhardi clericus, II, 120.
Baceroda villa (Baesrode), II, 344, 391, 392.
BADURICUS custos, presbyter, II, 426.
Bajoaria (la Bavière), I, 68, 124, 126, 180, 216, 220, 256, 260, 338, 340, 356, 370, 376. — Ab Hunorum terminis, Aneso interfluente, divisa, 214; ab Alamannis, Lecho interfluente, 36, 204. In regno Francorum sub Pippino rege comprehensa, 48 — A Karolo M., rebellante Tassilone, occupatur, 36, 204; comitibus committitur ad regendum, 38, 208. — Ab Hunis invasa, 206, 208. — Bajoariæ vel Bajoariorum dux, vid. Odilo et Tassilo; præfectus, Geroldus, I, 242; 1ex, Hludowicus, 324; II, 94. — Bajoaricum bellum, vid. Tassilo.
BAJOARII fidem suam Pippino sacramento obstringunt, I, 134; Tassilonem crimine majestatis accusant, 206; Hunos profligant, 208; in Hunos, duce Karolo, progrediuntur, 214; duce Pippino, 230.
BALDERICUS vel BALDRICUS, dux Forojuliensis, Liudewitum profligat et Carinthia expellit, I, 334; Carniolensium submissionem acceptat, 340; ob ignaviam honoribus privatur, 392.
Baldradestat prædiolum, II, 366.
BALDRICUS, imperatoris legatus, in Nortmannos expeditionem suscipit, I, 312.
BALDRICUS, comes Pannonici limitis, I, 380, 382.
Baleares insulæ, I, 238. — Balearicum mare, 48.
Barcinona civitas (Barcelonne), a Francis recuperatur, I, 232, 252. — Barcinonæ comes, Bera, 338; Bernhardus, 388, 400. — Barcinonensium agri ab Abumarvan vastantur, 388.

Bardengoo pagus (le Bardengaw), I, 194, 226.
Bardenwich (Bardewick, près de Lunebourg), I, 228.
BASILIUS, græcus monachus, II, 194.
BASILISCUS, legatus regis Hadefonsi, I, 238.
Baslensis episcopus, Haido, I, 292.
S. Bavonis monasterium (S.-Bavon de Gand), II, 20 et 21 not., 70, 72, 76, 202. — Libellus de miraculis in hoc monasterio per reliquias SS. Marcellini et Petri perpetratis, 342. — S. Bavonis abbas, Einhardus, 20; ancilla, 348; servus, 344; res, 120.
BEATUS, dux Venetiæ, Dalmatarum apud Karolum M. legatus, I, 264; obsistit quin Paulus, dux Constantinopolitanæ classis, cum Pippino pacem constituat, 278.
BEBO, Einhardi vassalus, II, 4.
BECHO, dux Sclavorum, I, 260; a Karolo, Karoli M. filio, occiditur, 262.
Beeheim terra (la Bohême), I, 266. — Behemannorum regio, 216, a Karolo juniore vastatur, 262.
BEHEIMI, BEHEMANNI, BOEMANNI SCLAVI, a Karolo M. subacti, 50; a Karolo juniore profligantur, 262; ad Hludowicum legatos, cum muneribus, mittunt, 356. — Boemanicum bellum a Karolo juniore celeriter confectum, 44.
S. Benedicti in monte Cassino monasterium, I, 12, 124, 132.
BENEDICTUS archidiaconus, I, 362.
Beneficia ab Einhardo concessa, II, 2, 4, 104. — Beneficia ab Einhardo possessa, 132, 198. — Beneficium ad vitam accipientis, 4; per vitam donatoris concessum, 10. — Beneficium monast. S. Chlodowaldi, 4; in Bajoaria, 88; in pago Genawensi, 38. —

Beneficiare i. e. concedere in beneficium, 10.

Beneventus, I, 198, 398. — Beneventani ducatus limites, 35 not. — Beneventanorum confinia, 48; fines, a Theodoro, Siciliæ patricio, vastantur, 208; terra, 198, 246.

BENEVENTANI. Eis bellum Karolus M. minatur, 34, 198; in eos Pippinum filium suum mittit, 250; viginti quinque millia solidorum auri ei a se, tributi nomine, solvenda promittunt, 300; septem tantum millia Hludowico, 310. — Beneventanorum dux, Aragisus, 34, 198; Grimoaldus, 208, 254, 300, 310; Sigo, 330.

BERA, comes Barcinonæ, perfidiæ insimulatus, pugna equestri, ab accusatore suo vincitur, I, 338. Ejus filius ad Sarracenos deficit, 388.

BERCHARIUS, frater Bonifacii comitis, I, 396.

BERENGARIUS, Tolosæ comes, I, 332.

BERHARIUS, II, 425.

BERNGISUS puer, II, 350.

BERNHARDUS, Karoli M. patruus, Langobardos aggressurus, per montem Jovis Italiam ingreditur, I, 158; Walanis pater, 298.

BERNHARDUS, filius Pippini, Italiæ regis, in Italiam a Karolo M. mittitur, I, 298; regis titulo decoratur, 64, 65 not., 302; a Hludowico imperatore, avunculo suo, evocatus, plurima munera accipit, 310; Romam mittitur ad inquirendum de conspiratione in Leonem papam perpetrata, 314; Romanorum seditionem compescit, 316; ipse in Hludowicum rebellat, sed breviter, armis depositis, sese apud Cabilonem imperatori tradit, 326; capitali sententia condemnatus, luminibus orbatur, 328; moritur, 329. De hoc facto Hludowicus publicam pœnitentiam agit, 352. Jam ejus in hac conjuratione sociis integram veniam dederat, 348.

BERNHARDUS, comes Barcinonæ, I, 388; in palatio camerarius constituitur, 400.

BERNHARIUS, frater Adalhardi, I, 348.

BERNHARIUS, episcopus Wormacensis, ad Leonem papam, cum Adalhardo mittitur, I, 282.

BERNOIN, archiepiscopus Vesuntinus, testamento Karoli M. subscribit, I, 110 et 113 not.

BERO, comes, testamento Karoli M subscribit, I, 112.

BEROHADUS, servus regius, II, 352.

BERTHA vel BERTHRADA, Pippini uxor, Karoli et Karlomanni mater, teste God. de Viterbio, natione Ungara, I, 15 not.; adest in Vienna, Karlomanno, Pippini fratre, ibidem moriente, 132; pacem inter duos filios suos, Karolum et Karlomannum, tueri nititur, 152; Karolum ad filiam Desiderii in uxorem ducendam hortatur, 60; in magno honore apud præfatum regem consenuit, 62; moritur, 192.

BERTHAID, Pippini regis Italiæ filia, I, 64.

BERTCAUDUS, scriptor regius, II, 173.

BERTHA, filia Karoli M. et Hildegardis, I, 60; Angilberti uxor, 115 not.

Bertingaheim villa (Bertinghem dans le Boulonnais?), II, 246; de ejusdem loci variis interpretationibus, 393.

BERTRICUS, comes palatii, I, 380.

BILDRADA puella, II, 344.

Bingia (Bingen, dans le grand-duché de Hesse-Darmstadt), I, 338.

Birra flumen (la Berre, près Narbonne), I, 10.

Biturica civitas, *Bituriges* (Bourges), I, 106; a Pippino capta, 140; in ea præsidium deponitur, 144, 146. — Biturigum pagus, II, 254.

Blachernæ (l'église de Blaquernes à Constantinople), I, 238.

Bladum in Germaniæ superioribus partibus emptum, II, 258.

BLANDINIUM, *Blandiniense* monasterium (Saint-Pierre de Blandigny, à Gand), II, 20 et 21 not. — S. Blandinii Gandensis abbas, Einhardus, 425, 426, 427, 429.

BLIDTHRUT, abbatissa monasterii de Machesbah, II, 24.

BLIDWARA, II, 344.

Boderetuum villa, II, 344, 391.

BOEMANNI. Vid. Beheimi.

BOETII arithmetica. Hujus operis difficultates, Einhardo, quas explicet, propositæ, II, 171.

BONIFACIUS, Mogontiacensis archiepiscopus, sacro oleo Pippinum inungit, I, 126; in Frisia a paganis interficitur, 130. — Basilica apud Frideslar a B. Bonifacio consecrata, 160. — S. Bonifacii congregatio i. e. Fuldense monasterium, II, 6. — S. Bonifacii solemnitas, 170.

BONIFACIUS comes, insulæ Corsicæ præfectus, Afros profligat, I, 396.

Bononia (Boulogne-sur-Mer), visitatur a Karolo M. I, 294, qui ibidem Farum restaurat, 296.

BONOTTUS Einhardi vicedominus, II, 24.

BORNA, dux Dalmatiæ et Liburniæ, Guduscanorum et Timotianorum; ad Hludowicum legatos mittit, I, 330, 338; manus cum Liudewito apud Colapium fluvium conserit, et a Guduscanis deseritur, 334; eos denuo subigit, 336; moritur, 346, 360.

Brachmanoth (*mois des défrichements, Juin*), I, 92, 415.

Bramaha fluvius, II, 419.

Branbach fluviolus, II, 419.

Breitensol, II, 419.

Britannia insula (la Grande-Bretagne), I, 82, 278, 280, 304. — Ejus incolæ, cum ab Anglis et Saxonibus fuisset invasa, mare transeunt et regiones Venetorum et Curiosolitarum in Gallia occupant, 196. — In Britannia rex Eardulf, 276.

Britannia, Brittonum provincia (la Bretagne), a Widone comite, I, 242, a Hludowico invasa et vastata est, 328, 368, 370; a Wihomarcho conturbata, 376. — II, 254. — Britanniæ urbs, Venedæ, I, 328. — Primores, Aquasgrani, ad fidem imperatoris veniunt, 374, 382. — Britanniæ limitis præfectus, Hruodlandus, 32; Wido, 242.

BRITTONES a Karolo M. subacti, I, 34; ob perfidiam suam puniuntur, 294; Mormannum regem agnoscunt, 330; a Hludowico subiguntur, *ib.*; dant obsides, 370.

Brixia (Brescia). — Brixiæ comes, Suppo, I, 352; Mauringus, 360, 372.

BRUNHARDUS clericus, II, 426.

Brunesberg (Brunesberg en Westphalie), I, 162.

Bucki pagus (le pays de Buckeburg), I, 164.

BULGARI, I, prælio Niciforum imperatorem in Mœsia occidunt, I, 298; Michaelem profligant, 304; a Guduscanis et Timotianis derelinquuntur, 330, 334; ad Hludovicum legatos mittunt, de finibus inter se et Francos constituendis, 372, 376, 378, 382; Pannoniam vastant, et Sclavis, in hac regione constitutis, rectores imponunt, 390, 392. — Bulgarorum rex, Crumas, 306; Omortag, 366, 368, 370, 378.

Bundium vicus (Bouin, dans l'île de Bouin), I, 342.

Buocholt (Bocholt, en Westphalie), I, 176.

Burbonis (Bourbon-l'Archambault), I, 138.

BURCHARDUS comes, testamento Karoli M subscribit, I, 112; stabuli comes, ad Corsicam contra Mauros cum classe defendendam mittitur, 270, 272; unus e duodecim Francorum primoribus, ad pacem cum Danis jurandam, designatis, 294.

BURCHARDUS, Herbipolensis vel Wirziburgensis episcopus, ad Zacha-

riam papam a Pippino mittitur, I, 7, 126.
Burdigala (Bordeaux), I, 106.
Burgundia, I, 266; Alemanniæ contermina, 356 — Pagus Genawensis in Burgundia, II, 38, 40, 354. — Burgundionum lex, I, 89, not.

C.

Cabillo (Châlon-sur-Saône), I, 138, 326. — Ibi concilium celebratur, 302.
Cadolah vel Cadoalus, dux Forojuliensis, cum Niciforo, Leonis imp. legato, de Dalmatis colloquitur, I, 320; a Liudewito crudelitatis accusatur, 330; vita decedit, 334.
Cadurcia oppidum (Cahors), I, 140.
Cæsaraugusta (Sarragosse), I, 172, 284, 290, 320, 388, 390. — Cæsaraugustanus populus, II, 66, not. 3.
Caganus vel Kaganus (*le Chagan*), id est, Hunorum princeps, locum pro Hunis ad habitandum inter Sabariam et Carnuntum petit, I, 260; confirmationem auctoritatis suæ super Hunos a Karolo M. postulat, 262.
Calabria (la Calabre), I, 208; Inferior, 48.
Calistus candidatus, Nicifori imp. legatus, I, 256.
Calvaria (le Calvaire), I, 248.
Camaracum (Cambray), I, 330. — Cameracensis episcopus, Halitgarius, 392.
Cambus fluvius (le Kamp, en Bohême), I, 216.
Camp (Champs, en Lorraine), I, 262.
Campania (la Campanie), I, 198.
Campania (la Campine, en Belgique), II, 392.
Campulus sacellarius, conjurationis in Leonem papam factæ particeps, exilio damnatur, I, 250.
Campus i. e. Hunorum regia, I, 230.
Candida, uxor Arthemii, II, 400, fidem christianam amplexa, 401, martyrium patitur, 406, 407.
Canizauci, Avarum princeps, Aquas Karolum M. convenit, I, 296.
Cantilla castrum in Aquitania (Chantelle-le-Château), a Pippino captum, I, 138.
Capella (la Chapelle), nomen basilicæ S. Dei genitricis apud Aquisgranum, I, 398.
Capellanus præcipuus imperatricis. Epistola ad eum ab Einhardo directa, II, 122.
Capitularia Karoli M. de militia, citat. I, 21.
Capua (Capoue), I, 34, 198.
Caput Laci (Villeneuve, sur le lac de Genève), II, 202, 382.
Caralis civitas (Cagliari, en Sardaigne), I, 314.
Carantani (les habitants de la Carinthie), ad Francos revertunt, I, 340. — Carantanorum regio vel provincia, ad curam Forojuliensis ducis pertinebat, 334, 338, 380.
Carbonacum villa (Corbény, en Laonnais), I, 154.
Carisiacus, Carisiacum villa (Quierzy, dans l'Ile-de-Fr.), I, 128; ibi Pippinus natalem Domini et pascha celebrat, 138, 140, 142; ibidem Karolus M. hiemat, 162; nat. Domini et pasch., 180; nat. Domini, 258; conventum generalem, 344, celebrat; ibid. Hludowicus conversatur, 390.
Carniolenses (les habitants de la Carniole), sese Baldrico dedunt, I, 340.
Carnuntum (Haimburg, dans la basse Autriche), I, 260.
Carthago (Carthage), I, 86, 396.
Cassinolium in Aquitania (Casseneuil, dans l'Agenois), I, 170.
Cassinum castrum (le château du mont Cassin), I, 12, 124. Vid. S. Benedicti monast.
S. *Castoris* monasterium (le monastère de Saint-Castor à Coblentz), II, 17, not.

Castrum Sigiberti (Siersberg, en Lorraine), II, 386.

CEADRAGUS, filius Thrasconis, rex Abodritorum, regiam potestatem super Abodritos, cum Sclaomir divisam, habet, I, 324; totam recipit, 332; perfidiæ notatur, 350; in placito generali accusatus, se ad imperatoris præsentiam venturum promittit, 358; Compendium venit et ad regnum redire permissus est, 364; denuo accusatur, 380; inquisitione facta, et datis ab ipso obsidibus, in solium restituitur, 384, 386.

Cefalania (Céphalonie). Cefalaniæ præfectus, Paulus, I, 286.

CELEADRAGUS, filius Liubi Wiltzorum regis, de regno cum fratre suo Meligasto contendit, I, 358.

Centulum (Saint-Riquier, en Picardie), I, 244.

Centumcellæ (Civita-Vecchia), a Mauris vastata est, I, 58, 304. — Centumcellensis episcopus, Petrus, 344; Leo, 380.

Ceritania (la Cerdagne), a Sarracenis vastata, I, 388.

CHALDÆI, II, 108.

Chrenecruda, legis Salicæ dispositio, II, 29, not.

CHRISTIANUS populus, II, 403.

CHRISTOPORUS, spatharius, Leonis imper. legatus, I, 308.

CICERO (M. Tullius) ab Einhardo citat., 1, 4.

Cingulum aureum et gemmatum a regina SS. Martyribus oblatum, II, 236.

Cinisius mons (le mont Cenis), a Karolo, Italiam aggrediente, superatus, I, 158.

Clarmontis (Clermont, en Auvergne), I, 138.

Clophenberk, II, 419.

Clophendales, II, 419.

Cœmeterium inter duas lauros, sive SS. Marcellini et Petri, II, 280.

COENULFUS, rex in Britannia, I, 280.

Colapius fluvius (la Kulpa, dans la Carniole), I, 334.

Colonia metropolis (Cologne), I, 106, 182, 210, 226, 258; in finibus Ribuariorum, II, 370.

Comageni civitas (aujourd'hui Konigsstadten?), I, 216 et 217, not.

Comiaclum insula (Comacchio), I, 278.

Commendare se i. e. se vassalum solemni more profiteri, I, 134, 312; II, 38, 96. — Commendare aliquem, 4.

Commerciacum villa in territorio Tullensi (Commercy), I, 366, 378.

Compendium villa, palatium (Compiègne), I, 174, 318, 320, 390, 392; II, 72, 76, 98. — Conventum generalem ibidem tenet Pippinus, I, 134; Hludowicus, 360, 362, 364, 368.

Compositio pro feraminibus in foresta dominica furatis, II, 12; — pro homicidio, 38; — pro porcis, ut videtur, sublatis, 112.

Concilium, Aquisgranense de processione Spiritus sancti, I, 282; Cabillonense, 302; Mongontiacense, 302; Remense, 302; Turonense, 302; Reginense, 218, et Franconofurtense, 224, in hæresim Felicianam. Vid. Synodus

Concubinæ Karoli M. Vid. Mathalgardis, Gersuinda, Regina, Adallindis.

Constantinopolis (Constantinople), I, 232, 238, 254, 256, 272, 278, 288, 292, 298, 302, 308, 314, 346, 392; II, 194. — Ibi synodus habetur, I, 224; a Bulgaris obsessa est, 306. — Constantinopolitana classis, 272.

CONSTANTINOPOLITANI imperatores, ultro amicitiam Karoli M. per legatos expetunt, I, 52; — Constantinopolitanus vel Græcorum imperator, civitates maritimas Dalmatiæ, Liburniæ, etc., a Karolo M. obtinet, 50; Constantinus, vid. infr.; Leo, 320; Michael, 392; Episcopus, Tarasius, 238.— Constantinopolitana imperatrix, Herena, 238.

CONSTANTINUS, Græcorum imperator, I, 122.

CONSTANTINUS COPRONYMA, Græcorum imp., legatos, cum muneribus, inter quæ organum, Pippino mittit, I, 134; Adalgisum filium Desiderii honorifice suscipit, 160.

CONSTANTINUS, Græcorum imperator, Constantini Copronymæ et Herenæ filius, ad petendam Hruodrudem, Karoli M. filiam, legatos mittit, et eam in sponsam recipit, I, 64, 200; sed deinde, ea negata, in Karolum bellum movet, 208; synodum, cum Herena matre sua, Constantinopoli congregat, 224; a suis comprehensus excæcatur, 238.

Conventus generalis habitus, a Pippino apud Aurelianum, I, 144; Duren, 138; apud Bituricam in campo, secundum morem Francicum, 146. — A Karolo M. apud Aquisgranum, 294, 302; Cuffenstein, 226; Duriam, 176; Franconovurd, 224; Ingelheim, 294; Lippeham, 240; Mongontiacum, 246; Padrabrun, 168, 194; Theodonem Villam, in quo imperium inter tres ejus filios dividitur, 264; Wormaciam, 152, 156, 166. — A Hludowico apud Aquisgranum, 310, in quo Hlotharius imperii consors declaratur, 324, 332, 338, 344, 374, 376, 392; Attiniacum, in quo Hludowicus de morte Bernardi publicam facit confessionem, 352, 354, 356; Compendium, 368, 390; Franconofurd, 354; Ingelheim, 380, 384; Noviomagum, 344, 390; Padrabrun, 168; Theodonem Villam, in quo matrimonium Hlotharii celebratur, 346; Venedas, 328; Wormatiam, 398.

Corbeiæ monasterim (Corbie); abbas, Adalhardus, 282, 348

Corduba (Cordoue), I, 288, 372.

CORIOSOLITARUM regio (le pays des Curiosolites en Bretagne), a Britannis, e patria sua migrantibus, occupata, I, 196.

CORSI, numero quingenti a Mauris capti, ab Irmingario comite liberantur, I, 304.

Corsica insula (la Corse) in Mauros a Pippino, Italiæ rege, protecta, I, 266; a Burchardo stabuli comite, 270, 272; a Mauris vastata, 280; ab eisdem pene tota subacta est, 286; iterum vastata, 290, 304; ab eis frustra invasa, 298. Ejus tutela Bonifacio comiti a Hludowico commissa, 396.

Corvium villa (Corbehem, dans la Flandre française), II, 346, 393.

Cremonensis episcopus, Wolfoldus, I, 328.

Cresciacum villa (Cressy, en Picardie?) II, 352, 394.

Cruciniacum (Kreuznach, dans le gr.-duché du Bas-Rhin), I, 338.

CRUMAS, rex Bulgarorum, imperatoribus Niciforo et Michaele profligatis, Constantinopolim obsedit, I, 306; a Leone repellitur, ibid.

Cuffestein villa (Costheim sur le Mein), I, 226.

Cumeoberg mons (le Kaunberg, en Autriche), I, 216

Cundensis, Condrusius pagus (le Condroz, dans la province de Liége), II, 350, 394.

Cuningesbrunnen, II, 419.

Curiensis comes, Hunfridus, I, 362.

S. CYPRIANUS, II, 136.

D.

Dacia, a Karolo M. imperio Francorum adjuncta, I, 48, 372.

DADO, II, 336.

Dæmon e femina expulsus, II, 284, 366, 410.

DAGOLFUS, venator, II, 112.

DALMATÆ ad Karolum M. legatos mittunt, I, 264; Dalmatæ maritimi contra Pippinum Italiæ regem a Paulo Cefaloniæ præfecto proteguntur, 286; de causa Dalmatarum inter Leonem et Hludowicum tractatur, 320.

Dalmatia (la Dalmatie), I, 264, 266, 278, 320, 336; a Sorabis, magna parte, occupata, 352; exceptis maritimis civitatibus, imperio Francorum a Karolo M. adjuncta est, 48; a Liudewito vastata, 336. — Dalmatiæ littora, Græcorum imperatori pertinentia, a classe Pippini Italiæ regis, vastata sunt, 286. — Dalmatiæ dux Borna I, 334, 346; — Dalmatici limitis custos, Cadolah, 320.

DAMASUS episcopus, ab Adriano papa ad Tassilonem legatus, I, 180.

DANIEL puer, II, 216, 248.

DANIHEL, legatus Michaelis Siciliæ patricii, I, 242.

DANI Frisionibus devictis tributum imponunt, I, 286; quiescunt, 348; ab Ebone Remensi archiepiscopo ad fidem christianam quam plurimi adducuntur, 382. Vid. Nortmanni. — Danorum rex Godofridus, 98, 258, 274, 280, 284, 290, 320, 380; Harioldus, 300, 310; Hemmingus, 292, 296; Reginfridus, 300, 310; Sigifridus, 170, 182, 236. — Danorum reges, 310, 390. — Primores, numero duodecim, cum totidem Francis, de pace tractanda conveniunt, 292, 294; numero sexdecim, 302, 304.

Danubius (le Danube), I, 48, 50, 204, 208, 214, 216, 296, 372. — Pons navalis in Danubio ad bellum contra Hunos gerendum constructus, 220. — Fossa ad Danubium cum Hreno jungendum incœpta, 222. — Solida glacie stringitur, 350.

Darantasia (Moutier-en-Tarantaise), I, 106.

DAVID, rex Judæorum, II, 163, 167.

DAVID Judæus, II, 316.

Debsandara (le pays de Toxandrie), II, 392.

Delbende (auj. Molln sur la Stecknitz), I, 354.

Dertosa (Tortose, en Catalogne), I, 48, 280.

DERUFLUS, II, 427.

DESIDERATA, filia Desiderii, Langobardorum regis, Karoli Magni uxor, ab eo repudiatur, I, 58, 59 not., 69 not.

DESIDERIUS, sub Haistulo stabuli comes, eo moriente, rex Langobardorum efficitur, I, 132; Karlomanni uxorem et liberos suscipit, 14; prælio a Karolo M. devictus, 158, et in Ticeno longa obsidione fatigatus, eidem se dedit et captivus in Franciam ducitur, 20, 160, 198, 206.

DEUSDONA, Romanæ ecclesiæ diaconus, reliquias sanctorum Einhardo a se procurandas promittit, et ad hoc Ratleico ejus notario bene male auxiliatur, II, 178, 200, 228, 372, et passim in Hist. translationis.

Deuteronomium citat., II, 58.

S. Dionysii basilica (S. Denys en France), I, 62, 148; monasterium, 220; huic monasterio Karolus Calvus libros suos ex parte adjudicat, 109, not. — Abbas, Fardulfus, 226; Hildoinus, 386.

Diutia civitas (Duitz, sur le Rhin), I, 172.

DOMINICUS, abbas de monte Oliveti, papæ ad Hludowicum legatus, I, 380.

Domnanæ (Basilica B. Johannis Baptistæ, vulgo) S. Jean-Baptiste-des-Dames à Pavie, ab Einhardo jure beneficiario possessa, II, 198.

DONATUS, comes, ad componendos marchæ Hispanicæ motus a Hludowico mittitur, I, 386.

DONATUS, episcopus Jaderæ, Dalmatarum ad Karolum legatus, I, 264.

DONATUS, grammaticus, a Lupo citat. ut loci difficultas ab Einhardo illustretur, II, 172.

DONITIANUS puer sanatur, II, 334.

Dornonia fluvius (la Dordogne), I, 152.

DOROTHEUS, II, 409.

Dos a marito uxori collata, II, 104.

DRAGAWITUS, Wiltzorum princeps, sese Karolo dedit et fidelitatem jurat, I, 210, 212.

Draigni pagus juxta Lippiam, I, 192.

DRAGAMOSUS, Liudewiti socer, ab eo in prælio juxta Kolapium fluvium interficitur, I, 336.

Dravus fluvius (la Drave), I, 334, 340, 390.

DROGO, episcopus Metensis, Karoli M. et Reginæ concubinæ filius, I, 62, 63 not., a Hludowico episcopus Metensis instituitur, 360.

DROGO, regis cubicularius, sanatur, II, 310, 387.

DROGO comes, II, 413.

Duasdives locus, I, 150.

Dubargawe pagus, II, 10 et 11, not. 3.

Duria villa (Duren, sur la Roer, dans la prov. Rhénane). Ibi Pippinus conventum generalem celebrat, I, 138; ibidem Karolus natalem Domini, 152, conventum generalem, 162, 176.

Dutciacum villa (Douzi, dans les Ardennes). Ibi Karolus natalem Domini celebrat, I, 170.

E.

E domnus, II, 46.

E. Einhardi amicus, II, 80.

EARDULF, rex Nordanhumbrorum, a regno suo expulsus, Noviomagum ad Karolum venit; dehinc Romam proficiscitur, I, 276; per legatos imperatoris et Romani pontificis in regnum suum reducitur, 276, 278.

EBBO vel EBO, archiepiscopus Remensis, origine Saxo, Danorum apostolus, I, 25 not., 364.

EBERALDUS, servus S. Bavonis, II, 344.

EBERHARDUS, magister pincernarum, ad Tassilonem legatus mittitur, I, 180.

Ebrodunum metropolis (Embrun), I, 106.

EBURIS Karoli M. legatus, apud Suentana in Saxones dextrum cornu Abodritanæ aciei tenet, I, 236, 238.

EBURO, II, 42, 44, 60.

EDDELA, ancilla S. Amandi, II, 344.

EDO, comes, testamento Karoli M. subscribit, I, 112.

EGBERTUS, comes, Esesfelth castrum in Danos constructum tenet, I, 284; unus e duodecim primoribus Francorum ad jurandam pacem cum Danis, apud Ægidoram fluvium, deputatis, 294.

EGELMUNDUS, presbyter, II, 426.

EGGIDEO, familiaris Bernardi, regis Italiæ, ejus conjurationis in Hludowicum socius, I, 326.

EGGIHARDUS, regiæ mensæ præpositus, apud Roscidam Vallem, prælio interficitur, I, 32.

EGIBALDUS monachus, proprio nomine mutato, Georgius, Montis Oliveti abbas, I, 270.

Egidora flumen (l'Eider), I, 394.

EGILOLFUS, canonicus Wirziburgensis, II, 10 et 11 not.

EGISHARIUS vel EGESHARIUS, S. Blandinii vicedominus, II, 425, 426.

EGMULENUS, II, 64.

Egolisena civitas Aquitaniæ (Angouléme), I, 150.

Eichendal, II, 419.

Eike monasterium super Mosam, II, 360, 395.

EINHARDUS. Videsis quid de ejus vita et scriptis, in priori volumine præfati sumus. Einhardi nomen quotiescumque in textu expressim occurrat, hic notare satis sit, I, 264; II, 4, 6, 8, 12, 16, 20, 22, 26, 28, 32, 34, 36, 38, 40, 42, 48, 50, 54, 62, 64, 78, 80, 82, 84, 86, 88, 90, 98, 100, 102, 104, 106, 112, 134, 155, 159, 169, 173, 210, 242, 332, 412, 413, 415, 417, 418; S. Servatii abbas, 420, 421, 423, 424, 426; S. Blandinii Gandensis, 425, 427, 429.

ELIPANDUS, Toleti episcopus, Felicem, Orgellensem episcopum, de humanitate J. C. consulit, I, 218.

Ellenbogen, II, 419.

EMERITANI, EMERITANUS POPULUS (les habitants de Mérida, en Estramadure), a rege Abdirhaman desciscentes, ut in libertatis suæ defensione perseverent a Hludowico imperatore, epistola ab Einhardo scripta, excitantur, II, 66, 68.

Emporitanus comes Irmingarius, I, 304.
ENGELHARDUS, II, 427, 428, 429.
ENGELRAMNUS, II, 429.
ENGILGARDA, II, 346.
Eporedia (Ivrée, en Piémont), I, 250, 252.
S. *Erasmi* monasterium, I, 240.
ERCANBALDUS, Karoli M. notarius, I, 252.
ERCANGARIUS, comes, testamento Karoli M. subscribit, I, 112.
ERCHENMARUS, presbyter, II, 426.
EREMBERTUS, vicedominus, II, 20.
ERICUS, dux Forojuliensis, Hunorum regiam spoliat, et ablatum thesaurum Karolo mittit, I, 230.
ERMELANDUS, presbyter, 426

ERMENWARDUS cæcus, II, 340.
EROWICUS, I, 146.
Esesfelth castellum super ripam Sturiæ a Karolo M. in Danos constructum (auj. Itzehoe sur la Stoer), I, 284, 326.
Etruria (l'Etrurie), I, 58.
EUGENIUS II, papa, tituli S. Sabinæ archipresbyter, Paschali succedit, I, 368; Hlotharium apud Romam honorifice suscipit, 372; Hildoino abbati reliquias B. Sebastiani concedit, 386; moritur, 390. Gregorium IV successorem habet, II, 364.
Eulogiæ, dona a vassalo domino suo oblata, II, 98 et 99 not.
Euterun fluviolus, II, 419.

F.

Facum prope fluviolum Absencia, in pago Rodaninsi, II, 228, 429.
Facheria vel *Vacheria*, II, 429.
Faidosus i. e. qui querelam habet, II, 26 et 29 not. 1.
Fanum Martis (Famars près Valenciennes), II, 389; — Fanomartensis pagus, 328.
FARDULFUS Langobardus, conjurationem Pippini in Karolum detegit et, pro mercede, monasterio S Dionysii donatus est, I, 220.
FASTRADA regina, Rodolphi comitis filia, Karoli M. tertia conjux, Theoderadæ et Hiltrudis mater, I, 60, 61 not. 190, 202, 413; crudelitate sua duas in Karolum conjurationes, unam in Germania, alteram a Pippino conflatam, suscitat, 70, 220; apud Franconovurd moritur, 224.
FELIX, Orgellarum episcopus, ab Elipando Toleti episcopo de humanitate Christi consultus, eum adoptivum Dei filium declarat, I, 218; in concilio Franconofurtensi damnatur, 224.
FELIX, monachus Hierosolymita-

nus, a Thoma patriarcha ad Karolum legatus, I, 270.
Ferdi super Alaram (Werden sur l'Aller); inibi quatuor millia quingenti Saxones una die decollati sunt, I, 188.
FILIMARUS, subdiaconus, II, 230.
Fiscum i. e. beneficium, II, 14.
Flandrense littus, II, 342.
FLETUUALDUS, presbyter, II, 426.
Florentia Tuscorum civitas (Florence), I, 198.
FLORUS superista, papæ ad imperatorem legatus, I, 348.
FOLCHARDUS puer, II, 356.
FOLCO abbas, II, 86.
FOLCUUINZUS, clericus, II, 426.
FOLRADUS, capellanus, ad Zachariam papam a Pippino missus, I, 126; papam Stephanum, Romam, cum exercitu comitatur, 132; apud Carbonacum ad Karolum venit, 154.
Fontanellense monasterium (Fontenelle ou S.-Vandrille), ab Einhardo Ansgiso dimissum, II, 3 not.
FORMOSUS, episcopus, ad Tassilonem a Karolo legatus mittitur, I, 180.
Forum Julii metropolis (Fréjus en Provence), I, 104.

Forum Julii (le Frioul), I, 292.— Forojuliensis marcha, ab Hunis invaditur, 206. — Dux, Hruodgausus, 20, 166; Ericus, 230; Cadolah, 330, 334; Baldericus, 392.
FOROJULIENSES, I, 166, 340.
FORTUNATUS, patriarcha Gradensis, vel. Veneticorum, de Liudewiti rebellione fovenda accusatus, Constantinopolim confugit, I, 346; ad imperatorem, cum græcis legatis regressus, ab eo ad papam examinandus dirigitur, 370.
Fossæ Scotorum monasterium (les Fosses, dioc. de Liége), II, 358, 395.
Fossatum in Africa (Casrcadym), I, 252, 416.
FRANCI, I, 38, 88, 120, 124, 126, 132, 162, 206, 210, 230, 232, 236, 254, 274, 302, 346, 388, 394. — De gente Merovingorum reges sibi creare, usque ad Hildericum, soliti erant, 6; Karolum et Karlomannum, Pippini filios, sibi reges constituunt, 12, 148; summo labore Alpes transeunt, 22; longum et crudele cum Saxonibus bellum gerunt, 22, 24, 26; a Wasconibus in Pyrenæi jugo debellantur, 32, 172; Hunis devictis, præmagnis opibus ditati sunt, 42; in arte venandi cæteris gentibus superiores, 74; duas habent leges in pluribus locis valde diversas, 88; a Saxonibus apud Hlidbeki profligantur, 164; Bernardum et ejus fautores capitali sententia condemnant, 318; omnes ad repellendam Nortmannorum invasionem convocantur, 398. — Francorum primores, Pippino in Longobardos ire volenti renituntur, I, 18; nonnulli cum Pippino Gibboso adversus Karolum conjurant, 68; unanimo consensu Hludowicum imperii consortem accipiunt, 92; numero duodecim, cum totidem Danorum primoribus, super fluvium Egidoram de pace componenda et juranda conveniunt, 294, 296; ad conventum Franconofurtensem partim vocantur, 356.
FRANCI ORIENTALES, cum Abodritis in Saxones, I, 174, cum Saxonibus in Sclavos rebelles mittuntur, 182; sed, rebellantibus etiam Saxonibus, apud montem Suntal ab istis profligantur, 184, 186; apud Francos orientales magna in Karolum conjuratio oritur, 196; cum Saxonibus in Sorabos mittuntur, 316, in Sclaomirum Abodritorum regem, 332.
Francia (le pays des Francs), I, 10, 102, 124, 156, 158, 178, 182, 188, 190, 192, 194, 202, 212, 258, 366; II, 128, 218, 246. — De regione quæ hoc nomine designatur, I, 43. — Francia tyrannis, qui eam opprimebant, a Karolo Martello liberatur, 10; ingenti pestilentia vastatur, 366. — Francia orientalis, 340, 356. — Francorum regnum, 120; II, 284; sub Pippino forte et magnum, sub Karolo in duplum crescit, I, 46, 48, 96.
Franconovurd vel *Franconofurd* supra Mænum (Francfort sur le Mein); inibi Karolus hiemat et pascha celebrat, I, 224; ibidem Hludowicus conventum generalem habet, 356, 384, 394, 400.
FREDUGISUS, S. Martini Turonensis abbas, testamento Karoli M. subscribit, I, 112.
Frideslare (Fritzlar dans la Hesse); ibi Saxones ecclesiam, a S. Bonifacio constructam, incendere frustra moliuntur, I, 160; beneficium ab Einhardo possessum, II, 64.
Frihsazi pagus in Saxonia, I, 366.
Frisia (la Frise), I, 46, 220, 284, 382; a Nortmannis vastatur, 286, 288.—In Frisia Bonifacius, Mogotiacensis archiepiscopus, a paganis interficitur, 130. — Insulæ in Frisia, 58. — Frisiacum littus, 286; Schaltheim in mari-

INDEX GENERALIS.   445

tima Frisionum regione, II, 348.
FRISIONES, expeditionis contra Hunos participes, I, 216; tribus præliis a Godefrido confligantur, 286; ei centum argenti libras, tributi nomine, solvunt, 288. — Lex Frisonium, 89 not.
Frontiacum castrum (Fronsac dans la Guienne), a Karolo constructum, I, 18, 152.

FROIA, Hadefonsi, Hispaniæ regis, ad Karolum legatus, I, 238.
FROTHARIUS, Tullensis episcopus, II, 173 not.
FRUMOLDUS, II, 38.
FULRADUS abbas S. Dionysii, I, 7, not.
Fursenum villa (Furnes, dans la Flandre occidentale ?), II, 342, 391.

G.

G., II, 124, 126.
G., comes, II, 30, 80.
GABRIEL archangelus, capitula quædam Hludowico imperatori, per Einhardum transmittenda, Alberico dictat, II, 280, 385.
Gallia, I, 226, 252, 284, 326; II, 158, 228. — Galliæ littora a Nortmannis vastata, I, 44, a Karolo stationibus muniuntur, 56. — Venetorum et Coriosolitarum regiones in ultimis Galliæ finibus, 296. — Terræ motus habiti in Gallia, I, 250, 316. — Concilia pro reformatione ecclesiæ in Gallia celebrata, 302. — Per totam Galliam maxima flumina glacie stringuntur, 350.
Gallitiæ rex Hadefonsus, I, 234.
Ganda juxta Scaldim (Gand sur l'Escaut); ibi Karolus naves in Nortmannos constructas visitat, I, 296, II, 342.
Gangluden fundus regius in pago Mosano, (Gangelt, dans la rég. d'Aix-la-Chapelle), II, 322, 388.
Garonna fluvius (la Garonne), I, 146, 318.
Gaspentia fluviolus (le Gerspринz), II, 216, 383.
GAUSANDUS, Lupi Centulli frater, prælio contra Berengarium Tolosæ et Warinum Arverni comitem commisso, occidit, I, 332.
Gauliacas (Gheule ou peut-être Goëgnies, Belgique), II, 340, 391.
Gavuldanus pagus (le Gévaudan), I, 144.
GEBEHARDUS, comes, II, 112.

GEBOINUS vel GEBUINUS, comes palatii, II, 16, 18.
GEILO, sub Karolo M. stabuli comes, in Slavos missus, I, 182, sed, rebellantibus etiam Saxonibus, apud montem Suntal profligatus, occidit, 186.
Genesis citat., II, 161.
Genavensis pagus in Burgundia (le pays de Genève), II, 38, 40. — Gennawense territorium, 354.
Gentiliacum villa (Gentilly près Paris); ibi Pippinus hiemat et natalem Domini paschaque celebrat, I, 140; pascha, 144.
Genua Burgundiæ civitas (Genève), I, 158.
Genua, (Gênes en Italie). Genuæ comes, Hadumarus, I, 266.
Georgicorum libri III fragmentum, ab Einhardo citat., II, 48.
GEORGIUS, patria Germanus, Egibaldus proprio nomine, abbas in Monte Oliveti, legatus ad Karolum a Thoma, Hierosolymitano patriarcha, mittitur, I, 270.
GEORGIUS, Veneticus presbyter, pro Hludowico organum hydraulicum construit et S. Salvii abbas efficitur, I, 382; reliquias ab Einhardo accipit, II, 328, 334, 340, 390.
GERBERTUS, Einhardi vassalus, II, 10.
S. *Geremari* monasterium (S. Germer de Flaix, diocèse de Beauvais), II, 3 not.
GRELACUS juvenis, II, 312.
GERMANIA, I, 50, 212, 256, 284, 326; II, 412; terræ motibus

quassatur, I, 250. — Germaniæ littora a Nortmannis vastata, 44, a Karolo stationibus muniuntur, 56. — In Germania valida conjuratio contra Karolum oritur, 68, 328. — Per totam Germaniam maxima flumina glacie stringuntur, 350. — Germaniæ superiores partes, II, 258.

S. GERMANI corpus; super illud Tassilo fidelitatem Pippino jurat, I, 134.

GEROLDUS, reginæ Hildegardis frater, Bajoariæ præfectus, in Pannonia interficitur, I, 42, 242, 407.

GEROLDUS, comes, testamento Karoli M. subscribit, I, 112; de conjuratione in Leonem papam suscitata inquirit, 314; comes ac præfectus Pannonici limitis, de motibus Hunorum interrogatur, 382.

Geroldesbrunnen, II, 419.

GERRADA anus, II, 334.

GERSUINDA, Karoli M. concubina, mater Adaltrudis, I, 60, 62.

GERUNDENSES (Les habitants de Gironne, en Catalogne); eorum agri ab Abumarvan vastantur, I, 388, 390.

GERUNGUS magister, ostiariorum, cum Hlothario in Italiam mittitur, I, 354.

GERVARDUS, palatii bibliothecarius, Einhardi familiaris, II, 22 et 23, 50 et 51; palatinorum operum curam habens, et de Noviomago Aquas regressus, miraculum, clam in domo Einhardi perpetratum fama accipit, et notum facit, 324, 326, 388.

GISALBERTUS, II, 274.

GISLA, Karoli M. soror, abbatissa Calensis, I, 62 et 63, not.

GISLA, Karoli M. et Hildegardis filia, I, 60, a Thoma, Mediolanensi Archiepiscopo, baptizatur, 178.

Gloriosus, titulus Marchrado vicedomino inditus, II, 28.

GLUOMI, Nordmannici limitis custos, Esesfelth castrum a Nortmannis obsessum liberat, I, 326.

GODOFRIDUS seu GODEFRIDUS, Nortmannorum sive Danorum rex, Abodritis in ditionem suam redactis, totius Germaniæ imperium sibi promittit, 44, 98; ad colloquium imperatoris venturus, in Sliesthorp gradum sistit, 258; Abodritos invadit, 274; destructo Reric emporio, in Sliesthrop regressus, limitem regni sui, versus Saxoniam, vallo munire constituit, 276; sua in Abodritos invasione sese apud imperatorem purgare cohatur, et eos ut fœdifragos accusat, 280; filium Thrasconis, Abodritorum ducis, obsidem accipit, 282; Thrasconem in emporio Reric interfici jubet, 284; dum Frisia a suis vastatur, domi remanet, 286; se cum Karolo acie congredi velle jactat, sed a quodam satellite suo interficitur, 288, 407; Hemmingum, filium fratris sui, in regno successorem habet, 290; ejus filii et nepotes inter se de imperio contendunt, 296, 304, 310, 320, 324, 336, 350, 356, 364, 376, 380, 390, 394. — Vid. Anulo, Hemmingus, Heric, Herioldus, Reginfridus, et Sigefridus.

GODELAIBUS, dux Abodritorum, a Godefrido dolo captus, suspenditur, I, 274.

GODESCALCUS, regis Karoli ad Sigefridum, Danorum regem, legatus, a Saxonibus Transalbianis trucidatur, I, 236.

GODESCALCUS, II, 296, 386.

Goiacum villa (Ghoy près de Lestines?), II, 344; de hujus nominis variis interpretationibus, 392.

GOTHI, in marcha Hispanica habitantes, I, 388.

GOZBERTUS Sangallensis abbas, ab Einhardo pro Bebone de beneficio S. Chlodowaldi epistola sollicitatur, II, 4 et 5 not.

GOZZILO Einhardi clericus, II, 120.

Gradus metropolitana civitas (Grado dans le Frioul), I, 104, 346.

— Gradensis patriarcha, Fortunatus, 346.
GRÆCI, I, 84; de S. Trinitate et de Sanctorum imaginibus cum Latinis disputant, 144. — Pax inter Græcos et Francos confirmata, 254, 278. — Græci Orobiotæ Populonium deprædantur, 280. — Græcorum imperator Constantinus, 64. — Græcorum in Italia confinia, 48. — Græcæ naves, 266. — Græci monachi in monte Palatino, II, 194.
Græcia, I, 160.
Grascapht, II, 419.
Gratiosus titulus comiti inditus, II, 12.
GREGORIUS, diaconus, Michaelis ad Hludowicum legatus, I, 308.
GREGORIUS IV papa, tituli S. Marci presbyter, decedente Valentino, eligitur, II, 364, 396.
GRIFO, Karoli, majoris domus, minor natu filius, a matre sua Swanahilde excitatus, fratribus suis Pippino et Karlomanno bellum indicit, sed obsessus in Lauduno, sese submittit, I, 118; collecta manu, in Saxoniam profugit et Bajoariam occupat, 124; Pippini captivus efficitur, 126; occiditur, 128.
GRIMOALDUS, Aragisi, ducis Beneventanorum, filius, pro obside, Karolo, datur, I, 200; Beneventanorum dux, Græcos in Calabria profligat, 208; Winigisum, Spoletii comitem, in Luceria obsidet, 254; ejus deditionem accipit et captum honorifice habet, 256; pacem cum Karolo componit, 300; cum Hludovico, 310; interficitur, 330.
GUDUSCANI Liudewitum deserunt, I, 334; a Borna subiguntur, 336.
Guduscanorum dux, Borna, 336.
GULFOCUS, presbyter, II, 424.
GUNDHARTUS, Hrabani Fuldensis abbatis homo, II, 26.
GUNDRADA, II, 348.
GUNTRADA, Pippini, regis Italiæ, filia, I, 64.

H.

H., II, 114.
H., imperatoris fidelis.
H., missus dominicus, II, 30, 32.
HABACUC martyr, II, 276.
HADEFONSUS, Gallitiæ et Asturiæ rex, summa amicitia cum Karolo devinctus, I, 50, ad eum legatos, cum muneribus mittit, 234, iterum legatos deferentes munera quæ de manubiis Olisiponæ civitatis, à se expugnatæ, ceperat, 238.
HADUMARUS, Genuæ comes, prælio in Mauros occidit, I, 266.
HAIDO, Baslensis episcopus, ad Niciforum Constantinopolitanum imperatorem legatus mittitur, I, 292.
HAIMRICUS comes, Saracenorum captivus, ab Albulaz remittitur, I, 290.
HAISTULFUS, Langobardorum rex, in Ticeno bis obessus, Pippino sese dedit, I, 20, 130, 132.
HALITGARIUS, Cameracensis episcopus, Constantinopolim ad Michaelem a Hludowico mittitur, I, 392.
HANCWIN, unus e duodecim primoribus Danorum, ad pacem cum totidem Francis jurandam deputatus, I, 294.
HARDRADUS, comes, conjurationis in Karolum auctor, I, 196, 328.
HARIOLDUS vel HERIOLDUS, rex Danorum, Harioldi regis prædecessor et avunculus, I, 296.
HARIOLDUS, HARIHOLDUS vel HERIOLDUS, Danorum rex, cum Reginfrido, fratre suo, constituitur, I, 298; ad Karolum legationem mittit pro pace petenda, 300; a filiis Godefridi victus, bellum renovat, 310; sese in manus Hludowici imperatoris commendat, 310, 312; ab eo magnum auxilium accipit, 312, 314; in Saxonia moratur, 314; continuis infestationibus filios Godefridi lacessit, 320; ei nova

auxilia mittuntur, 322; ad naves suas per Abodritos, jussu imperatoris, reductus, 386, regnum cum filiis Godefridi partitur, 338, 350; ad imperatorem legatos mittit, 356; Compendium, contra filios Godefridi, qui ei expulsionem minabantur, auxilium petiturus, venit, 364; Mongontiaci, cum uxore sua et magna Danorum multitudine, baptizatur, 382; a filiis Godefridi de consortio regni ejectus, Nordmannorum finibus excedere compellitur, 390; cum de rebus ejus a Saxoniæ comitibus et marchionibus tractandum esset, condictam pacem, vastatis aliquot Nordmannorum villulis, irrumpit, 394.

Haristallium, Heristallium, villa (Héristal sur la Meuse); inibi Karolus pascha celebrat, I, 154, 156; hiemat 168, 174, 190; ibidem Hludowicus legatos Sigonis excipit, 330.

HARNID, filius Berthæ et Angilberti, I, 115, not.

HARTLINDA puella, II, 342.

Hasa fluvius (La Hase en Hanovre); super ripam hujus fluminis Saxones a Karolo M. profligantur, I, 28, 188.

Hasbania, Hasbanius pagus, (la Hesbaye), II, 328, 389.

Hassiorum pagus (la Hesse), I, 174. —Hassorum termini a Saxonibus vastantur, 160.

HATTO, pater Lupi, Wasconum ducis, I, 19 not.

HATTO comes, testamento Karoli M. subscribit, I, 112; II, 26, 112.

HEBBI, unus e duodocim primoribus Danorum, ad pacem jurandam, cum totidem Francis deputatus, I, 294; legatus Hemmingi regis, 296.

Hecgstat, prædium in pago Nithagowe (Hochstadt), II, 284, 386.

Hedabach villa, II, 28.

Heilagmanoth (*mois saint, Décembre*), I, 92, 415.

Heilambrunnum villa (Heilbronn), II, 30 et 31, not.

HEITO, Balensis episcopus, testamento Karoli M. subscribit, I, 112.

S Helenæ basilica, II, 380.

HELETRADANE, II, 428, 429.

HELISACHAR, abbas, ad motus Hispanicæ marchæ componendos mittitur, I, 386, 388.

HELMGAUDUS, comes, Constantinopolim ad Herenam imperatricem a Karolo mittitur, I, 254.

HELMRADA puella, II, 342.

HELISACHAR, Hludowici cancellarius, II, 414.

Helvetiorum pagus, Aragowe, II, 266.

HEMMINGUS, filius Godofridi Danorum regis, ei succedit, ac pacem cum Karolo tractat, 292, 294; quam solemniter a duodecim proceribus suis, una cum totidem Francis, super Egidoram congregatis, jurandam curat, 296; moritur, 296.

HEMMINGUS, Harioldi Danorum regis frater, I, 300.

Herbitsmanoth (*mois d'automne, Novembre*), I, 92, 415.

HERENA, Constantinopolitana imperatrix, synodum in Constantinopoli congregat, I, 224; legatos ad Karolum mittit, 238, 254; solio depellitur, 256.

Heribanni exactor, II, 28; — Heribanna, 54.

Heristelli (Herstell en Westphalie); hoc nomine locum apud quem castra sua Karolus super Wisuram posuerat, appellari jubet, I, 234.

HERMANGARDIS, i. e. DESIDERATA, I, 59, not.

HERMENGARDIS, Hlotharii uxor, II, 146.

S. HERMES, II, 362, 370, 396. — S. Hermetis reliquiæ, 364, 394. — Sepulcrum, 364.

HESSI unus e primoribus Saxonum, Karolo, cum omnibus Ostfalis, fidelitatem jurat, I, 164.

HETTI, Trevirensis archiepiscopus, II, 16.

Heuvimanoth (*mois des foins, Juillet*), I, 92, 415.

Hibernia, Scottorum insula (l'Irlande), I, 300.
Hiberus amnis (l'Ebre en Catalogne), I, 48, 172, 280.
S. Hieronymus, II, 136.
Hierosolyma, *Hierosolymœ* (Jérusalem), I, 84, 244, 248, 270, 282.— Hierosolymit. patriarcha Thomas.
Hildebaldus, Coloniensis archiepiscopus, testamento Karoli M. subscribit, I, 110.
Hildebertus, II, 14.
Hildegardis vel Hildegarda, de gente Suavorum, secunda Karoli M. uxor, I, 58, 413. De liberis ex ea procreatis, 60, 61, not. 92; apud Theodonem Villam moritur, 188.
Hildericus, novissimus Francorum rex e gente Merovingorum, I, 8, 128.
Hildfridus presbyter, II, 210.
Hildibrandus comes, ad motus Hispanicæ marchæ componendos mittitur, I, 386.
Hildibrandus, dux Spolitanus, Karolum M. cum muneribus, apud Virziacum villam convenit, I, 174; Græcos in Calabria profligat, 208.
Hildigarius, Coloniensis archiepiscopus, in expeditione contra Saxones occidit, I, 128.
Hildigerus comes, testamento Karoli M. subscribit, I, 112.
Hilimarus, II, 350.
Hildoinus vel Hilduinus, abbas S. Dionysii, etc., ab Eugenio papa reliquias B. Stephani obtinet, I, 386; II, 188, 194, 198, 200, ablatas S. Marcellini reliquias Einhardo restituit, 220, 226, 228, 230, 234, 310, 380. — Hildoini presbyter. Vid. Hunus.
Hiltfridus presbyter, II, 230, 304.
Hiltrudis, Karoli et Fastradæ filia, Faræ monasterii abbatissa, I, 60, 124, 413.
Himiltrudis, Karoli M. concubina, I, 69, not.
Hirminarus, diaconus et notarius imperialis, II, 417.
Hispania, I, 10, 170, 234, 238, 252, 266, 272, 284, 286, 298, 304, 320; a Karolo invasa est, 30, 172; a Hludowico, 232, 280.
—Hispaniæ rex Abulaz, 290, 340.
—Hispanica marca, 344, 354, 386, 392, 394, 400; Hispanicus limes, 232, 380; Hispanici limitis custodes, 286.
Hispani, in marcha habitantes, I, 388.
Histria (l'Istrie), in imperio Karoli M. comprehensa, I, 48, 346.
Hl. pro Hlotharius. Vid. *infra*.
Hlidbeki (Lubbeke, en Prusse), I, 164.
Hlotharius vel Hlotarius, Hludowici imperatoris filius primogenitus, in Bajoariam a patre mittitur, 310; Aquisgrani, in conventu publico, imperii consors declaratus, 324, Irmingardim, Hugonis comitis filiam, apud Theodonis Villam in uxorem ducit, 346, 348; in Italiam cum Walacho et Gerungo missus, 354, Romæ a Paschale pontifice honorifice suscipitur, et ab eo apud S. Petrum coronam et imperatoris atque Augusti nomen accipit, 358, 360; mortuo Paschale, Romam, cum Eugenio novo pontifice tractaturus, jussu Hludowici, revertitur, 368; statum populi Romani, jam dudum depravatum, convenienter corrigit, 372; Italia regressus, patri suo apud Rumerici montem occurrit, 376 et II 78; ad Hispanicam marcham cum magnis copiis mittitur, I, 394; in Italiam dirigitur, 400; II, 2, 4, 78, 80, 82, 88, 90, 95 not., 96, 98, 128. Ab Einhardo instanter sollicitatur, ne in patrem suum rebellionem moveat, 54.
Hludowicus, Karoli M. et Hildegardis filius, rex Aquitaniæ constitutus, ab Adriano papa coronatur, I, 178; in Hispaniam ad Oscam obsidendam mittitur, 232; regressus, ad patrem apud Heristelli pergit, 234; ad Theodonis Villam, 262; in Aquitaniam remittitur, 264; in Hispa-

niam cum exercitu ingreditur, 280; Aquisgrani evocatus, in conventu generali, imperii consors a Karolo solemniter declaratur, 92, 302; accepto apud Tedoadum in Aquitania mortis Karoli nuncio, Aquisgranum venit, et imperator unanimo Francorum consensu declaratur, 308; testamentum patris sui summa devotione adimplendum curat, 112.—De rebus ad ejus regnum pertinentibus Vid. Annal. 308 ad 400. — II, 30, 32, 76, 332, 421, 425, 426, 429; Emeritanos in Abdirhaman rebellantes hortatur, et se eis auxiliaturum promittit, 66; Einhardo et Immæ ejus uxori Michelstadt et Mulinheim diplomate confert, 178, 274, 411 et seq., 415, 418; quædam capitula ei, mandante archangelo Gabriele, ab Einhardo transmissa, accipit, sed perpauca adimplenda curat, 278, 280, 385.

HLUDOWICUS, cognomine Germanicus, rex Bajoariæ, Hludowici imperatoris filius, partem exercitus in Britanniam ducendi a patre suo accipit, I, 368; ab Einhardo sollicitatur ut quoddam ipsi beneficium in Bajoaria situm conservet, II, 94. De somnio quod apud Franconofurt habuit, 385.

Hohbuoki castellum (Büchen dans le Lauenbourg), I, 288, 294.

HOHRICUS, filius Godefridi, regis Danorum, ad imperatorem Niumagum non venit, quamvis se hoc facturum promiserit, I, 390.

Hohseoburg castrum (Hoch-Seeburg, dans le comté de Mansfeld), I, 120.

Holdunsteti (Hollenstedt), I, 258.

Hornbach monasterium (en Bavière), II, 302, 387.

Hornung (*mois de boue, Février*), I, 92.

HRABANUS, Fuldensis abbas, ab Einhardo, pro Gundbarto, epistola sollicitatur, II, 26, 158, 170.

Hrenus (le Rhin), I, 46, 48, 50, 162, 172, 176, 182, 190, 196, 210, 226, 240, 264, 288, 338, 354, 356, 382, 398; II, 42, 202, 268, 370. — Pons super Hrenum apud Mogontiacum, a Karolo constructus, I, 54, fortuito incendio conflagrat, 96. — Fossa ad Hrenum cum Danubio jungendum incœpta, 222. — Loca quædam circa Hrenum, in Gallia et Germania, terræ motibus agitantur, 250. — Hrenus Alpinis imbribus auctus ultra solitum exundat, 316; solida glacie stringitur, 350.

Hringus (Hunorum regia quæ vocatur), a Francis spoliatur, I, 230.

Hriustri comitatus vel pagus (le pays ou comté de Rustringen dans la Frise orientale), I, 220, 382.

HRODGARIUS, diaconus, II, 426.

HROTBERTUS vel HRUOTBERTUS comes, II, 18, 32.

HRTOFRIDUS, Karoli M. notarius, I, 278.

HRUODGAUSUS, Forojulianus dux, res novas in Italia molitus, interficitur, I, 20, 166.

HRUODHAID, Karoli M. et concubinæ filia, I, 60.

HRUODLANDUS, Britannici limitis præfectus, apud Roscidam Vallem prælio interficitur, I, 32.

HRUODRADUS presbyter, II, 14.

HRUODRUD vel HRUODRUDIS, Karoli M. et Hildegardis filia, I, 60; Constantino Græcorum imperatori desponsata, 64; moritur, 286.

HRUODMUNDUS comes, ad filios Godofridi mittitur, I, 364.

HRUOTLOUGE, II, 34.

Huculbi (Hackléve, auj. Petershagen en Prusse), I, 190.

HUELPUS comes, pater Judith imperatricis, I, 332.

Huettagoe pagus (l'Huetgaw sur l'Emmer, dans la principauté de Schauenbourg-Lippe), I, 192.

HUGO comes, pater Irmingardis, Hlotharii uxoris, I, 348.

HUGUS, Karoli M. et Reginæ filius,

abbas S. Bertini et S. Quintini, I, 62, et 63 not., 414.

HUGUS, Turonicus comes, I, 292.

HUMBERTUS, canonicus Wirziburgensis, II, 10 et 11, not. 2.

HUNFRIDUS, Curiensis comes, I, 362.

HUNI seu AVARES, Bajoariis ab oriente contermini, cum Tassilone duce fœdus jungunt et grave in Francos octo annos bellum gerunt, I, 36, 40, 206; duobus exercitibus comparatis, uno marcham Forojuliensem, altero Bajoariam aggrediuntur, 206; ex utraque parte cum magna strage devicti, 208, ad Karolum legatos mittunt, 212; ab eo invaduntur, 214; undique profligati, 216, bellum adhuc sustinent, 220; legati a Thudun, uno ex eorum primoribus, ad Karolum mittuntur, 228; Hunis a Pippino fugatis, eorum regia, quæ dicitur Hringus, ex toto destructa et direpta, 230, ingentibus spoliis Francorum fortunam amplificat, 42 et 43 not.; ad Karolum legatos rursus mittunt, 234; infestationibus Slavorum a pristinis sedibus suis expulsi, locum ad habitandum, inter Sabariam et Carnuntum, sollicitant, 260; quem locum per Theodorum, kaganum suum, obtinent, 262; cujus successor suæ in Hunos auctoritatis confirmationem a Karolo petit, 262; ad controversias Hunorum et Sclavorum finiendas, exercitus a Karolo mittitur, 294. — Hunorum principes, Kaganus et Jugurrus, 182.

HUNNO servus, II, 26.

HUNOLDUS, Waifarii pater, dux Aquitaniæ, a Karlomanno et Pippino profligatur, I, 120; mortuo Waifario ipsius filio, bellum in Karolum reparare tentat, 16, 17 not., sed in Wasconiam confugere coactus, 18, 150, a Lupo, Wasconum duce, Karolo traditur, 18, 152.

HUNRICUS, abbas Manseensis, ad Tassilonem legatus, I, 200.

HUNUS vel Hildoini presbyter, ab Hildoino abbate, cum Einhardi ministris, ad comparandas S. Tiburtii reliquias, Romam mittitur, II, 182, 188, 194; eas obtinet, 196; reliquias S. Petri et Marcellini, cum Lunisone, Papiam deportat, 198; Augustam Suessionum contendit, 200; partem reliquiarum sancti Marcellini subripuisse dicitur, 224, 226, 228, 230.

HUNWALDUS, II, 346.

S. HYACINTHI, reliquæ, 362, 364, 373, 396.

I.

IBINALARABI (Ibn-al-Arabi) Sarracenus, ad Karolum apud Padiabrun venit, et ei se ac civitates, quibus a rege Saracenorum præfectus fuerat, dedit, I, 170; Karolo, exhortatione sua Cataloniam invadenti, dat obsides, 172.

IBIN-MAUGE (Abdoul-Rahman-Ben Moa'wyah), Sarracenorum in Hispania rex, I, 232.

Igulus, i. e. familiaris, II, 38.

IMBOLDUS mancipium, II, 424.

IMMA, Einhardi uxor, II, 52; de ejus morte, 134, 412, 413, 414, 415, 417. Vid prolegom., fronte prioris voluminis.

IMMO, Noviomensis episcopus, II, 143 et 144, not. 1

IMPERATOR, i. e. Hludowicus vel Hlotharius, II, 108, 116.

IMPERATRIX, i. e. Judith, altera Hludowici coujux, II, 70.

Ingelheim castrum, villa (Ingelheim dans le gr. duché de Hesse Darmstadt); ibi Karolus M., teste God. de Viterbio, nascitur, I, 15; palatium construit, 56, in quo hiemat et natalem Domini Paschaque celebrat, 204; ibidem Hludowicus legatos Leonis recipit, 324; conventum generalem tenet, 334, 380, 384, 394.

IRENE, Constantinopolitana imperatrix, I, 65 not. Vid. Herena.
IRMINGARDIS regina, prior Hludowici conjux, apud Andegavum moritur, I, 330.
IRMINGARDIS, Hugonis comitis filia, Hlotharii uxor, I, 348.
IRMINGARIUS, comes Emporitanus, in Majorica insula Mauris, de Corsica redeuntibus, insidias ponit et octo naves eorum capit, I, 304.
IRMINO, abbas S. Germani, testamento Karoli M. subscribit, I, 112.
IRMINSUL, Saxonum idolum, a Karolo evertitur, I, 156, 403, not. 1.
IRTHEO, Einhardi propinquus et vassalus, II, 104.
ISAAC judæus, ad regem Persarum a Karolo legatus, cum ingentibus muneribus, inter quæ elephantus, revertitur, I, 252, 254.
Italia, I, 132, 152, 154, 158, 160, 162, 166, 198, 234, 250, 252, 266, 270, 298, 302, 308, 326, 334, 338, 340, 342, 348, 352, 354, 360, 368, 376; II, 78, 80, 170. — Italia tota, ab Augusta Prætoria usque in Calabriam inferiorem, in imperio Karoli M. comprehensa erat, I, 48. — Italiæ claustra, i. e. montium clusæ, a Francis summo labore superata, 130. — Italiam Karolus M. ex monte Jovis et monte Cinisio aggreditur, 158. — Italiæ rex Pippinus, 64, 288; Bernhardus, 302, 310, 326. — Italiæ littora, 36. — Italicæ copiæ, 204, 230. — Italicum mare, 342.
ITHERIUS, unus ex Aquitaniæ primoribus, Pippino, pro obside, a Waifario datur, I, 138.

J.

JACOBUS episcopus, II, 8.
Jadera Dalmatiæ civitas (Zara), I, 264, 346. — Jaderæ dux, Paulus, 264.
JEREMIAS propheta, II, 110, 166.
JESSE, episcopus Ambianensis, testamento Karoli M. subscribit, I, 112; ad Herenam imperatricem legatus mittitur, 254.
JOB, II, 165.
S. JOHANNES seu JOANNES evangelista citat., II, 166.
JOHANNES, præfectus Dalmatiæ, I, 346.
JOHANNES, Arelatensis episcopus, testamento Karoli M. subscribit, I, 112.
JOHANNES, Silvæ Candidæ episcopus, Leonis papæ ad Hludowicum legatus, I, 314; Paschalis papæ, 362, 364.
JOHANNES monachus, I, 282.
S. Johannis Baptistæ basilica, vulgo Domnana, (S. Jean Baptiste-aux-Dames, à Pavie), ab Einhardo jure beneficiario possessa, II, 198.
JOHANNUS (sic) subdiaconus, II, 426.

JONAS, propheta, II, 108.
Jopila (Jupille dans la province de Liége), I, 136; II, 22.
JOSAPHAT citat., II, 44.
Jovis mons (auj. le Grand-Saint-Bernard), I, 158.
Jovis stella (Jupiter), I, 268.
Juburg mons (le mont Iburg en Hanovre), I, 128.
JUDÆI, II, 316.
JUDITH, filia Huelpi comitis, Hludowici imperatoris uxor, I, 334; II, 70 et 71, not. 1.
Jugurrus (l'Igur), titulus principi Hunorum inditus, I, 182.
Juliacus (Juliers), II, 314, 387.
JULIUS, summus pontifex, II, 410.
Junior; hoc cognomine Karolus, Franciæ orientalis rex, inter legitimos Karoli liberos primogenitus, habita paternæ ætatis ratione, designatur, I, 44 et 45, not.
JUPITER, paganorum deus, II, 400.
Justitiæ, i. e. præstatio, census, II, 90.
Juvavum metropolis (Salzburg), I, 106.

K.

Kaganus, Hunorum princeps (*le Chagan ou Kan des Huns*), I, 42, 132.

Karlomannus, filius Karoli, majoris domus, cum Pippino, fratre suo, paternam auctoritatem partitur, I, 10; quocum Grifonem, ipsorum fratrem natu minimum, Lauduni obsidet, et captivum in Novo Castello custodiri jubet, 118; in Aquitanos, Alamannos, Bajoarios, Saxones, vel cum fratre vel solus, progreditur, 120, 122; regni administratione relicta, se Romam confert, et monasterium S. Silvestri in monte Soracte construit, 10, 122; inde ad monasterium Cassinense recedit, 12, 124; in Galliam apud fratrem suum, sese petitionibus Stephani papæ interpositurus venit, 128; Viennæ moritur, 232.

Karlomannus, Pippini regis filius, Karoli Magni frater, I, 134, a Stephano papa, simul cum Pippino patre et Karolo fratre ipsius, unctione sacra consecratur, 130; in regni paterni divisione, partem cui patruus eorum Karlomannus præerat, obtinet; I, 12; in Suessona civitate insignia regni suscipit, 148; quamvis cum summa difficultate, concordiam cum fratre servat, 14; cum Bertrada matre sua apud Salusiam, pacis causa, colloquitur, 152; post administratum communiter biennio regnum, in villa Salmonciaco decedit, 14 et 15 not., 154; ejus uxor et liberi ad Desiderium, Langobardorum regem, confugiunt, 14.

Karolus (cognomine Martellus) majordomus, tyrannos per totam Franciam dominatum sibi vindicantes opprimit, et Sarracenos duobus magnis præliis, uno apud Pictavium, altero juxta Narbonam profligat, I, 10; decedit tres filios hæredes relinquens, Karlomannum, Pippinum et Grifonem, 118.

Karolus Magnus. — Ejus vita et conversatio, I, 2 ad 114; regni Annales, 150 ad 306. — Quo loco et tempore natus fuerit, 15 not. — Pippino patri succedit, 12; Rex cum Karlomanno, 150 ad 154, solus Francorum rex, 154 ad 248; Imperator, 248 ad 306. — De bellis ab eo gestis, 16 ad 46 et passim in Annalibus; de regibus et gentibus sibi per amicitiam conciliatis, 50 ad 54, et 238, 252, 276, 411; de operibus ab eo ad regni decus et commoditatem inchoatis, 54, 222; de ejus uxoribus et liberis, 58 ad 70, 413; de ejus figura et vestitu, 72, 74, 76; moribus domesticis, 78 et seq. — Vita decedit, 94, 308; ejus testamentum, 102; sepulcralis inscriptio, 96; Imperii limites, 46, 48, 150, 408 et seq.

Karolus, ætatis paternæ habita ratione, dictus *Junior*, sed legitimorum Karoli M. filiorum maximus natu, Franciæ orientalis rex, I, 64; Boemanicum et Linonicum bellum celeriter conficit, 44 et *infr*; in expeditione Saxonica Westfalorum fines occupat et Saxones equestri prælio in pago Draigni devincit, 192; Hreno apud Coloniam trajecto, ab oriente Saxoniam invadit, 226; pro componendis inter Wiltzos et Abodritos negotiis cum exercitu mittitur, 240; apud S. Mauritium Leonem papam honorifice suscipit, 258; in Sclavos Beheimos missus, patriam depopulatur, et, Bechone eorum duce occiso, bellum conficit, 262; Sclavos Sorabos subigit, et duo castella, unum super Salam, alterum juxta Albim ædificat, 266; in Godefridum, Danorum regem, cum valida

Francorum et Saxonum manu progreditur, 274; vita decedit, 296.

L.

Labicana via (la voie Labicane), II, 280.

Labores laborati, i. e. fruges collectæ, penus, II, 124.

LADASCLAVUS, Bornæ ducis nepos, dux Dalmatiæ et Liburniæ a Hludowico constituitur, I, 346.

LAIDRADUS, Lugdunensis archiepiscopus, testamento Karoli subscribit, I, 112.

S. *Lamberti* vel S. *Lantberti* in vico Leodico monasterium, I, 152; II, 266, 394; S. Lamberti familia, 352.

LANDOLPHUS clericus, II, 240.

Langenvirst, II, 419.

Langobardia, I, 178, 198, 260.

LANGOBARDI Romanam ecclesiam infestationibus vexant, I, 128; in eos Stephanus papa Pippini tutamen sollicitat, 128; Pippino Italiam invadenti, ad clusas montium, fortiter resistunt, 130; superantur, *ibid.*; Adrianum papam opprimunt, 158; sed a Karolo invasi, 18, 158, possessionibus, quas Romanæ ecclesiæ eripuerant, depelluntur, 22; et in ditionem Francorum veniunt, 160. — Langobardorum rex, Vid. Desiderius, Haistulfus, Pippinus.

LANTBERTUS comes, in Britannia Wihomarchum occidit, I, 376.

LANTFRIDUS, Karoli ad regem Persarum legatus, in itinere decedit, I, 252.

Lateranum, I, 240. — Lateranense patriarchium, I, 360.

Laudunum (Laon en Picardie) a Grifone occupatum, a Karlomanno et Pippino obsidetur, I, 118. — Laudunensis pagus, II, 334.

S. *Laurentii* ad Graticulam ecclesia, I, 240.

Lauresheym, *Lauresham*, *Laureshamense*, *Laureshamum* monasterium (le monastère de Lorsch, dans le gr.-duché de Hesse-Darmstadt), I, 162; ei Einhardus Michelstadt villam, annuente Imma, concedit, II, 414, 416, 417 — Laureshamensis abbas, vid. Adalungus.

LAURESHAMENSES, II, 418.

Lechus amnis (le Lech), Bajoarios ab Alamannis dividit, I, 36, 204.

Legia flumen (la Lys en Belgique), II, 342.

Lacus (le Lac), Galliæ Narbonensis villa, I, 11, not. gall.

Lensis villa, II, 124.

Lentzimanoth (*mois du printemps, Mars*), I, 92, 415.

LEO III summus pontifex, I, 67; defuncto Adriano, pontificatum suscipit et per legatos Karolum supplicat ut aliquem de suis optimatibus deleget ad fidem Romanam recipiendam, 228, 230; in insidias a Romanis juxta ecclesiam B. Laurentii dispositas incidit, 240; omnimodis injuriis affectus, oculis et lingua privatur, 86, 88, 240; ad Winigisum ducem Spolitinum confugit, 240; ad Karolum summo cum honore deducitur, 240; apud Nomentum imperatori occurrit, et Romam revertens eum maximo apparatu in ecclesia S. Petri recipit, 76, 246; de objectis sibi criminibus jurejurando sese purgat, 248; in Gallia Karolum visitat, 258; hujus peregrinationis causa, 260; Karoli testamento et partitionis imperii instrumentis, sibi ab Einhardo delatis, subscribit, 264; Ardulfum diaconum ad Eardulf, Nordanhumbrorum regem, in Britanniam reducendum cum legatis imperatoris mittit, 276; petente imperatore, concilium de processione S. Spiritus apud Romam celebrat, 282; libellum fœderis, inter Karolum et Michaelem, Constantinopolitanum imperatorem, initi, Græcis legatis in basilica S. Petri tradit, 298; quosdam de Romanorum primoribus in vitam suam conjurantes trucidari jubet, et legatos ad imperatorem, de his quæ sibi objiciebantur satisfacturos, mittit, 314; Romani in eum, ægritudine laborantem, rebellant, et prædia ab eo noviter exstructa, incendio cremant, 316; anno pontificatus sui vicesimo primo, vita decedit, 318.

Leo, Constantinopolitanus imperator, amicitiam a Karolo M. expetit et ei plurimas legationes, mittit, I, 52; Crumam Constantinopolim obsidentem repellit, 306; legatos mittit ad Hludowicum, 308; qui, vice sua, ad eum legat ob pacem renovandam et confirmandam, 310; Francis legatis descriptionem initi pacti tradit, 316; pro tractandis Dalmatarum negotiis ad Hludowicum legat, 320, 324; in ipso palatio, a Michaele domesticorum comite trucidatur, 346.

Leo, episcopus Centumcellensis, legatus papæ ad imperatorem, I, 380.

Leo nomenclator, legatus Paschalis papæ ad Hludowicum, I, 344; excæcatus, in patriarchio Lateranensi decollatur, 360.

Leo, filius Bardæ patricii, I, 304.

Leo, Herenæ imperatricis ad Karolum legatus, I, 254.

Leo, magister militum, Paschalis papæ ad Hludowicum legatus, I, 364.

Leo spatharius, natione Siculus, in patriam a legatis Hludowici reducitur, I, 292.

Leodicus vicus (Liége en Belgique), I, 252; II, 266.

Libellus Einhardi de cruce adoranda a Lupo laudatus, II, 168.

Liburnia, I, 42; in imperio Karoli M. partim comprehensa, 48, 242. — Liburniæ dux, Borna, 346.

Ligeris (la Loire), I, 46.

Liguria, I, 252.

Limovicæ oppidum (Limoges), I, 140.

Linones, ad Godofridum deficientes, a Karolo juniore profligantur, I, 274, 294. — Linonicum bellum celeriter a Karolo confectum, 44.

Liodoldus, II, 346.

Lippeham (Lippeheim, au confluent de la Lippe et du Rhin), I, 176, 190, 240, 288.

Lippia fluvius (la Lippe), I, 166, 168, 176, 182, 192.

Listina villa regis (les Estinnes dans le Hainaut), II, 334, 390.

Litteræ unciales, II, 173.

Liubus, rex Wiltzorum, prælio in Abodritos occiditur, I, 358.

Liudemhuslus, Bornæ ducis avunculus, Liudewitum apud se profugum dolo interficit, I, 360.

Liudewitus, dux Pannoniæ, apud Hludowicum Cadolaum, marchæ Forojuliensis præfectum, crudelitatis accusare conatur, I, 330; aliquot successibus elatus, pacem sub certis conditionibus petit, quibus negatis, vicinas gentes ad bellum sollicitat et in partes suas Timotianos trahit, 334; a Baldrico, Forojuliensi duce, juxta Dravum profligatus, Bornam Dalmatiæ ducem apud Colapium fluvium devincit, 334; et totam Dalmatiam vastat, 336; tribus exercitibus simul invasus, 338, se cum suis in quodam castello, super jugum montis sito, continet, 340; a Fortunato patriarcha Gradensi adjuvatur, 346; tota ejus regione vastata, 348, ad Sorabos confugit, 352; et uno ex ducibus eorum interfecto, ejus civitatem in ditionem suam redigit, missisque legatis, se ad imperatoris præsentiam venturum promittit, 354; relictis Sorabis, ad Dalmatiam pervenit et ibi a Liudemhuslo interficitur, 360.

Liudgarda vel Liutgarda, Karoli M. uxor, I, 60, apud Turonos moritur, 244.

Liutberga, Desiderii Langobardorum regis filia, Tassilonis con-

jux, hunc in Karolum excitat, I, 206.
LIUTHARDUS presbyter, II, 20.
Longlare (Glaire dans les Ardennes), I, 136.
LOTHARIUS Vid. HLOTHARIUS.
Luceria (Lucera ou Nocera delli Pagani, Roy. de Naples), I, 254.
Luccæ (Loches en Touraine), I, 120.
Ludinaca II, 34.
Ludovesdorf prædiolum juxta Aram, II, 234 384.
Lugdunum (Lyon), I, 106, 394.
LUNISO, frater Deusdonæ diaconi, ad transferendas SS. Marcellini et Petri reliquias operam confert, II, 192, 198, 222; partem dictarum reliquiarum a se subreptam et Hildoini abbatis presbytero traditam fuisse confitetur, 226, 228, 230.
LUPUS, Wasconum dux, Hunoldum Aquitaniæ ducem Karolo tradit et seipsum, cum provincia sua, dicti regis potestati permittit, I, 18, 150, 152.
LUPUS CENTULLI, Wasco, manibus cum Berengario Tolosæ et Warino Arverni comite consertis, devincitur, et ob rebellionem suam exilio temporali damnatur, I, 322.
LUPUS, postea Ferrariensis abbas, quatuor epistolas ad Einhardum scribit, II, 155 ad 173. — Epistola Einhardi ad eum de morte Immæ directa, 134.

M.

M., illustris dominus, II, 124.
MACHFLMUS, Bajoarius, ex parte Hludowici imperatoris ad Bulgarorum regem legatus, I, 366.
Magle villa (Machelen entre Gand et Courtray), II, 342, 391.
Majordomus Vid. Karolus.
Majorica insula (Majorque), I, 242, 304.
Makesbah monasterium, II, 24 et 25 not. 2, 214, 383.
Mamenhart mons, II, 418, 419.
Manegoldescella II, 419.
Manniacum fiscum (Meyn, dans la rég. de Coblentz, Prusse), II, 14 et 15, not. 2.
Mansuetudo, titulus regiis personis inditus, II, 56.
Mantua civitas (Mantoue); ibi sanguinem Christi repertum fuisse nunciatur I, 260.
S. MARCELLINI et S. PETRI corpora in Franciam translata, I, 392.—Hujus translationis Historia, II, 176-378. — De horum martyrum passione rhythmus, 397-408.— SS. Marcellini et Petri basilica seu monasterium, vid. passim in Historia translationis.
MARCHRADUS vicedominus, II, 28.
S. *Marci* evangelistæ titulus, i. e ecclesia, II, 364.
MARCUUARDUS, abbas Pruimensis, in Italiam legatus, II, 170.
MARETHRUDIS sanctimonialis, II, 290.
S. *Mariæ* monasterium, II, 36.
S. *Mariæ Argentoligensis* monasterium (Sainte-Marie d'Argenteuil près Paris), II, 424; basilica, 425; Abbatissa. Vid. Theoderada.
S. *Mariæ Compendiensis* abbatia, I, 109, not.
B. MARIUS martyr, II, 276, 385.
B. MARTHA, II, 276, 385.
Martianæ (Marchiennes sur la Scarpe), II, 145.
S. MARTINI missa, i. e. festum, II, 36. Festivitas, 426, 429.
S. MARTINI, Turonensis memoria, i. e. tumulus, I, 148; ecclesia, 244. — Juramentum præstitum a Tassilone super S. Martini corpus, 134.
S. *Martini* monasterium, II, 28.
S *Martini*, i. e. ecclesiæ metropolitanæ Moguntinensis capitulum, II, 130 et 131, not.
S. *Martini* ad duos Gemellos, monasterium (Saint-Martin-aux-Jumeaux, d'Amiens), II, 390.

INDEX GENERALIS. 457

B. Martini in villa Ostheim basilica, II, 214.
MARTYRES. Vid. MARCELLINUS et PETRUS.
Massilia (Marseille), I, 158.
MATHALGARDIS, Karoli M. concubina, I, 60.
Matricensis comes (comte de Madrie) Theotbertus, I, 354.
MATHEUS, evangelista citat., II, 163, 166, 167.
MAURI. Littora Narbonensis provinciæ, Septimaniæ, ac Italiæ usque ad Romam contra Maurorum incursiones a Karolo muniuntur, I, 56. Mauri Centumcellas, Etruriæ civitatem, capiunt et vastant, 58. — Septem Mauri captivi Karolo ab Hadefonso rege in donum mittuntur, 238. Signa Mauris prædonibus erepta, Karolo M. deferuntur, 242. — Appropinquante Pippini classe, a Corsica quam vastabant recedunt, 266; de Hispania egressi, primo Sardiniam, ubi profligantur, deinde in Corsicam, prædandi causa, veniunt, sed a Burchardo navali prælio devicti, tredecim naves amittunt, 272; Corsicam ingressi, quamdam civitatem diripiunt et habitatores ex ea captivos abducunt, 280; de tota Hispania maxima classe comparata, primo Sardiniæ deinde Corsicæ appellentes, hanc insulam pene totam subigunt, 286; Corsicam rursus vastant, 290; ad Hispaniam cum præda redeuntes, ab Irmingario comite ex inopinato invaduntur, et septem naves amittunt, 304; Ceritaniam et Vallensem quotidianis rapinis infestant, 388.
MAURINGUS, Brisciæ comes, I, 360.
Mauritania, I, 232.
S. Mauritius (Saint-Maurice, en Valais), I, 258; II, 200, 382.
S. Medardi basilica (Saint-Médard de Soissons), I, 386; II, 224, 226; monasterium, 230.
Mediolanum (Milan), I, 104. — Mediolanensis episcopus, Anshelmus, 328.

MEGINFRIDUS Karoli M. camerarius, in expeditione contra Hunos ab ipso Karolo directa, partem exercitus ducit, I, 214, 216.
MEGINFRIDUS, S. Servatii servus, ad sacros ordines promovendus, manumittitur, II, 419, 420.
MEGINHARDUS comes, testamento Karoli M. subscribit, I, 112.
MEGINHERUS comes, testamento Karoli M. subscribit, I, 112.
Meldradium monasterium (le monast. de Meldert en Brabant), II, 356, 395.
MELIGASTUS, filius Liubi regis Wiltzorum, cum Celeadrago fratre suo controversia de regno habita, ad Hludowicum venit, I, 358.
Memoria, i. e. tumulus S. Martini Turonensis, I, 148; S. Albani Mogontinensis, II, 372.
S. Memmii Catalaunense monasterium (Saint-Menge à Châlons-sur-Marne), II, 3, not.
Menses a Karolo M. denominati, I, 90. De horum nominum significatione, 414.
Mercurii stella, I, 268.
MEROVINGORUM gens, I, 6; — novissimorum indoles, 8.
Metæ (Metz), I, 262, 344; II, 60. — Metensis ecclesia, I, 360.
MICHAEL Curopalata, Constantinopolitanus imperator, Niciforii gener et successor, a Karolo M. amicitiam ultro expetens, I, 52, ad eum mittit, 298, et ab eo recipit legatos, 302; bello in Bulgaros haud prospere gesto, monachus efficitur, 304, 306; Leonem filium Bardæ patricii successorem habet, 308.
MICHAEL, cognomine Balbus, comes domesticorum, Leonem imperatorem trucidat et infulas imperiales suscipit, I, 346; ad Hludowicum legatos mittit, 370, 392.
MICHAEL, cognomento Ganglianos, Herenæ imperatricis apud Karolum M. legatus, I, 238.
MICHAEL, Siciliæ patricius, ad Karolum legatum mittit, I, 242.
MICHAEL episcopus, Niciforii, I,

256, Michaelis ad Karolum legatus, 298.

Michlinstadt vel *Michlinstat* (Michelstadt, dans le gr. duché de Hesse-Darmstadt), II, 198, huc reliquiæ SS. Marcellini et Petri primo adducuntur, 202, 250, 382; Einhardo et Imniæ ejus uxori a Hludowico concessum, 411, 412, ab eis Laureshamensi monasterio transmissum, 414, 415, in pago Plumgowe, situm erat, 418.

Midufulli (Mollenbeck sur la rive g. du Weser?), I, 176.

MILIDUOCH, Sclavorum dux, interficitur, I, 266.

Millinium villa (Mullen dans la Flandre orient.), II, 344, 392.

Minda super Wisuram (Minden, en Westphalie), I, 236 et 237, not.

Mimelingen (le village ou la rivière de Mumling), II, 419. Mimilingus fluvius, 415.

Ministerium, i. e. districtus jurisdictionis, II, 62, 90, 120.

Missa, i. e. festum S. Martini, II, 36; S. Bavonis, *ibid.*

Missaha fluvius (la Meissau, dans le duché de Brunswick), I, 124.

Minorica insula (Minorque), a Mauris diripitur I, 238.

Mœnus fluvius (le Mein), I, 212, 222, 224, 226, 384; II, 178, 202, 258.

Mœsia (la Mésie), I, 298, 306.

Mogontiacum, *Mogontiaca* metropolitana civitas (Mayence), I, 56, 106, 224, 226, 324, 382; II, 14, 151, 258, 372. — Ibi Karolus natalem Domini, I, 154; generalem conventum, 246; concilium celebrat, 302. — Pons super Hrenum apud Mogontiacum, I, 54 et 55 not, 96. — Mogontiacense suburbanum, 204. — Mogontiacensis archiepiscopus, Bonifacius, 130.

Mons Cinisius (le mont Cenis), I, 158.

Mons Jovis (auj. le Grand-Saint-Bernard), I, 158 et 159, not.

Montes (Monts, arrond. de Toulouse), I, 146.

Montis Oliveti abbas Georgius, I, 270; Dominicus, 380.

MORINGUS, comes Brixiæ, comes Spolitinus electus, statim moritur, I, 372.

MORMANUS, rex Brittonum, a Francis occiditur, I, 330.

Mosa vel *Mosaha* flumen (la Meuse), I, 266, 344; II, 348, 360, 419.

Mosanus pagus (le pays de Meuse), II, 322, 388.

Mosella (la Moselle), I, 172, 264.

Moynum flumen (le Mein), II, 413.

Moynecgowe pagus (le pays du Mein), II, 412.

MOYSES, II, 58.

Mulinheim vicus, in pago Moynecgowe, postea *Seligenstadt* (Séligenstadt dans le gr. duché de Hesse-Darmstadt); ibi Einhardus sacras Marcellini et Petri reliquias deponit et monasterium instituit, II, 64, 198, 236, 240, 244, 272. — Diploma quo Hludowicus hanc villam Einhardo contulerat, 411, 412; Mulinheim superior, 216, 413; inferior, 413.

Munera a marito uxori suæ collata, II, 104.

Munitat, II, 419.

N.

N., II, 122, 124.

N. episcopus, II, 86, 90, 100, 104, 106, 118.

N. abbas, II, 60, 82, 90, 102.

N. clericus, II, 106.

N. frater, II, 112.

N. presbyter, II, 88, 98.

N. comes, II, 62, 90, 112, 118, 120.

N. optimas, II, 88.

N. vicedominus, II, 98. — Einhardi vicedominus, 64.

N. pictor, II, 82.

N. domini Hl. conjux, II, 98.

N. Einhardi homo, II, 112.
N. Hlotharii fidelis, II, 94.
N. (nescio an Adalbardus), II, 146.
N., i. e. Einhardus, II, 60, 114, 118.
N., i. e. Frumoldus, II, 40.
N., i. e. M., II, 126.
NANTHARIUS, S. Audemari abbas, I, 278.
Narbona, I, 144. — Narbonensis provinciæ littora contra Maurorum incursiones muniuntur, 56.
NAUM propheta citat., II, 264
NAVARRI, I, 48; in fidem Karoli veniunt, 266.
S. NAZARIUS, II, 417.
S. *Nazarii* ecclesia, 162; monasterium, i. e. monasterium Laurishaimense, II, 284, 386, in pago Rhenense, 416.
NEAPOLITANI, ad Hludowicum legatos mittunt, I, 382.
Neccarus flumen (le Necker), II, 178.
Neptitas. De hac voce disputatio, II, 58, not. 3, 59, not. 1.
Nicæa civitas provinciæ Narbonensis (Nice, capit. du comté de Nice, Ét. Sardes), a Mauris vastatur, I, 304.
NICETAS patricius, præfectus Siciliæ, ad Karolum legatos mittit, I, 232; cum classe a Niciforo ad recuperandam Dalmatiam mittitur, 266; pace facta cum Pippino Constantinopolim regressus est, 272.
NICIFORUS, Constantinopolitanus imperator, deposita Herene imperatrice, infulas imperiales assequitur, et amicitiam a Karolo M. ultro expetens ad eum legatos mittit, I, 52, 256; Nicetam patricium cum classe ad recuperandam Dalmatiam mittit, 266; pace cum Karolo inita, Venetiam recuperat, 290; dimisso quem ad Karolum miserat legato, legatos dicti principis recipit de hac pace confirmanda, 292; post multas et insignes victorias in Mœsia, commisso cum Bulgaris prælio, occidit, 298, 306.

NICIFORUS, legatus Leonis Constantinopolitani imperatoris, ad Karolum de negotiis Dalmatarum tractandis, I, 320, 324.
NICOMACHUS, II, 171.
Nigra Silva, II, 409.
Ninivæ civitatis subversio a Jona prædicata, II, 108.
Nithagowe, *Nitensis* pagus (le Niedgau près de Francfort-sur-le-Mein), II, 284, 290, 302, 385.
NITHARDUS, filius Berthæ et Angilberti, I, 115 not.
Niumagus (Nimègue), I, 390. Vid. Noviomagum.
Nomentum (Lamentano, dans les États de l'Église, à 3 l. N.-E. de Rome), I, 246.
Nivernæ (Nevers), I, 140.
Nonantulæ monasterium (le monastère de Nonantola dans une île de la Muzza en Italie); abbas Petrus, I, 300; Ansfridus, 392.
NORDANHUMBRORUM rex, Ardulfus vel Eardulfus, I, 276, 280.
NORDBERTUS, Regiensis episcopus, a Hludowico ad Leonem imperatorem legatur, I, 310; descriptionem pacti initi refert, 314.
NORDBERTUS, II, 425, 426.
Nordostroni, i. e. Aquilo, I, 92, 415.
Nordroni, i. e. Septentrio, I, 92, 415.
Nordwestroni, i. e. Circius, I, 92, 415.
NORTMANNI, NORDMANNI sive DANI, primo piraticam exercentes, deinde majore classe littora Galliæ et Germaniæ vastantes, Karolum ad bellum provocant, I, 44, 56, 244; quasdam Frisiæ insulas deprædantur, 58; II, 110; Widokindum profugum recipiunt, 182, 186; Hiberniam aggressi, a Scottis profligantur, 300; ad pacem cum Karolo ineundam sexdecim e primoribus suis deputant, 302; incensis ab Harioldo eorum villulis, bellum renovant, 394, 398. — Nortmannorum reges, vid. Godofridus, Hemmingus, Harioldus, Reginfridus, Sigifridus —Vid. Dani et Sueones.
Nortmannia (le pays des Nortmans,

principalement le Jutland), I, 286, 342, 356, 364, 376. —Nortmannorum terra, 312; fines, 390. — Nortmannici limitis custos, Gluomi, 326.

Novesium (Neuss sur l'Erft, dans le gr. duché du Bas-Rhin), I, 398.

Noviomagus (Nimègue), I, 324, 374, 376; II, 324. — Ibi Karolus Pascha celebrat, I, 168, 264, 274; conventus generalis a Pippino habetur, 344, 348. — Palatium apud Noviomagum a Karolo M. constructum, I, 56.

Noviomum civitas (Noyon); ibi Karolus insignia regni suscipit, I, 148.

Novum castellum, prope Arduennam (Neufchâteau, dans le duché de Luxembourg), I, 118.

O.

Oceanus, I, 46, 50, 232, 312, 350; — gallicus, 244; — occidentalis, 38, 276.

Odanwaldus, Odonewalt saltus (l'Odenwald, dans le gr. duché de Hesse-Darmstadt)II,, 178, 202, 379, 412, 415.

ODBERTUS, forsan pro Nodbertus, II, 426.

ODILO, Bajoariorum dux, I, 118; a Pippino et Karlomanno profligatur, 120.

ODO, Karoli M legatus, castellum Hohbuoki super Albim Wiltzis reddit, I, 288

ODRIC subdiaconus, II, 426.

Olisipona civitas (Lisbonne), ab Hadefonso Galletiæ rege expugnatur, I, 238.

Oliveti montis abbas Georgius, I, 270; Dominicus, 380.

OMORTAG, Bulgarorum rex, ad Hludowicum legatos mittit, I, 366

Ora flumen (l'Ohre en Prusse), I, 178.

Organum hydraulicum a Georgio fabricatum, I, 382; II, 340.

Orgellæ civitas (Urgelle en Catalogne), I, 218. — Orgellarum episcopus, Felix, *ibid.*

Orheim (Orem-sur-l'Ocker, dans le Hanovre), I, 124, 178.

.....*oriam* forsan Bajoriam, II, 34, not. 1.

Oriens, I, 268.

ORIENTALES FRANCI Vid. FRANCI.

OROBIOTÆ (Græci qui vocantur), I, 280.

Ortona (Ortone, dans l'Abruzze-Citér.), in Karoli ditionem venit, I, 254.

Osca (Huesca en Aragon), a Hludowico, rege Aquitaniæ, obsessa, I, 232; Karolo ab Azan traditur, 242 — Oscæ præfectus Azan, 242; Amoroz, 284, 290.

OSFRED, cognomento Turdimulo; OSFRED, filius Heiligen; atque OSFRED de Sconaowe, tres e duodecim Danorum primoribus qui ad pacem cum Francis ineundam super Ægidoram convenerunt, I, 294

Osnengi mons (le mont Osneg en Westphalie), I, 28.

Ostarmanoth (*mois de páques, Avril*), I, 92, 415

Ostarsalt sinus (l'Ost see), I, 276.

OSTDAG comes, unus e duodecim primoribus Danorum super Ægidoram ad pacem congregatis, I, 294.

OSTFALI, in ditionem Karoli ultro venientes, obsides tradunt, I, 164, 176.

Ostheim villa, II, 214, 382.

Ostnordroni, i. e. Vulturnus, I, 92, 415.

Ostroniwint, i. e. Subsolanus, I, 92, 415.

Ostsundroni, i. e. Eurus, I, 92, 415.

OTBERTUS servus, II, 28.

OTGARIUS, Moguntinensis archiepiscopus, II, 6 et 7 not., 14, 130.

OTHULFUS comes, testamento Karoli M. subscribit, I, 112.

Ovacra seu *Ovacrum* flumen (l'Ocker dans le Hanovre), I, 124, 164, 176.

P.

Padrabrun vel *Padaburn* (Paderborn), I, 188, 240; ibi conventus generalis a Karolo celebratur, 168, 194; a Hludovico, 314.

Pagi: Albiensis, Aragowe, Bardengoo, Biturigum, Bucki, Cundensis vel Cundrusins, Draigni, Dubargawe, Frihsazi, Gavuldanus, Gennavensis, Hasbanius, Hassiorum, Hriustri, Huettagoe, Mosanus, Laudunensis, Moynecgowe, Nithagowe, Plumgowe, Portianus, Rhenensis, Ribuariensis, Rodanensis, Taxandria, Tornacensis, Vallensis, Wetareiba, Wormacensis

Palatinus mons, II, 194.

Pampelo vel *Pampilo*, oppidum Navarræ (Pampelune), I, 172, 372.

Pampilonenses, in fidem Karoli veniunt, I, 266.

Pannonia, Avarum vel Hunorum sedes, I, 220, 222, 228, 256, 356; Bulgarorum, 390; — Ab ipso Karolo semel, 40, 214, 216; a Pippino ejus filio, a comitibus vel ab ejus legatis multoties invasa, 40, 230, 294, 296, omni habitatore vacua efficitur, 42. — Utraque Pannonia in Karoli M. imperio comprehensa est, 48. — In hac regione bellum contra Liudewitum geritur, 334, 348, 352, 392. — Pannonia superior, 338, 340, 392. — Pannoniæ inferioris dux, Liudewitus, 330. — Pannonici limitis præfecti, Baldricus et Gerholdus, 382. — Pannonica expeditio, 344.

Papia vel *Ticenum* civitas (Pavie), 250, 360; II, 198, 200, 224. A Pippino rege, I, 130, 132, a Karolo M. obsessa, et expugnata, 20, 158, 160; ibi Karolus natalem Domini celebrat, 178.

Parisii (Paris); in hac urbe Pippinus moritur, I, 148; 246.

Paschalis papa, Stephani successor, a Hludowico per legatos rogat ut pactum cum præcessoribus suis initum secum confirmetur, I, 322; rursus imperatori legatos mittit, 344; Hlotharium Romæ honorifice suscipit, et eum apud S. Petrum corona et nomine Imperatoris et Augusti decorat, 360; mortis Theodori primicerii et Leonis nomenclatoris accusatur, 360; se de hujus facti communione, coram legatis imperatoris, jure jurando purificat, 362; moritur, 368.

Paschalis nomenclator, conjurationis in Leonem papam præparatæ princeps, exilio damnatur, I, 250.

Patelaria insula (Pantellaria, l'ancienne Cossyra, entre l'Afrique et la Sicile), I, 272.

B. Pauli apostoli basilica, apud Romam, terræ motu concussa, magna ex parte corruit, I, 250.

Paulus apostolus, II, 163; ejus epistola II ad Corinth. citata, 164, 165, 167; ad Philipp. IV, 168.

Paulus I papa, I, 109, not.; moritur, 146.

Paulus, dux classis Constantinopolitanæ, de pace inter Græcos et Francos constituenda apud Pippinum molitur, I, 278.

Paulus, dux Jaderæ, a Dalmatis ad Karolum M. legatur, I, 264.

Paulus, Cefalaniæ præfectus, cum classe Constantinopolitana littora Dalmatiæ protegit, I, 286.

Pentapolis (la Pentapole), a Pippino ad S. Petrum tradita, I, 132.

Persa de Oriente, legatus ab Aaron Persarum rege ad Karolum M., I, 252.

Persarum rex Aaron, I, 250, 252, 254, 266, 268.

Petingahem (Peteghem, sur l'Escaut), II, 144.

Petragoricum territorium (le Périgord), I, 148.

B. Petri ad vincula basilica, (S. Pierre-aux-Liens, a Rome), II, 186, 192.

B. Petri apud Romam basilica, I, 218, 246, 248, 298; a Karolo M. præ omnibus ecclesiis ditata et ornata, 86, ab eodem magnam partem thesauri Hunis erepti, 230, et mensam argenteam, descriptionem urbis Constantinopolitanæ continentem, ex ejus testamento accipit, 108. — S. Petri familia, i. e. servi, 362.

Petrocia castellum (Peyrusse en Rouergue), a Pippino expugnatur, I, 146.

PETRUS apostolus, I, 228; II, 397. — Petri et Pauli apostolorum vigilia, 336.

S. PETRUS, i. e. sedes apostolica, I, 132.

S. PETRUS, exorcista B. Marcellini socius, II, 194, 392, 397, 399, 400, 401, 402, 403, 404, 405. Vid. Marcellinus.

PETRUS Pisanus, diaconus, in discenda grammatica Karolum M. edocet, I, 82, 414.

Pferinga (Phoring en Bavière), I, 204.

Phaphenstein Einhardi, I, 419.

PHILO citat., II, 44, 166.

Pictavium civitas in Aquitania (Poitiers), I, 10. Vetus Pictavium, 120; ibi Pippinus et Karlomannus regnum inter se dividunt, *ibid.* — Pictaviensis comes, Richowinus, 310.

PIPPINUS major domus, Karoli Martelli pater, I, 10.

PIPPINUS, Karoli Martelli filius, majoris domus magistratum ab avo et patre transmissum, unacum fratre suo Karlomanno primum exercet, I, 10; per auctoritatem Romani pontificis rex constituitur, 12; Parisius moritur, 12 et 13 not. De Bello quod in Langobardos, supplicante Stephano papa, suscepit, 18, 20. Ejus regni Annales, 116 ad 150. — De sacramento fidelitatis ei a Tassilone præstito, 180. — Regni limites, 46. — De libris ad eum a Paulo papa directis, 109 not.

PIPPINUS, Pippini regis filius, tertio post nativitatem suam anno decedit, I, 136.

PIPPINUS, Karoli M. et Hildegardis filius, rex Italiæ, I, 40, 60, 64, 413; Romæ ab Adriano papa unctus et baptizatus, rex in Langobardia constituitur, 178; cum Italicis copiis per Tredentinam vallem contra Tassilonem progreditur, 204; Hunis trans Tizam fugatis, eorum Hringum occupat et ingentia spolia ad Imperatorem Aquisgranum defert, 230; ad patrem, Heristelli in Saxonia, mandatus venit, 234; terram Beneventanorum ingreditur, 246, 250; ad patrem ad Theodonis Villam venit, 262; in Italiam regreditur, 264; in Mauros Corsicam vastantes classem mittit, 266; cum Niceta patricio, 272, cum Paulo, 278, de pace inter Francos et Græcos constituenda tractat; Venetia subacta, classem ad Dalmatiæ littora vastanda mittit, 286; vita decedit, 288.

PIPPINUS Gibbosus, Karoli M. et concubinæ filius, in patrem conjurationem habet; qua deprehensa, in cœnobio Prumia detonsus est, I, 68, 70, 220; moritur, 297, not.

PIPPINUS, Hludowici Pii filius, rex Aquitaniæ, in Aquitaniam a patre mittitur, I, 310; Wasconiam ingressus, hanc provinciam pacat, 336; filiam Theotberti Matricensis comitis in conjugium accepta, in Aquitaniam regreditur, 354; in Britannica expeditione, parti exercitus a Hludowico præficitur, 368; cum optimatibus suis ad imperatorem Aquasgrani jussus venit, de occidentalibus partibus contra Sarracenos tuendis tractaturus, 380; in Abumarvan Sarracenorum ducem missus, res minus prospere agit, 388; cum Hlothario fratre suo apud Lugdunum colloquitur, et Sarracenis ad marcham venire nolentibus, in Aquitaniam redit, 394. — Epistola ad eum, ut videtur, directa, II, 153.

Pisæ (Pise), I, 250.

INDEX GENERALIS.

Piscium pars (*le signe des Poissons*), I, 268.
Plumgowe pagus (le pays de Plumheim, dans le gr. duché de Hesse-Darmstadt), II, 415.
Ponticuli villa, II, 336.
Poppo comes, II, 12, 20, 112.
Portellum (Portel), in Gallia Narbonensi, I, 11, not.
Portianus pagus (le pays Porcien), II, 216, 248, 383.
Portus, II, 202, 382.
Portus Veneris (Porto-Venere sur la côte de Gênes), I, 254.
Prædenecenti Abodriti, ad Hludowicum legatos mittunt, I, 356, 370, 372.
Prosperus, II, 296.
S. Protus, II, 362, 364, 370, 396.
Prumia cœnobium (le monast. de Prum), I, 68.
Psalmi citat., II, 165, 167.
Pyrinæus mons, Pyrinæi montes, Pyrinæi jugum, I, 218, 284, 318.
— Pyrinæi a Karolo superati, 30, 172; usque ad Hiberum in Imperio Karoli M. comprehensi sunt, 48. — In Pyrinæi jugo Franci a Wasconibus profligantur, 32, 172, 372.

Q.

Quirinus, subdiaconus, a Paschale papa, I, 364, ab Eugenio, 368; primicerius, a Gregorio papa ad Hludowicum legatur, 394.

R.

R., Einhardi amicus, II, 100.
Rabangarius, II, 417.
Radantia fluvius (le Rednitz), I, 222.
Radbertus, missus imperatoris, de Oriente reversus, moritur, I, 268.
Radolfus comes, Fastradæ reginæ pater, I, 90.
Ramburga, II, 346.
Ratlficus, Einhardi notarius, ab Einhardo Romam ad acquirendas reliquias mittitur, II, 180; reliquias SS. Marcellini et Petri multo labore obtentas, Roma in Franciam apud Michelstadt apportat; vid. Historiam translationis harum reliquiarum, II, 180 ad 206; ab Einhardo mandatus de subductis, ab Huno et Lunisone S. Marcellini reliquiis interrogatur, 226, 230; ad Einhardum libellum a Gabriele archangelo Alberico dictatum et imperatori transmittendum defert, 276, 278, 282. — Post Einhardum abbas Seligenstadtiensis efficitur, 51, not.
Ravenna, metropolitana civitas, I, 82, 104, 132, 246, 250, 260.
— Ravennatis ecclesiæ episcopio mensa argentea, Romanæ urbis effigie decorata, Karoli M. testamento legatur, 110.
Redonæ civitas (Rennes, en Bretagne), I, 368.
Reganesburg civitas (Ratisbonne), I, 216. Vid. Reginum.
Regenmundus presbyter, II, 426.
Regiensis episcopus, (évêque de Reggio) Nordbertus, I, 310.
Regina, i. e. Judith, Hludovici uxor, II, 72; cingulum suum SS. martyribus Marcellino et Petro offert, 236.
Regina, Karoli M. concubina, I, 62.
Reginfridus, Danorum rex unacum fratre suo Herioldo constituitur, I, 298; ad Karolum legatos mittit, 300; in victores Godefridi filios bellum renovat et prælio interficitur, 310.
Rfginhardus Benhardi, regis Italiæ, camerarius, et ejus rebellionis socius, I, 326.
Reginharius, comitis Meginharii filius, Bernhardi rebellionis socius, I, 326
Reginoldus, Godefridi nepos, in obsidione cujusdam oppidi interficitur, I, 274.
Reginum, Bajoariæ civitas (Ratis-

bonne), I, 216, 218. — Reginensis episcopus, Sindbertus, 180.
Remi vel *Remorum* civitas (Reims), I, 106, 258, 302, 318; II, 312.
—Remorum archiepiscopus, Ebo, I, 364.
Reric, in Oceani littore emporium (Rorich, près de Wismar), I, 276, 28j.
Rex, i. e. Hludowicus, Ludovesdorf prædiolum SS. martyribus offert, II, 234.
Rhenensis pagus, II, 415.
Ribuariensis pagus vel *Ripuaria* (le pays des Ripuaires), I, 184; II, 318, 387. — Ribuariorum fines, 370; lex, I, 89.
Ricberta, II, 344.
S. *Richarii* monasterium (S. Riquier en Ponthieu), I, 244. — Angilbertus abbas, 230.
Richgeressneitten, II, 419.
Richolfus diaconus, ad Tassilonem a Karolo legatur, I, 180.
Richowinus vel Richwinus, Pictaviensis comes, testamento Karoli M. subscribit, I, 112; a Hludowico ad Leonem Græcorum imperatorem, pro fœdere confirmando, mittitur, I, 310.
Ricolfus vel Riculfus, episcopus Moguntinensis, testamento Karoli M. subscribit, I, 110; ecclesiam S. Albani construxerat, II, 372.
Rimi super Wisuram (Rehme, reg. de Minden, Prusse), I, 128, 129, not., 192.
Rimistainus, Waifarii, Aquitaniæ ducis, avunculus, a Pippino capitur, I, 146.
Rinhadus presbyter, II, 426.
Rocculfus comes, testamento Karoli M subscribit, I, 112.
Rodaninsis vel *Rodininsis* pagus (le pays, plus tard marq. de Rhodes en Belgique), II, 428.
Rodeltrudis, II, 334.
Roma, I, 76, 82, 88, 104, 122, 126, 158, 160, 178, 198, 200, 202, 218, 228, 240, 242, 246, 248, 250, 256, 260, 276, 280, 282, 292, 298, 314, 316, 318, 322, 360, 362, 368, 370, 372, 386,
390, 392, 398; II, 14, 180, 184, 186, 194, 198, 200, 222, 226, 228, 246, 250, 254, 256, 278, 332, 364, 374.
Romana ecclesia, I, 128, 130, 132, 224, 348, 380; lex, 248.
Romanus Pontifex, i. e. Stephanus, I, 130, Leo, 276, Paschalis, 344, 364, 368, Eugenius, 370.
Romani, Romanus populus, Francorum potentiam suspectam habent, I, 54; de sancta Trinitate et Sanctorum imaginibus cum Græcis disputant, 144; a Langobardis vexantur, 158; Karolum a Leone papa coronatum, Romanum imperatorem proclamant, 248; in Leonem papam rebellant et eum multis injuriis afficiunt, 86, 316; rem cum Sclavis dirimendam habent, 320; eorum status a Hlothario reformatur, 322; diaconum Valentinum papam eligunt, 390; II, 190; — Romani imperatores, I, 88; Romanorum primores, 314.
Rorigo, Cenomanensis comes, I, 65.
Roscida vallis (Roncevaux), I, 33.
Roselmus, Teate civitatis præfectus, a Francis comprehenditur, I, 252.
Rota civitas (Rose, en Catalogne), ab Aizone destructa est, I, 384.
Rothildis, Karoli M. et Mathalgardis filia, monasterii de Fara abbatissa, I, 60 et 61, not.
Rotomagus (Rouen), metropolitana civitas, I, 106, 244, 330, 370; — ibi Pippinus pascha celebrat, 148; huc Bera, Barcinonæ comes, exilio deportatur, 388.
Rumerici vel *Rumerici Montis* castellum (Remiremont, dans les Vosges), I, 262, 344, 376.
Rumoaldus vel Rumoldus, filius Aragisi Beneventanorum ducis, a patre ad Karolum M. cum magnis muneribus mittitur, I, 34, 198.
Ruodlandus, Einhardi puer, II, 208.
Ruodlang sanctimonialis, II, 214.

S.

Sabaria (Sarwar, en Hongrie), I, 216, 260.
SABBATINUS, II, 364.
S. *Sabinæ* tituli Eugenius archipresbyter, I, 368.
Sala fluvius (la Sale), Thuringos et Sorabos dividit, I, 48, 182, 192, 212, 256; super hoc flumine Karolus castellum in Sorabos construit, 266.
Salernum maritima civitas (Salerne, dans le roy. de Naples), I, 200.
Salica lex, a Karolo M. emendata, I, 89.
SALIGA Deo sacrata, II, 360.
Salmonciacum villa (Samoucy, en Laonnais); ibi Pippinus natalem Domini celebrat, I, 144; Karlomannus moritur, 154.
SALOMONIS sentent. citat., II, 102; proverb., 164.
Salusia (Selz, en Alsace), I, 152.
S. *Salvatoris* altare, II, 352.
S. *Salvii* monasterium vel basilica in vico Valentianis (S. Sauve de Valenciennes); huc reliquiæ SS. Marcellini et Petri ab Einhardo missæ sunt,et ibi plurima miracula patrata, II, 328, 330, 332, 334, — 336. S. Salvii abbas Georgius, I, 382; II, 328, 334, 340, 390; festivitas, 334.
Salz vel *Saltz* juxta Salam, palatium (auj. Königshofen, en Bavière), I, 212, 256, 382.
Salzburg, i. e. Juvavum, I, 106.
Samnium provincia, I, 12, 124.
Santonica civitas (Saintes), I, 146, 148.
SARDI Mauros cum magna strage profligant, I, 272, 300, 304; ad Hludowicum legatos cum muneribus mittunt, 314.
Sardinia (la Sardaigne), I, 342, 396; a Mauris invasa, 272, 286, 298, 300, 304.
SARRACENI, I, 380; Galliam occupare tentantes a Karolo Martello duobus magnis præliis debellantur, 10; quidam Sarraceni de Hispania ad Padrabrun veniunt et se, cum Ibn-al-Arabi eorum duce, ad Karolum dedunt, 170; Karolo Hispaniam intranti obsides dant, 172. Sarraceni Barcinonam civitatem alternatim cum Francis occupant, 232; qua civitate a Francis capta, complures comprehenduntur, 252; ab eis Navarri et Pampilonenses deficiunt, 266; Haimricum comitem e captivitate emittunt, 290; assiduis incursionibus Hispanici limitis custodes fatigant, et, cum Mauris et Wascombus, Ceritaniam et Vallensem depopulantur, 388; Hlothario ad marcham Hispanicam, cum magnis copiis, directo, ad eum venire aut timent aut nolunt, 394. — Sarracenorum rex Aaron, 288; Abulaz, 300, 314, 320; Abdirachman, 384, 388.
SATANAS, II, 163; Satanæ satelles, 284; satellites, 406.
SAXONES, natura feroces et cultui dæmonum dediti, I, 22, 23 not., 403; Francis pene ubique in plano contigui, 24; Hassis contermini, 160; a Slavis Albia flumine divisi, 178; antiqui Francorum hostes, 23 not., a Karlomanno invaduntur, 120; a Karlomanno et Pippino, 122; Grifoni in fratres suos rebellanti auxiliantur, 124; a Pippino profligantur, 128; pluribus præliis ab eo devicti, 134; in ejus ditionem veniunt et se annis singulis, honoris causa, ad generalem conventum Francorum equos ccc daturos promittunt, 136; continuis infestationibus Karolum ad bellum in ipsos renovandum cogunt, quod per continuos triginta tres annos variis successibus sustinent, 24, 26, 156, 160, 162, 164, 166, 168, 174, 176; a Widokindo excitati bellum renovant, 182, Francos que apud montem Suntal profligant, 184. Saxones quatuor

millia et quingenti in locoFerdi super Alaram, una die, decollantur, 186, 188, 192, 194; aliquot annos quiescunt, 196; cum Francis orientalibus in Bajoarios progrediuntur, 204; in expeditione contra Wilzos signa Karoli velut auxiliares, inviti tamen, sequuntur, 38; expeditionis contra Hunos sunt participes, 216; a Francis deficiunt, 222; sine prælio, ad ditionem Karoli, datis obsidibus, redeunt, 226, 228, 234; omnes Saxones, qui trans Albiam et in Wihmuodi habitabant, cum mulieribus et infantibus, in Franciam translati, per Galliam et Germaniam multimoda divisione distribuuntur, 26, 258. Saxonum valida manus in Godefridum sub Karolo, Karoli M. filio, mittitur, 274; cum Thrasicone, Abodritorum duce, agros Wiltzorum igne et ferro vastant, 282; jubente Hludowico, cum Abodritis Nortmannorum terram invadunt, 312; in Sorabos, cum Francis Orientalibus, progrediuntur, 316; in Sclaomirum Abodritorum regem, 332; trans Albim in loco Delbende castrum in Sclavos ædificant, 354. — Saxones Angrarii, 164; orientales, 288; Saxones de Nordliudis, 242; Ostfali, 164; Saxones Transalbiani, 234, 236, 254; Westfali, 166, 188. — Saxonici vel Saxoniæ comites, 284, 312, 394; præfecti, 332. — Saxonum exercitus, 124; leges, 89, not.

Saxonia, I, 98, 124, 184, 210, 234, 258, 276, 288, 312, 314, 340, 350, 356. — A Karlommano 120, a Karlommano et Pippino, 122, a Pippino, 128, 134, a Karolo invasa et multoties vastata, 156, 162, 168, 170, 176, 182, 186, 188, 190, 192, 226, 230, 232, 236, 240, 254. — In imperio Karoli M. comprehensa, 48. — A Godefrido, Nortmannorum rege, appetita, 46, 274. — In pago Frihsazi in Saxonia XXIII villæ cœlesti igne concrematæ sunt, et fulgura sereno atque interdiu de cœlo cadunt, 366. — Orientalis, 352; Transalbiana, 326, 398.

Scahningi (Schoningen, dans le duché de Brunswick), I, 192.

Scaldis vel *Scaldia* fluvius (l'Escaut), I, 254, 296; II, 202, 342, 348.

Schlachtvorderberg (auj. die Clus, dans le Hanovre), I, 29, not.

Schaltheim villa, juxta ostium Scaldis in Frisia maritima, II, 348, 393.

SCLAOMIR, Abodritorum rex, a Francis deficit, I, 324; Aquisgrani adductus et multis criminibus a primoribus populi sui accusatus, exilio damnatur, 332; sed, Cealadrago ejus æmulo perfidiæ notato, in patriam remittitur, 350.

SCLAVI, littus australe maris Baltici incolunt, I, 40, ulteriorem Albiæ ripam, 178; in Saxones Karolo inserviunt, 228; infestationibus suis Hunos ad pristinas sedes relinquendas cogunt, 260; in eorum incursiones duo castella super Albim a Francis construuntur, 278; exercitus ad controversias inter Sclavos et Hunos finiendas mittitur, 294; eorum duces Aquisgrani ad imperatorem jussi veniunt, 296; ad Hludowicum legatos mittunt, 314, 320, 354; a Bulgaris profligantur, qui super eos Bulgaricos rectores constituunt, 390. — Sub eodem nomine, Sorabi et Wiltzi seu Welatabi designantur, quos videsis. — Sclavorum dux, 260; Becho, 266; primores, 222. — Castella, 274; regiones, 380; terra, 262, 266.

Scoralia castellum (Scorailles ou Escorailles, en Auvergne), I, 146.

Scotia major (l'Irlande), I, 301, not.

SCOTTORUM reges, I, 50. — Hibernia Scottorum insula, 300. — Fossæ Scottorum monasterium, II, 358.

S. vel B. SEBASTIANI reliquiæ Hildoino abbati ab Eugenio

INDEX GENERALIS. 467

papæ concessæ, apud Suessonam, in basilica S. Medardi collocantur et plurima miracula efficiunt, I, 386; II, 180, 224, 379.

Sedunensis episcopus (l'évêque de Sion en Valais), Wilharius, I, 154.

Seligenstadt, i. e. urbs sancta, urbs beatorum; nomen villæ Mulinheim, post translatas illuc martyrum reliquias et conditum suum monasterium, ab Einhardo inditum (Séligenstadt, dans le gr.-duché de Hesse-Darmstadt), II, 65, not., 198 (vid. Mulinheim). — Seligenstadtienses fratres, 114.

Sels castellum (Selles en Berry), I, 148.

Senones metropolis (Sens), I, 106. — Senonica ecclesia, II, 173. — Senonensis clerus, 173.

Septimania, a Sarracenis invasa, I, 222. — Septimaniæ littora contra Maurorum incursiones a Karolo M. munita, 56.

Septuaginta interpretes, II, 164.

S. *Sepulchri* claves a Jerosolymitano patriarcha ad Karolum M. missæ, I, 248.

Sequana (la Seine), I, 244, 342; solida glacie stringitur, 350.

SERGIUS, bibliothecarius, a Paschali papa ad Hludowicum legatur, I, 364.

SERGIUS dux, Leonis papæ ad Hludowicum legatus, I, 314.

S. *Servatii* monasterium (Saint-Servais de Maestricht), II, 10, 52; SS. martyrum reliquiæ ad hoc monasterium ab Einhardo mittuntur; miracula ibidem patrata, 348, 419, 421. — Abbas Einhardus, 419; — basilica, 350, 358, 360; — familia, 354.

SERVII nomina græca ut elucidentur Einhardo proposita, II, 173.

Servus qui liberam mulierem, II, 4; qui conservam suam, non concedente domino, in matrimonium ducit, 26. — Servus ad limina SS. Marcellini et Petri pro homicidio confugiens, 36. — Servi ad dicta limina pro homicidio, ab eorum fratre patrato, confugientes, 28. — Servus, ad sacros ordines promovendus, manumittatur, 420; manumissione civis romanus declaratus, 420, 421.

Sicilia, I, 232, 292. — Siciliæ præfectus, Theodorus, I, 208; procurator, Nicetas, 232.

Sigeanni stagnum (l'étang de Sigean près Narbonne), I, 11, not.

SIGEBERTUS clericus, II, 426.

Sigiburgum Saxonicum castrum, a Karolo occupatur, I, 162, 166.

SIGIFRIDUS, Danorum rex, Widokindum profugum excipit, I, 170; ad Karolum legatos mittit, 182, 236.

SIGIFRIDUS, Godefridi nepos, cum Anulone de regno certat et commisso prælio moritur, I, 296.

SIGISMUNDUS, Karoli M. ad Aaron Persarum regem legatus, in itinere decedit, I, 252.

SIGIWINUS, Wasconum dux, propter insolentiam suam munere depellitur, I, 318.

Signa fluviolus (la Sieg?), II, 150, 152.

SIGO, Beneventanorum dux, de morte Grimoaldi, antecessoris sui, sese apud Hludowicum per legatos excusat, I, 330.

Silli super Mosam (Selle sur la Meuse près de Dinant), I, 266.

Silvæ Candidæ (Blanche Selve) episcopus, Johannes, I, 314, 364.

B. *Silvestri* in monte Soracte ecclesia, I, 10; monasterium a Karlomanno constructum, 10, 122.

Sinciacus villa regia (Zinsich en Prusse, prov. Rhénane), II, 268, 384.

SINDBERTUS, Reginensis episcopus, obsides a Tassilone datos ad Karolum adducit, I, 180.

Sinlendi (Flensborg dans le Jutland?), I, 312 et 313, not.

Sinotfeld campus (la plaine de Sentfeld, dans la régence de Minden, Prusse), I, 226.

Siscia civitas (Sisseg en Croatie), I, 352.

SISSINIUS, frater Tarasii Constantinopolitani episcopi, I, 238.

S. *Sixti Remensis* monasterium, II, 3, not.

Skalningi (Schoeningen sur la Meissau, Brunswick), I, 124, 192.

Skidroburg castrum (Scheider sur l'Emmer, princip. de Schauenbourg-Lippe), I, 192.

Sliesthorp portus (Schleswig en Danemarck), I, 258, 276.

SMELDINGI, a Karolo juniore profligantur, I, 274; a Thrasicone Abodritorum duce, 282.

Solodurum Burgundionum oppidum (Soleure), II, 202.

SORABI Sclavi, a Thuringis, Sala interfluente, divisi, I, 48; campos inter Albim et Salam incolebant, 182, 266, 411; orientali Saxoniæ contigui, 352; Dalmatiæ magnam partem obtinent, 352. — Fines Thuringorum et Saxonum vastant, 182; exercitus, in eos a Karolo M. missus, rebellione Saxonum interceptus est, 182, 184; a Karolo juniore profligati, et, amisso Miliduoch duce suo, domiti, 266; in ditionem Karoli M. armis veniunt, 50; rebellant, sed Saxonibus et Francis orientalibus in eos missis, subjectionem promittunt, 316, 818; ad eos confugit Liudewitus, 352, 354, 360; ad Hludowicum legatos mittunt, 356.

Soractes mons, I, 10, 122.

Spoletium (Spolete), I, 240, 250, 372. — Spoletii vel Spolitanus comes, Winigisus, 254; dux, Hildibrandus, 174, 208, Suppo, 368, Winigisus, 240, 316, 352.

STEPHANUS II papa, Hildericum Merovingorum novissimum regem deponi et in monasterium trudi jubet, I, 6; ad Pippinum apud Carisiacum venit, eum supplicans ut se et ecclesiam Romanam contra Langobardos defendat, 18, 128; Pippinum et duos ejus filios Karolum et Karlomannum sacra unctione consecrat, 130; Haistulfo devicto, Romam cum valida Francorum manu regreditur, 132; vita decedit, 156

STEPHANUS IV papa, Leonis successor, in Galliam ad Illudowicum venit, et eum apud Remos solemniter coronat, I, 318; tertio postquam Romam redierit mense, moritur, 322.

STEPHANUS comes, testamento Karoli M. subscribit, I, 112.

Sturia flumen (la Stoer dans le Holstein), I, 284, 326.

SUAVORUM gens (les Suèves, anciens habitants de la Souabe), I, 58

Suentana (Schwan sur la Warno, dans le Mecklenbourg-Schwerin), I, 236.

SUEONES (les Suédois), cum Danis communi Nortmannorum appellatione designati, I, 40, 304.

Suessona civitas (Soissons), I, 128, 148, 386. Vid. *Augusta Suessonum.*

Sundostroni, i. e. Euroauster, I, 92, 415.

Sundroni, i. e. Auster, I, 92, 415.

Sundwestroni, i. e. Austroafricus, I, 92, 415.

Suntal mons (der Sundel, dans la Hesse électorale); ibi Franci a Saxonibus cum magna strage profligantur, I, 184.

Suntiligua villa in pago Nithagowe (Suntling dans le grand-duché de Nassau), II, 302, 387.

Strasburg (Argentoratum), II, 202.

SUOMI unus e duodecim Danorum primoribus, ad pacem cum Francis jurandam deputatis, I, 294.

SUPPO, Brixiæ civitatis comes, recedente Winigiso, dux Spoletinus instituitur, I, 352; moritur, 368; Adalhardum successorem habet, 372.

SWANAHILDIS neptis Odilonis, Bajoariorum ducis, Grifonis mater, eum in fratres suos Pippinum et Karlomannum incitat, I, 118.

SWITHGERUS, Grifoni auxiliatur, I, 124.

Synodus de Trinitate et Sanctorum imaginibus apud Gentiliacum villam celebrata, I, 144; Constantinopolitana, 224; ad deponendos episcopos, conjurationis Bernardi, Italiæ regis, socios habita, 328.

Syria, I, 84.

T.

T. Imperatoris fidelis, II, 32.

Tarasius Constantinopolitanus episcopus, I, 238.

Tarvisianus portus (le port de Trévise), I, 266.

Tassilo, Bajoariæ dux, a Grifone ducatu suo spoliatur, I, 124; in eo restituitur a Pippino, 126 ; in conventu publico, apud Compendium, se in manibus Pippini commendat, 134; in expeditione Aquitanica Pippinum deserit, 142; receptis Karoli et Adriani papæ legatis, ad fidem regis apud Wormaciam venit et petitos obsides tradit, 180; ab uxore sua, Desiderii filia, excitatus, secreto cum Hunis fœdus jungit, 36, 208; attamen legatos ad Adrianum papam mittit, velut de pace constituenda, 200; Karolo, Bajoariam cum ingenti exercitu ingredienti, se permittit et dat obsides, inter quos filium suum Theodonem, 38, 204; ab ipsis Bajoariis in conventu apud Ingelheim congregato accusatus, 204; mortis damnatur, sed clementia regis liberatus, monasticæ conversationi mancipatus est, 206. — De rebus ab eo gestis compendium, 404 et seq.

Taxandria vel *Texandria* pagus (la Campine, dans la prov. de Liége, Belgique), II, 346, 392.

Teate civitas (Chieti cap. de l'Abruzze cit.), I, 252.

Tedoadum vel *Tedoad* villa (Doué en Anjou), I, 308.

Teutnundus clericus, II, 426.

Thancolfus sacellarius, I, 382.

Tharsatica civitas in Liburnia (Tersatz dans l'Istrie), I, 42, 242.

Thegenlandus presbyter, II, 426.

Theoctistus Nicetæ patricii legatus, I, 232.

Theodelindis, II, 381.

Theoderada vel Theodrada, Karoli et Fastradæ filia, B. M. Argentolii juxta Parisius abbatissa, I, 60, 61, not.; II, 423.

Theoderada, Pippini regis Italiæ filia, I, 64.

Theodericus, Karoli M. et concubinæ filius, I, 62.

Theodericus, Saxonum dux, in ditionem Karlomanni et Pippini venit, I, 120, 122.

Theodericus vel Theodoricus, comes, Karoli M. propinquus in Saxones rebelles, cum Ripuariis, progreditur, et suas una cum Geilone et Vorado jungit copias; sed, iis præmature hostem aggressis, infeliciter apud montem Suntal pugnatum est, I, 184, 186; partem exercitus in Hunos progredientis ducit, 214, 216; a Saxonibus in pago Hriustri profligatur, 220.

Theodo, Tassilonis regis filius, in obsidem a patre suo datus, I, 36, 204; monasticæ conversationi mancipatur, 206.

Theodonis Villa (Thionville); ibi Karolus hiemat, I, 158, 188, 262, 264; ibidem a Hludowico conventus generalis celebratur, 346, 394.

Theodorus, Hunorum kaganus, pro Hunis, Sclavorum infestationibus fatigatis, locum ad habitandum inter Sabariam et Carnuntum a Karolo postulat, I, 262.

Theodorus nomenclator, a Leone, I, 314, a Paschali papa ad Karolum legatur, 322; primicerius, 348; jussu Paschalis papæ decollatur, 360.

Theodorus, Siciliæ præfectus, I, 208.

Theodulfus vel Theodulphus, Aurelianensis episcopus, testamento Karoli M. subscribit, I, 112; conjurationis Bernhardi, Italiæ regis, in Hludowicum socius est, 328.

Theognostus protospatharius, I, 298.

Theophilus, presbyter de Blachernis, I, 238.

THEOPHILACTUS nomenclator, ab Eugenio papa ad Hludowicum legatur, I, 380, 394.

THEOPHYLACTUS episcopus, I, 224.

THEOTBALDA puella, II, 336.

THEOTBOLDUS, II, 425.

THEOTBERTUS, comes Matricensis, (comte de Madrie), filiam suam in uxorem Pippino Aquitaniæ regi concedit, I, 354.

THEOTGARIUS, II, 354.

THEOTHARDUS diaconus, II, 332.

THEOTHARIUS comes, ad causam filiorum Godefridi examinandam mittitur, I, 364.

THEOTHERI comes, unus e duodecim Francorum primoribus ad pacem cum Danis jurandam deputatis, I, 294.

THEOTHILDIS puella, II, 352.

THEOTROUS, II, 88.

Theotmelli (Detmold sur la Verra, Westphalie), I, 28 et 29, not., 188.

THOMAS, Mediolanensis archiepiscopus, Gislam Karoli M. filiam baptizat, I, 178.

THOMAS, Hierosolymit. patriarcha, ad Karolum legatos mittit, I, 270.

THRASCO vel THRASICO, Abodritorum dux, apud Suentana Saxones Transalbianos cum magna strage profligat, I, 236; a Godefrido Danorum rege expellitur, 274; ei filium suum in obsidem tradit, et, auxilio a Saxonibus accepto, Wiltzorum patriam ferro et igne vastat, 282; in emporio Reric ab hominibus Godefridi, per dolum interficitur, 284; primo Sclaomirum, 324, deinde Ceadragum, filium suum, successorem habet, 332.

THUDUN, unus ex Hunorum primoribus, missis ad Karolum legatis, se christianum fieri velle promittit, I, 228 et 229, not.; ad imperatorem apud Aquisgranum venit, 296.

Thuringia, I, 124, 192. — Thuringorum regio, 350.

THURINGI, a Sorabis, Sala interfluente, divisi, I, 48, 182. — Thuringorum leges, 89, not.

TIBERIUS presbyter, Fortunatum patriarcham Gradensem apud Karolum M. accusat, I, 346.

B. *Tiburtii* juxta Romam in via Labicana basilica; inde SS. Marcellini et Petri reliquiæ a missis Einhardi auferuntur, II, 188, 190, 192, 194, 380; et ipsæ B. Tiburtii reliquiæ, 194, 196, 224, 228.

Ticenum, vel *Ticinum* (Pavie), a Pippino obsessum, et expugnatum, I, 20; a Karolo, 20, 158, 160; qui ibi natalem Domini celebrat, 178. — II, 198.

TIMOTIANI, a Bulgarorum societate deficientes, ad Hludowicum legatos mittunt, I, 330; persuasionibus Liudewiti illecti, illius perfidiæ socii et adjutores efficiuntur, 334. — Timotianorum dux Borna, 330.

Titulus, i. e. ecclesia, II, 364.

Tiza (la Theiss), I, 230.

Toarci castellum (Thoars en Poitou), I, 140.

Toleti (Tolède) episcopus Elipandus, I, 218.

Tolosa, I, 144.

Torinna castellum (Turenne en Limousin), I, 146.

Tornacum civitas (Tournay), II, 358. — Tornacense episcopium, 346. — Tornacensis pagus, 40.

Trajectum, *Trajectus* vicus (Maestricht), II, 70, 76, 202, 248, 350, 352, 354, 358, 360; citra Hrenum, 421.

Translationis Historia; de tempore quo scripta fuit, II, 284.

Transrhenana regio, II, 158.

Tredentina vallis (la vallée de Trente), I, 204.

Treveri (Trèves), I, 106, 344.

Tullense territorium (le territoire de Toul), I, 366, 378.

TULLIUS CICERO ab Einhardo citat., I, 4, 6; ejus quædam opera: de Rhetorica liber, de Rhetorica tres libri, de Oratore, liber ad Herennium, II, 158.

INDEX GENERALIS. 471

TUNGLO, unus e primoribus Soraborum, perfidiæ accusatus, I, 380; dato pro obside filio suo, in patriam redire permittitur, 384.

Turones (Tours), I, 106, 148, 244, 302; II, 32. — Turonicus comes, Hugus, I, 292.

Tuscia (la Toscane), I, 280, 396. — Tuscorum civitas, Florentia, 198.

U.

U. Einhardi amicus, II, 38.
Ulenbuch, II, 419.
URM, unus e duodecim Danorum primoribus ad pacem cum Francis jurandam deputatis, I, 294.
UNROCHUS vel UNRUOCHUS, comes, testamento Karoli M. subscribit, I, 112; unus e duodecim Francorum primoribus ad pacem cum Danis jurandam deputatis, 294; 320.
Ursella (Ursel dans le grand-duché de Hesse Darmstadt) fundus in pago Nithagowe, II, 290, 386.
Urtella flumen, II, 419.
Utica (Utique en Afrique), I, 396.

V.

Vacheria, II, 428.
Vahalis fluvius (le Vahal), I, 56.
Valentiana villa (Valenciennes), I, 154. — Valencenæ, II, 328. Valentianæ, 70, 72, 76, 336, 340.
VALENTINUS papa, vix unum mensem in pontificatu complet, I, 390; II, 364.
Vallensis pagus (le Val en Catalogne), a Mauris et Sarracenis vastatur, I, 388.
S. *Vandregisilli monasterium* (S. Vandrille), II, 3, not.
S. *Vedasti monasterium* (S. Vaast), II, 344. — Adalungus abbas, I, 362.
Venedæ (Vannes en Bretagne); ibi Hludowicus conventum generalem habet, I, 328.
Venetorum regio (le pays des Venètes en Bretagne), a Britannis, ex insula sua profugis, occupatur, I, 196.
Venetia (Venise), I, 278, 382.
Venetia (la Venétie), I, 264, 272, 286, 290. — Venetiæ duces, Willerus et Beatus, 264, 278. — Venetici duces, 286.
Venti a Karolo M. denominati, I, 92. — De eorum divisione, 414.
Vercelli (Verceil en Piémont), I, 250, 254.
Vesontium metropolis (Besançon), I, 106. — Vesontinus episcopus, Bernoin, 110, 113, not.

Vetus Pictavium (le Vieux Poitiers), I, 120.
VICTORIUS, II, 172.
Vienna metropolitana civitas (Vienne en Dauphiné), I, 106; ibi Karlomannus moritur, 132, 146.
Villa nova, II, 144.
Vinsterbuch, II, 419.
Violatores sepulcrorum Romæ morte multati, II, 380.
VIRGILII Georgic. ab Einhardo citat., II, 48; Eglog. a Lupo citat., 164.
VIRGO, Arthemii filia, per S. Petrum dæmone liberata, II, 398, 401, martyrium patitur, 407.
Virginis pars (*le signe de la Vierge*), I, 268.
Visula (la Vistule), I, 50.
VITRUVIUS ab Einhardo citat., II, 46, 48.
Vosegus, *Vosegi* saltus vel silva (la forêt des Vosges); ibi Karolus venatum venit, I, 262; Hludowicus, 324, 326, 346, 376.
Vuasidium vicus regius vel villa regia, in pago Hasbanio (Visé dans la prov. de Liége), II, 328, 332, 389.
Vuerecundia villa (Warcoin en Hainaut), II, 346, 393.
Vuerminium villa (Wormhout dans la Flandre française), II, 344, 392.
VUILLIBERTUS, II, 250.

Vurmins fluviolus (le Wurm au nord d'Aix-la-Chapelle), II, 236, 384.

VULFRAMNUS mancipium, II, 424.
VUSSIRUS, Einhardi filius, II, 44.

W.

W. II, 124, 126.
Waharna (la Werne), I, 192.
WAIFARIUS, dux Aquitaniæ, Grifonem, Pippini fratrem, profugum suscipit, I, 126; retentis quibusdam rebus quæ ad ecclesias, sub manu Pippini regis constitutas, pertinebant, bellum in se suscitat, 136; quod per novem annos productum est, 12, 138, 144; mater ejus, soror et neptes ad Pippinum captivæ adducuntur, 146; in territorio Petragorico interficitur, 148.
WALACH, WALACHO, vel WALACHUS comes, Bernhardi filius, Karoli M. consanguineus, testamento Karoli M. subscribit, I, 112; ad pacem cum Danis jurandam deputatur, 294; cum Bernhardo, Pippini filio, in Italiam mittitur, 298; de iis quæ in eum et in fratrem ejus Adalhardum patrata fuerant, Hludowicus imperator publicam agit confessionem, 352; monachus effectus, in Italiam cum Hlothario, ad eum consiliis suis dirigendum, mittitur, 354.
WALBERTUS presbyter, II, 302.
WALTGAUDUS, Leodiensis episcopus, testamento Karoli M. subscribit, I, 112.
WARROTO, II, 417.
WARINUS, Arverni comes, I, 154; Lupum Centulli prælio confligat, 332.
WARSTEIN, unus e duodecim Danorum primoribus, ad pacem cum Francis jurandam deputatis, I, 294.
Wasconia, ad imperium Karoli M. bello adjuncta, I, 48, 150, 336. — Wasconum regio, 172.
WASCONES, in ipso Pyrenæi jugo, Francos, Hispania redeuntes, ex inopinato aggrediuntur et opprimunt, I, 30, 32, 33, not.; 172;

qui trans Garonnam et circa Pyrenæum montem habitant, propter sublatum ducem suum Sigiwinum rebellaut, sed duabus expeditionibus edomiti, ad ditionem redeunt, 318; Wasconum copiæ, sub Æblo et Asinario comitibus, Pampilone redeuntes, in ipso Pyrenæi jugo perfidia montanorum circumventæ, pene usque ad internecionem deletæ sunt, 372. — Wasconum dux Lupus, 150; Sigiwinus, 318.
Watriscapud, i. e. Aquagium, II, 428.
WELATABI, I, 38, 40, 50, 210; vid. Wilzi.
WENILO servus, II, 24.
WERDRICUS monachus, II, 6.
Weregeldum, i. e. Compositio pro sanguine effuso, II, 28.
Westarfolda (le Jutland méridional), I, 304 et 305, not.
WESTFALI, Karolo dant obsides, I, 166. Vid. Saxones. — Westfalorum fines, 188, 192; pagi, 190; regio, 176.
Westnordroni, i. e. Corus, I, 92, 415.
Westroni, i. e. Zephyrus, I, 92, 415.
Westsundroni, i. e. Africus, I, 92, 415.
Wetareiba pagus (la Wétéravie), II, 290, 386.
WIDICHINDUS seu WIDOKINDUS, unus e primoribus Westfalorum, Saxonibus in ditionem Karoli venientibus, apud Sigifridum Danorum regem confugit, I, 170; in patriam reversus, Saxonum animos ad defectionem concitat, 182, 184; rursus apud Nortmannos confugit, 186; ad fidem Karoli venit et apud Attiniacum baptizatur, 194, 196.
WIDO, comes ac præfectus Britannici limitis, arma Britannorum

INDEX GENERALIS.

ducum, qui se dediderant, inscriptis singulorum nominibus, ad Karolum defert, I, 242.

Wielingahem (Wieleghem entre Audenarde et Sotteghem), II, 428, 429.

WIGGO (Dæmon nomine), de Francorum malitia ratiocinatur, II, 282, 284, 286.

WIGMAN comes, unus e Francorum primoribus ad pacem cum Danis jurandam deputatis, I, 294.

Wihmuodi (la Wigmodie), I, 258.

WIHOMARCHUS, unus e Britannorum primoribus, in Hludowicum rebellis profligatur, I, 354; ad fidem imperatoris venit, 374.

WILHARIUS, episcopus Sedunensis, (évêque de Sion), I, 154.

WILLEMUNDUS, Berani filius, a Francis deficiens, cum Sarracenis Ceritaniam et Vallensem vastat, I, 388.

WILLERUS dux Venetiæ seu Veneticorum, ad Karolum, cum muneribus, ex parte Dalmatarum venit, I, 264; Paulo, Constantinopolitanæ classis duci, de pace inter Francos et Græcos constituenda molienti, insidiatur, 278; Constantinopolim mittitur, 292.

WILLIBALDUS presbyter, II, 20.

Willinebach, II, 419.

Willineburch, II, 419.

WILLIRANNUS servus, II, 28.

WILZI seu WILTZI, i. e. WELATABI, littus australe Baltici maris habitantes, I, 39, not., 40, 210; continuis infestationibus Abodritos vexant, 38, 210; una expeditione a Karolo domantur, 40, 210, 212. De negotiis inter Wilzos et Abodritos componendis, Karolus junior cum exercitu mittitur, 242; cum Godefrido in Abodritos se jungunt, 274; a Thrasicone, Abodritorum duce, eorum agri vastantur, 282; Hohbuoki castellum capiunt, et destruunt, 288, 294; obsides Karolo tradunt, 300; ad Hludowicum mittunt legatos, 356; Meligastum, Liubi filium natu majorem, regem constituunt, 358; illo abjecto, juniori ejus fratri, Celedrago regium honorem deferunt, 358.— Wiltzorum rex, Liubus, Meligastus, Celeadragus, 358; reges, 356; regulus, Dragawitus, 210.

WINCGARIUS, decanus presbyter, II, 426.

Windumemanoth (*mois des vendanges, Octobre*), I, 92, 415.

WINIGISUS, Karoli M. legatus, postea dux Spolitinus, Græcos in Calabria profligat, I, 208; Leonem papam profugum suscipit, 240; in Luceria a Grimoaldo Beneventanorum duce captus, 254, et ab eo honorifice habitus, redditur, 256; a Bernhardo Italiæ rege ad sedandam Romanorum in Leonem papam seditionem mittitur, 316; jam senio confectus, monasticæ conversationi se mancipat nec multo post decedit, 352.

Winnemanoth (*mois de délices, Mai*), I, 92, 415.

Wintarmanoth (*mois d'hiver, Janvier*), I, 90, 414.

Wirciniacum villa (Versigny dans l'Ile de France), I, 176.

Wisibaba castrum (Wisbaden), II, 298, 387.

WISIGOTHORUM leges, I, 89, not.

Wisgoz flumen (le Weschnitz), II, 415.

Wisura flavius (le Weser), I, 128, 156, 162, 164, 176, 184, 190, 192, 222, 232, 234, 236, 288.

Wirziburcgensis episcopus, (évêque de Wurzbourg) Wolfarius, II, 10; Burchardus, I, 126.

Witumanoth (*mois des vents, Septembre*), I, 92, 415.

WITZINUS, rex Abodritorum, I, 228.

WOLFARIUS, Remensis episcopus, testamento Karoli M. subscribit, I, 110; II, 10 et 11, not.

WOLFBERTUS, II, 417.

WOLFGARIUS, Wirziburcgensis episcopus, II, 10.

WOLFODUS, episcopus Cremonensis, I, 328.
WORADUS, palatii comes, a Saxonibus apud montem Suntal profligatur et interficitur, I, 182.
Wormacia seu *Wormatia* civitas (Worms); I, 176, 180, 192, 198, 212, 214, 348, 394; II, 52; ibi conventus generalis a Pippino celebratur, I, 142; a Karolo, 152, 156, 168, 202; a Hludowico, 398. — Wormacensis pagus, I, 362. — Wormacensis episcopus, Bernharius, 282.

Z.

ZACHARIAS papa, I, 7, not., 126
ZACHARIAS presbyter, ad loca sacra, cum muneribus, missus, I, 244, Romam, cum legatis Hierosolymitani patriarchæ, ad Karolum claves Dominici sepulcri et calvariæ vexillum deferentibus, regreditur, 248.
ZATUS Sarracenus, Barcinonæ præfectus, 232, 352.
Zunichium (Sinsich), II, 384.

ADDITIONS ET CORRECTIONS.

PREMIER VOLUME.

Page 35, ligne 11, *au lieu de* Hunold *mettez* Rumold.

Page 41, ligne 3, et page 305, ligne 7, *au lieu de* Suèves *mettez* Suédois.

Page 53, ligne 3 des notes, *au lieu de* Harun-al-Reschif *mettez* Harun-al-Raschid.

Page 65, ligne 14 des notes, *au lieu de* janvier *mettez* juin.

Page 77, ligne 7, *au lieu de* la saie des Venètes *mettez* une saie bleue.

Page 80, ligne 17, *au lieu de* didascalus *mettez* dicaculus, *et modifiez ainsi la traduction de cette phrase* : Il parlait avec tant de facilité, qu'il paraissait même un peu causeur.

Page 115, ligne 1 des notes, *au lieu de* Angilbert..... surnommé l'Homère de son temps, *mettez* qui prit le pseudonyme d'Homère.

Page 119, ligne 4, *au lieu de* petite-fille *mettez* nièce.

Page 139, ligne 20, *au lieu de* dans la ville de Duren *mettez* dans son domaine de Duren, *et faites la même correction page* 157, ligne 24, p. 163, l. 17, p. 175, l. 6, p. 225, l. 1 et 6, et p. 385, l. 15 *où le mot* villa *du texte est traduit par* ville.

Page 152, ligne 5 des notes, *au lieu de* Hoc comma post vocem *causa* ponit Pertzius *mettez* h. c. ante voces *pacis causa* p. P.

Page 193, ligne 8, *au lieu de* rencontra dans sa route, près de Draigni sur la Lippe, l'armée des Saxons *mettez* ayant pris sa route par le pays de Draigni, rencontra sur la Lippe, etc.

Page 193, ligne 15, *au lieu de* l'Ems *mettez* l'Emmer.

Page 260, ligne 7 des notes, *au lieu de* hæ voces uncinis inclusæ *mettez* has voces uncinis inclusas.

Page 299, ligne 20, *au lieu de* Pepin fils de Bernard *mettez* Bernard fils de Pépin.

Page 355, ligne 23, *au lieu de* comte de Macon *mettez* comte de Madrie.

Page 413, ligne 24, *dans l'énumération des enfants de Charlemagne et d'Hildegarde, ajoutez* Gisèle, née en 781.

SECOND VOLUME.

Page 11, ligne 1, et ligne 1 des notes, *au lieu de* Saint-Servat *mettez* Saint-Servais, *et faites la même correction page* 53, *ligne* 14.

Page 21, note 1, *supprimez les trois dernières lignes de cette note et mettez à la place* : Éginhard devint abbé de Blandigny en 816 et de S. Bavon en 819. Voyez la Notice en tête du 1er volume.

Page 25, ligne 3 des notes, *au lieu de* Alberic *mettez* Aubri.

Page 53, ligne 8 de la note, *au lieu de* lettre LXXVII *mettez* LXXI, *et faites la même correction page* 56, *ligne* 6 *de la note*.

Page 157, ligne 24, *au lieu de* cæterorum *mettez* cæterorumque.

Page 173, ligne 22, *au lieu de* VI *mettez* V.

Page 260, ligne 22, *au lieu de* implere *mettez* impleri.

www.ingramcontent.com/pod-product-compliance
Lightning Source LLC
Chambersburg PA
CBHW050252230426
43664CB00012B/1926